DERECHO ADMINISTRATIVO CONSTITUCIONAL

DERECHO ADMINISTRATIVO CONSTITUCIONAL

José Araujo-Juárez[*]

Centro para la Integración y el Derecho Público

Editorial Jurídica Venezolana y
Centro para la Integración y el Derecho Público

Caracas, 2017

---

[*] Profesor de Postgrado de Derecho Administrativo de la Universidad Católica Andrés Bello y miembro del Instituto Internacional de Derecho Administrativo, del Foro Iberoamericana de Derecho Administrativo, de la Asociación de Derecho Administrativo Iberoamericano, y de la Asociación Española e Iberoamericana de Profesores e Investigadores de Derecho Administrativo.

©   José Araujo-Juárez
    ISBN Obra Independiente: 978-980-365-434-4
    Depósito Legal: DC2018001423
    Segunda Edición

    CENTRO PARA LA INTEGRACIÓN Y EL DERECHO PÚBLICO (CIDEP)
    Avenida Santos Erminy, Urbanización Las Delicias,
    Edificio Park Side, Oficina 23, Caracas, Venezuela
    Teléfono: +58 212 761.7461 - Fax +58 212 761.4639
    E-mail: contacto@cidep.com.ve
    http://cidep.com.ve

    Editorial Jurídica Venezolana
    Sabana Grande, Av. Francisco Solano, Edif. Torre Oasis, Local 4, P.B.
    Apartado Postal 17.598, Caracas 1015-A, Venezuela
    Teléfonos: 762.2553/762.3842 - Fax: 763.5239
    E-mail: fejv@cantv.net
    http://www.editorialjuridicavenezolana.com.ve

    Impreso por: Lightning Source, an INGRAM Content company
    para Editorial Jurídica Venezolana International Inc.
    Panamá, República de Panamá.
    Email: ejvinternational@gmail.com

    Diagramación, composición y montaje
    por: Mirna Pinto de Naranjo, en letra Book Antigua 11,
    Interlineado 12, mancha 12,5x19,5

Dedico a:
Allan R. Brewer-Carías, L.H. Farías Mata,
Eloy Lares Martínez y Antonio Moles Caubet,
Maestros del Derecho Público venezolano

Agradezco:

*A la Facultad de Derecho de la UCAB,
en la persona de los Dres. M. Mónaco G. y N. Rodríguez L.,
por la oportunidad ofrecida de leer las ideas centrales
que están en la base de este libro en las
Jornadas de Derecho Administrativo creadas con mi nombre.*

*A los Dres. V. Hernández-Mendible, M. A. Torrealba S. y
A. Blanco por la lectura y valiosas observaciones al texto.*

*Y finalmente al Dr. A. Silva Aranguren por
su entusiasmo en el proyecto de la edición.*

"[La] constitucionalización de nuestro Derecho significa una verdadera revolución cultural, en cuanto que altera, casi radicalmente, los presupuestos gnoseológicos de los juristas [...] Sin profesionales técnicamente preparados para cumplir con las exigencias jurídicas que la vigencia de la Constitución impone, es muy difícil que la Constitución 'valga', es decir, que sea una norma aceptada, respetada y apreciada por los ciudadanos [...]"

Prof. Manuel Aragón Reyes
"Constitución y Estado de Derecho" en J. Linz, E y E. García de Enterría, España: Un presente para el futuro, Vol. II, IEE, Madrid, 1984, p. 92

ABREVIATURAS

Para mayor comodidad se ha utilizado, en el texto, el sistema de abreviaturas que se indica a continuación con relación a organismos, textos normativos y publicaciones periódicas de más frecuente uso:

C:	Constitución
CC:	Código Civil
CE:	Conseil d'Etat, Francia
CF:	Corte Federal
CFC:	Corte Federal y de Casación
COT:	Código Orgánico Tributario
COPP:	Código Orgánico Procesal Penal
CPC:	Código de Procedimiento Civil
CPCA:	Corte Primera de lo Contencioso-Administrativo
CSJ:	Corte Suprema de Justicia
CSJ/CP:	Corte Suprema de Justicia, Corte Plena
DDHC:	Déclaration des droits de l'homme et du citoyen de 1789, Francia
DRAE:	Diccionario de la Real Academia Española
DPGR:	Doctrina de la Procuraduría General de la República
EJV:	Editorial Jurídica Venezolana, Venezuela
EJVI:	Editorial Jurídica Venezolana Internacional, Venezuela
EMC:	Exposición de Motivos de la Constitución de 1999, Venezuela
Extr.:	Extraordinario
FPGR:	Fundación Procuraduría General de la República
FUNEDA:	Fundación Estudios de Derecho Administrativo
GFJAF:	Grandes Fallos de la Jurisprudencia Administrativa Francesa
GF:	Gaceta Forense, Venezuela

GO:	Gaceta Oficial de la República Bolivariana de Venezuela
IDP:	Instituto de Derecho Público, UCV, Venezuela
JCSJ:	Jurisprudencia de la Corte Suprema de Justicia
LCP:	Ley de Contrataciones Públicas
LCJ:	Ley de Carrera Judicial
LEFP:	Ley del Estatuto de la Función Pública
LGDJ:	Librairie General de Droit et Jurisprudence, Francia
LOAP:	Ley Orgánica de la Administración Pública
LOCSJ:	Ley Orgánica de la Corte Suprema de Justicia
LOEE:	Ley Orgánica de Estado de Excepción
LOJCA:	Ley Orgánica de la Jurisdicción Contencioso Administrativa
LOPA:	Ley Orgánica de Procedimientos Administrativos
LOPGR:	Ley Orgánica de la Procuraduría General de la República
LOTSJ:	Ley Orgánica del Tribunal Supremo de Justicia
LPO:	Ley de Publicaciones Oficiales
LSTA:	Ley de Simplificación de Trámites Administrativos
M:	Memoria
PGR:	Procuraduría General de la República
RAP:	Revista de Administración Pública, España
RDA:	Revista de Derecho Administrativo, Ed. Sherwood, Venezuela
RDC:	Revista de Derecho Constitucional, Ed. Sherwood, Venezuela
RDP:	Revista de Derecho Público, Editorial Jurídica Venezolana, Venezuela
RDPGR:	Revista Doctrina Procuraduría General de la República, Venezuela
REDA:	Revista de Estudios de Derecho Administrativo, España
REDC:	Revista de Estudios de Derecho Constitucional, España
RF:	Repertorio Forense
RFPGR:	Revista Fundación Procuraduría General de la República, Venezuela
RTD:	Revista Tachirense de Derecho, Venezuela
Sent:	Sentencia
SF:	Sala Federal

SFC:	Sala Federal y de Casación
SPA-ET:	Sala Político Administrativa-Especial Tributaria
UCV:	Universidad Central de Venezuela, Venezuela
TC:	Tribunal de Conflicts, Francia
TSJ:	Tribunal Supremo de Justicia
TSJ/SC:	Tribunal Supremo de Justicia, Sala Constitucional
TSJ/SCC:	Tribunal Supremo de Justicia, Sala de Casación Civil
TSJ/SE:	Tribunal Supremo de Justicia, Sala Electoral
TSJ/SPA:	Tribunal Supremo de Justicia, Sala Político Administrativa

PRÓLOGO

Allan R. Brewer-Carías
Profesor de la Universidad Central de Venezuela

I

El profesor José Araujo Juárez, en su siempre innovadora aproximación al derecho administrativo, ha enriquecido una vez más nuestra disciplina al escribir este libro sobre el *Derecho Administrativo Constitucional*.

En él ha buscado abordar las cuestiones básicas de las relaciones que existen, cada vez más estrechas, entre el derecho administrativo y el derecho constitucional, haciendo particular énfasis en el impacto que tiene el modelo de organización jurídico-político del Estado en el sistema del derecho administrativo. Para ello, ha analizado la forma como los principios, valores superiores y fines esenciales de rango constitucional se irradian en el derecho administrativo; y ha estudiado en el texto de la Constitución, cómo se han ido incorporando las categorías fundamentales de nuestra disciplina, elevándoselas a rango jerárquico constitucional.

Para acometer esta tarea, el profesor Araujo Juárez es sin duda de las personas más calificadas para llevarla a cabo, por su vasta experiencia académica y profesional desarrollada desde cuando se graduó de abogado en la Universidad Católica Andrés Bello de Caracas y luego haber realizado un Curso de Postgrado en Derecho Administrativo de la *Université de Droit, d'Economie et de Sciences Sociales* (Paris II/Panthéon-Assas). A partir de entonces, y con base en esa formación, durante los últimos lustros no solo ha desarrollado una larga actividad docente como profesor de Postgrado en la Universidad Católica Andrés Bello de Caracas y como profesor invitado en numerosas universidades e instituciones nacionales y extranjeras, sino que ha tenido una rica práctica profesional de la abogacía, fundamentalmente como asesor legal en diversas instituciones públicas, empresas privadas y gremios empresariales en el país, así como a nivel internacional en casos arbitrales y como consultor de organismos internacionales. Además, el profesor Araujo Juárez, ha tenido la ocasión de haber tenido contacto directo con la Administración y su funcionamiento, desde dentro de la misma, estudiándola y analizándola, al haberse desempeñado como Director de las unidades del Contencioso-administrativo, de Asesoría del Estado y de Estudios Jurídicos Especiales de la Procuraduría General de la República; como Consultor Jurídico, Asesor Legal o Gerente Legal en el Ministerio de Sanidad y Asistencia Social, en Petróleos de Venezuela, S.A., en la Comisión Nacional de Telecomunicaciones y en la Electricidad de Caracas C.A.; y además, haber sido miembro de la Comisión de Legislación, Codificación y Jurisprudencia del Ministerio de Justicia y Conjuez de la Corte Primera de lo Contencioso-Administrativo.

Como consecuencia de toda esa actividad, el profesor Araujo Juárez, a los estudiosos del derecho administrativo nos ha regalado su tiempo y su conocimiento, a través de la publicación de más de un centenar de publicaciones entre tratados, manuales, libros colectivos, conferencias, artículos, entre los que se destaca su *Tratado de Derecho Administrativo* en cinco volúmenes, su *Derecho Administrativo Venezolano*, y más recientemente, su libro *La Nulidad del Acto Administrativo*.

Y aquí, ahora, nos presenta una nueva obra, que con el título de Derecho Administrativo Constitucional, en realidad nos presenta un excelente y único estudio general de los principios del derecho público en Venezuela, para cuya edición el profesor Araujo Juárez me ha hecho el honor de pedirme prepare el Prólogo. He aceptado la tarea con todo gusto y afecto intelectual, pensando que lo más apropiado para ello, es explayar aquí, como homenaje al autor por su trabajo, algunas reflexiones sobre el tema del derecho administrativo y del derecho constitucional, ambos considerados como derecho estatal[1] o derecho del Estado, lo que ineludiblemente los vincula al modelo de organización jurídico-político del Estado en cuyo ámbito operan sus instituciones, por supuesto, conforme a la práctica política del gobierno. Por ello es que históricamente, los condicionamientos políticos siempre han estado entre los más importantes elementos condicionantes de nuestra disciplina.[2]

---

[1]   Véase DEMICHEL, André, *Le droit administratif. Essai de réflexion théorique*, París, 1978, p. 14.

[2]   Sobre el tema, bajo el ángulo de la Administración, nos ocupamos hace años en BREWER-CARÍAS, Allan R. "Les conditionnements politiques de l'administration publique dans les pays d'Amérique Latine", en *Revue Internationale des Sciences Administratives*, Vol. XLV, N° 3, Institute International des Sciences Administrative, Bruselas 1979, pp. 213-233; y "Los condicionamientos políticos de la Administración Pública en los países latinoamericanos" en *Revista de la Escuela Empresarial Andina*, Convenio Andrés Bello, N° 8, Año 5, Lima 1980, pp. 239-258.

Y ello siempre ha sido así desde los albores del derecho administrativo al comenzar a manifestarse en tiempos del absolutismo, cuando el sistema político estaba basado en el principio del poder absoluto del monarca, quien era el único titular de la soberanía y concentraba en su persona todos los poderes del Estado, sin que existiese régimen alguno regulador o garantizador de derechos ciudadanos frente al Poder Público. Ese fue precisamente el tiempo durante el cual se concibieron todas las ideas políticas que luego contribuyeron a la propia superación del absolutismo, con las obras de Locke, Montesquieu y Rousseau a la cabeza.[3]

En esos inicios, había sin duda un derecho administrativo pero el mismo era un derecho exclusivamente destinado a regular la propia acción de la Administración del Estado ante y frente a las personas, de sus poderes y de sus prerrogativas, y de los órganos públicos dispuestos para ejecutarlas. Fue el tiempo remoto de los antecedentes del derecho administrativo situados en el derecho de la organización desarrollado por los Consejos o Cámaras reales (*Cameralística*), o de la actividad de control del Estado sobre la actuación de las personas, desarrollada en ejercicio de poderes y prerrogativas, configurándose el derecho administrativo como *derecho de policía.*

Fue después del surgimiento del Estado de derecho como modelo político a comienzos del siglo XIX, como consecuencia de los aportes al derecho público y al constitucionalismo moderno de la Revolución Norteamericana (1776) y de la Revolución Francesa (1789), con el agregado posterior de los efectos liberales de la Constitución de Cádiz de 1812 en Europa y de los movimientos independentistas de Hispanoamérica (1811),[4] cuando puede decirse que el derecho administrativo comenzó a desarrollarse como el derecho del Estado de derecho, caracterizado por el hecho político del traslado efectivo de la soberanía desde el monarca al pueblo, dando origen al desarrollo del principio de la representatividad democrática. En ese marco, el Estado se organizó conforme al principio de la separación de poderes, lo que permitió el control recíproco entre los diversos órganos del Estado, entre ellos, el asignado al poder judicial, montado además en la necesaria garantía de los derechos

---

3   Véase BREWER-CARÍAS, Allan R. *Principios del Estado de Derecho.* Aproximación histórica, Cuadernos de la Cátedra Mezerhane sobre democracia, Estado de derecho y derechos humanos, Miami Dade College, Programa Goberna Las Américas, Editorial Jurídica Venezolana International, Miami-Caracas, 2016.

4   Véase BREWER-CARÍAS, Allan R. *Reflexiones sobre la revolución norteamericana (1776), la revolución francesa (1789) y la revolución hispanoamericana (1810-1830) y sus aportes al constitucionalismo moderno*, 2ª Edición Ampliada, Serie Derecho Administrativo N° 2, Universidad Externado de Colombia, Editorial Jurídica Venezolana, Bogotá 2008.

ciudadanos frente al propio Estado, los cuales comenzaron a ser reconocidos y declarados en las Constituciones.

Fue en ese marco político cuando el derecho administrativo comenzó a ser un orden jurídico que además de regular a los órganos del Estado y su actividad, también comenzó a regular las relaciones jurídicas que en cierto plano igualitario se comenzaron a establecer entre el Estado y los ciudadanos, y que ya no sólo estaban basadas en la antigua ecuación entre prerrogativa del Estado y sujeción de las personas a la autoridad, sino entre poder del Estado y derecho de los ciudadanos.

Ese cambio, incluso, se reflejó en el propio contenido de las Constituciones las cuales en su origen, particularmente en Europa hasta la mitades del siglo pasado, no fueron sino cuerpos normativos destinados a regular solo la organización del Estado, sin que sus normas siquiera tuviesen aplicación directa a los ciudadanos ni tuvieran a éstos como sus destinatarios, y cuyo contenido se reducía a regular lo que históricamente se ha denominado su parte orgánica relativa a la organización y funcionamiento de los diversos poderes y órganos del Estado. El derecho administrativo en esa época, por tanto, en el marco de su constitucionalización, no era más que el derecho que regulaba a la Administración Pública, su organización en el ámbito del Poder Ejecutivo, sus poderes y prerrogativas, y su funcionamiento, habiéndose recogido en las Constituciones, en general, sólo normas sobre la organización administrativa.

A medida que se fue imponiendo el modelo político del Estado de derecho, las Constituciones comenzaron a desarrollar, además de su parte orgánica, una parte dogmática relativa al régimen político democrático representativo y a los derechos y garantías constitucionales de los ciudadanos, como consecuencia de lo cual la acción de Estado y de la propia Administración comenzó a encontrar límites formales, que también comenzaron a ser recogidas en normas constitucionales destinadas a regular las relaciones que se establecen entre el Estado y los ciudadanos o las personas, en muchos casos precisamente con ocasión de la actividad de la Administración. Ello implicó la incorporación en los textos constitucionales de normas de derecho administrativo, incluyendo las que se refieren a los medios jurídicos dispuestos para asegurar el control de la Administración, tanto político, como fiscal y jurisdiccional; y las Constituciones, como norma, comenzaron a tener a los ciudadanos como sus destinatarios inmediatos.[5]

---

5   Véase GARCÍA DE ENTERRÍA, Eduardo *La Constitución como norma y el Tribunal Constitucional*, Madrid 1985.

La consecuencia de todo ello fue que progresivamente el derecho administrativo y sus principios terminaron encontrando su fuente jurídica primaria y más importante en la propia Constitución, en la cual ahora se encuentran regulaciones sobre la organización, funcionamiento y actividad de la Administración Pública como complejo orgánico integrada en los órganos del Poder Ejecutivo; sobre el ejercicio de la función administrativa, realizada aún por otros órganos del Estado distintos a la Administración; sobre las relaciones jurídicas que se establecen cotidianamente entre las personas jurídicas estatales cuyos órganos son los que expresan la voluntad de la Administración, y los administrados; sobre el régimen de los actos y de los contratos de la Administración; sobre los fines públicos y colectivos que estas persiguen, materializados muchos en la prestación de servicios públicos, situados por encima de los intereses particulares; sobre los poderes y prerrogativas de los cuales disponen para hacer prevalecer los intereses generales y colectivos frente a los intereses individuales, y además, de los límites impuestos por normas garantizadoras de los derechos y garantías de los administrados, incluso frente a la propia Administración.

En el mundo contemporáneo, en consecuencia, ese derecho administrativo que se ha incrustado en la Constitución,[6] es sin duda el propio de un derecho del Estado de derecho, y su desarrollo y efectividad debería estar condicionado por los valores democráticos que están a la base del mismo.

II

Lo anterior implica, que a diferencia de otras ramas del derecho, por su vinculación con el Estado y el régimen político, el derecho administrativo no es una rama políticamente neutra, y menos aún un orden jurídico que haya adquirido esa relativa rigidez o estabilidad como el que podría encontrarse en otras ramas del derecho.

---

[6]   Sobre el proceso de constitucionalización del derecho administrativo en Colombia y en Venezuela, véase BREWER-CARÍAS, Allan R. "El proceso de constitucionalización del Derecho Administrativo en Colombia" en CASSAGNE, Juan Carlos (Director), *Derecho Administrativo. Obra Colectiva en Homenaje al Prof. Miguel S. Marienhoff*, Buenos Aires 1998, pp. 157-172, y en *Revista de Derecho Público*, Nº 55-56, Editorial Jurídica Venezolana, Caracas, julio-diciembre 1993, pp. 47-59; y "Algunos aspectos de proceso de constitucionalización del derecho administrativo en la Constitución de 1999" en *Los requisitos y vicios de los actos administrativos. V Jornadas Internacionales de Derecho Administrativo Allan Randolph Brewer-Carías*, Caracas 1996, Fundación Estudios de Derecho Administrativo (FUNEDA), Caracas 2000, pp. 23-37.

El derecho administrativo, aun conservando principios esenciales, inevitablemente tiene siempre un grado el dinamismo que lo hace estar en constante evolución, como consecuencia directa, precisamente, de la propia evolución del Estado, siempre necesitando adaptarse a los cambios que se operan en el ámbito social y político de cada sociedad. Como desde hace años lo constataba Alejandro Nieto, "las transformaciones sociales arrastran inevitablemente una alteración de la superestructura jurídica," y con ella, del derecho administrativo,[7] de manera que éste, en definitiva, siempre "refleja los condicionamientos políticos y sociales vigentes en un momento dado."[8] De allí aquella gráfica expresión de Prosper Weil que Araujo Juárez nos recuerda en su libro, en el sentido de que el derecho administrativo sufre permanentemente de una "crisis de crecimiento,"[9] que en definitiva nunca concluye, pues las transformaciones económicas y sociales del mundo no cesan, y con ellas las del Estado y del rol que cumple.

Pero si nos atenemos solamente a la conformación del andamiaje constitucional del Estado en el mundo contemporáneo occidental, como Estado de derecho, hay una constante subyacente en el condicionamiento del derecho administrativo, que son los principios democráticos que ahora le son esenciales a mismo,[10] como quedó plasmado en una aislada sentencia de la Sala Político Administrativa del Tribunal Supremo de Justicia de Venezuela de 2000, olvidada muy rápidamente, en la cual se afirmó que:

---

[7]   Véase NIETO, Alejandro. "La vocación del derecho administrativo de nuestro tiempo", *Revista de Administración Pública*, N° 76, Madrid, Centro de Estudios Constitucionales 1975; también en *34 artículos seleccionados de la Revista de Administración Pública con ocasión de su centenario*, Madrid, 1983, pp. 880 y 881.

[8]   Véase BASSOLS, Martín. "Sobre los principios originarios del derecho administrativo y su evolución", en *Libro homenaje al profesor Juan Galván Escutia*, Valencia, 1980, p. 57

[9]   Véase WEIL, Prosper. *El derecho administrativo*, Madrid, 1966, p. 31.

[10] Véase BREWER-CARÍAS, Allan R. "El Derecho a la democracia entre las nuevas tendencias del derecho administrativo como punto de equilibrio entre los poderes de la Administración y los derechos del Administrado," en *Revista Mexicana "Statum Rei Romanae" de Derecho Administrativo*. Homenaje al profesor Jorge Fernández Ruiz, Asociación Mexicana de Derecho Administrativo, Facultad de Derecho y Criminología de la Universidad Autónoma de Nuevo León, México, 2008, pp. 85-122; y "Prólogo: Sobre el derecho a la democracia y el control del poder", al libro de Asdrúbal AGUIAR, *El derecho a la democracia. La democracia en el derecho y la jurisprudencia interamericanos. La libertad de expresión, piedra angular de la democracia*, Editorial Jurídica Venezolana, Caracas, 2008, pp. 19 ss.

"el derecho administrativo es ante y por sobre todo un derecho democrático y de la democracia, y su manifestación está íntimamente vinculada a la voluntad general (soberanía) de la cual emana."[11]

Ello debería ser así, y es cierto si nos quedamos solo en la denominación y definición formal del Estado que se inserta en las Constituciones contemporáneas, como por ejemplo sucede precisamente la Constitución de 1999 donde se declara "Venezuela se constituye en un Estado democrático y social de Derecho y de Justicia, que propugna como valores superiores de su ordenamiento jurídico y de su actuación, la vida, la libertad, la justicia, la igualdad, la solidaridad, la democracia, la responsabilidad social y, en general, la preeminencia de los derechos humanos, la ética y el pluralismo político" (art. 2)

El modelo jurídico-político del Estado que deriva de esta norma, como lo destaca el profesor Araujo Juárez, "tiene la peculiaridad de integrarse a su vez, por cuatro fórmulas constitucionales –o cláusulas como se las denomina en el Derecho público alemán– que, al menos conceptualmente, pretenden ser autónomas respecto de las restantes, así: "democrático", "social", "de Derecho" y "de Justicia"." Mejor definición formal de lo que debería ser un Estado democrático en el texto de una Constitución, ciertamente es imposible encontrar para servir de marco general del ordenamiento jurídico que debería ser aplicable al Estado, y que debería moldear el derecho administrativo.

Sin embargo, ante este tipo de definiciones principistas contenidas en la Constitución, lo que corresponde es determinar si realmente, en la práctica política, el gobierno y el sistema político responden a esos principios, o si son simples enunciados floridos, y nada más, de un Estado nada democrático, como lamentablemente es el caso de Venezuela en los últimos lustros.

Es decir, ante los enunciados constitucionales que proclaman la democracia como régimen político, la tarea central es determinar cuán efectiva ha sido la vigencia real de estas normas y cómo ello ha permeado efectivamente en el derecho administrativo. Y esa es precisamente la tarea que ha acometido el profesor Araujo Juárez en esta obra partiendo del enunciado constitucional del Estado y del proceso de constitucionalización del Derecho administrativo. En sus propias palabras, "la tarea es investigar hasta dónde la irradiación de la nueva reali-

---

[11] Véase la sentencia N° 1028 del 9 de mayo de 2000 en *Revista de Derecho Público*, N° 82, Editorial Jurídica Venezolana, Caracas, 2000, p. 214. Véase también, sentencia de la misma Sala de 5 de octubre de 2006, N° 2189 (Caso: *Seguros Altamira, C.A. vs. Ministro de Finanzas*), en *Revista de Derecho Público*, N° 108, Editorial Jurídica Venezolana, Caracas, 2006, p 100.

dad constitucional ha transformado y/o habrá de trasformar el sistema de Derecho administrativo contemporáneo –su contenido y misión– "que es precisamente lo que ha buscado estudiar en esta obra.

III

Lo que es cierto, en todo caso, es que si nos atenemos solo a los enunciados constitucionales, el derecho administrativo de nuestro país debería ser ese derecho precisamente de un Estado democrático social de justicia y descentralizado sometido al derecho, lo que implicaría la ineludible existencia de un pleno sistema de control judicial de la actividad administrativa, teniendo a su cargo la Administración, además de la misión de gestionar el interés general y la satisfacción de las necesidades colectivas, la de garantizar el ejercicio de los derechos de los administrados, todo dentro de un marco legal general que asegure pluralismo e igualdad.

Pero lamentablemente, ello no es así en la actualidad en Venezuela, ni lo fue desde que la figura del Estado de derecho surgió en la historia hace más de doscientos años; período durante el cual fue cuando precisamente se desarrolló nuestra disciplina, sin que además pueda afirmarse que por ausencia de un régimen democrático, el derecho administrativo como rama del derecho no haya existido.

Al contrario, y para sólo referirnos a un ejemplo que nos es muy cercano a los administrativistas latinoamericanos, allí está el caso del desarrollo del derecho administrativo contemporáneo en España, que comenzó precisamente en ausencia de un régimen democrático, por el fenomenal impulso que le pudo dar el núcleo de profesores que se aglutinó en el viejo Instituto de Estudios Políticos que estaba inserto en la propia estructura del Estado autoritario, en torno a la *Revista de Administración Pública*, con Eduardo García de Enterría, Fernando Garrido Falla, José Luis Villar Palasí y Jesús González Pérez, entre otros.[12] Y ello ocurrió a finales de los años cincuenta del Siglo pasado, cuando España, lejos de la democracia, estaba en plena etapa del autoritarismo franquista, veinte años antes de la sanción de la Constitución de 1978. Fue incluso en aquélla época cuando se dictaron las muy importantes Leyes sobre el Régimen Jurídico de la Administración del Estado, y sobre Procedimientos

---

[12] Véase BREWER-CARÍAS, Allan R. "La protección de los derechos frente al poder de la Administración," (Palabras en el acto de presentación de la obra *La protección de los derechos frente al poder de la Administración. Libro Homenaje al Profesor Eduardo García de Enterría,*" Editorial Temis, Editorial Jurídica Venezolana, Bogotá-Caracas 2014, en el Consejo de Estado, Madrid, 20 de enero de 2015), en *Revista de Administración Pública*, N° 196, Centro de Estudios Constitucionales, Madrid, enero-abril 2015, pp. 367-377.

DERECHO ADMINISTRATIVO CONSTITUCIONAL

Administrativos, que sin duda fueron en el derecho positivo, la partida de nacimiento del derecho administrativo español contemporáneo para buscar garantizar el sometimiento del Estado al derecho.

No había democracia, pero sin duda, sí había derecho administrativo, porque a pesar del autoritarismo, el régimen permitía la existencia de cierto equilibrio entre los poderes del Estado y los derechos ciudadanos. Y para no irnos muy lejos, la raíz del derecho administrativo contemporáneo en Venezuela puede situarse en la rica jurisprudencia de la antigua Corte Federal que funcionó hasta 1961, contenida en múltiples sentencias que emanaron de dicho alto tribunal igualmente en la década de los cincuenta del siglo pasado, en plena dictadura militar que duró hasta 1958.[13] Tampoco había democracia, pero sin duda, en el marco de un régimen autoritario ya se estaban sentando las bases del derecho administrativo contemporáneo en Venezuela, como lo hemos conocido en las décadas pasadas, existiendo al menos de principio, algo del antes mencionado equilibrio.

Pero por supuesto, en aquél entonces no se trataba de un derecho administrativo de un Estado democrático de derecho, sino de un Estado autoritario con alguna sujeción al derecho. Es decir, en términos más generales, porque ejemplos como los indicados los podemos encontrar en la historia de nuestra disciplina de todos nuestros países, puede decirse que el sometimiento del Estado al derecho, que fue lo que originó el derecho administrativo desde comienzos del siglo XIX, no siempre tuvo el estrecho vínculo con la democracia, como régimen político, como hoy lo consideramos y debería ser en Venezuela, dado los enunciados constitucionales.

IV

En este contexto, el elemento esencial que caracteriza al derecho administrativo de un Estado democrático de derecho está en que el derecho administrativo no solo es un derecho exclusivamente del Estado, llamado a regular sólo su organización, su funcionamiento, sus poderes y

---

[13]   Véase BREWER-CARÍAS, Allan R. *Las instituciones fundamentales del derecho administrativo y la jurisprudencia venezolanas*, Universidad Central de Venezuela, Caracas 1964; y *Jurisprudencia de la Corte Suprema 1930-1974 y estudios de derecho administrativo*, Ediciones del Instituto de Derecho Público, Facultad de Derecho, Universidad Central de Venezuela, ocho volúmenes, Caracas 1975-1979. Véase además, los trabajos publicados en el libro coordinado por José Ignacio Hernández *Libro homenaje a Las Instituciones Fundamentales del Derecho Administrativo y la Jurisprudencia Venezolana del profesor Allan R. Brewer-Carías en el cincuenta aniversario de su publicación 1964-2014* (con el texto íntegro del libro homenajeado), Editorial Jurídica Venezolana, Caracas 2015.

sus prerrogativas, sino que pasa a ser realmente un derecho administrativo encargado de garantizar el punto de equilibrio antes mencionado que en una sociedad democrática tiene que existir entre los poderes del Estado y los derechos de los administrados. En el marco de un régimen autoritario, ese equilibrio por esencia no existe, o es muy débil o maleable, y por ello es que en dicho régimen el derecho administrativo no es un derecho democrático, aun cuando pretenda someter el Estado al derecho.

Como lo señaló la Sala Político Administrativa del Tribunal Supremo de Justicia de Venezuela en la misma olvidada sentencia N° 1028 de 9 de mayo de 2000,

> "El derecho administrativo se presenta dentro de un estado social de derecho como el punto de equilibrio entre el poder (entendido éste como el conjunto de atribuciones y potestades que tienen las instituciones y autoridades públicas, dentro del marco de la legalidad), y la libertad (entendida ésta como los derechos y garantías que tiene el ciudadano para convivir en paz, justicia y democracia)."[14]

Ello es precisamente lo que caracteriza al derecho administrativo en un orden democrático, que no es otra cosa que ser el instrumento para asegurar la sumisión del Estado al derecho pero con a la misión de garantizar el respeto a los derechos ciudadanos, en medio de una persistente lucha histórica por controlar el poder y contra las "inmunidades del poder,"[15] que es lo que ha caracterizado el devenir de nuestra disciplina. Ese equilibrio entre el Poder y el ciudadano, siempre latente, pero débil al inicio, efectivamente se comenzó consolidar bien entrado el Siglo XX, luego de la segunda guerra mundial, cuando el derecho administrativo comenzó a ser un derecho regulador no sólo del Estado, sino de los derechos ciudadanos en un marco democrático.

Con ello se consolidó la concepción del derecho administrativo de las sociedades democráticas como el instrumento por excelencia para, por una parte garantizar la eficiencia de la acción administrativa y la prevalencia de los intereses generales y colectivos, y por la otra, para asegurar la protección del administrado frente a la Administración; con lo cual se superó aquella caracterización del derecho administrativo que advertía hace años Fernando Garrido Fallo, cuando nos indicaba que se nos presentaba como "un hipócrita personaje de doble faz," que encerraba una "oposición aparentemente irreductible" entre el conjunto de

---

[14]   Véase en *Revista de Derecho Público*, N° 82, Editorial Jurídica Venezolana, Caracas 2000, p. 214.

[15]   Véase GARCÍA DE ENTERRÍA, Eduardo. *La lucha contra las inmunidades de poder en el derecho administrativo*, Madrid 1983.

prerrogativas que posee y que "sitúan a la Administración en un plano de desigualdad y favor en sus relaciones con los particulares"; y el conjunto de derechos y garantías de estos, que lo llevaban a regular lo que llamó "la más acabada instrumentación técnica del Estado liberal."[16]

Ese juego dialéctico entre esos dos puntos extremos contrapuestos: por una parte, los poderes y las prerrogativas administrativas de la Administración, y por la otra, los derechos y las garantías de los administrados, es lo que ha permitido, como lo apuntó Marcel Waline también hace unos buenos años, que por una parte se evite el inmovilismo y la impotencia de la Administración, y por la otra, se evite la tiranía.[17] La existencia o no del mencionado equilibrio, o la existencia de un acentuado desbalance o desequilibro entre los dos extremos, es lo que resulta del modelo político en el cual se mueve y aplica el derecho administrativo. De allí, más democrático será el derecho administrativo solo si el equilibrio es acentuado; y menos democrático será si su regulación se limita sólo a satisfacer los requerimientos del Estado, ignorando o despreciando el otro extremo, es decir, el de las garantías y derechos ciudadanos.

El reto del derecho administrativo, por tanto, está en lograr y asegurar el equilibrio mencionado para lo cual es necesario que el Estado esté configurado no sólo como un Estado de derecho sino como un Estado democrático, lo cual sólo es posible si el mismo asegura efectivamente el control del ejercicio del poder. Sin dicho control, el derecho administrativo no pasa de ser un derecho del Poder Ejecutivo o de la Administración Pública, montado sobre un desequilibrio o desbalance, en el cual las prerrogativas y poderes de la Administración pudieran predominar en el contenido de su regulación.

V

Pero para que el equilibrio se logre y sea efectivo, es evidente que no bastan las declaraciones formales en las Constituciones, ni que el derecho administrativo se haya llegado a constitucionalizar efectivamente, como ha ocurrido por ejemplo en Venezuela. La Constitución de 1999 es un ejemplo de dicho proceso, estando incluso imbuida del mencionado postulado del equilibrio en la relación Administración-administrados, dando cabida a un conjunto de previsiones para asegurarlo, regulando la actuación de la Administración y protegiendo en paralelo los derechos e

---

[16] Véase GARRIDO FALLA, Fernando. "Sobre el derecho administrativo", en *Revista de Administración Pública*, Nº 7, Instituto de Estudios Políticos, Madrid, 1952, p. 223

[17] Véase WALINE, Marcel. *Droit administratif,* París, 1963, p. 4.

intereses de las personas, pero sin el sacrificio o menosprecio de los intereses particulares, a pesar de la prevalencia de los intereses generales o colectivos.

En este campo se destaca la norma constitucional que regula a la Administración Pública, declarando que la misma "está al servicio de los ciudadanos, y se fundamenta en los principios de honestidad, participación, celeridad, eficacia, eficiencia, transparencia, rendición de cuenta y responsabilidad en el ejercicio de la función pública, con sometimiento pleno a la ley y al derecho" (art. 141); garantizándose igualmente a aquellos, el debido proceso, no sólo en las actuaciones judiciales sino en los procedimientos administrativos (art. 49). La Constitución incluso va más allá, y establece las regulaciones fundamentales relativas a la actuación del Estado como gestor del interés general en relación con los particulares o administrados, y en particular, en su actuación administrativa; constitucionalizando todo el régimen fundamental del derecho administrativo. Así, por ejemplo, la Constitución garantiza a los ciudadanos el derecho a ser informados oportuna y verazmente por la Administración Pública sobre el estado de las actuaciones en que estén directamente interesados, y a conocer las resoluciones definitivas que se adopten sobre el particular; e igualmente garantiza a los ciudadanos el acceso a los archivos y registros administrativos, sin perjuicio de los "límites aceptables dentro de una sociedad democrática" (Art. 143). La Constitución garantiza además, que los funcionarios públicos "están al servicio del Estado y no de parcialidad alguna", incluso disponiendo que "su nombramiento o remoción no podrán estar determinados por la afiliación u orientación política" (Art. 145)

VI

Pero es evidente que a pesar de estos enunciados sobre la noción del Estado democrático de derecho y la extensión del proceso de constitucionalización del derecho administrativo, ello no es suficiente para que el equilibrio entre el poder del Estado y los derechos ciudadanos sea efectivo.

Es en realidad la práctica política del gobierno la que puede poner de manifiesto si un Estado conformado constitucionalmente como un Estado de derecho, realmente se conduce como tal en su funcionamiento y actuación, y si el derecho administrativo aplicado al mismo obedece o no efectivamente a parámetros democráticos. Para ello, basta estudiar el caso de Venezuela para constatar que el "Estado democrático y social de derecho y de justicia" y descentralizado tal como lo definen los artículos 2 y 4 de la Constitución, en la práctica política del gobierno autoritario que se apoderó de la República desde 1999,[18] no es tal, es decir, no es un Estado democrático, no es un Estado social, no es un Estado de derecho, no es un Estado de Justicia y no es un Estado descentralizado; y más bien es un Estado Totalitario[19] que además de haber empobrecido aún más al país, no está realmente sometido al derecho, cuyas normas se ignoran y desprecian, o se mutan o amoldan a discreción por los gobernantes.[20] En ese modelo, todos los poderes están concentrados en el Ejecutivo, que han aniquilado a la democracia,[21] han pervertido la participación y han concentrado todos los medios de comunicación; no estando sometido a control judicial alguno, por la sumisión del Poder Judicial al Poder Ejecutivo.[22] De todo ese esquema, antes que de un Estado de Justicia, bien podría caracterizarse al Estado como un "Estado de la injusticia,"[23] todo lo cual afecta tremendamente al derecho administrativo.

Y es que si algo es definitivo en esta perspectiva, es que el derecho administrativo no es, ni puede ser independiente de la actuación del gobierno, sea que del mismo resulte en un modelo político de Estado autoritario o de Estado democrático. Y para identificar dicho modelo por

---

18   Véase BREWER-CARÍAS, Allan R. *Authoritarian Government vs. The Rule of Law, Lectures and Essays (1999-2014) on the Venezuelan Authoritarian Regime Established in Contempt of the Constitution*, Fundación de Derecho Público, Editorial Jurídica Venezolana, Caracas 2014.

19   Véase BREWER-CARÍAS, Allan R., *Estado totalitario y desprecio a la ley. La desconstitucionalización, desjuridificación, desjudicialización y desdemocratización de Venezuela*, Fundación de Derecho Público, Editorial Jurídica Venezolana, segunda edición, (Con prólogo de José Ignacio Hernández), Caracas 2015.

20   Véase BREWER-CARÍAS, Allan R. "¿Reforma constitucional o mutación constitucional?: La experiencia venezolana." en *Revista de Derecho Público*, N° 137 (Primer Trimestre 2014, Editorial Jurídica Venezolana, Caracas 2014, pp. 19-65

21   Véase BREWER-CARÍAS, Allan R. *Ruina de la democracia*. Algunas consecuencias. Venezuela 2015, (Prólogo de Asdrúbal Aguiar), Colección Estudios Políticos, N° 12, Editorial Jurídica Venezolana, Caracas 2015.

22   Véase BREWER-CARÍAS, Allan R. *Dictadura Judicial y perversión del Estado de derecho. La Sala Constitucional y la destrucción de la democracia en Venezuela*, Colección Estudios Políticos, N° 13, Editorial Jurídica Venezolana International, Segunda edición ampliada, New York-Caracas, 6 de septiembre 2016.

23   Véase BREWER-CARÍAS, Allan R. *La patología de la justicia constitucional*, Tercera edición ampliada, Fundación de Derecho Público, Editorial Jurídica Venezolana, Caracas 2014; *Práctica y distorsión de la justicia constitucional en Venezuela* (2008-2012), Colección Justicia N° 3, Acceso a la Justicia, Academia de Ciencias Políticas y Sociales, Universidad Metropolitana, Editorial Jurídica Venezolana, Caracas 2012; *Crónica sobre la "in" justicia constitucional. La Sala Constitucional y el autoritarismo en Venezuela*, Colección Instituto de Derecho Público, Universidad Central de Venezuela, N° 2, Caracas 2007.

supuesto no podemos acudir a etiquetas o a definiciones constitucionales, sino a la práctica política del gobierno.

Un Estado autoritario será el resultado de la actuación de un gobierno autoritario, y en el mismo, a pesar de los enunciados constitucionales, lejos de haber un equilibrio entre los poderes de la Administración y los derechos de los particulares, lo que existe es más bien un marcado desequilibrio a favor del régimen de la Administración y su burocracia,[24] con pocas posibilidades de garantía de los derechos de los particulares frente a su actividad.

En cambio, el equilibrio antes mencionado sólo tiene posibilidad de pleno desarrollo en Estados con gobiernos democráticos, donde la supremacía constitucional esté asegurada, la separación y distribución del Poder sea el principio medular de la organización del Estrado, donde el ejercicio del Poder Público pueda ser efectivamente controlado judicialmente y por los otros medios dispuestos en la Constitución, y donde los derechos de los ciudadanos sean garantizados por un Poder Judicial independiente y autónomo.[25] Nada de ello se encuentra en los Estados con un régimen de gobierno autoritario, así sus gobernantes hayan podido haber sido electos, y se arropen con el lenguaje a veces florido de los textos constitucionales y legales.

Un ejemplo de esos floridos lenguajes legales, que contrastan con la práctica autoritaria del gobierno, es el que se encuentra en las normas destinadas a regular y formalizar la actividad administrativa, establecidas para asegurar la garantía de los derechos ciudadanos,[26] pero que no se cumplen. No solo me refiero al menosprecio sobrevenido de parte del régimen autoritario, por ejemplo, de los principios establecidos durante la época democrática en la Ley Orgánica de Procedimientos Administrativos de 1982 (*celeridad, economía, sencillez, eficacia, e imparcialidad* (art.

---

[24]   Véase BREWER-CARÍAS, Allan R. "Del derecho administrativo al servicio de los ciudadanos en el Estado democrático de derecho, al derecho administrativo al servicio de la burocracia en el Estado totalitario: La mutación en el caso de Venezuela," en *Revista de Derecho Público*, N° 142, Segundo semestre 2015, Editorial Jurídica Venezolana, Caracas 2015, pp. 7-30.

[25]   Véase BREWER-CARÍAS, Allan R. *Principios del Estado de derecho. Aproximación histórica*, Cuadernos de la Cátedra Mezerhane sobre democracia, Estado de derecho y derechos humanos, Miami Dade College, Programa Goberna Las Américas, Editorial Jurídica Venezolana International, Miami-Caracas, 2016.

[26]   Véase BREWER-CARÍAS, Allan R. *Principios del procedimiento administrativo en América Latina*, Universidad del Rosario, Colegio Mayor de Nuestra Señora del Rosario, Editorial Legis, Bogotá 2003.

30);[27] o en la Ley de Simplificación de Trámites Administrativos de 1999, reformada en 2008 (*simplicidad, transparencia, celeridad, eficacia, eficiencia, rendición de cuentas, solidaridad, presunción de buena fe del interesado o interesada, responsabilidad en el ejercicio de la función pública, desconcentración en la toma de decisiones por parte de los órganos de dirección y su actuación debe estar dirigida al servicio de las personas*), los cuales lamentablemente se fueron progresivamente tornando en ilusorios por la práctica autoritaria del gobierno, sino a la mentira legislativa reciente, al prever en leyes nuevas principios del procedimiento administrativo garantista que no se cumplen y que se desprecian abiertamente.[28] Basta hacer referencia, sobre esta contradicción, a los principios sobre el procedimiento administrativo formalmente incorporados en la más reciente pero que en la práctica son totalmente olvidados por la Administración, y que el Poder Judicial no controla, dada la sujeción de los tribunales al poder,[29] como fue el caso patético de una de las leyes que más atentaron contra el derecho al ejercicio de la libertad económica y del trabajo, como fue la Ley de Costos y Precios Justos de 2011.[30] En la misma se reguló una intervención estatal extrema en la actividad económica, que asignó poderes draconianos a los funcionarios controladores hasta permitirles decidir la intervención y clausura administrativa de establecimientos comerciales por sobrepasar un margen de ganancia arbitrariamente establecido; pero en la cual se declaró con toda la pompa imaginable que los procedimientos contemplados en la misma se regían específicamente por los principios de "*pu-*

---

27 Véase BREWER-CARÍAS, Allan R. *El derecho administrativo y la Ley Orgánica de Procedimientos Administrativos. Principios del Procedimiento Administrativo*, Editorial Jurídica Venezolana, 6ª edición ampliada, Caracas 2002.

28 Véase BREWER-CARÍAS, Allan R. *La mentira como política de Estado. Crónica de una crisis política permanente. Venezuela 1999-2015* (Prólogo de Manuel Rachadell), Colección Estudios Políticos, N° 10, Editorial Jurídica Venezolana, Caracas 2015.

29 Véase CANOVA GONZÁLEZ, Antonio. *La realidad del contencioso administrativo venezolano (Un llamado de atención frente a las desoladoras estadísticas de la Sala Político Administrativa en 2007 y primer semestre de 2008*, FUNEDA, Caracas 2009; CANOVA GONZÁLEZ, Antonio y otros, *El TSJ al servicio de la revolución*, Ed. Galipán, Caracas 2014; CHAVERO GAZDIK, Rafael J. *La Justicia Revolucionaria. Una década de reestructuración (o involución) Judicial en Venezuela*, Editorial Aequitas, Caracas 2011; LOUZA SCOGNAMIGLIO, Laura. *La revolución judicial en Venezuela*, FUNEDA, Caracas 2011; BREWER-CARÍAS, Allan R. "La progresiva y sistemática demolición institucional de la autonomía e independencia del Poder Judicial en Venezuela 1999-2004", en *XXX Jornadas J.M Domínguez Escovar, Estado de derecho, Administración de justicia y derechos humanos*, Instituto de Estudios Jurídicos del Estado Lara, Barquisimeto, 2005, pp. 33-174.

30 Véase en *Gaceta Oficial* N° 39.715 del 18 de julio de 2011.

blicidad, dirección e impulsión de oficio (oficialidad), primacía de la realidad (verdad material), libertad probatoria, lealtad y probidad procesal, notificación única" (art. 49),[31] a los que debían agregarse los principios declarados en la Constitución sobre la conducta general de la Administración (*principios de honestidad, participación, celeridad, eficacia, eficiencia, transparencia, rendición de cuentas y responsabilidad en el ejercicio de la función pública, con sometimiento pleno a la ley y al derecho*) (art. 141); y en otras leyes, como la Ley Orgánica de la Administración Pública de 2001, reformada en 2008 y 2014 (*principios de economía, celeridad, simplicidad, rendición de cuentas, eficacia, eficiencia, proporcionalidad, oportunidad, objetividad, imparcialidad, participación, honestidad, accesibilidad, uniformidad, modernidad, transparencia, buena fe, paralelismo de la forma y responsabilidad en el ejercicio de la misma, con sometimiento pleno a la ley y al derecho, y con supresión de las formalidades no esenciales*) (art. 10).

A nivel de principios formalmente declarados en la legislación, por tanto, podría concluirse que no habría en el derecho comparado un derecho administrativo más "garantista y democrático" que el venezolano; lo que sin embargo lo desmiente la realidad de la acción de la Administración, caracterizada por la ausencia de control de cualquier tipo, lo que la hace el reino de la arbitrariedad.

VII

De todo lo anterior resulta evidente por tanto, que cuando se habla de Estado democrático de derecho, y en el mismo, del derecho administrativo como punto de equilibrio entre potestades y prerrogativas públicas y derechos ciudadanos, el elemento fundamental que tiene que estar garantizado para que ese derecho administrativo tenga vigencia, es el control del ejercicio del poder,[32] que solo una efectiva separación de poderes puede garantizar, lo que además, es uno de los elementos esenciales de la democracia y que distingue el Estado democrático de derecho de un Estado de régimen autoritario. En este, a pesar de todas sus etiquetas constitucionales, esos derechos o elementos esenciales no pueden ser garantizados, por la ausencia de controles al ejercicio del poder, aún

---

31   La norma, por excesivamente garantista y de imposible cumplimiento por el régimen totalitario, fue eliminada en la nueva Ley Orgánica de Precios Justos de 2014, en *Gaceta Oficial* N° 40.340 de 23 de enero de 2014.

32   Véase BREWER-CARÍAS, Allan R. "Prólogo: Sobre el derecho a la democracia y el control del poder", al libro de Asdrúbal Aguiar, *El derecho a la democracia. La democracia en el derecho y la jurisprudencia interamericanos. La libertad de expresión, piedra angular de la democracia*, Editorial Jurídica Venezolana, Caracas 2008, pp. 19 ss.

cuando pueda tratarse de Estados en los cuales los gobiernos puedan haber tenido su origen en algún ejercicio electoral.

En definitiva, sólo controlando al Poder es que los ciudadanos pueden encontrar asegurados sus derechos debidamente equilibrados con los poderes Públicos, y sólo en ese marco es que es posible el desarrollo de un derecho administrativo de base democrática.

Para ello, de nuevo, no bastan las declaraciones constitucionales y ni siquiera la sola existencia de elecciones como bien lo ha puntualizado la *Carta Democrática Interamericana* (arts. 3 y 4), siendo demasiadas las experiencias en el mundo contemporáneo de toda suerte de tiranos que usaron el voto popular para acceder al poder, y que luego, mediante su ejercicio incontrolado, desmantelar la democracia y desarrollar gobiernos autoritarios, contrarios al pueblo, que acabaron con la propia democracia y con todos sus elementos,[33] comenzando por el irrespeto a los derechos humanos. Situación que por lo demás ha sido la de Venezuela, donde el gobierno autoritario se arraigó precisamente partiendo de elementos que se insertaron en la misma Constitución de 1999.[34]

En ella, en efecto, a pesar de haberse establecido una penta división del poder público en Legislativo, Ejecutivo, Judicial, Ciudadano y Electoral, se dispuso el germen de la concentración del poder que se tornó en letal cuando el Poder Ejecutivo controló políticamente a la Asamblea Nacional hasta enero de 2016, lo que permitió que progresivamente, los otros Poderes Públicos, y particularmente el Poder Judicial[35], el Poder

---

[33] Véase BREWER-CARÍAS, Allan R. *Dismantling Democracy. The Chávez Authoritarian Experiment*, Cambridge University Press, New York 2010.

[34] Véase los comentarios críticos a la semilla autoritaria en la Constitución de 1999, en BREWER-CARÍAS, Allan R. *Debate Constituyente (Aportes a la Asamblea Nacional Constituyente)*, T. III *(18 octubre-30 noviembre 1999)*, Fundación de Derecho Público-Editorial Jurídica Venezolana, Caracas, 1999, pp. 311-340; "Reflexiones críticas sobre la Constitución de Venezuela de 1999," en el libro de VALADÉS, Diego, CARBONELL, Miguel (Coordinadores), *Constitucionalismo Iberoamericano del Siglo XXI*, Cámara de Diputados. LVII Legislatura, Universidad Nacional Autónoma de México, México 2000, pp. 171-193; en *Revista de Derecho Público*, N° 81, Editorial Jurídica Venezolana, Caracas, enero-marzo 2000, pp. 7-21; en *Revista Facultad de Derecho, Derechos y Valores*, Volumen III N° 5, Universidad Militar Nueva Granada, Santafé de Bogotá, D.C., Colombia, Julio 2000, pp. 9-26; y en el libro *La Constitución de 1999*, Biblioteca de la Academia de Ciencias Políticas y Sociales, Serie Eventos 14, Caracas, 2000, pp. 63-88.

[35] Véase BREWER-CARÍAS, Allan R. "La progresiva y sistemática demolición de la autonomía en independencia del Poder Judicial en Venezuela (1999-2004)", en *XXX Jornadas J.M Domínguez Escovar, Estado de derecho, Administración de justicia y derechos humanos*, Instituto de Estudios Jurídicos del Estado Lara,

Ciudadano y el Poder Electoral[36] quedasen sometidos a la voluntad del Ejecutivo. Por ello en noviembre de 1999, aún antes de que la Constitución se sometiera a referendo aprobatorio, advertí que si la Constitución se aprobaba, ello iba a implicar la implantación en Venezuela, de:

"un esquema institucional concebido para el autoritarismo derivado de la combinación del centralismo del Estado, el presidencialismo exacerbado, la democracia de partidos, la concentración de poder en la Asamblea y el militarismo, que constituye el elemento central diseñado para la organización del poder del Estado." [37]

En mi opinión –agregaba–, esto no era lo que en 1999 se requería para el perfeccionamiento de la democracia; la cual al contrario, se debió basar "en la descentralización del poder, en un presidencialismo controlado y moderado, en la participación política para balancear el poder del Estado y en la sujeción de la autoridad militar a la autoridad civil."[38]

La dependencia de todos los órganos de control respecto de la Asamblea Nacional, fue lo que originó la abstención total de los órganos de control de ejercer las potestades que le son atribuidas, y con ello, la práctica política de concentración total del poder en manos del Ejecutivo, dado el control político partidista que éste ejercía sobre la Asamblea Nacional, que le delegó durante lustros la potestad de legislar mediante decretos leyes, y por tanto, la configuración de un modelo político autoritario; que lamentablemente no se le ha permitido evolucionar a pesar de que después de las elecciones legislativas de diciembre de 2016, la Asamblea Nacional hayan se haya independizado del Poder Ejecutivo.

Barquisimeto, 2005, pp. 33-174; y "La justicia sometida al poder [La ausencia de independencia y autonomía de los jueces en Venezuela por la interminable emergencia del Poder Judicial (1999-2006)]" en *Cuestiones Internacionales. Anuario Jurídico Villanueva 2007,* Centro Universitario Villanueva, Marcial Pons, Madrid, 2007, pp. 25-57.

[36]   Véase BREWER-CARÍAS, Allan R. "El secuestro del Poder Electoral y la confiscación del derecho a la participación política mediante el referendo revocatorio presidencial: Venezuela 2000-2004,", en *Boletín Mexicano de Derecho Comparado,* Instituto de Investigaciones Jurídicas, Universidad Nacional Autónoma de México, Nº 112, México, enero-abril 2005 pp. 11-73; *La Sala Constitucional versus el Estado Democrático de Derecho. El secuestro del poder electoral y de la Sala Electoral del Tribunal Supremo y la confiscación del derecho a la participación política,* Los Libros de El Nacional, Colección Ares, Caracas, 2004, 172 pp.

[37]   Documento de 30 de noviembre de 1999. *V.,* en BREWER-CARÍAS, Allan R. *Debate Constituyente (Aportes a la Asamblea Nacional Constituyente),* T. III, Fundación de Derecho Público, Editorial Jurídica Venezolana, Caracas, 1999, p. 339.

[38]   *Ídem.*

Los otros Poderes Públicos controlados por el Poder Ejecutivo, en particular el Poder Judicial a través del Tribunal Supremo de Justicia, se encargaron durante 2016 de aniquilar y neutralizar totalmente a la Asamblea Nacional, eliminándole todas sus funciones legislativas, de control político y deliberantes.[39]

Fue ese sistema de ausencia de autonomía y de independencia de los poderes del Estado respecto del Ejecutivo Nacional, lo que eliminó toda posibilidad real de asegurar un equilibrio entre el poder de la Administración del Estado y los derechos ciudadanos, siendo difícil por tanto poder identificar a la Administración Pública como entidad al servicio de estos, los cuales lamentablemente en los últimos años sólo han podido entrar en relación con la misma en dos formas: por una parte, en cuanto a los privilegiados del poder, como consecuencia de la pertenencia política al régimen o a su partido único, con todas las prebendas y parcialidades de parte de los funcionarios; y por otra parte, en cuanto a los marginados del poder cuando acuden ante la Administración por necesidad ciudadana, solo pueden rogar las más elementales actuaciones públicas, como es por ejemplo solicitar autorizaciones, licencias, permisos o habilitaciones, las cuales no siempre son atendidas y más bien tratadas como si lo que se estuviera requiriendo fueran favores y no derechos o el cumplimiento de obligaciones públicas. En ambas situaciones, lamentablemente, el equilibrio entre poderes del Estado y derechos ciudadanos de los administrados desapareció, sin que hayan existido elementos de control para restablecerlo: se ha privilegiado y se ha marginado, como producto de una discriminación política antes nunca vista, sin posibilidad alguna de control.

En ese marco, el derecho administrativo formalmente concebido para la democracia, en la práctica pasó a ser un instrumento más del autoritarismo.

VIII

Bajo otro ángulo, y también como parte del derecho ciudadano a la separación de poderes y como parte del derecho a la democracia, que es lo que puede dar origen a un derecho administrativo democrático, está en particular el derecho ciudadano a la independencia y autonomía de los jueces que tiene que estar garantizadas en cualquier Estado democrático de derecho; siendo el control judicial del poder la piedra angular del

---

[39] BREWER-CARÍAS, Allan R. *Dictadura Judicial y perversión del Estado de derecho. La Sala Constitucional y la destrucción de la democracia en Venezuela*, Colección Estudios Políticos, N° 13, Editorial Jurídica Venezolana International, Segunda edición ampliada, New York-Caracas, 2016

equilibrio mencionado que debe asegurar el derecho administrativo en un Estado democrático de derecho. Como lo observa el profesor Araujo Juárez en su libro, en definitiva, "el valor superior Justicia constituye uno de los fines específicos y propios del modelo de organización jurídico-político del Estado venezolano," siendo la garantía de acceso al Sistema de Justicia el "elemento institucional fundamental que da vida al establecimiento no solo formal sino material de los derechos y garantías sociales, políticos, económicos y culturales."

Pero de nuevo, en este campo, para calibrar la existencia de esos presupuestos del Estado de Justicia, no podemos atenernos a las etiquetas constitucionales. En esta materia, de nuevo, la Constitución de 1999 está repleta de principios, como los de la independencia y autonomía del Poder Judicial que están declarados en el artículo 254 de la Constitución venezolana de 1999, pero que han sido letra muerta. No hay que olvidar que la base fundamental para asegurarlas está en las normas relativas al ingreso de los jueces a la carrera judicial y a su permanencia y estabilidad en los cargos, que no se cumplen y nunca se han cumplido en los más de tres lustros de vigencia del texto fundamental. Sin embargo, si solo nos atuviéramos al texto constitucional, para quien lea las normas constitucionales, solo podría encontrarse maravillado, por ejemplo, de encontrar que el artículo 255 de la Constitución, en cuanto a la carrera judicial, dice que el ingreso a la misma y el ascenso de los jueces sólo se puede hacer mediante concursos públicos de oposición que aseguren la idoneidad y excelencia de los participantes, debiendo además la ley garantizar la participación ciudadana en el procedimiento de selección y designación de los jueces. Sin embargo, nunca, durante la vigencia de la Constitución, esos concursos han sido desarrollados en esa forma.

Además, el lector de buena fe, en cuanto a la estabilidad de los jueces, constatará que la Constitución dice que los mismos sólo pueden ser removidos o suspendidos de sus cargos mediante juicios disciplinarios llevados a cabo ante jueces disciplinarios (art. 255). Ello, sin embargo, jamás se ha implementado, habiéndose más bien regularizado a partir de 1999,[40] una ilegítima transitoriedad constitucional que atribuyó a una Comisión de Funcionamiento del Poder Judicial creada *ad hoc* para "de-

---

[40]   Véase nuestro voto salvado a la intervención del Poder Judicial por la Asamblea Nacional Constituyente en BREWER-CARÍAS, Allan R. *Debate Constituyente, (Aportes a la Asamblea Nacional Constituyente)*, T. I, (8 agosto-8 septiembre), Caracas 1999; y las críticas formuladas a ese proceso en BREWER-CARÍAS, Allan R. *Golpe de Estado y proceso constituyente en Venezuela*, Universidad Nacional Autónoma de México, México, 2002.

purar" el poder judicial,[41] la cual funcionó durante más de 10 años, destituyendo materialmente a casi todos los jueces del país, discrecionalmente y sin garantía alguna del debido proceso,[42] habiéndose reemplazado a los jueces destituidos, por jueces provisorios o temporales,[43] por supuesto dependientes del Poder y sin garantía alguna de estabilidad. Ello, por lo demás, ha continuado hasta el presente, demoliéndose sistemáticamente la autonomía judicial, sin que haya variado nada la creación en 2011 de unos tribunales de la llamada "Jurisdicción Disciplinaria Judicial" que quedó sujeta a la Asamblea Nacional hasta diciembre de 2015, mientras ésta estuvo controlada por el Poder Ejecutivo, órgano que designó políticamente a los llamados "jueces disciplinarios."[44]

Con todo ello, el derecho a la tutela judicial efectiva y al control judicial del poder del Estado en Venezuela quedó marginado, siendo imposible garantizar efectivamente equilibrio alguno entre el Estado y su

---

[41]   Véase BREWER-CARÍAS, Allan R. "La justicia sometida al poder y la interminable emergencia del poder judicial (1999-2006)", en *Derecho y democracia. Cuadernos Universitarios*, Órgano de Divulgación Académica, Vicerrectorado Académico, Universidad Metropolitana, Año II, N° 11, Caracas, septiembre 2007, pp. 122-138.

[42]   La Comisión Interamericana de Derechos Humanos también lo registró en el Capítulo IV del *Informe* que rindió ante la Asamblea General de la OEA en 2006, que los "casos de destituciones, sustituciones y otro tipo de medidas que, en razón de la provisionalidad y los procesos de reforma, han generado dificultades para una plena vigencia de la independencia judicial en Venezuela" (párrafo 291); destacando aquellas "destituciones y sustituciones que son señaladas como represalias por la toma de decisiones contrarias al Gobierno" (párrafo 295 ss.); concluyendo que para 2005, según cifras oficiales, "el 18,30% de las juezas y jueces son titulares y 81,70% están en condiciones de provisionalidad" (párrafo 202).

[43]   En el *Informe Especial* de la Comisión sobre Venezuela correspondiente al año 2003, la misma también expresó, que "un aspecto vinculado a la autonomía e independencia del Poder Judicial es el relativo al carácter provisorio de los jueces en el sistema judicial de Venezuela. Actualmente, la información proporcionada por las distintas fuentes indica que más del 80% de los jueces venezolanos son "provisionales". *Informe sobre la Situación de los Derechos Humanos en Venezuela 2003, cit.* párr. 161.

[44]   Véase BREWER-CARÍAS, Allan R. "Sobre la ausencia de independencia y autonomía judicial en Venezuela, a los doce años de vigencia de la constitución de 1999 (O sobre la interminable transitoriedad que en fraude continuado a la voluntad popular y a las normas de la Constitución, ha impedido la vigencia de la garantía de la estabilidad de los jueces y el funcionamiento efectivo de una "jurisdicción disciplinaria judicial"), en *Independencia Judicial*, Colección Estado de Derecho, T. I, Academia de Ciencias Políticas y Sociales, Acceso a la Justicia org., Fundación de Estudios de Derecho Administrativo (FUNEDA), Universidad Metropolitana (UNIMET), Caracas 2012, pp. 9-103.

Administración y los derechos de los ciudadanos-administrados; lo que se agravó con la configuración del Tribunal Supremo de Justicia de Venezuela como un poder altamente politizado,[45] y lamentablemente sujeto a la voluntad del Presidente de la República, lo que en la práctica ha significado la eliminación de toda la autonomía del Poder Judicial, consolidando una dictadura judicial.[46]

Con todo esto, el Poder Judicial abandonó su función fundamental de servir de instrumento de control de las actividades de los otros órganos del Estado para asegurar su sometimiento a la ley, particularmente de la Administración Pública, habiendo materialmente desaparecido el derecho ciudadano a la tutela judicial efectiva y al controlar del poder, lo que se ha manifestado patéticamente en el ámbito de la jurisdicción contencioso administrativa, que de instrumento estatal para la tutela efectiva de los derechos ciudadanos, ha sido convertida en el instrumento judicial para garantizar que los actos de la Administración nunca serán anulados, y que nunca el ciudadano podrá exigir responsabilidad a los funcionarios o al Estado por los daños causados por el funcionamiento de la Administración.[47]

En ese marco, por tanto, las declaraciones constitucionales de derechos no resultan otra cosa sino letra muerta, y el derecho administrativo no puede servir para garantizar ningún equilibrio entre poderes del Estado y derechos ciudadanos, convirtiéndose solo en un instrumento más del autoritarismo.

IX

De todo lo anterior queda por tanto en evidencia que para que exista un derecho administrativo que garantice el equilibrio entre el poder del Estado y los derechos ciudadanos, no son suficientes las declaraciones

---

[45]   Véase lo expresado por el magistrado Francisco Carrasqueño, en la apertura del año judicial en enero de 2008, al explicar que : "no es cierto que el ejercicio del poder político se limite al Legislativo, sino que tiene su continuación en los tribunales, en la misma medida que el Ejecutivo", dejando claro que la "aplicación del Derecho no es neutra y menos aun la actividad de los magistrados, porque según se dice en la doctrina, deben ser reflejo de la política, sin vulnerar la independencia de la actividad judicial". *V.*, en *El Universal*, Caracas, 29-01-2008.

[46]   Véase BREWER-CARÍAS, Allan R. *Dictadura Judicial y perversión del Estado de derecho. La Sala Constitucional y la destrucción de la democracia en Venezuela*, Colección Estudios Políticos, N° 13, Editorial Jurídica Venezolana International. Segunda edición ampliada. New York-Caracas, 2016.

[47]   Véase CANOVA GONZÁLEZ, Antonio. *La realidad del contencioso administrativo venezolano (Un llamado de atención frente a las desoladoras estadísticas de la Sala Político Administrativa en 2007 y primer semestre de 2008)*, FUNEDA, Caracas 2009.

contenidas en los textos constitucionales como es el caso en Venezuela, donde la Constitución regula el derecho al sufragio y la participación política; la división o separación horizontal del Poder Público, y su distribución vertical o territorial del poder público, de manera que los diversos poderes del Estado puedan limitarse mutuamente.

Tampoco bastan las declaraciones que se refieran a la posibilidad de los ciudadanos de controlar el poder del Estado, mediante elecciones libres y justas que garanticen la alternabilidad republicana; mediante un sistema de partidos que permita el libre juego del pluralismo democrático; mediante la libre manifestación y expresión del pensamiento y de la información que movilice la opinión pública; o mediante el ejercicio de recursos judiciales ante jueces independientes que permitan asegurar la vigencia de los derechos humanos y el sometimiento del Estado al derecho.

Y tampoco bastan las declaraciones constitucionales sobre la "democracia participativa y protagónica" o la descentralización del Estado; así como tampoco la declaración extensa de derechos humanos. Tampoco es suficiente que se haya producido un completo proceso de constitucionalización del derecho administrativo, insertando en la Constitución todos sus principios más esenciales.

Además de todas esas declaraciones, es necesaria que haya un gobierno democrático y que la práctica política democrática asegure efectivamente la posibilidad de controlar el poder, como única forma de garantizar la vigencia del Estado de derecho, y el ejercicio real de los derechos humanos; y que el derecho administrativo pueda consolidarse como un régimen jurídico de la Administración que disponga el equilibrio entre los poderes del Estado y los derechos de los administrados.

Lamentablemente, en Venezuela, después de las cuatro décadas de práctica democrática que vivió el país entre 1959 y 1999, durante estos últimos tres lustros, a partir de 1999 hasta la fecha, en fraude continuo a la Constitución efectuado por el Legislador y por el Tribunal Supremo de Justicia, guiados por el Poder Ejecutivo, a pesar de las excelentes normas constitucionales que están insertas en el Texto fundamental derivadas del proceso de constitucionalización del derecho administrativo, se ha venido estructurando un Estado autoritario en contra de las mismas, que ha aniquilado toda posibilidad real de control del ejercicio del poder y, en definitiva, el derecho mismo de los ciudadanos a la democracia.

Y con ello, toda posibilidad de que el derecho administrativo sea ese derecho que asegure el equilibrio entre los poderes del Estado y los derechos ciudadanos que el Estado democrático de derecho exige convirtiéndose en un derecho administrativo al servicio exclusivo de la Administración y de los funcionarios, donde no hay campo para reclamo o control, sino sólo para el acatamiento sin discusión.

Es por ello que el profesor Araujo Juárez, en este excelente libro, que como dijimos al inicio, es el estudio más completo que se haya publicado en el país sobre los principios generales del derecho público (constitucional y administrativo), concluya su trabajo señalando que en el marco antes analizado "el Derecho administrativo en la actualidad no es el Derecho administrativo del Estado de Derecho en un Estado democrático, social y de Justicia." Sin embargo, considerando que "el derecho administrativo contemporáneo dentro del marco de la Constitución debe ser el propio de un Estado democrático, social de Derecho y de Justicia," el propio profesor Araujo plantea, con razón, y de allí la utilidad en el futuro de este libro, que la necesaria "reconstrucción y comprensión" del derecho administrativo, que necesariamente deberá ocurrir, deberá estar "condicionado por los principios generales, valores superiores y fines esenciales constitucionales que están a la base de ese modelo de organización jurídico-político adoptado por el Poder constituyente de 1999," superándose la deformación autoritaria que ha sufrido en los últimos años.

Y esos principios generales, valores superiores y fines esenciales constitucionales del Estado conforme al modelo que está en la Constitución de 1999, son precisamente los que Araujo Juárez ha estudiado en este libro, donde los administrativistas que acometan esa reconstrucción encontrarán todo lo necesario. Por ello, para concluir, no sólo debemos felicitar al profesor Araujo Juárez por haber culminado esta excelente obra, sino además, agradecerle que lo haya hecho en beneficio de todos.

Nueva York, noviembre de 2016

CAPÍTULO I

EL DERECHO ADMINISTRATIVO
Y LA CONSTITUCIÓN

I. INTRODUCCIÓN

§1. Advertencia — La actualización del ensayo[1] que publicáramos en su oportunidad, mantiene aún la doble finalidad que podría calificarse como de instrumental, por una parte, y metodológica, por la otra. Lo primero, porque se centra sobre todo en elementos que podrán utilizarse como instrumentos de análisis de un buen número de materias de articulación entre el Derecho administrativo y la Constitución y el Derecho constitucional. Y lo segundo, porque el análisis que se ofrece tiene, también, un carácter metodológico, ya que se pretende reforzar el estudio del Derecho administrativo constitucional al puesto de sector de referencia del que extraer el material para la reconstrucción sistemática del Derecho administrativo contemporáneo –tanto de la Parte General como de la Parte Especial– que se encuentra demasiado vinculado a la Constitución, y en cuyo marco se ha de llevar a cabo la impostergable revisión, innovación y revalorización científica integral de esta rama del Derecho público. Es ahí donde se ha de producir y gestar la revisión de los dogmas tradicionales y la construcción de nuevas categorías jurídicas más eficaces, y donde podrá darse respuesta a los graves retos que el panorama actual suscita.

Y es que la caracterización clásica del Derecho administrativo y de sus categorías jurídicas deberá ir adecuándose para construir un nuevo concepto con otras nuevas características. Está emergiendo un nuevo Derecho administrativo desde paradigmas y postulados diferentes a los clásicos que hemos conocido. Pero, al fin y al cabo, Derecho administrativo, convertido hoy por hoy en una de las grandes áreas del saber jurí-

---

[1]   ARAUJO-JUÁREZ, J., *Introducción al Derecho Administrativo Constitucional*, Serie Cuadernos, Ediciones Paredes, Caracas, 2009.

dico. Sin embargo, los objetivos mencionados hacen imprescindible situar la exposición en el adecuado grado de abstracción, ya que la pretensión sistemática así lo exige y sin querer, por supuesto, profundizar en la exposición y discusión de las muchas cuestiones que irán surgiendo –ello sería más propio de un Manual de Derecho administrativo o de Derecho constitucional que de uno como el aquí realizado–.

§2. Planteamiento de la cuestión — El punto de partida del estudio sobre la teoría del Derecho administrativo constitucional ha de ser necesariamente la Constitución. En efecto, un hecho importantísimo en el Ordenamiento jurídico de Venezuela lo constituye la aprobación de la Constitución del año 1999[2], fruto de un arduo proceso constituyente que influye en las nuevas y específicas cuestiones que el Derecho administrativo de nuestro tiempo debe resolver ante la emergencia de nueva formas de la Administración Pública y de la gestión pública del siglo XXI.

Es sabido que todo Derecho aspira a la eficacia, a su efectividad. De ahí que las categorías e instituciones jurídicas no pueden ser estudiadas meramente como algo abstracto, supraordenado y objetivo, esto es, al margen de su eficacia; por el contrario, hay que recordarlo, las instituciones jurídicas y dentro de ellas, la Constitución, deben ser estudiadas en su operatividad, con un influjo efectivo y creciente (E. GARCÍA DE ENTERRÍA)[3], es decir, como el vehículo que permite el desarrollo de la vida social y política.

Ahora bien, la Constitución, en tanto es la primera de las "normas de producción", la *norma normarum*, se manifiesta como el resultado de la autodeterminación de la Sociedad, incorporando un condensado de principios, valores y fines esenciales, que si no se cumplen podrán llamarse tales, pero lo serán solo en un sentido nominalista o semántico, con lo cual se evidencia como señalara el constitucionalista alemán K. LOEWENSTEIN[4], que una visión eminentemente formalista es insuficiente para identificar el concepto actual de Constitución.

En tal sentido, es bien cierto que la Constitución se erige sobre la afirmación de su carácter plenamente normativo, y como tal una institu-

---

[2]   La Constitución de 1999 fue aprobada mediante Referendo de fecha 15 de diciembre de 1999 y publicada en G.O. N° 36.600, y después publicada con correcciones en G.O. N° 5.453 Extr., de fecha 24 de marzo de 2000.

[3]   GARCÍA DE ENTERRÍA, E. y FERNÁNDEZ, T. R., *Curso de Derecho Administrativo*, T. 1, 12ª. ed., Thomson-Civitas, Madrid, 2004, p. 113.

[4]   LOEWENSTEIN, K., *Teoría de la Constitución*, traducción al español, Ed. Ariel, Barcelona, 1964, p. 217 y ss.

ción jurídica, pero también su análisis exige que habrá de desarrollarse en su instrumentación, es decir, a la luz de su proyección social, pues tal como señala J. GONZÁLEZ PÉREZ[5] el Derecho "ha de ser real. Un Derecho que no es real. No es derecho, es utopía", y, por consiguiente, como muy bien advierte R. BIELSA[6]: "[...] el derecho expresado en declaraciones y preceptos constitucionales equivaldría a un medicamento que, no obstante su virtud, no se suministraría al que lo necesita para defender su salud".

§3. Crisis de crecimiento del Derecho administrativo — Lo anteriormente expuesto conecta naturalmente con la denominada "crisis de crecimiento" (P. WEIL)[7] que experimenta el Derecho administrativo de nuestro tiempo.

En efecto, hoy día es fácil constatar que dentro del ámbito del Derecho administrativo se suman y convergen nuevos fenómenos de singular impacto, por ejemplo, nuevas estructuras administrativas independientes, nuevos sectores para regular, la corresponsabilidad entre el sector público y el privado, o en fin, la misma globalización. Todo ello justifica que, con las miras puestas siempre en la Constitución, el Derecho administrativo esté llamado a actualizar una y otra vez lo que J. BARNÉS[8], autor *iusadministrativista* a quien seguiremos muy de cerca en este tema por su extraordinaria lucidez en tiempos actuales, denomina –tomando a préstamo el lenguaje de la inteligencia artificial–, el "sistema operativo", esto es, los elementos que conforman su arquitectura fundamental, si no se quiere evitar que nuestra disciplina se deslice hacia una suerte de "obsolescencia programada" –y valga de nuevo la imagen–.

§4. Innovación del Derecho administrativo — Ello supone, en consecuencia, que ante la promulgación de una nueva Constitución que se ha renovado sustancialmente, surja la necesidad imperiosa de actualizar (repensar, reconstruir) el Derecho administrativo contemporáneo, mediante un movimiento de revisión, innovación y revalorización científica integral cuando acontecen cambios profundos en la Sociedad y en el Estado. Pero ello ha merecido escasa atención entre la doctrina nacional y

---

5   GONZÁLEZ PÉREZ, J., "El método en el derecho administrativo", en *RAP*, N° 22, 1957, p. 38.

6   BIELSA, R., *Derecho administrativo*, T. 1, La Ley, Buenos Aires, 1964, p. 40.

7   WEIL, P., ET POUYAUD, D., *Le Droit Administratif*, 24ème. ed., *Que sais-je?*, PUF, Paris, 2010, p. 17.

8   BARNÉS, J., "La interacción entre la Constitución y el Derecho administrativo: límites y patologías", en *Constitucionalización del Derecho administrativo*, *XV Jornadas Internacionales de Derecho Administrativo*, Ed. A. Montaña Plata y A. F., Ospina Garzón, Universidad Externado de Colombia, Bogotá, 2014, p. 508.

comparada, salvo contadas y honrosas excepciones, habituados como estamos a la continuidad y estabilidad de los dogmas tradicionales con los que opera. Y es que como sostiene el citado BARNÉS[9], a la Constitución no le es indiferente la efectividad o la obsolescencia del Derecho administrativo. La Constitución necesita del Derecho administrativo, pues éste es a la Constitución, lo que la ciencia aplicada es a la ciencia básica.

Ahora bien, actualizar es poner al día. El Derecho administrativo está urgido, cuando concurren tales circunstancias, de una sistematización más profunda, a fin de dar respuestas a una realidad en continuo cambio. Y he aquí cómo el fenómeno de constitucionalización juega un papel fundamental, con lo que se abre una nueva era. La Constitución obliga a una profunda innovación del contenido, la sistemática y la misión del Derecho administrativo si se quiere adaptado al Siglo XXI, que es precisamente la perspectiva del movimiento de innovación y de reforma que encabezan los trabajos del administrativista alemán E. SCHMIDT-AßMANN[10], y que contiene una de las más notables reflexiones de la doctrina *iusadministrativa* de los últimos tiempos, con una contundente frase de partida: "¡La constitucionalización exige creatividad! Ella es un proyecto de la práctica y de la ciencia"[11].

Esta es también la tesis central de la que aquí se parte. En efecto, según SCHMIDT-ASSMANN[12], para determinar en qué medida una categoría administrativa cumple su función o, por el contrario, no conduce a resultados razonables –indicio suficiente de que habrá que cuestionarla y someterla a revisión–, se habrá de tener en cuenta el siguiente test de revisión: (i) una caracterización del Derecho administrativo como "ciencia de dirección", que se asienta sobre la premisa de que la ciencia jurídica no puede conformarse sin más con la mera construcción dogmática de categorías y doctrinas sino que, asimismo, debe ocuparse por encontrar las condiciones y los presupuestos que hagan posible que el Derecho administrativo sea eficaz y eficiente; (ii) una comprensión más amplia de su sistema y de los objetivos a los que ha de atender la ciencia del Derecho administrativo; y por último (iii) el cultivo de novedosos sectores de referencia, cuenta tenida de los problemas, intereses y objetivos específicos que ellos suscitan.

---

9   BARNÉS, J., *Ob. cit.*, nota 8, pp. 507, 508 y 509.

10   SCHMIDT-AßMANN, E., *La Teoría General del Derecho Administrativo como Sistema. Objeto y fundamentos de la construcción sistemática*, Trad. española, INAP-Marcial Pons, Madrid, 2003.

11   *Ibídem*, p. 35.

12   *Ibídem*, pp. 27 y ss.

Así las cosas, sostiene A. F. OSPINA GARZÓN[13], el movimiento de innovación y de reforma del Derecho administrativo hace parte del mismo grupo de fenómenos al que pertenecen otras tantas teorías suficientemente conocidas: la huida del Derecho administrativo, la contractualización, la convencionalidad, la constitucionalización y, por último, la globalización del Derecho administrativo, que todas ellos no hacen sino poner en evidencia su permanente adaptación, evolución, transformación y revalorización. Y es que, ciertamente, se señala que ningún otro Derecho es tan dinámico como el administrativo y su interés intelectual consiste, justamente, en sus constantes transformaciones: las grandes teorías caducan, se adaptan a modelos políticos distintos, se modulan por la economía, se convierten en instrumentos de la Democracia y en no pocos casos hasta su enemigo, y en fin, deben responder a las aspiraciones actuales de la Sociedad como serían la rapidez y la facilidad de las tecnologías de la información, el medio ambiente y, por último, la globalización[14].

§5. Adaptación del Derecho administrativo — En mérito a lo expuesto se pregunta OSPINA GARZÓN[15]: ¿acaso no es esta capacidad de adaptación lo que va a permitir, según la teoría de la evolución de las especies, vaticinar la perennidad del Derecho administrativo? Así, de entrada pareciera que las Constituciones le imprimen estabilidad al Derecho administrativo, pero también las Constituciones cambian, y por ello mismo van a permitir su maleabilidad y adaptabilidad, guiadas por un nuevo contenido sustancial o material de la Constitución, y que según G. J. BIDART CAMPOS[16], es allí donde se alberga el plexo de principios, valores superiores y fines esenciales que la alimentan como fuente primaria de valor normativo.

Es por ello que, concluimos junto a OSPINA GARZÓN[17], no hay un Derecho más actual que el Derecho administrativo, que pueda reflejar de

---

[13] OSPINA GARZÓN, A. F., "Presentación" a la obra *Constitucionalización del Derecho administrativo, XV Jornadas Internacionales de Derecho Administrativo*, Ed. A. Montaña Plata y A. F., Ospina Garzón, Universidad Externado de Colombia, Bogotá, 2014, p. 11.

[14] En este sentido es digno de mencionar que la doctrina nacional ha empezado a trabajar sobre este tema. Véase MUCI BORJAS, J. A., *El Derecho Administrativo Global y Los Tratados Bilaterales de Inversión (BITs)*, EJV, Caracas, 2007; y HERNÁNDEZ, J. I., *Derecho administrativo global y arbitraje internacional de inversiones*, EJV-CIDEP, Caracas, 2016.

[15] OSPINA GARZÓN, A. E., *Ob. cit.*, nota 13, p. 11.

[16] BIDART CAMPOS, G. J. *El derecho de la Constitución y su fuerza normativa*, Ediar, Buenos Aires, 1995, pp. 115 y ss.

[17] OSPINA GARZÓN, A. E., *Ob. cit.*, nota 13, p. 11.

mejor manera el estado de una Sociedad, en la medida que deba acompañar las transformaciones sociales que se reflejan en el Derecho, en el rol del propio Estado frente a la Sociedad, en lo que se espera del Estado y de la Administración Pública. En suma, el rol del ciudadano frente al Poder Público y viceversa, todo ello dentro de la más alta misión que le cabe cumplir como es la búsqueda de una mejor "ciudadanía administrativa", y cuyo núcleo es la garantía constitucional del valor superior en la defensa y desarrollo de la persona y el respeto a su dignidad.

En efecto, quienes estudiamos el Derecho administrativo, hemos aprendido que la idea de capacidad de respuesta, de funcionalidad y de eficacia ha encontrado su sitio a lo largo de dos siglos de su evolución y de su definitiva consolidación. Pero también es cierto que cuando de espaldas a la Sociedad, el Derecho administrativo se resiste al cambio, esto es, no da cumplida respuesta a nuevas necesidades, no es capaz de aprehender por entero las nuevas amenazas o peligros de carácter estructural que emergen en la actualidad, entonces se vuelve anacrónico, obsoleto e incluso decepcionante. Frente a esta patología, el fenómeno de constitucionalización del Derecho administrativo se devela como el motor principal de innovación y readaptación del Derecho administrativo a las expectativas de evolución en los albores del Siglo XXI.

Por otra parte, el Derecho administrativo tiene que coexistir hoy con un Derecho cada vez más rico, de origen supranacional o internacional, lo que exige el establecimiento de reglas que disciplinen las relaciones entre las diversas fuentes e instituciones jurídicas. En tal sentido mencionamos la importancia creciente que en el orden o bloque normativo y jurisprudencial sobre el Derecho internacional convencional ha adquirido la teoría del control de convencionalidad, como mecanismo para cumplir en el Ordenamiento interno con los estándares o criterios fijados normativamente en los instrumentos jurídicos internacionales vinculantes –Tratados, Convenios, Convenciones, etc.– y sus interpretaciones, con relación a las exigencias de protección y eficacia de los derechos humanos (J. O. SANTOFIMIO GAMBOA)[18], con lo cual también se abre una nueva época y se proyecta como nuevo paradigma del Derecho administrativo

---

[18]   SANTOFIMIO GAMBOA, J. O., "Convencionalidad y Derecho administrativo: interacciones sistémicas en el Estado Social de Derecho que procura la eficacia de los derechos humanos, el Derecho Internacional Humanitario y el derecho de gentes", en *Constitucionalización del Derecho administrativo, XV Jornadas Internacionales de Derecho Administrativo*, Ed. A. Montaña Plata y A. F., Ospina Garzón, Universidad Externado de Colombia, Bogotá, 2014, p. 623; y *El concepto de convencionalidad. Vicisitudes para su construcción sustancial en el sistema interamericano de Derechos Humanos. Ideas fuerzas rectoras.* Universidad Externado de Colombia, Bogotá, 2017.

contemporáneo, y cuya temática ya ha sido abordada en nuestro país (C. AYALA CORAO, A. B. BREWER-CARIAS y V. HERNÁNDEZ-MENDIBLE)[19].

Y solo entonces se cumplirá la deseable profecía de SCHMIDT-AßMANN[20]: "El Derecho Administrativo continuará manteniendo por ello una posición central en el sistema jurídico".

§6. Metodología — Así las cosas, conviene hacer la advertencia de orden metodológico, en el sentido que una obra Derecho administrativo constitucional debería abarcar como pauta sistemática los aspectos siguientes[21]:

(i)   El sistema de relaciones y funciones entre el Derecho administrativo y el Derecho constitucional.

(ii) La proyección del modelo de organización jurídico-político del Estado en el sistema del Derecho administrativo.

(iii) Los principios, valores superiores y fines esenciales de rango constitucional que irradian al Derecho administrativo.

(iv) Y por último, las categorías del Derecho administrativo que han sido elevadas con rango jerárquico constitucional.

En consecuencia, y sin pretensión de exhaustividad, es preciso entonces volver sobre el tema de la vinculación y las funciones entre el Derecho administrativo y el Derecho constitucional a través del denominado Derecho administrativo constitucional. Lógicamente es ésta una tarea que no puede más que emprenderse desde el estudio y análisis del propio texto de la Constitución.

---

19   AYALA CORAO, C., Hacia el control de convencionalidad, en *Libro Homenaje al Dr. Néstor Pedro Sagües. La Justicia Constitucional en el Estado Social de Derecho*, (Coord. G. Pérez Salazar), FUNEDA, Caracas, 2012; BREWER-CARÍAS, A. R., *Estudios sobre control de convencionalidad*, EJV, Caracas, 2015; y HERNÁNDEZ-MENDIBLE, V., "El derecho y la justicia convencional interamericana como garantes para la sostenibilidad de la paz" (En original) y "El control de convencionalidad como medio de protección de los Derechos Humanos en una sociedad democrática" (En original).

20   SCHMIDT-AßMANN, E., "El Derecho Administrativo General desde una perspectiva europea", en *JA*, N° 13, 2001, p. 25.

21   En este punto tomamos a préstamo las directrices de los organizadores del *V Foro Iberoamericano de Derecho Administrativo. El Marco Constitucional del Derecho Administrativo en Iberoamérica*, Quito, Ecuador, 2006.

II. LA CONSTITUCIÓN

1. *Modelos de Estado de Derecho*

§7. Plan — La existencia de Constitución en el sentido moderno de este término, solo es comprensible a partir de determinadas característi-cas estructurales de los Ordenamientos jurídicos modernos, y que aluden a dos versiones de la evolución del constitucionalismo: (i) el Estado legal de Derecho; y (ii) el Estado constitucional de Derecho.

§8. Estado legal de Derecho — En primer lugar, según el constitu-cionalista I. DE OTTO[22], la palabra Constitución se encuentra en su origen europeo ostensiblemente cargada de significado político, y evoca de in-mediato ideas tales como libertad y democracia, garantía de los derechos de los ciudadanos, limitación del poder. Este significado político res-ponde al sentido que históricamente ha tenido en el constitucionalismo como movimiento ideológico y de política, el cual tiene una expresión clásica y lapidaria en el Art. 16 de la DDHC que dice: "Toda sociedad en la que no está asegurada la garantía de los derechos ni determinada la separación de los poderes no tiene Constitución".

En consecuencia, que una sociedad tenga Constitución, que un Es-tado sea constitucional, significa que en él la organización de los poderes públicos responda a un determinado fin, el aseguramiento y garantía de la libertad de los ciudadanos. Por tanto, la finalidad del movimiento que históricamente se llamó constitucionalismo no era, obviamente, introdu-cir en los Ordenamientos jurídicos una norma denominada Constitución, sino asegurar la garantía de la libertad frente al poder público.

En tal sentido, como sostiene igualmente DE OTTO[23], por una serie de razones, en Europa no llegó a afianzarse claramente la idea de que la Constitución escrita es efectivamente una norma jurídica que obliga a los poderes públicos del Estado cuya infracción resulta antijurídica. De ahí que la Constitución fuera considerada una ley como cualquier otra que no vinculaba al Poder legislativo. Por tanto, el objetivo garantista se per-sigue en Europa fundamentalmente a través de una determinada forma de organizar el Estado: asamblea representativa con funciones legislati-vas. El resultado es que la posición suprema en el Ordenamiento jurídico corresponderá a la ley.

---

[22]   DE OTTO, I., *Derecho Constitucional. Sistema de Fuentes*, Ariel, Derecho, Barcelona, 7ª Reimpresión, 1999, p. 12.

[23]   DE OTTO, I., *Ob. cit.*, nota 22, p. 13.

Así las cosas, la etimología de la palabra nos ofrece una primera indicación sobre la "ley". Ella nos ofrece tres pistas principales. El término ley proviene del latin *lex* que viene del verbo *legere*: recoger, escuchar y leer. La ley es leída. Ella es una palabra importante, dicha y escrita de manera solemne por los hombres, o gravadas en nosotros por Dios. La ley es siempre consignada de una manera u otra.

Ahora, la más perfecta formulación de la supremacía de la ley aparece tras la Revolución Francesa que lleva a proclamar al Parlamento órgano superior del Estado por su legitimidad representativa; y siendo la ley el acto a través del cual adquieren forma las decisiones del Parlamento, a la supremacía jurídica y política de este le corresponde asegurar la supremacía jurídica de la ley que, como *l'expression de la volonté générale*, esto es, la voluntad soberana del pueblo, se sitúa en la cúspide del Ordenamiento jurídico y subordina absolutamente cualquier otra fuente del Derecho.

La superioridad de la ley, con la secuela de su equiparación a la Constitución y de la omnipotencia del legislador, se asienta así en la confianza en el legislador, en la concepción de la ley que ve en ella autodeterminación de la sociedad sobre sí misma. La ley es creación de la sociedad a través de sus representantes, voluntad de los propios ciudadanos, no voluntad del aparato estatal.

Así, en sus orígenes, el Estado de Derecho tiende a configurarse como una Estado centrado en el imperio de la Ley –que aparece como sinónimo de soberanía de la razón– y, por consiguiente, como una Estado legal. Este período se caracteriza por el principio de legalidad, es decir, por la afirmación de la primacía de la Ley sobre los restantes actos del Estado, lo que se conoce como "Estado legal de Derecho". En tal sentido, el resultado es que entre la Constitución y la ley ordinaria no hay diferencia alguna de valor, y aquella fue considerada durante mucho tiempo una ley como cualquier otra que no vinculaba al Poder legislativo.

§9. Estado constitucional de Derecho — Por el contrario, sostiene DE OTTO[24], en el constitucionalismo americano, donde faltan los factores condicionantes que se dan en Europa, resulta claro desde el principio que las normas contenidas en la Constitución escrita son Derecho, el Derecho supremo del país, al que han de sujetarse los órganos del Estado en el ejercicio de sus poderes públicos, con la consecuencia de que es posible el control de constitucionalidad del mismo, y que viene a constituir la más importante creación del constitucionalismo americano.

---

[24]   DE OTTO, I., *Ob. cit.*, nota 22, pp. 13 y 14.

Es por ello que el planteamiento anterior, supremacía de la Ley sobre cualquier otro tipo de fuente normativa, sufrirá en Europa un cambio ideológico-jurídico solo después de la I Guerra Mundial, desde el momento en que se critica al Estado legal de Derecho y se reconoce a la Constitución, valor y fuerza normativa, es decir, desde el momento en que la Constitución adquiere el carácter de norma jurídica. Es ahora, pues, cuando puede decirse que aparece la verdadera o genuina Constitución (con mayúscula) y su correspondiente y genuino Estado: el Estado constitucional de Derecho. Desde entonces, la finalidad garantista de la Constitución ya no se asegura tan solo con una organización y desde la confianza en su buen funcionamiento, sino que se persigue también normativamente.

En efecto, si bien puede afirmarse que el concepto de Estado constitucional de Derecho comparte las características con el de Estado de Derecho, sin embargo, las notas distintivas de aquel consisten en que ahora no cabe predicar la absoluta e incondicionada primacía de la Ley sino, por el contrario, existe una norma jurídica superior no solo a todas las demás normas que integran el Ordenamiento jurídico del Estado, sino también a todos los órganos del mismo, y que además se nutre de un contenido material integrado en buena medida por los derechos fundamentales de las personas. En consecuencia, el Estado de Derecho solo se reputará Estado constitucional, si esa norma superior resulta ser fuente directa de derechos y garantías inmediatamente aplicables por todos los operadores jurídicos y, sobre todo, provista además de un contenido material de principios generales, valores superiores y fines esenciales de rango constitucional.

Pero también desde este momento, en el concepto moderno, la Constitución ya no solo es una norma jurídica sino, precisamente, es la norma jurídica suprema de todo el Ordenamiento jurídico, y se consolida con el establecimiento de uno o varios procedimientos de control jurisdiccional de la constitucionalidad por los tribunales constitucionales. A partir de entonces, el nuevo período se caracteriza por el principio de constitucionalidad, es decir, por la primacía de la Constitución sobre la Ley y se denomina al Estado como "Estado constitucional de Derecho". Así, según el constitucionalista M. GARCÍA PELAYO[25], este último no anula sino que perfecciona el Estado legal de Derecho.

---

[25]   GARCÍA PELAYO, M., "Estado legal y Estado constitucional de Derecho", en *Obras Completas*, Vol. III, Centro de Estudios Constitucionales, Madrid, 1991, p. 3029.

Así las cosas, la fuente y norma suprema del Ordenamiento jurídico en el Derecho positivo viene a ser la Constitución y, por consiguiente, la Constitución es la fuente de más importancia para el Derecho administrativo contemporáneo. Cada capítulo del Derecho administrativo, se ha dicho, está encabezado por una norma de rango constitucional, y de ahí que el Derecho administrativo tiene el carácter o la fisonomía del Derecho constitucional de cada Estado según BIELSA[26]. Por tanto, desde ese punto de vista hay que concluir afirmando que la Constitución es la base, el fundamento, y la referencia constante del Derecho administrativo, cuyo estudio abordaremos a continuación.

2. *Constitución*

A. *Introducción*

§10. Concepto — Como es bien conocido, la idea de Constitución es mucho más antigua que su concepto. Este último, sostiene M. ARAGÓN REYES[27], no surge hasta que nace el Estado constitucional hacia fines del siglo XVIII; en cambio desde la más remota antigüedad, o al menos desde el mundo griego y romano, puede detectarse la idea de que existe o debe existir en toda comunidad política un conjunto de normas superiores al Derecho ordinario cuyo objeto sería preservar la continuidad de la forma de organización que ha de regir en esa comunidad. Esa idea, presente en los períodos de esplendor de la democracia ateniense y de la república romana, resurge en la Edad Media como base de la llamada "Constitución estamental" y continúa en la Edad moderna a través de la noción de *lex fundamentalis*.

En efecto, la palabra "constitución" deriva del latín *constitutio* (*cum* y *statuere* = con y establecer) que ya usa M. T. CICERÓN (106 a 43 a.C.) en su obra *De re publica*[28], y tiene el sentido de forma de un régimen, pero

---

[26] BIELSA, R., *Ob. cit.*, nota 6, p. 40.

[27] Sobre el desarrollo histórico de la idea y del concepto de Constitución, véase ARAGÓN REYES, M., "Sobre las nociones de supremacía supra-legalidad constitucional", en *Revista de Estudios Políticos*, Nº 50, Madrid, marzo-abril, 1986. Asimismo, puede consultarse a CHIARACANE, S., quien sostiene que la Constitución viene siendo un concepto que de simple abstracción filosófica, relacionado con una sociedad ideal pasa a ser, luego, sinónimo de acto fundacional del Estado constitucional, sobre la base de la idea de soberanía estatal producto del Tratado de Westfalia de 1648 y reconocido, por lo general, como fecha oficial en la cual el mundo occidental se ha presentado como organizado en Estados, y en el resultado exitoso, a partir de 1687, de las revoluciones de Inglaterra, Francia y las Américas, en *Espejismo de una Constitución y Autoridad Global*, Tesis de Doctorado en Derecho y Relaciones Internacionales, Agosto de 2016 (consultado en original).

[28] CICERÓN, M. T., *La República*, Alianza Editorial, Madrid, 2014.

además de *ius publicum* o de Derecho público de la ciudad, comprendiendo el conjunto de disposiciones concretas de la autoridad. Significa ordenar, reglar, regular, decidir con autoridad, establecer.

Para ARISTÓTELES (384-322 a.C.), una Constitución es la que determina con relación al Estado la organización regular de todas las magistraturas y su funcionamiento, determina lo que debe hacer el cuerpo gobernante y cuál es el fin de cada comunidad. Así en su "La Política"[29] distingue dentro del orden (*taxis*) de una comunidad, la *politeia* (Constitución) y las *nomoi* (Leyes). Sin embargo, aunque se encuentra este antecedente remoto, el término Constitución con el significado que hoy se le atribuye es moderno.

Ahora bien, si hubiera que responder a la pregunta que formulara F. LASSALLE en su conferencia de abril de 1862 ¿Qué es una Constitución?, o lo que es lo mismo, ¿en qué consiste su verdadera esencia?, habría que responder con las palabras de A. POSADA[30], quien pone de relieve la esencia específica de la Constitución como la expresión jurídica del régimen del Estado respecto de la organización de los poderes públicos o instituciones fundamentales en las que se encarna prácticamente el ejercicio de la soberanía, y de la limitación de la acción de los poderes públicos en sus relaciones con la persona humana, o sea, que la Constitución, a la par que sienta las normas o cánones fundamentales que estructuran la organización y el funcionamiento del Estado, restringe los poderes de éste frente a las personas, a las cuales asegura el desarrollo de su dignidad con el reconocimiento de derechos fundamentales anteriores y superiores a la Constitución.

En esta línea de pensamiento, la jurisprudencia de la Sala Político-Administrativa de la antigua Corte Federal y de Casación, define la Constitución en los términos siguientes: "El conjunto de normas jurídicas fundamentales que con el nombre de Constitución, organizan la vida política del Estado, el número y competencia de sus Poderes Públicos, así como la enunciación y reconocimiento de los Derechos y Garantías de los ciudadanos"[31].

§11. **Contenido** — La Constitución, producto de la Revolución Francesa y de la independencia de las colonias anglo-americanas, tendrá características formales y materiales. Desde el punto de vista formal será

---

29   ARISTÓTELES, *La Política*, Ed. Los Libros de Pilón, Barcelona, 1981, p. 77.

30   POSADA, A. *cit.* por FERNÁNDEZ VÁZQUEZ, E., *Diccionario de Derecho Público*, Ed. Astrea, Buenos Aires, 1981, p. 134.

31   Véase Sent. de la CFC/SPA Acc. de fecha 4 de diciembre de 1941, M. 1942, p. 345.

una norma fundamental, escrita y rígida; una super-ley situada por encima del Derecho ordinario. Desde el punto de vista material será una norma que habrá de tener un determinado contenido: la garantía de los derechos fundamentales de las personas y el establecimiento de la división de poderes públicos (Art. 16 de la DDHC).

De lo expuesto deriva que la Constitución tenga –además de un Preámbulo cuyo rango constitucional ha sido reconocido– una doble vertiente: (i) como tal está dirigida fundamentalmente a establecer la organización o normas de organización y vida política y número de ramas del Poder Público; y (ii) comporta también la necesidad de que ella contemple otro aspecto fundamental del Estado de Derecho, como lo es el reconocimiento de rango constitucional de los derechos y las garantías fundamentales de las personas[32].

Así las cosas, en cuanto al contenido de la Constitución, su integralidad suele dividírsele en tres grandes partes. La primera, el preámbulo, que será la *ratio* de la Constitución, el esbozo de la constelación axiológica que inspira a su contenido sustancial (BIDART CAMPOS)[33]; pero también la columna vertebral o la expresión de un orden de valores primario que sirve de punto de partida para configurar y ordenar la parte orgánica y con ella, los poderes del Estado, sus objetivos y límites (GARCÍA DE ENTERRÍA)[34]. Por su parte, la definición de "carga de principios o garantías" que la sociedad legitimada aporta al edificio constitucional, fue el fundamento empleado por la jurisprudencia de la Sala Constitucional[35] para definir el Preámbulo como fuente del Derecho constitucional.

La segunda, la parte orgánica, que se ocupa del Estado en sí, de la implantación efectiva de la organización y funcionamiento de las instituciones fundamentales del Estado por ella construidas, así como de los límites del ejercicio del Poder Público. Y la última, la parte dogmática o sustantiva, que trata de las relaciones del Estado con las personas, reconociendo el ámbito de los derechos, de las libertades y de las garantías de las mismas.

---

32 Véase Sent. de la CSJ/SPA de fecha 8 de agosto de 1989, *RDP*, N° 39, p. 10; CSJ/SPA de fecha 19 de enero de 1999; y CSJ/SC N° 23 de fecha 22 de enero de 2003.

33 BIDART CAMPOS, G. J., *Ob. cit.*, nota 16, p. 127.

34 GARCÍA DE ENTERRÍA, E., *La Constitución como norma y el tribunal constitucional*, 3ª ed., Civitas, Madrid, 1985, p. 98.

35 Véase Sent. del TSJ/SC N° 457 de fecha 5 de abril de 2001, caso *Recurso de interpretación sobre extensión del período presidencial*.

Finalmente, todo el contenido descrito se manifiesta mediante una Constitución cuya naturaleza es la de constituir una norma jurídica (i), y que además reviste la característica de ser una norma jurídica suprema (ii), como analizaremos a continuación.

B.   *Norma jurídica*

§12. Concepto — Es sabido que el Derecho, que ha constituido a lo largo del tiempo un factor civilizador y cultural de singular importancia, en su consideración más elemental es un orden normativo, es decir, como algo que manda la realización de determinadas conductas y prohíbe otras. Es, pues, un mandato, una orden por la que se insta a alguien a que realice una determinada conducta o se abstenga de ella. Pues bien, el Derecho es un mandato y este mandato se expresa a través de la norma jurídica; a su vez, ésta es la expresión del mandato del Derecho, la forma o vehículo a través del cual llega al obligado la voluntad de aquél. De ahí surge la idea o concepción del significado y valor jurídico de la Constitución como norma jurídica plenamente (es decir, jurisdiccionalmente) aplicable, dotada de supremacía y supra-legalidad.

§13. Consagración constitucional — El concepto de Constitución se erige, después de una muy lenta evolución, sobre la afirmación de su carácter plenamente normativo. En efecto, el concepto de Constitución hubo evolucionado a partir de una suerte de programa político que establece una declaración de intenciones, pasando por un documento eminentemente instrumental o técnico de organización del Estado, para llegar hoy día a la teoría de la vinculación normativa de la Constitución. En tal sentido, el carácter de la Constitución como norma jurídica viene regulado con carácter expreso en la propia Constitución de 1999 al precisar en su Art. 7, lo siguiente: "**Artículo 7.** La Constitución es **la norma** suprema y **el fundamento** del Ordenamiento jurídico. [...]" (resaltados nuestros).

Pero la Constitución, si bien es una norma jurídica[36], es también cualitativamente distinta de las demás, por cuanto incorpora el sistema de valores superiores esenciales (concretamente, la libertad, la justicia, la igualdad y el pluralismo político) que ha de constituir el orden de convivencia política e informar todo el Ordenamiento jurídico general; es, pues, la norma jurídica fundamental y fundamentadora de todo el Ordenamiento jurídico.

---

[36]   Véase Sents. del TSJ/SC N° 1347 de fecha 9 de noviembre de 2000; N° 963 de fecha 5 de junio de 2001; y N° 1278 de fecha 17 de junio de 2005.

Por ello la jurisprudencia de la Sala Constitucional del Tribunal Supremo de Justicia[37] ha destacado: "La determinación de la naturaleza normativa (vinculante) de las disposiciones constitucionales fue uno de los grandes avances del Derecho Público", de manera que –concluye– la Jurisdicción Constitucional –que la Sala Constitucional representa–, "sólo puede basarse en la afirmación del carácter normativo del Texto Fundamental".

En este orden de ideas, la EMC señala:

En las disposiciones fundamentales se consagran los principios de supremacía y fuerza normativa de la Constitución, según los cuales ella es la **norma** de mayor jerarquía y alcanza su vigencia a través de esa **fuerza normativa** o su capacidad de operar en la vida histórica de forma determinante o reguladora. Dichos principios constituyen el fundamento de todos los sistemas constitucionales del mundo y representa la piedra angular de la democracia, de la protección de los derechos fundamentales y de la justicia constitucional. (Resaltados nuestros)

Por su parte, la jurisprudencia había sostenido con anterioridad que el régimen legal o las normas reguladoras de la vida del Estado aparece clasificado, en cuanto a normas concretas, en dos grupos esenciales: "las constitucionales y las ordinarias o secundarias, incluyendo por sobre estas últimas, con rango intermedio, la categoría de las leyes orgánicas previstas en el régimen constitucional vigente"[38].

En efecto, a diferencia de lo que ocurría con las Constituciones decimonónicas, entendidas como unos simples "programas políticos", manifestaciones solemnes donde se expone un programa político, es decir, más unas declaraciones de intenciones de carácter formalista que reales instrumentos jurídicos. Por el contrario, contemporáneamente se reconoce que las Constituciones son verdaderas normas jurídicas, y como tales tienen efectos vinculantes directos sin necesidad de que sean expedidas normas legales intermedias que permitan su eficacia, esto es, que gozan de plena fuerza normativa.

En conclusión, a diferencia de un sector de la doctrina que en sus comienzos afirmó que las disposiciones constitucionales no eran normas jurídicas porque carecían de sanción[39], hoy día es pacífica la buena doc-

---

[37] Véase Sent. del TSJ/SC N° 1278 de fecha 17 de junio de 2005, caso *Aclaratoria de la sentencia interpretativa sobre los artículos 156, 184 y 304 de la Constitución, RDP*, N° 102, p. 56.

[38] Véase Sent. de la CSJ/SPA de fecha 14 de marzo de 1962, G.F. N° 35, 1962, p. 177.

[39] MERK, A., *Teoría general del derecho administrativo*, Comares, Granada, 2004, p. 17.

trina que considera que la Constitución es un sistema normativo completo, con valor autónomo, inmediato y directo (GARCÍA DE ENTERRÍA)[40].

C. *Norma jurídica suprema*

§14. Sentidos — La Constitución representa no sólo una norma jurídica como lo acabamos de analizar, sino que como señala GARRIDO FALLA[41], es la norma jurídica fundamental (*norma normarum*) en el doble sentido siguiente: (i) como fuente de interpretación; y (ii) como fuente suprema.

La idea de Constitución como norma jurídica suprema, como es sabido, procede de la creación jurisprudencial norteamericana[42], aunque su elaboración corresponde a la dogmática alemana del Siglo XIX, a partir de la cual se inicia el proceso de juridificación de todo el Derecho público contemporáneo.

Así las cosas, al tener la primacía de la Constitución con respecto al resto del Ordenamiento jurídico rango formal, constituye el primer escalón en el Ordenamiento jerárquico de las fuentes del Derecho administrativo y, por tanto, tiene rango y valor de super-ley (supra-legalidad), de lo cual deriva la positivización de una serie de principios proclamados por la propia Constitución y que analizaremos de seguidas.

3. *Principios constitucionales*

§15. Planteamiento de la cuestión — La Constitución emplea reiterativamente la expresión principios. Unas veces lo hace con referencia a los suyos propios y otras veces lo hace en forma genérica. En el primer sentido, el ordenamiento jurídico que la Constitución diseña es un Ordenamiento principal, formado tanto por valores así como por principios generales y normas legisladas o no. Y eso no sólo se debe a que, según sostiene la doctrina[43], en cuanto supra-principios jurídicos o principios de principios, formen el basamento último de todo el Ordenamiento jurídico general sino, ante todo, a que tales principios generales constitucionales constituyen el correlato de otros tantos "valores superiores" que también la Constitución enuncia.

---

[40] GARCÍA DE ENTERRÍA, E., *Ob. cit.*, nota 3, T. I, p. 107; y *Ob. cit.*, nota 34, pp. 49 y ss.

[41] GARRIDO FALLA, F., *Tratado de Derecho Administrativo*, Vol. I, 13ª ed., Ed. Tecnos, Madrid, 2002.

[42] HAMILTON, A., MADISON, J. y JAY, J., *El Federalista*, trad. esp. de G. R. VELASCO, Fondo de Cultura Económica, México, 1943.

[43] SANTAMARÍA PASTOR, J. A., *Principios de Derecho Administrativo General*, T. I, 1ª ed. Reimpresión, IUSTEL, Madrid, 2005, p. 77.

Los principios generales del Derecho –enseña GARCÍA DE ENTERRÍA[44]– expresan los valores materiales básicos de un Ordenamiento jurídico, aquellos sobre los cuales se constituye como tal, es decir, convicciones ético-jurídicas fundamentales de una comunidad.

Por su parte, sostiene FERNÁNDEZ VÁSQUEZ[45], la utilización de la palabra "principios" es pauta indicadora de su carácter básico, de puntos de apoyo para todo el sistema del Ordenamiento jurídico, al que también imprimen todo su sentido. El calificativo "generales" significa que no se refieren ya y solamente a un precepto concreto, sino que "organizan y dan sentido a muchos". Finalmente, al decir que son principios "del Derecho" se significa su carácter de fórmulas técnicas del mundo jurídico y no criterios de índole moral o de inciertas y vagas directivas.

Finalmente, el autor francés F. MODERNE[46] al referirse a este tema señala la economía del vocabulario con el nuevo enunciado introducido por la jurisprudencia constitucional francesa, en el sentido que más que evocar los principios generales del Derecho con valor constitucional, y oponerlos a los principios generales del Derecho con valor legislativo (o más bien infra-legislativo), bastaría con referirse a los "principios constitucionales" (o "de valor constitucional"), y que han sido descubiertos, formulados y sistematizados como los grandes principios generales del Derecho público. Y éstos se encuentran en el Preámbulo, como los que están expresamente enumerados o ya sea que derivan del texto de la Constitución, tanto de su parte orgánica como de su parte dogmática.

§16. Concepto — Por lo que respecta al significado de los principios generales del Derecho público, la doctrina lo relaciona no ya con el carácter principialista del Derecho de la Constitución (de su Ordenamiento), sino con el carácter principialista de la misma norma constitucional. En efecto, sostiene M. ARAGÓN REYES[47] que ese carácter es propio de la Constitución democrática de nuestro tiempo que, por pretender regular no sólo la organización del Estado sino también el *status* de las personas, "establece las líneas vertebrales del orden social y, en consecuencia, formula las directrices de todas las ramas del Derecho, lo que conduce a que el texto constitucional haya de contener, junto a normas en sentido estricto (materiales o estructurales), una gran diversidad de principios".

---

44   GARCÍA DE ENTERRÍA, E., *Ob. cit.*, nota 3, T. I, p. 85.

45   FERNÁNDEZ VÁSQUEZ, E., *Ob. cit.*, nota 30, p. 604.

46   MODERNE, F., *Principios Generales del Derecho Público*, Editorial Jurídica de Chile, Prólogo de E. GARCÍA DE ENTERRÍA, Santiago de Chile, 2005, p. 98.

47   ARAGÓN REYES, M., *Constitución y democracia*, Ed. Tecnos, Madrid, 1990.

En tal sentido, los principios constitucionales operarían con el alcance y la fuerza que les reconoce el Art. 4 del CC. Su rol es servir de base y fundamento a todo el Ordenamiento jurídico general; son las grandes directrices hermenéuticas y de aplicación; y a falta de otra norma jurídica, la última fuente del Derecho. Por tanto, son principios los que la Constitución define como tales y tienen así el rango de principios constitucionales o del Derecho público. Sin embargo, no todos están recogidos en la Constitución.

Ahora bien, cuando un principio general del Derecho público se positiviza constitucionalmente (y más aún si se hace de manera expresa, sin necesidad de ser deducidos ni inducidos), se convierte en un criterio jurídico. Por eso el Tribunal Constitucional español los llama criterios inspiradores del Ordenamiento jurídico[48]. Por consiguiente, se está pues en presencia de auténticas normas constitucionales de aplicación inmediata y con fuerza derogatoria de toda norma anterior que les sea contraria, inclusive las leyes. Pero no pueden prevalecer sobre un precepto constitucional concreto y expreso de signo contrario o meramente diferente (TORRES DEL MORAL)[49]. Finalmente, los principios constitucionales, a su vez, se enlazan unos con otros, de suerte que un mismo principio constitucional más genérico puede ir concretado en otros específicos o derivados (ARAGÓN REYES)[50], como veremos más adelante.

Así las cosas, la Constitución emplea reiterativamente la expresión principios. Unas veces lo hace con referencia a los suyos propios y otras veces lo hace en forma genérica. En el primer sentido, el ordenamiento jurídico que la Constitución diseña es un Ordenamiento principal, formado tanto por valores superiores así como por principios y normas positivadas o no. Y eso no sólo se debe a que, según sostiene la doctrina[51], en cuanto supra-principios jurídicos o principios de principios, formen el basamento último de todo el Ordenamiento jurídico sino, ante todo, a que tales principios constitucionales constituyen el correlato de otros tantos "valores superiores" que también la Constitución enuncia.

Por tanto, el estudio del Derecho administrativo debe realizarse con un criterio de carácter metodológico como señala V. E. ORLANDO[52], que lo

---

[48]   Véase Sent. del TC 9/1981 de fecha 31 de marzo de 1981.

[49]   TORRES DEL MORAL, A. *Principios de Derecho Constitucional Español*, 3ª ed., FDC, Madrid, p. 55.

[50]   ARAGÓN REYES, M., *Ob. cit.*, nota 47, p. 85.

[51]   SANTAMARÍA PASTOR, J. A., *Ob. cit.*, nota 43, p. 77.

[52]   ORLANDO, V. E., *Principios de derecho administrativo*, Trad. española de la ed. Valiana de 1892, INAP, Madrid, 1979, p. 10.

concibe "como un sistema de principios jurídicos sistemáticamente coordinados". Por ello, como muy bien concluye MODERNE, son los principios más que las normas, los que son susceptibles de asegurar la coherencia y la plenitud del sistema normativo, y de conformar por lo mismo el régimen del Estado de Derecho en los Estados democráticos contemporáneos[53].

§17. Valores jurídicos — Adicionalmente, es sabido que todas las Constituciones modernas son consideradas no sólo como un texto orgánico que configura las funciones y poderes públicos del Estado por ella construidos, sino también como la expresión de un conjunto o sistema de valores jurídicos que inspiran y debe inspirar la acción institucional jurídica.

Ahora bien, por valores jurídicos hay que entender ciertos estados de cosas que el Derecho reconoce como valiosos y que, en consecuencia, merecen ser protegidos y/o promocionados, esto es, reales bienes jurídicos. Las expresiones "valores jurídicos", "bienes jurídicos" o "valores superiores"[54] son en este contexto sinónimas: decir que la libertad, la vida, la seguridad, etc., son valores jurídicos quiere decir que el Ordenamiento jurídico los considera bienes jurídicos que debe proteger y/o promocionar (J. AGUILÓ REGLA)[55].

§18. Plan — Así las cosas, el examen sistemático de la Constitución vigente nos revela cómo en forma completa y exhaustiva se determinan claramente, entre otros, un conjunto de principios constitucionales que tienen particular importancia para el Derecho Público, en general, y para el Derecho administrativo, en particular, con lo cual como ya advirtiera BREWER-CARÍAS[56], el régimen fundamental del Derecho administrativo ha quedado constitucionalizado, pues su contenido configura también el marco constitucional de actuación de la Administración Pública.

Y esa Administración Pública es la que regula el Derecho administrativo, parte de cuya misión consiste en rastrear las bases constitucionales, ahondar en el fin de las normas, profundizar en su análisis, esbo-

---

[53] MODERNE, F., *Ob. cit.*, nota 46, p. 30.

[54] Véase para un desarrollo amplio del concepto y significado jurídico de los valores superiores a DÍAZ REVORIO, F. J., *Valores superiores e interpretación constitucional*, CEPC, Madrid, 1997.

[55] AGUILÓ REGLA, J., *Teoría general de las fuentes del Derecho (y del orden jurídico)*, Ariel Derecho, Barcelona, 2000, p. 142.

[56] BREWER-CARÍAS, A. R., "Sobre el modelo político y el Derecho administrativo", en *Constitucionalización del Derecho administrativo, XV Jornadas Internacionales de Derecho Administrativo*, Ed. A. Montaña Plata y A. F., Ospina Garzón, Universidad Externado de Colombia, Bogotá, 2014, p. 242.

zar técnicas tendentes a facilitar la comprensión y fuerza vinculante de los principios constitucionales también al Derecho administrativo referidos, los cuales son los siguientes: (i) el principio de la fuerza normativa; (ii) el principio de la supremacía normativa; (iii) el principio de la eficacia directa; (iv) el principio de la interpretación conforme a la Constitución; y por último (v) el principio de la fuerza derogatoria de la Constitución.

A.   *Principio de la fuerza normativa*

§19. Concepto — El Derecho se propone ordenar de determinada manera las relaciones sociales, lo que solo se logra si está investido de *imperium,* si es un auténtico mandato en sentido pleno, es decir, si posee imperatividad. Al ser la Constitución un "orden jurídico" o "sistema de normas", de ello deriva a su vez, el principio de fuerza normativa o principio de imperatividad, en el sentido que la Constitución debe considerarse como una norma obligatoria, es decir, con fuerza coactiva inmediata y por sí misma que crea derechos y obligaciones directamente ejercibles y exigibles, tanto a los órganos que ejercen el Poder Público como a las personas.

Así las cosas, el carácter normativo de la Constitución determinan la regularidad jurídica de todos los órganos del Poder Público y, por ende, constituye un mandato de autoridad y, en consecuencia, vincula al Estado a los mandatos de la Constitución (F. GARRIDO FALLA)[57].

Así, pues, el Art. 7 de la C declara que la Constitución no sólo es la norma suprema y el fundamento del Ordenamiento jurídico, sino que establece su valor y fuerza jurídica en los términos siguientes: "**Artículo 7. [...] Todas las personas y los órganos que ejercen el Poder Público** están **sujetos a esta Constitución**". (Resaltado nuestro).

En igual sentido la propia EMC señala:

En las disposiciones fundamentales se consagran **los principios de supremacía y fuerza normativa de la Constitución**, según los cuales ella es la norma de mayor jerarquía y alcanza su vigencia a través de esa **fuerza normativa o su capacidad de operar en la vida histórica de forma determinante o reguladora**. Dichos principios constituyen el fundamento de todos los sistemas constitucionales del mundo y representan la piedra angular de la democracia, de la protección de los derechos fundamentales y de la justicia constitucional. (Resaltados nuestros)

---

[57]   GARRIDO FALLA, F., "La posición constitucional en la Administración Pública, en *La Administración en la Constitución,* CEC; Madrid, 1980.

Y más adelante la EMC agrega: "[...] **todos los órganos que ejercen el Poder Público, sin excepción, están sometidos a los principios y disposiciones consagrados en la Constitución**, y por tanto, todos sus actos pueden ser objeto del control jurisdiccional de la constitucionalidad" (resaltado nuestro).

Para luego concluir la EMC en los términos siguientes: "Como consecuencia del principio de supremacía y fuerza normativa de la Constitución, así como del principio de legalidad, se consagra **el deber de toda persona de cumplir y acatar el Texto Fundamental, las leyes y demás actos que en ejercicio de sus funciones legítimas dicten los órganos que ejercen el Poder Público**[58] (resaltado nuestro).

Por su parte, en este último sentido, el Art. 131 de la C dispone lo siguiente: "**Artículo 131.** [...] **Toda persona tiene el deber de cumplir y acatar esta Constitución,** las leyes y los demás actos que en el ejercicio de sus funciones dicten los órganos del Poder Público" (resaltado nuestro).

Con ello se recurre de forma taxativa al carácter normativo de la Constitución, en todas sus partes y contenido, aunque se traduce en un deber de distinto signo, tanto para las personas como para las ramas y los órganos del Poder Público.

Con relación a las personas, éstas tienen un deber general negativo de abstención de cualquier actuación que vulnere la Constitución, sin perjuicio de los supuestos en que la propia Constitución establezca deberes positivos. Los órganos del Poder Público, en cambio, tienen un deber general positivo de realizar las funciones estatales de acuerdo o conforme a la Constitución. En tal sentido, es la regla primera del Estado de Derecho que nadie, ningún órgano del Poder Público puede estar autorizado para desconocer o contrariar de manera alguna la Constitución[59].

En conclusión, la Constitución viene a configurarse como una verdadera norma jurídica y con la fuerza normativa dentro del Ordenamiento jurídico-administrativo positivo.

§20. Consecuencias jurídicas — Desde el punto de vista del que se conceptúa la Constitución como fuente del Ordenamiento jurídico-administrativo, en tanto que fuente suprema del Ordenamiento jurídico, se van a derivar las consecuencias jurídicas siguientes:

---

[58] Véase Sent. del TSJ/SC N° 963 de fecha 5 de junio de 2001, caso *José A. Guía y otros vs. Ministerio de Infraestructura, RDP,* N° 85-88, p. 447.

[59] Véase Sent. del TSJ/SC N° 370 de fecha 16 de mayo de 2000.

a. La Constitución, a pesar de ser la fuente jurídica máxima o suprema, sin embargo, a su vez integra o forma parte del Ordenamiento jurídico. En tal sentido, constituye parte de un sistema constitucional[60].

b. Del carácter de fuente jurídica –la primera y de carácter supremo– deriva que se sitúa dentro de una posición jerárquica y escalonada, por encima de todas las demás normas y actos jurídicos del Estado.

c. Por cuanto la Constitución forma parte del Ordenamiento jurídico deriva la fuerza normativa o imperatividad que se extiende al Preámbulo, la parte orgánica y finalmente a la parte dogmática.

d. Los órganos del Estado y los particulares deben respetar las normas constitucionales, tanto las que se establecen en los artículos, como las que regulan principios constitucionales del Preámbulo, los enumerados expresamente o que derivan del propio Texto Constitucional.

e. Y por último, como cualquier norma jurídica, las normas constitucionales son directamente vinculantes y, por ende, son fuente del Derecho directamente aplicables (principio de la eficacia directa).

Sobre la base de lo anterior, todos los órganos que ejercen el Poder Público, sin excepción, así como todas las personas, están sometidos a los principios generales, valores superiores y fines esenciales consagrados en la Constitución y, por tanto, todos sus actos pueden ser objeto de control jurisdiccional de la constitucionalidad.

     B.   *Principio de supremacía constitucional*

§21. Concepto — Al tener la Constitución como atributo el de ser la fuente jurídica suprema del Ordenamiento jurídico, dicha preeminencia se manifiesta a través del denominado "principio de la supremacía de la Constitución" o "principio de supremacía constitucional"[61], en el sentido de que, sobre ella, no puede existir otra norma jurídica[62]; se

---

[60] Véase Sent. del TSJ/SC N° 179 de fecha 28 de marzo de 2000, caso *Gonzalo Pérez Hernández*.

[61] BREWER-CARÍAS, A. R., *Principios Fundamentales del Derecho Público*, Cuadernos de la Cátedra Allan R. Brewer-Carías N° 17, EJV, Caracas, 2005, pp. 13 y 14. En el mismo sentido véase Sent. de la CSJ/SPA de fecha 14 de marzo de 1962 GF. N° 35, 1962, p. 177.

[62] Véase Sent. de la CSJ/SPA de fecha 7 de junio de 1973, G.O. N° Extr. de fecha 17 de octubre de 1973, p. 7.

trata, por supuesto, de una supremacía normativa de la cual se va a derivar una clasificación de los sub-principios constitucionales siguientes: (i) el principio de superioridad material; y (ii) el principio de superioridad formal.

§22. Principio de superioridad material — El principio de superioridad material significa que siendo la Constitución la norma fundamental o suprema del Ordenamiento jurídico general, las leyes y demás normas subordinadas a ella jerárquicamente, deben ajustarse a sus prescripciones.

En efecto, el principio de superioridad material significa que la ley y demás normas deben ser conformes al texto constitucional, de forma que una norma contraria a la Constitución no debe aplicarse, y de donde derivan las consecuencias siguientes:

a. La Constitución va a tener un mayor valor que las demás normas jurídicas del Ordenamiento jurídico-administrativo, es la norma primaria a la cual debe sustentarse todo el Ordenamiento jurídico[63].

b. La Constitución va a tener más eficacia que cualquier otra norma jurídica del Ordenamiento jurídico-administrativo; por tanto, se va a caracterizar por el principio de supremacía constitucional que ha sido reconocido por la jurisprudencia venezolana[64].

c. La Constitución presenta un carácter de superioridad material por oposición a las demás normas del Ordenamiento jurídico general al integrar la estructura básica y el fundamento de la República[65].

d. Finalmente, la Constitución produce un efecto derogatorio de la legislación anterior que se oponga a lo en ella establecido, y un efecto anulatorio si es posterior[66].

§23. Principio de superioridad formal — El principio de superioridad formal hace referencia a las garantías institucionales o mecanismos de defensa o protección de la Constitución, los cuales son de dos tipos: (i)

---

[63] Véase Sent. del TSJ/SC N° 488 de fecha 30 de marzo de 2004, *RDP*, N° 97-98, p. 104.

[64] Véase Sent. de la CFC/SPA de fecha 05 de mayo de 1973; y reiterada en otras Aents. de la CSJ/SPA de fechas 16 de octubre de 1973, 20 de enero de 1966, 16 de enero de 1968, 20 de enero de 1980, 14 de febrero de 1989; y CPCA, 09 de abril de 1983.

[65] Véase Sent. de la CSJ/SPA de fecha 14 de octubre de 1962.

[66] Véase Sent. de la CSJ/SPA de fecha 21 de diciembre de 1967, G.F. N° 58, 1967, p. 231.

por un lado, las garantías jurisdiccionales; y (ii) por el otro, las garantías institucionales propiamente dichas, temas estos sobre los cuales volveremos más adelante.

C.   *Principio de la eficacia directa*

§24. Concepto — Señala DE OTTO[67] que uno de los problemas claves de los Ordenamientos jurídicos en los que la Constitución tiene verdadero carácter de norma jurídica es el de si resulta o no aplicable por los órganos llamados a aplicar el Ordenamiento jurídico (eficacia directa). El principio de eficacia directa, continúa sosteniendo la doctrina citada, no tiene nada que ver con el del carácter normativo o no de la Constitución, pues sólo puede plantearse si previamente se parte de que la Constitución es una norma jurídica.

Por tanto, hoy día el problema no radica en establecer si la Constitución tiene o no una significación normativa, ni siquiera en puntualizar su posible aplicación directa. El problema lo plantea la determinación de los casos de "aplicación directa" o "eficacia directa", en el sentido de que no todas las normas aparecen redactadas en los mismos términos de abstracción o concreción.

Lo expuesto ha llevado a distinguir entre disposiciones sobre materias en las que la Constitución es de aplicación o eficacia directa como norma de decisión de cualquier clase de procesos, de aquellas otras disposiciones sobre materias que no gozarían de aquella virtud por requerir para ello de una previa legislación de desarrollo, lo cual tiene que ver más con la falta de complitud porque requiere la remisión o reenvío a otras normas o reglas de Derecho, que con su carácter propiamente normativo[68].

Así las cosas, el principio de eficacia o aplicación directa significa que el Juez y en general todos los operadores llamados a aplicar el Derecho habrán de tomar la norma constitucional como una premisa de su decisión, igual que cualquier otra norma jurídica. De ello derivan consecuencias prácticas de gran alcance para las personas, pues el principio de eficacia directa implica que la Constitución por sí misma atribuye derechos y libertades fundamentales sin necesidad de que intervenga el legislador (fuente del Derecho sin más). Los derechos y garantías fundamentales que la Constitución reconoce son inmediatamente operativos aun cuando el legislador no haya procedido a regularlos.

---

[67]   DE OTTO, I., *Ob. cit.*, nota 22, pp. 76 y 77.

[68]   NIETO, A., "Peculiaridades jurídicas de la norma constitucional", en *RAP* N° 100-102, enero-diciembre, 1983; y DÍEZ PICAZO, L., "*Constitución, ley, juez*" en *REDC*, año 5, N° 15, septiembre-diciembre, 1985.

Finalmente, la Sala Constitucional del Tribunal Supremo de Justicia en esta misma línea de pensamiento ha sostenido:

> **Las normas constitucionales tienen** vigencia plena y **aplicación directa**, y que cuando las leyes no han desarrollado su ejercicio y se requiere acudir a tribunales de justicia, debido a **la aplicación directa de dichas normas**, es la jurisdicción constitucional, representada por esta Sala Constitucional, la que conocerá de las controversias que surjan con motivo de las normas constitucionales aún no desarrolladas legislativamente, hasta que las leyes que regulan la jurisdicción constitucional, decidan lo contrario[69]. (Resaltado nuestro).

§25. Elementos — Asimismo, DE OTTO[70] señala los elementos característicos del principio de la eficacia directa de las normas constitucionales, a saber:

a. La operatividad como criterio de interpretación de las normas jurídicas.

b. La capacidad de regular por sí misma relaciones jurídicas y, en consecuencia, servir de norma para dirimir los litigios que de ellas surjan.

c. Y por último, eficacia derogatoria de las normas jurídicas anteriores.

D. *Principio de la interpretación conforme a la Constitución*

§26. Concepto — Un principio general reconocido en todo Ordenamiento jurídico dotado de Constitución como norma suprema es el de que la ley y todas las demás normas jurídicas se interpreten conforme a la Constitución (DE OTTO)[71]. Y es que por cuanto el contenido de la Constitución establece el punto de arranque para el desarrollo normativo del total Ordenamiento jurídico del Estado, este ha de interpretarse precisamente de acuerdo con el sentido de la Constitución.

Lo anterior quiere significar que toda interpretación debe atribuir al resto de las normas jurídicas, cualesquiera que sea su rango, un significado que sea conforme o compatible con la Constitución y, por tanto, debe recibir la consideración de marco general dentro del cual ha de realizarse la indagación del sentido y finalidad de la totalidad de las normas del Ordenamiento jurídico, incluidas –por supuesto– las que integran el

---

69 Véase Sent. de TSJ/SC N° 332 de fecha 14 de marzo de 2001, *caso INSACA vs. Ministerio de Sanidad y Asistencia Social*, RDP, N° 85-88, 2001, p. 492.

70 DE OTTO, I., *Ob. cit.*, nota 22, p. 78.

71 *Ibidem*, p. 79.

Ordenamiento jurídico-administrativo. Esto es, en nuestro caso, que todo deriva de la Constitución y todo ha de legitimarse por su concordancia directa o indirecta con la Constitución (GARCÍA PELAYO)[72].

Por tanto, la defensa y protección de la Constitución y la Justicia constitucional correlativa que la garantiza exigen, no solo que se elimine la norma jurídica en caso de inconformidad o contradicción con la Constitución, sino que exige también que de ser posible, esta se interprete de modo que la contradicción no se produzca, de modo que la Justicia constitucional solo proceda a declararla nula cuando no sea posible encontrarle, mediante la interpretación constitucional, un sentido en el que la norma resulte conforme a la Constitución.

Por tanto, la interpretación de la ley y todas las demás fuentes jurídicas que integran el Ordenamiento jurídico general ha de hacerse conforme a la Constitución, esto es, en caso de existir varias posibilidades de interpretación de la norma se debe escoger aquella que sea conforme con la Constitución y se rechace la que sea contraria a esta (DE OTTO)[73].

Ahora bien, el principio de interpretación conforme a la Constitución de todo el Ordenamiento jurídico general es derivado del principio de supremacía constitucional y formulado originariamente en los Estados Unidos en el proceso de constitucionalidad de la leyes (obligación de interpretar las leyes *in harmony with the Constitution*) y en Alemania, como un postulado básico, y finalmente como una exigencia idéntica recogida expresamente en el Art. 334 de la C que dispone:

> **Artículo 334.** Todos los jueces o juezas de la República, en el ámbito de sus competencias y conforme a lo previsto en esta Constitución y en la ley, están en la obligación de asegurar la integridad de esta Constitución.
>
> **En caso de incompatibilidad entre esta Constitución y una ley u otra norma jurídica, se aplicarán las disposiciones constitucionales**, correspondiendo a los tribunales en cualquier causa, aún de oficio, decidir lo conducente.
>
> [...] (Resaltado nuestro).

En tal sentido, la jurisprudencia[74] nacional sostiene que: "[...] el ordenamiento jurídico venezolano da cabida a la tesis según la cual, ante múltiples interpretaciones, **habrá de aplicarse la que se mantenga dentro de los principios y reglas constitucionales**, respetando su conte-

---

72   GARCÍA PELAYO, M., *Ob. cit.*, nota 25, Vol. I, p. 318.

73   DE OTTO, I., *Ob. cit.*, nota, 22, p. 79.

74   Véase Sent. del TSJ/SC N° 1307 de fecha 28 de junio de 2006, caso *Narciso Cenovio Franco*.

nido esencial y por tanto, salvaguardando el principio general de unidad del ordenamiento, donde la Constitución tiene prevalencia" (resaltado nuestro).

E. *Principio de la fuerza derogatoria*

§27. Concepto — Por último, frente al principio de conservación del Ordenamiento jurídico, la condición de norma jurídica suprema que se predica de la Constitución implica atribuirle, a su vez una, función derogatoria de todas aquellas normas preconstitucionales que sean incompatibles con ella, de conformidad con la derogación expresa operada por virtud de la Disposición Derogatoria Única de la C, cuando establece, a modo de cláusula de cierre, que: "**Única.** Queda **derogada** la Constitución de la República de Venezuela decretada el veintitrés de enero de mil novecientos sesenta y uno. [...]" (resaltado nuestro).

Asimismo, desde el punto de vista formal, la Constitución incluye una Disposición Derogatoria Única en la que, tras la mencionada derogación expresa de la Constitución de 1961, termina con la conocida cláusula de estilo de derogación tácita siguiente: "**Única.** [...] El resto del ordenamiento jurídico mantendrá su vigencia en **todo lo que no contradiga a esta Constitución**" (resaltado nuestro).

§28. Constitución estadal — Por último, la Constitución viene a complementar la estructura básica de los fundamentos de la República y de los fundamentos del Estado, pero también esa preeminencia que va a tener la Constitución de la República con las denominadas constituciones de los Estados federales.

En este último sentido, cuando se plantea un conflicto o contradicción entre lo que se ha denominado tradicionalmente una constitución de un Estado federal y la Constitución de la República, señala la jurisprudencia que no es un problema de inconstitucionalidad sino de condición legal, que es evidente que ha de privar la última sobre la constitución estadal, por virtud del principio de supremacía de la Constitución de la República de Venezuela[75].

¿Pero qué sucede cuando hay contradicción entre la constitución de un Estado federal y una ley del Estado federal? En ese caso, la jurisprudencia ha sostenido que las constituciones de los Estados no son constituciones sino simplemente leyes estadales; que simplemente por una tradición que se remonta al siglo XIX, las leyes que organizan la estructura política de los Estados federales no constituyen una constitución en su verdadero sentido que se le da al concepto de la Constitu-

---

[75] Véase Sents. de la CSJ/SPA de fecha 6 de agosto de 1970, G.O. N° 29346; y Sent. de la CSJ/SPA de fecha 17 de octubre de 1970, p. 19.279.

ción de la República. Por tanto, de existir una contradicción o incompatibilidad entre una ley de un Consejo Legislativo y una constitución del Estado federal no es un problema de inconstitucionalidad, sino lo que se plantea allí es un problema simplemente de colisión de leyes que tienen el mismo rango.

4. *Garantías institucionales*

§29. Concepto — El principio de superioridad formal, señalábamos más arriba, hace igualmente referencia a las garantías institucionales de la Constitución y significa, básicamente, la exigencia de unos trámites procedimentales especialmente rigurosos para permitir la modificación constitucional. Así, la modificación constitucional supone añadir, suprimir o cambiar una o varias normas de la Constitución, cuando ello es necesario para ajustar el texto constitucional a los cambios políticos, sociales y económicos.

En tal sentido, la EMC señala que la Democracia moderna insertada en un mundo globalizado y condicionada por la dinámica de la vida actual, a su vez determinada por los cambios tecnológicos, requiere de una institucionalidad lo suficientemente flexible para poder adaptarse a los cambios que se van generando. De allí que la Constitución, a pesar de tener la rigidez de las Constituciones escritas, ha de incluir elementos que permitan esa adaptación a la realidad. Uno de esos elementos lo constituye la existencia de un Alto Tribunal que mediante una interpretación de carácter histórico progresivo, fundamentada en la comprensión del momento histórico, permita la mejor aplicación posible de la Constitución a la realidad que le corresponde regir, tal como se prevé en la Constitución con la creación de la Sala Constitucional del Tribunal Supremo de Justicia.

Pero, además, debe incluir elementos de flexibilidad en el aspecto más rígido de las Constituciones escritas que lo conforman, como son las previsiones relativas a la forma y mecanismos para la modificación de la propia Constitución. En este sentido, las posibilidades de modificación de las bases jurídicas fundamentales del país son amplias y están efectivamente en manos de una pluralidad de actores políticos y sociales, como se analiza a continuación.

§30. Clasificación — La Constitución ha mantenido la clasificación que distingue entre la enmienda constitucional y la reforma constitucional, incorporando, a su vez, la facultad de convocar a una Asamblea Nacional Constituyente, para ser consecuentes con la idea de que es el pueblo el legítimo depositario del Poder Constituyente originario. Esto guarda concordancia con lo establecido en la misma Constitución, que hace residir la soberanía en el pueblo quien puede ejercerla de manera directa o indirecta.

A tal efecto se establecen una serie de mecanismos o garantías institucionales a través de los cuales las posibilidades de modificación del texto constitucional sean factibles y accesibles, para evitar el divorcio entre la norma suprema del Ordenamiento jurídico y la realidad social, política, cultural y económica. La contraposición entre una Constitución formal y una Constitución real genera distorsiones que agravan considerablemente las crisis de gobernabilidad y de legitimidad del sistema político, al no existir opciones para superarlas. Es solo y mediante los mencionados mecanismos, y con los procedimientos que los mismos se den, que es posible la modificación del Texto constitucional[76]. Ellos constituyen unas garantías institucionales, porque la propia Constitución establece el mecanismo de reforma o de su propia reforma y enmienda.

En tal sentido, la Constitución vigente establece una serie de previsiones relativas a la forma y procedimientos a través de los cuales, las posibilidades de modificación del texto constitucional sean factibles y accesibles, al distinguir entre: (i) la enmienda constitucional; (ii) la reforma constitucional; y por último (iii) el llamamiento a una Asamblea Nacional Constituyente, que analizaremos a continuación.

§31. Enmienda constitucional – En lo que respecta al procedimiento de enmienda constitucional, se superan las limitaciones establecidas en la Constitución de 1961, que hacían complicada la consecución de resultados efectivos. En el nuevo texto constitucional se ha previsto una manera más ágil y flexible y el Art. 340 de la C procede a formular una definición de enmienda, en los términos siguientes: "**Artículo 342.** La enmienda tiene por objeto tiene por objeto **la adición o modificación de uno o varios artículos de la Constitución, sin alterar su estructura fundamental**" (resaltado nuestro).

Por otro lado, de conformidad con el Art. 341, la iniciativa podrá partir de: (i) el quince por ciento de los ciudadanos inscritos en el Registro Civil y Electoral; (ii) un treinta por ciento de los integrantes de la Asamblea Nacional; y por último (iii) del Presidente de la República en Consejo de Ministros. Ahora, cuando la iniciativa parta de la Asamblea Nacional, la enmienda requerirá la aprobación de ésta por la mayoría de sus integrantes y se discutirá, según el procedimiento establecido en esta Constitución para la formación de leyes. Luego el Poder Electoral someterá a referendo las enmiendas a los treinta días siguientes a su recepción formal.

---

[76] Véase Sent. del TSJ/SC N° 1140 de fecha 5 de octubre de 2000, *RDP*, N° 84, p. 101.

Por otro lado, las enmiendas se considerarán aprobadas de acuerdo con lo establecido en esta Constitución y la ley respecto al referendo aprobatorio. Las enmiendas serán numeradas consecutivamente y se publicarán a continuación de la Constitución sin alterar el texto de ésta, pero anotando al pie del artículo o artículos enmendados la referencia de número y fecha de la enmienda que lo modificó. Finalmente, la enmienda constitucional, a su vez, tendrá rango constitucional[77], de acuerdo con el procedimiento descrito en el Art. 341 de la C.

§32. Reforma constitucional — La Constitución del 99 es una Constitución abierta, en el sentido señalado por K. HESSE[78], de que permanece incompleta e inacabada, cumpliendo los mecanismos de reforma constitucional una función de defensa y protección de la propia Constitución, a fin de que el Derecho constitucional pueda ir experimentando las correspondientes transformaciones. Y ello porque es imposible una juridificación total de la política, debiéndose acudir a las reglas de la interpretación constitucional como instrumento de concreción, para evitar la tensión entre los mandatos contenidos en los textos constitucionales y la realidad social y política.

En tal sentido, el Art. 342 de la C señala que la reforma constitucional tiene por objeto: "**Artículo 342.** La reforma constitucional tiene por objeto **una revisión parcial de la Constitución y la sustitución de una o varias de sus normas que no modifiquen la estructura y principios fundamentales** del texto constitucional" (resaltado nuestro).

Por otro lado, de conformidad con el Art. 343 de la C, la iniciativa de la reforma se le atribuye a: (i) la Asamblea Nacional, por la mayoría de sus miembros; (ii) al Presidente de la República en Consejo de Ministros; y finalmente (iii) a los electores inscritos en el registro electoral en número no menor del quince por ciento (15%). Una vez cumplidos estos requisitos se inicia la tramitación ante la Asamblea Nacional, la cual realizará tres discusiones antes de la aprobación del proyecto para lo cual tiene un plazo no mayor de dos (2) años, contados a partir de la fecha en la cual conoció y aprobó la solicitud de reforma.

Para la aprobación del proyecto de reforma se requiere una mayoría calificada de dos terceras partes de sus miembros. Además, de acuerdo con el Art. 344 de la C, el proyecto aprobado por la Asamblea Nacional será sometido a referendo dentro de los treinta (30) días siguientes a su sanción y bastará para su aprobación con un número mayor de votos positivos, según lo establece el Art. 345 de la C.

---

[77] Véase Sent. de la CSJ/SPA de fecha 14 de agosto de 1973, G.O. N° 30.183, de fecha 20 de agosto de 1973, p. 226.079.

[78] HESSE, K., *Escritos de derecho constitucional*, Centro de Estudios Constitucionales, Madrid, 1992.

Finalmente, el Presidente de la República estará obligado a promulgar las enmiendas y reformas dentro de los diez (10) días siguientes a su aprobación. Si no lo hiciere se aplicará lo previsto en el Art. 346 de la C, esto es, el Presidente de la República estará obligado a promulgar las enmiendas y reformas dentro de los diez días siguientes a su aprobación.

§33. Asamblea Nacional Constituyente — Y por último, el Art. 347 de la C consagra la Asamblea Nacional Constituyente, instrumento fundamental que garantiza la posibilidad abierta de modificar sustancialmente o "transformar al Estado, crear un nuevo ordenamiento jurídico y redactar una nueva Constitución", que adquiere así consagración formal expresa, y de acuerdo con el procedimiento regulado en los Arts. 348 a 350 de la C.

En efecto, la iniciativa de convocatoria a la Asamblea Nacional Constituyente podrá hacerla: (i) el Presidente de la República en Consejo de Ministros; (ii) la Asamblea Nacional, mediante acuerdo de la dos terceras partes de sus integrantes; (iii) los Concejos Municipales en cabildos, mediante el voto de las dos terceras partes de los mismos; y por último (v) el quince por ciento de los electores inscritos en el registro electoral.

Ahora bien, siendo que el pueblo es el depositario del poder constituyente originario, el Presidente de la República no podrá objetar la nueva Constitución. Y los poderes constituidos no podrán en forma alguna impedir las decisiones de la Asamblea Constituyente.

Por último, a los efectos de la promulgación de la nueva Constitución, ésta se publicará en la Gaceta Oficial de la República de Venezuela o en la Gaceta de la Asamblea Constituyente.

5. *Conclusión*

§34. Planteamiento de la cuestión — En este punto hemos de partir del hecho de que en el concepto normativo moderno, la Constitución es a la vez:

a. El cuerpo normativo de más alta jerarquía dentro del Ordenamiento jurídico[79], o el "conjunto de normas de rango superior a cualquier otra" y, por lo tanto, inmodificables por los procedimientos ordinarios de producción legislativa[80].

---

[79] Véase Sent. del TSJ/SC N° 6 de fecha 27 de enero de 2000, caso *Milagros Gómez y otros.*

[80] SANTAMARÍA PASTOR, J. A., *Ob. cit.*, nota 43, p. 195.

b.   La "fuente de las fuentes del Derecho", ya que todas las demás se deben adaptar a ella, tanto en su proceso de formación, como en cuanto a su contenido.

En tal sentido, la doctrina remarca una tendencia amplia de constitucionalización del Derecho, generado en virtud del reconocimiento de la Constitución, ya no sólo como documento con valor político que lleva consigo un modelo jurídico-político determinado que ha de inspirar la creación, organización y actuación del Estado sino, también, como norma jurídica de aplicación directa e inmediata, sin necesidad de desarrollo legal y prevaleciente sobre la propia ley y con una jerarquía superior en el sistema de fuentes, así como el aumento significativo de su contenido, esto es, principios y valores superiores aplicables a múltiples esferas, ha generado, sin lugar a dudas, que se hable del fenómeno o proceso de constitucionalización del Derecho, y el Derecho administrativo no ha sido ajeno a esta tendencia.

Por eso mismo, es forzoso constatar que la mayoría de los debates que agitan a la sociedad contemporánea, como por ejemplo: la reforma administrativa y su descentralización, el control ciudadano de la gestión pública, la protección del medio ambiente y otros, son planteados en términos constitucionales. Sin embargo, es necesario señalar que esta evolución no ha llegado a su término.

Así las cosas, se debe concluir que por cuanto la fuente y norma jurídica suprema del Derecho positivo viene a ser la Constitución, por consiguiente, también lo será para el Derecho administrativo. Cada capítulo del Derecho administrativo, se ha dicho, tiene como cabecera una norma de rango constitucional. De ahí que el Derecho administrativo tiene el carácter o la fisonomía del sistema constitucional de cada Estado[81].

En consecuencia, desde el punto de vista recién expuesto hay que concluir afirmando que la Constitución debe ser el marco de referencia constante del Derecho administrativo contemporáneo, y de ahí la necesidad de analizar el sistema de las relaciones y de las funciones entre el Derecho administrativo y el Derecho constitucional.

---

[81]   BIELSA, R., *Ob. cit.*, nota 6, p. 40.

CAPÍTULO II

EL DERECHO ADMINISTRATIVO Y EL DERECHO CONSTITUCIONAL

I. LAS TEORÍAS SOBRE LAS RELACIONES ENTRE EL DERECHO ADMINISTRATIVO Y EL DERECHO CONSTITUCIONAL

1. *Introducción*

§35. Planteamiento de la cuestión — El examen del Derecho administrativo depende de sus relaciones o vínculos con las demás ramas del Derecho, pero señaladamente por lo que hace a sus relaciones con su vecino del Derecho público: el Derecho constitucional.

Ahora bien, el análisis del Derecho administrativo y de sus categorías desde una perspectiva constitucional no resulta un ejercicio novedoso, pues lo cierto es que el Derecho administrativo y el Derecho constitucional siempre ha tenido unas relaciones muy estrechas, como también lo es que el segundo siempre ha sido un instrumento para concretar los mandatos propios del primero[82]. No obstante, tales relaciones se han venido haciendo más fuertes –y por lo mismo devienen más complejas– como consecuencia de la evolución que han tenido las Constituciones.

De ahí que para tratar el tema de las relaciones del Derecho administrativo con las otras disciplinas jurídicas, en principio, hay que partir de la premisa de que el Derecho es uno, y por ello sus partes (las disciplinas jurídicas) están íntimamente entrelazadas. En otras palabras, creer que cada rama del Derecho es independiente, es suponer que hay varios derechos, y el Derecho –repetimos– es uno. Y esto es así porque existe unidad en el Ordenamiento jurídico[83].

---

[82] GORDILLO, A, *Tratado de Derecho administrativo*, T. I, Parte General, 11e ed., Buenos Aires, FDA, 2013, pp. VIII-7.

[83] DROMI, J., *Derecho administrativo*, 10ª ed., Buenos Aires, 2004, p. 330.

§36. Clasificación — La Constitución debe ser, pues, el marco de referencia constante del Derecho administrativo contemporáneo, y de ahí la necesidad de analizar el sistema de relaciones entre el Derecho administrativo y el Derecho constitucional.

Ahora bien, lo primero que hay que señalar es la insuficiencia de los diferentes análisis tradicionales sobre las relaciones entre el Derecho administrativo y el Derecho constitucional. La relación del Derecho constitucional con las demás disciplinas del Derecho, se deduce de su objeto propio y de la posición central que ocupa con respecto a las demás disciplinas jurídicas.

Ahora, indiscutiblemente la disciplina que más puntos de contacto presenta con el Derecho constitucional es el Derecho administrativo. Por tanto, de muchas maneras distintas –y casi todas ellas, con intención gráfica– se han destacado diversas teorías sobre las relaciones de ambas disciplinas, y que fundamentalmente se reducen a cuatro: (i) la contraposición; (ii) la unidad; (iii) la jerarquía; y por último (iv) la complementariedad que procederemos a analizar a continuación.

2. *Teorías*

§37. Teoría de la contraposición — En primer lugar se sostiene que el Derecho constitucional se contrapone ante todo al Derecho administrativo, con el cual presenta, sin embargo, variados y notables contactos e interferencias[84]. Es seguramente la manera más tradicional de abordar tales relaciones. En tal sentido, necesidades pedagógicas y programas universitarios han hecho del Derecho administrativo y del Derecho constitucional, dos disciplinas perfectamente separables y distinguibles[85].

Ahora, la contraposición se vincula normalmente al dualismo Constitución–Administración, sobre el que se han formulado diversidad de teorías[86]. Mientras que B. Stirn[87] parte de la distinción entre el acto (*That*) y la obra (*Arbeit*); por su parte, F. Fleiner[88] entiende que la Constitución representa el elemento permanente y estable del Estado, la Administración Pública es el Estado pensado en actividad. Así descritos, el Derecho

---

84   ALESSI, R., *Instituciones de Derecho Administrativo*, Trad. de la 3ª. ed. italiana, T. I, Bosch, Barcelona, 1970, p. 17.

85   STIRN, B., *Les sources constitutionnelles du droit administratif - Introduction au droit public*, 5e. édition, Ed. LGDJ, Paris, 2006, p. 3.

86   XIFRA HERAS, J., *Curso de Derecho Constitucional*, T. I, 2ª ed., Bosch, Barcelona, 1957, p. 101.

87   STIRN, B., *Ob. cit.*, nota 85, p. 3.

88   FLEINER, F., *Los principios generales del derecho administrativo alemán*, trad. Española de la 8ª ed., Madrid, 1928.

administrativo y el Derecho constitucional ocupan cada uno su esfera, el primero principalmente política e institucional, el segundo más jurídica y concreta a la vez (Stirn)[89].

Ahora, entre el Derecho administrativo y el Derecho constitucional es indudable que existen todos los vínculos imaginables. Ambos son ante todo Derecho público, y el Derecho público es el Derecho del Estado[90]; y por tanto, las características fundamentales del Derecho administrativo responden a lo que hoy, en el panorama jurídico contemporáneo, caracteriza a dicha disciplina, así:

a.   Unas bases constitucionales propias del Estado democrático y social de Derecho y de Justicia.

b.   Un conjunto de principios generales y valores superiores constitucionales que identifican un determinado equilibrio entre las prerrogativas del Estado y los derechos y garantías de las personas.

§38. Teoría de la unidad — Frente a la teoría recién expuesta, otro sector doctrinario cuestiona la distinción entre ambas ciencias jurídicas que, por el contrario, se fusionarían en un supuesto Derecho estatal o Derecho del Estado. En este orden de ideas, se discute una eventual puesta en cuestión de la distinción entre ambas disciplinas jurídicas.

En cuanto a sus orígenes, es sabido que en el sistema francés, el Derecho administrativo precede al Derecho constitucional y se convierte, en cierta medida, en su precursor. Durante el nacimiento del Derecho constitucional, el constitucionalista L. DUGUIT[91] no veía necesaria la separación dentro del Derecho público y concibe el Derecho constitucional como una ciencia amplia que equivale al "derecho público general", y que lo lleva incluso a negar la existencia misma del Derecho administrativo. Su combate, sostiene OSPINA GARZÓN[92], era por la unidad del Derecho, nadando a contracorriente contra la especialización y separación a ultranza que ya comenzaba a vislumbrarse. Finalmente, en Inglaterra donde, por el contrario, el Derecho constitucional precede al Derecho

---

89   STIRN, B., *Ob. cit.*, nota 85, p. 3.

90   ARIÑO ORTIZ, G., *Principios de Derecho Público Económico*, Ed. Comares, Granada, 1999, p. XXXIII.

91   En esta línea de pensamiento, G. JEZE, va a sostener que la separación entre Derecho constitucional y Derecho administrativa es completamente artificial: *Principios generales del derecho administrativo*, T. III, trad. al español de la 4ª ed. francesa, Depalma, Buenos Aires, 1949.

92   OSPINA GARZÓN, A. E., *Ob. cit.*, nota 13, p. 12.

administrativo, es A. V. DICEY[93] quien ahora desde el Derecho constitucional niega la necesidad de la existencia del Derecho administrativo. Asimismo, para el autor español A. GALLEGO ANABITARTE[94], la estrecha relación entre ambas disciplinas lo llevará a defender "una concepción unitaria del Derecho público estatal".

Por su parte, A. RAMÓN REAL[95] en Uruguay, considera inútil la distinción que reputa referida a las disciplinas, más que a la realidad del Derecho y propone englobar en una consideración total de la ciencia jurídica del Estado, ambas disciplinas. Finalmente, para H. R. WADE[96] en Inglaterra, el Derecho administrativo es parte del Derecho constitucional.

Al respecto se observa que la estrecha relación y las interferencias entre ambas disciplinas no justifican el hecho de que parte de la doctrina, especialmente la alemana, tienda a una inaceptable unificación de ambas disciplinas en un único "Derecho del Estado", superando la tradicional separación de las asignaturas en los planes de estudio.

En tal sentido, el autor italiano G. ZANOBINI[97] sostiene que cada una debe conservar en todos los casos sus propios caracteres y su función particular en el Ordenamiento jurídico. En efecto, la dogmática del Derecho administrativo y la dogmática del Derecho constitucional, aunque vinculadas no son amalgamables en un sistema unitario bajo la bandera del Derecho público. Una y otra tienen su autonomía (BARNÉS)[98].

En consecuencia, la separación entre una y otra ciencia jurídica tiene su justificación. La construcción científica tanto del Derecho administrativo como del Derecho constitucional se valió entonces de la búsqueda de la autonomía –separación– de estas dos ramas del Derecho público. En rigor, como ya lo ha señalado con acierto C. DELPIAZZO[99], lo propio y

---

[93] DICEY, A. V. *Introduction to the Study of de Law of the Constitution*, Macmillan and Co, London, 1889.

[94] GALLEGO ANABITARTE, A. *cit.* por MEILÁN GIL, J. L., "El Marco Constitucional del Derecho Administrativo en España", en *V Foro Iberoamericano de Derecho Administrativo. El Marco Constitucional del Derecho Administrativo en Iberoamérica*, Universidad San Francisco de Quito, Quito, 2006, p. 159.

[95] REAL, A. R., *Estudios de Derecho Administrativo*, T. I, F.C.U., Montevideo, 1968, p. 45.

[96] WADE, H. W. R., *Derecho Administrativo*, Trad. al esp. de la 2ª ed. inglesa, Instituto de Estudios Políticos, Madrid, 1971.

[97] ZANOBINI, G., *Curso de Derecho Administrativo*. Parte General, T. I, Ed. Arayú, Buenos Aires, 1954, p. 46.

[98] BARNÉS, J., *Ob. cit.*, nota 8, p. 516.

[99] DELPIAZZO, C., "Marco constitucional del Derecho Administrativo Uruguayo", en *V Foro Iberoamericano de Derecho Administrativo. El Marco Constitucional del*

peculiar del Derecho administrativo frente al Derecho constitucional como partes ambas del Derecho público, viene dado por la distinción entre: (i) el objeto; y (ii) la esencia.

En efecto, por un lado, la diferencia específica que permite analizar su concepto radica en el objeto de ambas disciplinas del Derecho público. Del Derecho constitucional derivan las normas que regulan la estructura del Estado, determinan sus funciones y definen sus potestades y límites, constituyendo la base de todo el Derecho público positivo. Por su parte, el Derecho administrativo regula la organización de la Administración Pública, tanto en lo que refiere a su estructura (aspecto estático) como a su funcionamiento (aspecto dinámico), y la actividad de esta, tanto la concretada en actos jurídicos (aspecto formal) como en operaciones materiales (aspecto material), que se realiza a través del ejercicio de la función administrativa. Y por otro lado, en su esencia, el Derecho administrativo se presenta como un intento permanente de lograr un equilibrio o balance entre las prerrogativas públicas de la Administración Pública con los derechos fundamentales de las personas, en función del fin trascendente de la obtención del bien común o del interés público.

§39. Teoría de la jerarquía — En tercer lugar, otro sector de la doctrina afirma que existe una relación de jerarquía, en el sentido de que las categorías administrativas se subordinan a las normas y principios constitucionales. En este caso, se sostiene la dependencia constitucional del Derecho administrativo, cuando se señala que el Derecho administrativo y la Administración Pública son determinados, en lo esencial, por la Constitución de su tiempo: este es un hecho generalmente admitido para la época actual, de acuerdo con la fórmula, muchas veces citada, del antiguo Presidente del Tribunal Administrativo Federal alemán F. WERNER, al calificar al Derecho administrativo como "Derecho constitucional concretizado"[100].

Por otro lado, las opciones que se manifiestan en la Constitución (escrita o no) referentes al Estado, a sus misiones y competencias, así como las atinentes a sus relaciones con las personas, deben obligatoriamente traducirse en la Administración Pública, si se desea que se vuelvan una realidad. A este efecto, la Administración Pública aparece como la "Constitución en acción"[101]; o en fin, que la Constitución otorga al Dere-

---

Derecho Administrativo en Iberoamérica, Universidad San Francisco de Quito, Quito, 2006, pp. 108-109.

[100] WERNER, F., *cit.* por GALLEGO ANABITARTE, A., "Constitución y política", apéndice a LOEWENSTEIN, K., *Ob. cit.*, nota 4, pp. 469 y ss.

[101] LORENZ VON STEIN, *cit.* por MAURER, H., *Droit Administratif Allemand,* Trad. par Fromont, M., LGDJ, 1994, p. 20.

cho administrativo su "código genético"[102]. Más allá de lo destacado, las relaciones entre ambas disciplinas ponen de manifiesto hasta qué punto es correcto afirmar también que el Derecho constitucional es "Derecho administrativo abstraído"[103].

Sin embargo, lo antes expuesto no significa según H. MAURER[104], que la Administración Pública sea sólo un elemento integrante de la Constitución, ni siquiera que el Derecho administrativo pueda ser deducido pura y simplemente de la Constitución. La Administración Pública es igualmente determinada –como la Constitución misma– por el contexto político social, económico, técnico y cultural. Desde este punto de vista, no sólo las situaciones y las evoluciones de los hechos, sino las concepciones y las aspiraciones juegan un papel determinante. Además, existen tareas y estructuras que son inherentes a toda Administración Pública y, por tanto, existen independientemente de la época y del régimen constitucional. Así las cosas, concluye MAURER, el Derecho administrativo y la Administración Pública se sitúan dentro de un sistema que asegura la coordinación entre la Constitución que fija las orientaciones, y el entorno que impone su marca. Y estos últimos ejercen, a su vez, una acción sobre la Constitución.

Finalmente, MAURER[105] concluye en que es lógico que el sentido de los cambios e innovaciones en materia constitucional produzcan su efecto sobre la Administración Pública. No obstante, esto no se da inmediatamente, sino con rezago en el tiempo puesto que esos cambios deben ser realizados, y luego, las consecuencias para el Derecho administrativo deben ser sacadas y traspasadas en los hechos. El acomodo del Derecho administrativo a la luz del Derecho constitucional es, entonces, un proceso de largo aliento en el cual el legislador, la jurisprudencia y la doctrina científica participan en igual medida.

§40. Teoría de la complementariedad — Por último, se sostiene también que las relaciones que existen entre el Derecho administrativo y el Derecho constitucional no se resuelve sólo con la superioridad normativa de la Constitución o consecuente subordinación a ella del Derecho admi-

---

[102]   WOLF, H. J., BACHOF, O. y STOBER, R., *Verwaltungrecht*, Vol. I, 10ª ed, München, 1994, p. 139, *cit.* por MAURER, H., *Ob. cit.*, nota 101, p. 20.

[103]   MÖLLER, CH. en Hoffman-Riem/Schmidt-Abmann/Vobkhle (Coords.), *Grunnlagen des Verwaltungsrechts*, T. I, München, 2006, p. 132, *cit.* por MAURER, H., *Ob. cit.*, nota 101, p. 20.

[104]   MAURER, H., *Ob. cit.*, nota 101, p. 20.

[105]   *Ibídem*, pp. 20 y 21.

nistrativo, pues se manifiestan también en la existencia de "conexiones inevitables entre lo jurídico (deber ser) y lo real (lo político)"[106].

Ahora, la relaciones o vinculaciones –que es un hecho nuevo y contemporáneo– entre, por un lado, el Derecho constitucional y la Constitución –su producto ordenador–; y por el otro, el Derecho constitucional y el Derecho administrativo, han contribuido a caracterizar a este último de una manera particularmente interesante, puesto que desde el punto de vista de su evolución, es un evento resaltante de la última década del Siglo XX, cuando la jurisprudencia del *Conseil Constitutionnel*, a partir de la Constitución francesa, en especial de su Preámbulo y de los principios generales del Derecho público, ha venido aplicando progresivamente el bloque de constitucionalidad para regular a la Administración Pública[107], pues como nos recuerda J. L. MEILÁN GIL[108], cuando se lleva a cabo la verdadera sistematización del Derecho administrativo, sus categorías se estudiaban sin contar con principios constitucionales.

En este orden de ideas, L. RODRÍGUEZ[109] sostiene que las relaciones entre el Derecho constitucional y el Derecho administrativo de un país determinado son casi naturales: por un lado, ambas disciplinas hacen parte del Derecho público y tienen por objeto el estudio de la Administración Pública; y por el otro, el Derecho constitucional es la fuente jurídica principal del Derecho administrativo, es decir, que este es una consecuencia de aquél.

Por su parte, A. RODRÍGUEZ[110] señala que el Derecho constitucional y el Derecho administrativo guardan una cercanía debido, principalmente, a su objeto. Mientras que este último se ocupa de los asuntos vinculados con la Administración Pública, en tanto parte de la estructura del Estado y expresión funcional del ejercicio del Poder Público, es evidente su cercanía con todos los aspectos relativos a la organización estatal, que en-

---

[106]   BRITO, M. R. "Estudio de las relaciones entre el Derecho administrativo y el Derecho Constitucional en el Uruguay", en *V Foro Iberoamericano de Derecho Administrativo. El Marco Constitucional del Derecho Administrativo en Iberoamérica*, Universidad San Francisco de Quito, Quito, 2006, p 34.

[107]   CHAPUS, R., *Droit administratif général*, 15ème. ed., T. I, Montchrestien, Paris, 2001, pp. 8 y 9.

[108]   MEILÁN GIL, J. L., *Ob. cit.*, nota 94, p. 159.

[109]   RODRÍGUEZ, L., *Derecho Administrativo. General y Colombiano*, Ed. Themis, Bogotá, 2005, p. 31.

[110]   RODRÍGUEZ, A., "El Marco Constitucional del Derecho Administrativo en Venezuela", en *V Foro Iberoamericano de Derecho Administrativo. El Marco Constitucional del Derecho Administrativo en Iberoamérica*, Universidad San Francisco de Quito, Quito, 2006, p. 215.

cuentra su fuente jurídica primaria de fundamentación y origen en la norma constitucional. Pero también desde el punto de vista funcional que comprendería toda la gestión cotidiana del Estado en su ámbito interno, ello obligaría a reconocer un espacio de relación ineludible con la normativa básica del Ordenamiento jurídico interno.

Como conclusión a todo lo que llevamos dicho, reiteramos que los vínculos entre las dos disciplinas del Derecho público son muy estrechos y es posible, por sí solo, inferirse del simple análisis de los textos constitucionales, según el conocido enunciado de J. BERTHÉLEMY[111] que ha devenido clásico, que contienen las *têtes de chapitre*, el *préface obligé*, de las categorías jurídicas más importantes del Derecho administrativo. Asimismo, sostiene que los puntos de contacto entre ambas disciplinas jurídicas son tan numerosos, que no es posible llevar a cabo entre ellos una separación completa, para luego concluir: "En el Derecho constitucional se encuentran **los encabezamientos de los capítulos del derecho administrativo**; uno es el prefacio obligado del otro" (resaltado nuestro).

Sin embargo, SCHMIDT-AßMANN[112] ha destacado también que esta relación es de relativa dependencia, pues el Derecho constitucional no determinaría "por completo" al Derecho administrativo, y que entre ambos se da, más bien, una "relación de complementariedad", el uno complementa al otro[113]. Entonces ¿cuál es, pues, en definitiva la relación o vínculo que une y caracteriza al Derecho constitucional con el Derecho administrativo?

II. LAS TEORÍAS SOBRE LAS FUNCIONES ENTRE EL DERECHO ADMINISTRATIVO Y EL DERECHO CONSTITUCIONAL

§41. Planteamiento de la cuestión — El autor BARNÉS[114] –a quien seguiremos muy de cerca en el desarrollo de la exposición que sigue en las páginas siguientes por la claridad de sus ideas– sostiene que más allá de las conocidas y fértiles relaciones y vínculos entre la Constitución y el

---

[111] BERTHÉLEMY, H., *Traité Elémentaire de Droit Administratif*, 7ª ed., Rousseau, Paris, 1913, p. 2; R. DROMI sostiene igualmente que el Derecho administrativo tiene en la Constitución los títulos de sus capítulos y la axiología constitucional impera en el orden administrativo. *Ob. cit.*, nota 83. Por su parte, ROMANO y DUCROCQ reivindican la expresión «*têtes de chapitres*» a favor de PELLEGRINO Rossi, *cit.* por MARIENHOFF, M. S., *Tratado de Derecho Administrativo*, T. I, Abeledo-Perrot, Buenos Aires, 1970, p. 158, nota 49.

[112] SCHMIDT-ASSMANN, E., *Ob. cit.*, nota 10, pp. 11 y 13.

[113] ROBERT, J., "Droit administratif et droit constitutionnel", en *Revue de Droit Publique*, N° 4, Paris, 1998, p. 973.

[114] BARNÉS, J., *Ob. cit.*, nota 8, pp. 504 y ss.

Derecho administrativo, es también conveniente registrar selectivamente el sistema de las funciones que ejerce el Derecho constitucional sobre el Derecho administrativo, y viceversa. En función de lo cual procede a registrar la mutua dependencia entre ambos, para luego analizar las patologías o desviaciones que se generan cuando no se atienden oportunamente las recíprocas necesidades y funciones de ambas ramas del Ordenamiento jurídico.

1. *Funciones del Derecho constitucional sobre el Derecho administrativo*

§42. Función civilizadora — BARNÉS comienza señalando que el Derecho constitucional –fundado en los principios democráticos, de Estado de Derecho y de la garantía de los derechos fundamentales– despliega en primer término una función civilizadora del Derecho administrativo, de modo que este pueda merecer tal nombre. Y lo hace en un doble sentido: de domesticación (negativa o de prohibición: 'luz roja') de un lado; y de elevación de miras (positiva o de consecución de resultados, o de efectividad: 'luz verde'), del otro.

En el primer caso, la Constitución establece la columna vertebral del Derecho administrativo para domesticar al Poder ejecutivo y a la Administración Pública, cuando fija los límites indeclinables que no pueden sobrepasar en ningún caso, mediante controles, criterios o principios de contenido prohibitivo.

En el segundo caso, la Constitución mediante su tabla de derechos y libertades –de defensa y de prestación–, expresa un concepto de ciudadano basado en la dignidad humana, que al Derecho administrativo le incumbe en una alta medida hacer realidad. De ahí que la Constitución no es solo cuestión de "embridar el poder con el Derecho" (GARCÍA DE ENTERRÍA) o con haber creado un Derecho "contra" la Administración (A. NIETO), por decirlo en términos gráficos y conocidos, sino que es necesario asumir una actitud positiva, de búsqueda de la excelencia, puesto que la Administración Pública, al fin y al cabo, constituye una poderosa palanca de transformación social, económica, cultural y política.

Ahora, para el Derecho administrativo clásico la cuestión central es, fundamentalmente, evitar por todos los medios que el Poder ejecutivo y las Administraciones Públicas se excedieran de la ley, invocaran causas o razones que no encontraban cobertura en ella, hicieran una inadecuada ponderación de lo que la misma exige, o en fin, que incurrieran en abuso o desviación de poder.

Sin embargo, compartimos la afirmación de SCHMIDT-AßMANN[115], todo Derecho aspira a la eficacia, a su efectividad. De ahí que la ciencia del Derecho no puede conformarse sin más con la mera construcción dogmática de técnicas, categorías y reglas jurídicas, sino que debe ocuparse asimismo de las condiciones y presupuestos para que aquellas resulten efectivas y eficaces. De la misma manera, el Derecho administrativo no puede concebirse exclusivamente como un sistema sin otra finalidad que garantizar la protección del individuo. La vertiente de defensa o libertad deviene insuficiente. Por el contrario, y una vez asegurado que limita y racionaliza el ejercicio del Poder Público se trata, además, de garantizar el adecuado cumplimiento y ejecución de los objetivos y fines de rango constitucional, y de facilitar la acción administrativa y su eficacia. En suma, pues, debe satisfacer una doble finalidad: la ordenación, disciplina y limitación del ejercicio del poder público, por un lado; al tiempo que la eficacia y efectividad de la acción administrativa dentro del orden constitucional, por el otro.

De ahí que concluya BARNÉS[116], el Derecho administrativo –integrado desde luego por una masiva legislación primaria– debe innovar estableciendo criterios y parámetros de excelencia, organizaciones públicas más eficaces, promoviendo procedimientos y procesos de toma de decisiones que sinteticen la eficacia, la adecuada gestión del riesgo, el conocimiento experto o el consenso, entre otros valores que la Constitución le marca en sentido positivo.

En conclusión, los principios constitucionales de Estado de Derecho, de legitimidad democrática de la acción administrativa, y de eficacia, recorren transversalmente esa dimensión positiva y negativa y sintetizan la estructura básica de un Derecho administrativo verdaderamente "constitucionalizado". El Derecho administrativo contemporáneo ha de interiorizar las consecuencias y exigencias de tales principios básicos en cada una de sus técnicas, elementos y categorías jurídicas.

§43. Función de señalización — Para BARNÉS el Derecho constitucional cumple también una función de señalización para el Derecho administrativo contemporáneo, en la medida en que se erige en un parámetro o canon superior a través del cual este ha de mirarse. Desde esta perspectiva, esa señalización –reajuste permanente– realimenta y renueva viejas categorías y herramientas del Derecho administrativo –servicio público, función pública, procedimiento administrativo, sanción, etc.–; esto es, permite repensarlas, corregir el rumbo, realizar los ajustes nece-

---

[115]   SCHMIDT-AßMANN, E., *Ob. cit.*, nota 10, pp. 27, 25 y 26.
[116]   BARNÉS, J., *Ob. cit.*, nota 8, pp. 505 y ss.

sarios. Y ello sobre la premisa de que la Constitución representa un marco de referencias suficientemente amplio para que quepan diversas opciones políticas, prioridades, ponderaciones y niveles de eficacia.

Ahora, la función de señalización se hace realidad de múltiples formas, así: a través de interpretaciones de la legalidad administrativa conforme a la Constitución, maximizando los bienes jurídicos, derechos y valores superiores constitucionales presentes en una situación de conflicto, o ya la rectificación y evolución de técnicas, conceptos y categorías jurídicas tradicionales del Derecho administrativo contemporáneo.

Finalmente, la función de señalización es una tarea compleja que corresponderá realizarla a todos los operadores jurídicos: la jurisprudencia, la doctrina, el legislador, el ejecutivo y, por último y no menos importante, al funcionario de la Administración Pública.

§44. Función de actualización — Finalmente, mientras que a través de la función señalizadora se lleva a cabo un examen permanente del Derecho administrativo contemporáneo en términos microeconómicos –pieza a pieza–, con la función actualizadora se mira adelante y se hace con carácter integral o de conjunto –global–. Es, pues, según BARNÉS[117], un tema de magnitud o escala, y ello puede suceder, por ejemplo, cuando se produce una reforma constitucional de amplio calado, o se aprueba una nueva Constitución. Por ello, BARNÉS[118] concluye en que el Derecho administrativo se halla abocado a la transformación, tanto en tiempos de cambio como en cambios de era, constituyéndose así en el primer sismógrafo del Ordenamiento jurídico. Y es que la etapa que nos ha tocado vivir se singulariza por cambios profundos en la sociedad y en el Estado, y de ahí la trascendencia del sistema de Derecho administrativo.

2. *Funciones del Derecho administrativo sobre el Derecho constitucional*

§45. Función de transposición — El retrato de las relaciones que guarda el Derecho constitucional con el Derecho administrativo, sostiene SCHMIDT-AßMANN[119], quedaría incompleto si sólo se subrayara la fuerza o capacidad de determinación de la que el primero está investido. La relación entre uno y otro, en efecto, no se agota ahí, puesto que el Derecho administrativo también ejerce su influencia sobre la dogmática y evolución del Derecho constitucional.

---

[117] BARNÉS, J., *Ob. cit.*, nota 8, p. 507.
[118] *Ibídem*, p. 508.
[119] SCHMIDT-AßMANN, E., *Ob. cit.*, nota 10, p. 17.

En este orden de ideas, BARNÉS[120] nos plantea las diversas funciones, empezando por la función de transposición. Con ello quiere significar el trasplante, traslado o transferencia de los bienes jurídicos, valores superiores y derechos que la Constitución contiene a la realidad administrativa. Así las cosas, la función capital que el Derecho administrativo contemporáneo, por contraste con otras ramas del Derecho, continúa el autor citado, cumple en relación con la Constitución a fin de hacerla efectiva son las siguientes.

En primer lugar, la relación entre ambas disciplinas no es de simple concreción, desarrollo o implementación rectilíneas. La conocida expresión de que el Derecho administrativo consiste en "Derecho constitucional concretizado" no es más que una errónea traducción, de una función subordinada y dependiente; por el contrario, concretización en su lengua original no significa lo que parece, sino un desarrollo abierto, que admite múltiples opciones.

Así las cosas, el Derecho administrativo transporta los principios y valores superiores que la Constitución contiene, a la que no se limita a respetar, por tanto. La Constitución encierra las bases, las cabeceras de capítulo, si se quiere por utilizar las expresiones clásicas. El Derecho administrativo como disciplina dotada de una notable flexibilidad y autonomía, y abierta por ello a la innovación, no solo cumple una función de simple derivación aplicativa, sino que la función que cumple se asemeja a la de la transposición en sentido amplio.

En segundo lugar, el Derecho administrativo contemporáneo se erige en la rama del Derecho más relevante al servicio de la Constitución, pues el Poder ejecutivo y las Administraciones Públicas cargan sobre sus espaldas, en buena medida, la realización efectiva de las responsabilidades que la Constitución confía a los centros o complejos orgánicos que ejercen el Poder Público.

Por último, el nervio de la transposición reside en la capacidad transformadora del Derecho administrativo contemporáneo al servicio de la Constitución, que ha de contribuir a establecer criterios que permitan promover y optimizar un mejor servicio al interés general o bien común, en sentido positivo.

Por ejemplo, se advierte que una regulación eficaz y efectiva representa un objetivo deseable (dimensión positiva), puesto que mayores serán los beneficios cuanto mejor sea la regulación en términos de crecimiento sostenible, de justicia distributiva, de efectividad, de generación

---

[120]   BARNÉS, J., *Ob. cit.*, nota 8, p. 510.

de consenso y aceptación, o de eficiencia del sector al cual se dirija; y al mismo tiempo, será un instrumento o herramienta que debe evitar los efectos no deseados, los mayores costos a la economía, las ineficiencias, etc. (dimensión negativa).

§46. Función de transferencia o retroalimentación — Por último, según BARNÉS[121], el Derecho administrativo se ha trasladado a la Constitución en un doble sentido. El más simple y elemental, porque se han constitucionalizado progresivamente numerosos elementos tradicionales de la Administración Pública, primero, y del Derecho administrativo, después: por ejemplo, la organización administrativa, la función pública, los bienes públicos, los procedimientos administrativos, los contratos de interés general, el sistema de controles de la Administración Pública, etc.

En segundo lugar, el Derecho administrativo ha exportado principios que han nacido en su seno, como ha ocurrido con los principios de eficacia y de proporcionalidad. Y de manera más amplia, porque la Constitución posee conceptos propios, señaladamente en materia de derechos y libertades, como sucede con la propiedad y la expropiación pública, responsabilidad administrativa, etc.

§47. Conclusión — En mérito a lo anterior, BARNÉS[122] concluye que el Derecho constitucional y el Derecho administrativo se necesitan mutuamente, en razón de la interconexión e interacción que uno y otro mantienen entre sí. Pero esas relaciones son complejas, por lo que la constitucionalización del Derecho administrativo no es reducible a una visión mecánica y simplista de "polinización" o de "lluvia de arriba hacia abajo", donde el Derecho administrativo sería mero ejecutor, aplicador o correa de transmisión de la Constitución. Por el contrario, habrá de ser una visión más compleja y depurada, que entiende que el Derecho administrativo constituye un instrumento de transposición de la Constitución, un sistema que permite hacer de puente entre los principios, valores superiores y fines esenciales constitucionales, y la realidad cotidiana y cambiante. En todo caso, si bien ambas disciplinas ocupan ámbitos distintos, sin embargo, se asientan sobre valores comunes.

---

[121] BARNÉS, J., *Ob. cit.*, nota 8, pp. 513.
[122] *Ibidem*, p. 514.

3. *Desviaciones entre el Derecho administrativo y el Derecho constitucional*

§48. Planteamiento de la cuestión — Por otro lado, BARNÉS[123] sostiene que más allá de las conocidas y fértiles relaciones entre la Constitución y el Derecho administrativo, se producen también las desviaciones o los desencuentros cuando ambas disciplinas –Derecho administrativo y Derecho constitucional– juegan a imitarse o mimetizarse, bien sea en el debate político y en la praxis legislativa, o bien el plano académico, perdiendo entonces la función específica y recíprocamente complementaria que le es propia a cada una de ellas. Por ejemplo, cuando se magnifica en términos cuantitativos el alcance y sentido de la Constitución, cuando la Constitución opera como si de un legislador ordinario se tratase, o en fin cuando se ignora que para hacer realidad las aspiraciones de la Constitución deviene obligado un diseño legal inteligente, buscando el "óptimo constitucional".

Al respecto se observa que, efectivamente, las controversias doctrinales lejos de agotarse son bien conocidas: sobre el tema de la infiltración o interferencia se ha denunciado: por un lado, ya una excesiva "administrativización del Derecho constitucional"[124], entendiéndose por tal, el conjunto de reglas consagradas por la jurisprudencia que son incorporadas al Derecho constitucional positivo, comenzando en Francia por la regla que reserva al juez administrativo un ámbito de competencia contenciosa[125]; y por el otro, también se remarca una importante "constitucionalización del Derecho administrativo"[126], aludiéndose con ello a los preceptos o normas constitucionales que materialmente pertenecen al Derecho administrativo.

En tal sentido, el autor venezolano BREWER-CARÍAS[127] advierte que las relaciones entre el Derecho administrativo y el Derecho constitucional

---

[123] BARNÉS, J., *Ob. cit.*, nota 8, pp. 517 y ss.

[124] CAJARVILLE PELUFO, J. P., "El Marco Constitucional del Derecho Administrativo. Algunas reflexiones desde el Derecho Uruguayo", en *V Foro Iberoamericano de Derecho Administrativo. El Marco Constitucional del Derecho Administrativo en Iberoamérica*, Universidad San Francisco de Quito, Quito, 2006, pp. 42-43.

[125] VEDEL, G., Préface a STIRN, B., *Ob. cit.*, nota 85, p. VIII.

[126] SAYAGUÉS LASO, E., *Tratado de Derecho Administrativo*, T. I, 9ª ed. puesta al día, Ed. Fundación de Cultura Universitaria, Montevideo, 2004, p. 40.

[127] BREWER-CARÍAS, A. R., "La interaplicación del derecho público y del derecho privado a la Administración Pública y el proceso de huida y recuperación del Derecho Administrativo", *II Jornadas Internacionales de Derecho Administrativo Allan Randolph Brewer-Carías. Las formas de la actividad administrativa*, FUNEDA, Caracas, 1996, pp. 19-74.

son de interferencias. Que uno de los signos más característicos del Derecho administrativo, en el sistema jurídico contemporáneo, es el de su progresiva "constitucionalización", así como, a la vez, del Derecho constitucional, es el hecho de que las Constituciones hayan superado su tradicional contenido orgánico/dogmático relativo a la organización básica del Estado y al régimen de los derechos y garantías constitucionales, y cada vez con mayor frecuencia hayan incorporado a su normativa, los principios básicos de la Administración Pública y de la función administrativa del Estado.

Ahora bien, para BARNÉS[128] la historia del desencuentro obedece a causas diversas y profundas, pero viene de tiempo atrás, y no es algo que se circunscriba a un país o cultura jurídica. La primera de ellas es el caso de mimetización de ambas disciplinas, en el plan político y académico, en un doble proceso, sin duda pernicioso, y que sintetiza así:

En primer lugar, la "constitucionalización del Derecho administrativo" entendida reductivamente como una pérdida de la autonomía, flexibilidad e innovación de este, petrificando sus formas, categorías e instrumentos clásicos, convirtiéndose así en solo una correa de transmisión de la Constitución y del legislador. En este sentido, advierte el autor sobre la pérdida de autonomía por cuanto se relativiza su contenido al concebírsele como un supuesto "aplicador" del Derecho constitucional; la pérdida de flexibilidad, por el olvido de su capacidad adaptativa a las circunstancias de cada tiempo y lugar; y por último, la pérdida de su fuerza innovadora, por el menor interés en el constante ensayo-error, aprendizaje de experiencias acumuladas.

Y en segundo lugar, la "administrativización de la Constitución" o "del Derecho administrativo", en razón de la extensión y naturaleza de sus contenidos, la magnificación de los efectos de cualesquiera de sus preceptos considerados, y por sobre todo la pérdida de sus cualidad como norma abierta y portadora de principios y valores, y no de programas cerrados, hojas de ruta específicas con exclusión de otras, y detalles relativos al modo de llevar a cabo las políticas públicas.

En definitiva, concluye BARNÉS[129], lo expuesto representa un doble proceso sin duda pernicioso. La mimetización del Derecho administrativo con el Derecho constitucional; y el avance de las Constituciones por el terreno que le es propio al Derecho administrativo, con la consiguiente confusión de identidades y roles que no ha sido siempre advertida por la doctrina. Que si bien es cierto que puede hablarse de una dogmática del

---

[128] BARNÉS, J., *Ob. cit.*, nota 8, pp. 521 y ss.
[129] BARNÉS, J., *Ob. cit.*, nota 8, p. 522.

Derecho público, no lo es menos, sin embargo, que la dogmática del Derecho administrativo posee su propia autonomía y singularidad, por más que siempre, como se ha observado y resulta bien conocido, se hallen íntimamente trabadas. Autonomía y singularidad en un marco de íntima dependencia y reciprocidades, que no es sino una consecuencia obligada de las diversas funciones que a la Constitución y al Derecho le es dable cumplir.

§49. **Deslinde** — Por todo lo anterior, BARNÉS[130] advierte que el deslinde entre el Derecho administrativo y el Derecho constitucional se difumina entonces: cuando se deforman y pierden sus contornos, tanto "la constitucionalización del Derecho administrativo" como "la administrativización del Derecho constitucional" se convierten en dos caras de un mismo problema, en una amalgama que pierde su virtualidad. En otras palabras, el desencuentro se produce cuando el Derecho constitucional hace de Derecho administrativo; y viceversa.

Para ello el punto de partida necesario es repensar el valor principialista de la Constitución, por un lado, y la autonomía del Derecho administrativo, por el otro. Las desviaciones que se dan entre el Derecho administrativo y Derecho constitucional guardan relación con la pérdida de la funcionalidad propia de cada una de ambas ramas del Derecho público. La Constitución no es solo la primera norma. Es mucho más que eso. Es más, su posición jerárquicamente superior la adquiere porque es portadora de contenidos y misiones esenciales, que no pueden verse degradadas por cualquier material.

En tal sentido, concluye BARNÉS, el Derecho administrativo contemporáneo no es solo un instrumento a su servicio, en el sentido de simple vehículo o correa de transmisión. Su tarea no consiste solo en "pasar a limpio" lo que la Constitución contiene, concretando sin más los detalles, puesto que esta ni contiene un programa cerrado, menos una opción única, ni fija los medios para conseguir los objetivos que marca ni las políticas a llevar a cabo, las prioridades, o los modos y los niveles en que estas hayan de satisfacerse. Con su amplio espectro, el Derecho administrativo goza de una notable autonomía –para bien o para mal–, cuando busca transportar a la realidad, a modo de puente y transformador, los objetivos y los fines, las libertades, las garantías y los servicios esenciales que la Constitución encierra.

Sin embargo, nuestra investigación se alejará de la manera tan habitual de aprehender tales relaciones, por cuanto se impone un nuevo acercamiento: la relación o vínculo de complementariedad entre ambas disciplinas. Por tanto, es tiempo de entrar un poco más en el detalle, si no

---

130   *Ibídem*, pp. 532 y 533.

del fenómeno de la complementariedad en sí mismo, cuyo análisis venimos de presentar, sin perjuicio de reservarse a una investigación de más aliento, si a la manera cómo se entiende abordar la materia, lo cual permitirá precisar el objeto y el espíritu de este Manual. Y realizar en nuestro sistema positivo el análisis que facilita esta vía, en cierto sentido nuevo, es tarea que nos ofrece con muy amplias posibilidades el denominado Derecho administrativo constitucional.

CAPÍTULO III

EL DERECHO ADMINISTRATIVO CONSTITUCIONAL

I. LA TEORÍA DE LAS "BASES CONSTITUCIONALES" DEL DERE-CHO ADMINISTRATIVO

1. *Teoría del decano George Vedel*

§50. Planteamiento de la cuestión — La conclusión del Capítulo anterior plantea el tema no ya de la desaparición, sino del desplazamiento de las fronteras entre el Derecho constitucional y el Derecho administrativo. Se trata, entonces, de un problema clásico de saber hasta dónde se extiende el dominio de aplicación, siendo muchas veces difícil separar lo que es materia de una u otra disciplina jurídica[131], reconociendo en todo caso que la noción de fronteras entre ambas disciplinas no es fácil a circunscribir[132].

Ahora como sostiene OSPINA GARZÓN[133], sin tratarse aún de un verdadero proceso de constitucionalización, las relaciones entre la Constitución y el Derecho administrativo fueron explicadas, por una parte, a través de la separación entre lo general –Constitución– y lo concreto –el Derecho administrativo–. Y por otra parte, a través de la separación entre lo estático –la Constitución– y lo dinámico –el Derecho administrativo–. Así, con campos de estudio plenamente delimitados, la autonomía del Derecho administrativo estaría salvaguardada.

En este último sentido, el Derecho administrativo, en su doble vertiente de herramienta del ejercicio del Poder Público y de instrumento garantizador de los derechos y libertades de las personas, se convierte así en la piedra de toque de la Constitución, en el lugar donde se plasman concretamente los grandes principios generales, valores superiores y

---

[131]   SAYAGUÉS LASO, E., *Ob. cit.*, nota 126, p. 40.

[132]   ROBERT, J., *Ob. cit.*, nota 113, p. 973.

[133]   OSPINA GARZÓN, A. F., *Ob. cit.*, nota 13, p. 13.

fines esenciales constitucionales. Así, el Derecho administrativo como "Derecho constitucional concretizado" se convirtió desde muy temprano en el paradigma central del Derecho administrativo de la República Federal de Alemania. Esa fórmula es originaria de FRITZ WERNER quien fue Presidente del Tribunal Administrativo Federal desde 1958 hasta 1969. El Derecho administrativo será, así como se ha dicho, el Derecho constitucional de lo concreto porque sus instituciones, conceptos y categorías tienen necesariamente las "bases constitucionales", parafraseando ahora el título de un conocido trabajo del decano G. VEDEL[134].

En tal sentido, OSPINA GARZÓN sostiene que luego del fracaso de las grandes teorías que intentaron fundamentar el Derecho administrativo, a este no le quedó más remedio que volver ilusionado las mirada hacia el Derecho constitucional, intentando encontrar en él el fundamento o unas bases constitucionales que justificaran su existencia.

§51. Concepto — Como es sabido, el decano VEDEL[135] fue el autor exclusivo de la teoría de las "bases constitucionales" del Derecho administrativo, al constatar la afirmación, objeto de un acuerdo generalizado, según la cual "la Constitución es la base necesaria de las reglas que componen el Derecho administrativo", y cuya demostración sería inútil, pues "se deriva de la naturaleza misma de la Constitución, fundamento del Ordenamiento jurídico francés y carta de la organización estatal". Pero va más lejos al buscar "en cuáles bases constitucionales se puede construir el Derecho administrativo", concluyendo que es sobre "las nociones de poder ejecutivo y de prerrogativas del poder público". En tal sentido concluye: "El Derecho administrativo es el conjunto de reglas especiales aplicables a la actividad del poder ejecutivo en la medida en que haga uso de las prerrogativas del poder público".

La teoría, cuyo fundamento se encuentra: por un lado, en los textos constitucionales de 1875 y 1946, y por el otro, en la jurisprudencia a la que dieron lugar, tuvo que ser actualizada por el propio autor una primera vez con la aprobación de la Constitución francesa de 1958. En este orden de ideas, al publicar su Manual en el año 1958 afirma que el Derecho administrativo será "el derecho común de las prerrogativas del poder público"[136]. De esta manera, más que encontrar las bases constitucionales del Derecho administrativo, estableció la base constitucional.

---

[134] VEDEL, G. "Les bases constitutionnelles du Droit Administratif", en *Etudes et Documents du Conseil d'Etat*, N° 8, 1954.

[135] *Ibídem*, pp. 21 y ss.

[136] VEDEL, G. *Derecho Administrativo*, trad, española, Biblioteca Jurídica Aguilar, Madrid, 1980.

En contra de esta tesis se pronunció un importante sector de la doctrina francesa, principalmente las críticas expuestas por CH. EISENMANN y accesoriamente las de R. CHAPUS y P. AMSELEK[137]. El primero señala que la Constitución define las competencias, principalmente las del Poder ejecutivo a la cabeza del aparato que constituye la Administración Pública; determina ciertas reglas de fondo, en especial los derechos y libertades que limitan el ejercicio de tales competencias; sin embargo, ella no determina un régimen específico que sería el *régime administratif*; y por ende, no determina el Derecho administrativo.

Posteriormente, VEDEL[138] al revisar las críticas de que fue objeto por la doctrina, recuerda la necesidad lógica de establecer una relación entre el Derecho administrativo y el Derecho constitucional, y la importancia de la noción de un Poder ejecutivo dotado de prerrogativas de poder público. Mantiene la idea según la cual el Derecho administrativo descansa sobre unas "bases constitucionales", pero la afinó y precisó, al definir en primer lugar a la Administración Pública como "el conjunto de las actividades del gobierno y de las autoridades descentralizadas, distintas de las que manejan las relaciones internacionales, y las relaciones entre los poderes públicos, que se ejerce bajo un régimen de prerrogativas del poder público"; y al Derecho administrativo como el Derecho de tales actividades.

De acuerdo con la teoría de "las bases constitucionales", sostiene ALLI ARANGUREN[139] alineado con esta tesis, el Derecho administrativo, ni desde el punto de vista pedagógico ni desde el punto de vista teórico puede definirse de manera autónoma, pues sólo sería posible a partir de la Constitución. Habría, pues, una solución de continuidad entre el Derecho constitucional y el Derecho administrativo[140], al punto que este último constituiría la prolongación del primero[141].

---

[137] EISENMANN, Ch. "La théorie des «bases constitutionnelles du droit administratif", en *Revue du Droit Publique*, Paris, 1972, pp. 1.345-1.434; CHAPUS, R, "Le service public et la puissance publique", en *Revue du Droit Public*, 1968, pp. 235-282; y AMSELEK, P., "Le service publique et la puissance publique-Réflexions autor d'une étude récente", en *Actualité Juridique-Droit Administratif*, 1968, pp. 492-507.

[138] Vedel "Les bases constitutionnelles du droit administratif", en *La pensé de Charles Eisenmann*, Presses Universitaires d'Áix-Marseille, Aix-en-Provence, 1986, pp. 134-145

[139] ALLI ARANGUREN, J. C., *Derecho Administrativo y Globalización*, Thomson-Civitas, Madrid, 2004, p. 19.

[140] DROMI, J., *Ob. cit.*, nota 83, p. 331.

[141] IBAÑEZ NAJAR, J. E., "El Derecho Público Colombiano", en *V Foro Iberoamericano de Derecho Administrativo. El Marco Constitucional del Derecho*

Así, las "bases constitucionales" emergen cada vez en el Derecho positivo, razón por la cual VEDEL[142] se hace la siguiente pregunta: ¿Es posible escribir un simple manual de Derecho administrativo sin integrar los textos y la jurisprudencia constitucional a propósito de la descentralización, del sector público, de la policía, etc.? De ahí la afirmación de BREWER-CARÍAS[143], en cuanto que el Derecho administrativo de un país no se puede llegar a conocer, interpretar ni exponer adecuadamente, si no se establecen e identifican, con claridad, sus bases, y éstas, por supuesto, estarían en el Derecho constitucional.

2. Crítica a la teoría del decano G. Vedel

A. Introducción

§52. Planteamiento de la cuestión — Luego de transcurrido alrededor de más de 60 años de haber formulado VEDEL la teoría de las "bases constitucionales" del Derecho administrativo, la doctrina contemporánea intenta establecer la utilidad actual de la misma.

Al respecto el autor francés P. DELVOLVÉ[144] señala que el decano VEDEL formó su teoría en un marco exclusivamente francés, y por tanto ese método ya no es posible, la reflexión acerca de la identidad del Derecho administrativo no puede limitarse a un marco exclusivamente nacional, pues el desarrollo del Derecho administrativo en varios sistemas jurídicos es por la vía de la interacción, por la observación, intercambios, comparación que ha conducido, sino a una unificación, al menos a una convergencia que permite apreciar nociones y soluciones comunes.

De ahí que la reflexión acerca de la identidad del Derecho administrativo no puede limitarse a un marco exclusivamente nacional. No obstante, cada Derecho administrativo nacional tiene sus especificidades: su contenido varía de un Estado a otro, en la medida que se encuentre más o menos desarrollado, y donde los principios fundadores son de distinto tipo, las reflexiones jurídicas serán muy amplias o muy concretas.

Administrativo en Iberoamérica, Universidad San Francisco de Quito, Quito, 2006, p. 130.

[142] VEDEL, G., *Ob. cit.*, nota 138, p. 145.

[143] BREWER-CARÍAS, A. R., "Bases constitucionales del Derecho Administrativo en Venezuela", en *Revista de Derecho Público*, N° 16, EJV, Caracas, octubre-diciembre 1983, p. 5.

[144] DELVOLVÉ, P., "La actualidad de la teoría de las bases constitucionales del Derecho administrativo", en *La constitucionalización del Derecho administrativo. XV Jornadas Internacionales de Derecho Administrativo*, A. Montaña Plata y A. F. Ospina Garzón, Universidad Externado de Colombia, Bogotá, 2014, p. 43.

Frente a este panorama en que el Derecho administrativo no tiene un valor general y universal, DELVOLVÉ[145] se pregunta: ¿Se debe, entonces, renunciar a encontrar una teoría única de las bases constitucionales, en la medida en que el Derecho administrativo, en sí mismo, no es unívoco? ¿Se puede al menos buscar, si más allá de la diversidad, existe un núcleo constitucional del Derecho administrativo? Al respecto se responde que si bien los Derechos administrativos pueden ser variados, que sus bases constitucionales también, sin embargo, el sistema de las bases constitucionales debería permitir la construcción de una teoría que las englobe a todas.

Para ello el mismo DELVOLVÉ señala que se requiere establecer lo que debería entenderse por esas bases, puesto que se habla indistintamente tanto de las "bases constitucionales" como de las "fuentes constitucionales". Que según el diccionario, en sentido figurado, base es el principio fundamental sobre el cual descansa un razonamiento, una proposición, un sistema o en fin una institución. La palabra se refiere a un fundamento, lo que es en sana lógica, el sustento de un orden o de un conjunto de conocimientos. Base y fundamento son, de esta manera, conceptos similares. Por su parte, la fuente es, en primer lugar, el punto del que sale el agua o el agua que brota, considerada en sí misma. En sentido figurado, es el punto de origen de cualquier cosa, del que ella surge.

Ahora bien, si se aplicaran estas definiciones en el espacio, la base –o el fundamento– permite elevar un edificio verticalmente; por el contrario, la fuente se expande horizontalmente. La base sostiene, la fuente produce. La base sirve para construir, la fuente permite usos diversos.

Asimismo, si estas definiciones se aplicaran a las relaciones entre el Derecho administrativo y el Derecho constitucional, las fuentes constitucionales contribuyen a determinar el contenido del Derecho administrativo, mientras que las bases constitucionales constituyen el pedestal sobre el que se construye el Derecho administrativo. Sin embargo, no siempre es fácil diferenciar las fuentes constitucionales y las bases constitucionales, puesto que las fuentes pueden servir tanto para identificar las bases del Derecho administrativo como para determinar su contenido.

En mérito a lo anterior, DELVOLVÉ[146] propone que para buscar la manera como el Derecho constitucional permite la construcción del Derecho administrativo como un edificio jurídico concreto, existen dos maneras:

---

[145]   DELVOLVÉ, P., *Ob. cit.*, nota 144, p. 45.
[146]   DELVOLVÉ, P., *Ob. cit.*, nota 144, p. 46.

a. El desarrollo de normas constitucionales en el Derecho administrativo.

b. Y la superación de la teoría de las bases constitucionales del Derecho administrativo.

B. *Desarrollo de las normas constitucionales en el Derecho administrativo*

§53. Planteamiento de la cuestión — Hoy día constituye un lugar común hablar del fenómeno o proceso de constitucionalización del Derecho administrativo, a partir del cambio de paradigma que significó otorgarle pleno valor normativo a la Constitución. Sin embargo, es también evidente la ausencia durante mucho tiempo de estudios profundos acerca de la cuestión, o lo que es más grave, de análisis que buscaran identificar la extensión y los alcances de dicho proceso, salvo contadas pero muy honrosas excepciones.

El punto de inicio se encuentra, pues, en la mencionada teoría de las "bases constitucionales" del Derecho administrativo esbozada por el decano VEDEL, al estudiar las relaciones entre la Constitución y el Derecho administrativo, como clave de interpretación de esta disciplina jurídica.

§54. Normas constitucionales en el Derecho administrativo — Al respecto DELVOLVÉ[147] sostiene que el desarrollo de las normas constitucionales en el Derecho administrativo es un aspecto del desarrollo del proceso de la constitucionalización del Derecho en su conjunto, bajo el efecto del constitucionalismo, marcado tanto por un aumento en el número y en el campo de aplicación de las normas constitucionales como por el refuerzo de la Justicia constitucional.

Como se hubo mencionado más arriba, el decano VEDEL elaboró su teoría a partir de algunos fallos del Consejo de Estado francés en los que se interpretan disposiciones normativas de rango constitucional, donde se les da un sentido y un alcance concretos. Luego aquel fue desplazado por el Consejo Constitucional francés, en la medida en que fueron ampliando sus intervenciones y consolidando su autoridad. Así las cosas, DELVOLVÉ[148] señala que el proceso de constitucionalización del Derecho administrativo se muestra como un fenómeno entre muchos otros. Ello puede permitir la relativización de la teoría de las bases constitucionales del Derecho administrativo, al mismo tiempo que esas normas se desarrollan de dos maneras:

---

[147] *Ibídem*, p. 46.
[148] DELVOLVÉ, P., *Ob. cit.*, nota 144, p. 47.

a.   Formalmente, por el desarrollo de las disposiciones normativas constitucionales en materias administrativas.

b.   Y materialmente, por el desarrollo constitucional de nociones propias del Derecho administrativo.

§55. Normas constitucionales en materia administrativa — El decano VEDEL sustentó su teoría de las "bases constitucionales" del Derecho administrativo de manera exclusiva en muy pocas disposiciones referidas a la atribución de ejecución de las leyes al Poder ejecutivo. Ahora, en el Derecho comparado las Constituciones son muy dispares en el tratamiento de las materias administrativas. En nuestro país, por ejemplo, la Constitución, además de dedicarle un Sección a las disposiciones generales de la organización del Estado, le dedica en el Capítulo I del Título V *Del Poder Público* a la Sección Segunda *De la Administración Pública* (Arts. 141 a 143); la Sección Tercera *De la Función Pública* (Arts. 144 al 149); y la Sección Cuarta *De los contratos de interés público* (Arts. 150 al 151), estableciendo junto con otras disposiciones constitucionales el tratamiento del entramado de lo que pudiera denominarse una Constitución administrativa.

§56. Desarrollo constitucional de las nociones del Derecho administrativo — DELVOLVÉ continúa sosteniendo que la jurisprudencia administrativa fue quien, inicialmente, y partiendo de varias disposiciones constitucionales, erigió a nivel constitucional algunos elementos esenciales del Derecho administrativo, en particular, las nociones centrales que sirvieron para la construcción y sistematización del Derecho administrativo (por ejemplo, servicio público, prerrogativas del poder público, responsabilidad, etc.). Y también ciertos elementos del *régime administratif* como son: el principio del sometimiento de la Administración al Derecho (principio de legalidad, Estado de Derecho, seguridad jurídica, motivación, buena fe, etc.), y el principio de la sumisión de la Administración al control jurisdiccional (derecho a un recurso efectivo, derecho a la defensa, control universal, etc.).

3.   *Superación de la teoría de las bases constitucionales del Derecho administrativo*

§57. Planteamiento de la cuestión — La importancia del desarrollo de las normas constitucionales en el Derecho administrativo conduce, paradójicamente, según DELVOLVÉ[149], a la superación de la teoría de las "bases constitucionales" del Derecho administrativo desde un doble punto de vista:

---

149   DELVOLVÉ, P., *Ob. cit.*, nota 144, p. 52.

a.   La teoría del decano VEDEL parece que ya no subsiste.

b.   Y por cuanto más allá de la teoría propia del decano VEDEL, parece que ya no es posible fundar el Derecho administrativo a partir de la teoría de las "bases constitucionales".

En primer lugar, los desarrollos del Derecho administrativo, en particular de la jurisprudencia, confirman esta perspectiva. Si se toma la definición de Administración Pública, y correlativamente del Derecho administrativo elaborada a partir de la misma, la teoría ha sido superada en los aspectos siguientes.

En segundo lugar, la definición de Administración Pública integraba las actividades del gobierno y de las autoridades descentralizadas, y como tales órganos administrativos, pero estos últimos no hacen parte exactamente del Poder ejecutivo. Además otras autoridades distintas del Poder ejecutivo que se desarrollan a partir de los años 80's como autoridades administrativas independientes, constituyen una ampliación del ámbito de la Administración Pública. La misma observación se hace respecto de los organismos privados encargados de una misión de servicio público y dotado legalmente de prerrogativas del poder público; inclusive de las autoridades parlamentarias en sus funciones administrativas. En tales casos se reconoce que la función administrativa supera el ámbito de la función del Poder ejecutivo, pues incluso las autoridades jurisdiccionales puntualmente ejercen funciones administrativas. En definitiva, ya no se puede definir entonces la Administración Pública como la que corresponde, apenas, a las actividades del gobierno y de las autoridades descentralizadas.

Y por último, a pesar de que el criterio del régimen de poder público, de prerrogativas, sea tan importante para caracterizar tanto al Derecho administrativo como la competencia administrativa, este no es exclusivo, pues como criterio el servicio público se basta a sí mismo sin necesidad del criterio de las prerrogativas del poder público.

Por consiguiente, la teoría del decano VEDEL al fundar el Derecho administrativo no sobre las "bases constitucionales", sino sobre una sola base constitucional –la teoría de las prerrogativas del poder público– no puede ser aceptada. Por tanto, es difícil considerar hoy en día que el Derecho administrativo, en tanto tal, tenga una base constitucional, entendida como el fundamento sobre el que se establece. Se puede, sin embargo, ensayar de precisar, teóricamente, los vínculos entre el Derecho constitucional y Derecho administrativo.

§58. Teoría del "marco constitucional" del Derecho administrativo — La importancia y el número de las disposiciones constitucionales relativas al Derecho administrativo y al reconocimiento constitucional de

las categorías propias al Derecho administrativo no permiten, evidentemente, negar los vínculos entre el Derecho constitucional y el Derecho
administrativo.

Esos vínculos son puestos en evidencia cuando se habla de las fuentes constitucionales del Derecho administrativo. La fórmula sólo subraya
el origen de las soluciones de Derecho administrativo. Pero esto no hace
del Derecho constitucional el fundamento del Derecho administrativo, ya
que este último tiene otras fuentes, tales como hoy día la cuestión de la
convencionalidad administrativa. Es cierto que el Derecho constitucional
aparece, así, sin duda, mucho más que en otras ramas del Derecho, pero
al mismo título, como determinante de un cierto contenido de las diferentes materias del Derecho administrativo. Como las otras ramas del
Derecho, pero eso sí con más fuerza, el Derecho constitucional nutre al
Derecho administrativo.

Pero las otras ramas del Derecho también son igualmente nutridas
por el Derecho constitucional, y de ese punto de vistas no hay diferencias, respecto del Derecho constitucional, entre el Derecho administrativo
y los Derechos penal, laboral, financiero, etc. En cuanto a su contenido,
las fuentes constitucionales del Derecho administrativo son, sin duda,
más numerosas que para las otras ramas, pero estas no constituyen, en sí,
el Derecho administrativo. Lo que si es cierto, es que el Derecho administrativo encuentra en el Derecho constitucional un soporte. Entonces
¿cómo calificar esto?

Al respecto DELVOLVÉ[150] señala que la Constitución ya no se limita a
establecer órganos y a regular sus relaciones; pues determina su rol y la
manera de ejercerlo con mucha más fuerza que antes; así como los límites
y las obligaciones que derivan del reconocimiento de los derechos y
libertades de los ciudadanos. Desde este punto de vista, la Constitución
determina, al menos en parte, pero frecuentemente de manera amplia, la
organización y la acción administrativa; por tanto, el Derecho específico
de esta organización y esta acción. Por todo lo anterior, concluye se podría
decir, en sentido amplio, que el Derecho constitucional sí es la base del
Derecho administrativo, la base a partir de la cual, él se construye.

Esto es lo que también observa CASSESE[151], sin dejar de señalar la
relación ambigua del Derecho constitucional con el Derecho administrativo, ya que "el Derecho administrativo depende del Derecho constitu-

---

[150]   DELVOLVÉ, P., *Ob. cit.*, nota 144, p. 58.

[151]   CASSESE, S., *La construction du droit administratif. France et Royaume-Uni*, trad.
del italiano, Montchrestien, 2000, p. 11; y también "Le basi costituzionali", en
Tratato di diritto amministrativo, al cuidado de S. Cassese, Dirito Amministrativo.

cional, pero, en el mismo tiempo, lo condiciona" para terminar señalando que: "En los límites de las instituciones, la relación se vuelve más compleja. El Derecho administrativo aparece como [...] Derecho constitucional concretizado [...]".

Esta última fórmula subraya bien la relación estrecha que une a las dos ramas del Derecho público. Pero también implica que va mucho más allá que el Derecho constitucional. En efecto, la mayoría de los grandes temas torales del Derecho administrativo (acto administrativo, contrato administrativo, bienes públicos, responsabilidad administrativa, etc.) son autónomos con respecto al Derecho constitucional; su noción y su régimen aparecieron independientemente de este y continúan a desarrollarse sin él. Estos temas no encuentran su fundamento en el Derecho constitucional.

Es por esto, después de haber señalado el autor P. BON[152] que si bien existe "un estatuto constitucional de la administración", y que algunas soluciones del Derecho administrativo son determinadas por el Derecho constitucional, que no se puede decir, sistemáticamente, en su conjunto, que el Derecho administrativo tenga como base el Derecho constitucional. Pero se puede decir, siguiendo a O. JOAUNJAN[153] que existe un "marco constitucional del Derecho administrativo", en el sentido que aquél delimita los contornos, que son aquellos de la organización y de la acción administrativa. Pero deja una variedad de soluciones posibles en cuanto al contenido; puede nutrirse de fuentes diversas, pero como tales fuentes constitucionales solo algunas de ellas, dejando la posibilidad de desarrollarse con soluciones que le son propias.

Así, pues, el Derecho administrativo de cada Estado puede insertarse en el Derecho constitucional que le es propio. Que como bien precisó CASSESE[154], el Derecho administrativo varía de un país a otro, en función de las tradiciones nacionales que se encuentran en el sistema constitucional que se prolonga a su vez en el sistema del Derecho administrativo. Y así, se concluye, cada sistema constitucional constituye un "marco constitucional" en el que se inserta el Derecho administrativo: él lo estructura y delimita los contornos, que son aquellos de la organización, actividad, medios y fines administrativas.

---

[152] BON, P., "Peut-on parler de 'pouvoir' administratif?" en *Cinquantième anniversaire de la Constitution rancaise*, Dalloz, 2008.

[153] JOUNJAN, O., "La Constitution", en *Traité de droit administratif*, T. I, Dalloz, Paris, 2011, p. 394.

[154] CASSESE, S., *Ob. cit.*, nota 151, p. 12.

En consecuencia, se concluye siguiendo a DELVOLVÉ[155], si bien no hay verdaderamente una base constitucional que sirva de fundamento a la construcción del Derecho administrativo, a la manera de la teoría del decano VEDEL, si hay, en todo caso, un "marco constitucional del Derecho administrativo". Es en este sentido que puede ser actualizada la teoría de las "bases constitucionales" del Derecho administrativo.

Por eso mismo, el enjuiciamiento de lo que debería hoy día denominarse el "marco constitucional del Derecho administrativo", debería formularse fijando en su extensión material, a través de su evolución, los antecedentes que aquél encuentra en las distintas Constituciones. Cabría, por tanto, formalizar en sus presupuestos, el estudio constitucional de las diversas materias que integran el sistema del Derecho administrativo, a las que con frecuencia se refieren las Constituciones modernas, que en su contenido formulan un conjunto de declaraciones de principios generales, valores superiores y fines esenciales constitucionales que sintetizan lo que ha de constituir, dentro del modelo jurídico-político de Estado democrático y social de Derecho y de Justicia, una suerte de hoja de ruta que nos proporciona para proceder a las profundas y heterogéneas reformas inminentes a que habrán de estar sometidos tanto el Estado como la Administración Pública, así como un método para realizar el proceso de innovación (reforma y cambio) que nos exige el Derecho administrativo contemporáneo –tanto General como Especial–.

II. EL PROCESO DE CONSTITUCIONALIZACIÓN DEL DERECHO ADMINISTRATIVO

1. *Teoría de la constitucionalización del Derecho*

§59. Planteamiento de la cuestión — La consecuente distancia entre el Derecho administrativo y el Derecho constitucional, e inclusive entre aquél y la fuerza normativa de la Constitución, se dio en el contexto de una constante búsqueda de fortalecimiento de su autonomía científica, la cual trajo consigo la necesidad de encontrar respuestas sobre su naturaleza y justificación dentro de sí mismo, es decir, en los desarrollos doctrinarios y en la jurisprudencia.

Sin embargo, la verdadera relación entre el Derecho constitucional y el Derecho administrativo sólo se empezó a evidenciar cuando se reconoció la fuerza normativa superior de la Constitución como fuente jurídica del Derecho, y se dio el primer paso hacia el proceso de constitucionalización del Derecho administrativo, dentro de un verdadero Estado

---

[155] DELVOLVÉ, P., *Ob. cit.*, nota 144, p. 59.

de Derecho. Las Constituciones transformaron así al Derecho administrativo, poniéndolo al servicio de los principios, valores superiores y fines esenciales constitucionales, como la garantía de los derechos y libertades de las personas.

De ahí que no se puede desconocer la existencia de un zócalo constitucional, de *les bases constitutionnelles* o *les têtes de chapitres*, si se quiere, por utilizar las expresiones clásicas, o más propiamente de un "marco constitucional" no sólo ya del Derecho administrativo, sino de todas las demás disciplinas del Derecho, incluso ajenas al Derecho público[156]: civil, laboral, penal, procesal, social, tributario, etc.[157]. Este imperativo lógico, común a todas las ramas del Derecho, posee una incidencia muy especial en lo que se refiere al sistema del Derecho administrativo[158].

§60. Proceso de constitucionalización del Derecho — El proceso de constitucionalización se ha convertido en una de las más notables fuerzas de desarrollo del Derecho, es decir, una irrigación o más propiamente una "irradiación" por la Constitución de todo el Ordenamiento jurídico, significándose con ello la "adaptación, orientación y reorganización del ordenamiento jurídico ordinario a los parámetros de la Constitución que no se agotan en los estrictos y simples mandatos y prohibiciones" (SCHMIDT-AßMANN)[159].

Ahora, como sostiene GARCÍA DE ENTERRÍA[160], el proceso de constitucionalización del Derecho se explica porque el Derecho constitucional, "[…] en su sentido estricto de Derecho de la Constitución en cuanto norma jurídica […]" ostenta una superioridad frente a las otras ramas del Ordenamiento jurídico, dentro de las que se incluye el Derecho administrativo, no solo a partir de la concepción kelseniana sobre el escalo-

---

[156] VEDEL, G., *Ob. cit.*, nota 134, p. VI. Asimismo, SCHMIDT-AßMANN, E., "El concepto de constitucionalización del Derecho administrativo", en *La constitucionalización del Derecho administrativo: XV Jornadas Internacionales de Derecho Administrativo*, Ed. A. Montaña Plata y A. F., Ospina Garzón, Universidad Externado de Colombia, 2014, pp. 23 y ss.

[157] STIRN, B., *Ob. cit.*, nota 85, p. 5; VIDAL PERDOMO, J. *Derecho Administrativo*, 12 ed., Ed. Legis, Bogotá, 2004, p. 3; IVANEGA, M. M., "La Constitución Nacional y su incidencia en la organización de la Administración Pública Nacional en la República Argentina", en *V Foro Iberoamericano de Derecho Administrativo. El Marco Constitucional del Derecho Administrativo en Iberoamérica*, Universidad San Francisco de Quito, Quito, 2006, p. 143; y DUQUE CORREDOR, R. J., "Constitucionalización del proceso", en *El Derecho Público a los 100 de la Revista de Derecho Público, 1980-2005*, EJV, Caracas, 2006, pp. 865-878.

[158] SANTAMARÍA PASTOR, J. A., *Ob. cit.*, nota 43, p. 76.

[159] SCHMIDT-AßMANN, E., *Ob. cit.*, nota 156, pp. 23 y ss.

[160] GARCÍA DE ENTERRÍA, E., y FERNÁNDEZ, T. R., *Ob. cit.*, nota 3, T. I, p. 114.

namiento normativo, sino por el contenido material de la Constitución, es decir, porque en ella se establecen los principios básicos que irradian todo el Ordenamiento jurídico. Así, todas las instituciones del Derecho administrativo están marcadas por la regulación básica del poder y de la libertad que se contienen en la Constitución. Es por ello que se puede y debe concluir con GARCÍA DE ENTERRÍA[161], que hoy la Constitución domina la totalidad de la vida jurídica de la sociedad, con un influjo efectivo y creciente.

2. *Teoría de constitucionalización del Derecho administrativo*

A. *Concepto*

§61. Planteamiento de la cuestión — Sostiene SCHMIDT-AßMANN [162] que constituye una clásica afirmación sostener que la Constitución impregna de forma particularmente intensa el entero Derecho administrativo. Ello es algo que ya la doctrina de R. VON MOHL en el Siglo XIX puso de manifiesto. De ahí que el Derecho administrativo haya de cimentarse sobre los principios y valores constitucionales, tanto formales como sustantivos, sin caer jamás en su vulneración. Por su parte OSPINA GARZÓN[163] sostiene que más allá de saber si la existencia del Derecho administrativo se encuentra o no en las constituciones, a través del proceso de constitucionalización del Derecho administrativo se hace menos controvertible, y las críticas y los pretendidos proyectos de abolición se vuelven fundamentalismos absurdos por déficit de argumentos.

Ahora bien, el término constitucionalización es usado en múltiples variantes, pero tienen en común que indican una necesidad básica de trasmitir valores de tecnicidad y una necesidad de orientación a líneas fundamentales de regulación de detalle (SCHMIDT-AßMANN)[164]. En otras palabras, OSPINA GARZÓN[165] sostiene que el Derecho administrativo no se encuentra constitucionalizado porque uno o varios artículos de la Constitución le sirven de base, sino porque el Derecho administrativo, apreciado en su conjunto, no solo no contradice algún artículo de la Constitución, sino porque revela sus principios generales, valores superiores y fines constitucionales, es decir, porque se encuentra imbuido de esta.

---

[161] *Ibídem*, p. 115.
[162] SCHMIDT-AßMANN, *Ob. cit.*, nota 10, p. 15.
[163] OSPINA GARZÓN, *Ob. cit.*, nota 13, p.14.
[164] SCHMIDT-AßMANN, *Ob. cit.*, nota 156, p. 27.
[165] OSPINA GARZÓN, *Ob. cit.*, nota 13, p. 14.

El proceso de constitucionalización le aporta así al Derecho administrativo sistematicidad, lo estructura como un cuerpo elaborado alrededor de unos mismos principios generales y valores superiores; lo guía hacia la consecución de unos fines constitucionales socialmente fundamentales y en su aplicación a la función administrativa, le permite flexibilidad en la búsqueda de esos fines constitucionales. Por tanto, el proceso de constitucionalización se ha de entender como un fenómeno que no solo se limita al reconocimiento de la Constitución como una base o fuente del Derecho, la superior, la más importante, sino también como la guía abstracta pero permanente del Derecho administrativo.

Así, el autor colombiano J.E. IBAÑEZ NAJAR[166] sostiene que mientras por regla general, para el Derecho constitucional el punto de llegada es la Constitución; en cambio, para el Derecho administrativo es el punto de partida, lo cual significa que esta disciplina se construye en cada Estado a partir de lo que se defina en última instancia en la Constitución, y no podrá abordarse su estudio si previamente no se ha hecho otro tanto con el Derecho administrativo, tanto General como Especial. A su vez, el sólo Derecho constitucional es insuficiente si no se concreta en el estudio y la praxis del Derecho administrativo, el cual tiene por objeto, precisamente, desarrollar el Derecho constitucional[167].

Por todo lo anterior hay que concluir también, como muy bien sostiene BREWER-CARIAS, constituyendo la propia Constitución su principal fuente, se ha operado un proceso de "constitucionalización del Derecho administrativo"[168], que tiene real importancia y que conviene mostrar en toda su trascendencia, por las razones siguientes:

a. La Constitución contiene disposiciones que afectan directamente a la posición constitucional de la Administración Pública, los límites de su actividad y la configuración positiva de la misma y, en fin, a su control.

b. Y por cuanto el Derecho administrativo tendrá una estructura formal y un tipo de principios generales o básicos muy diferentes, según sea el sistema constitucional imperante, y la manera en que la Constitución haya organizado y constituido el modelo jurídico-político de Estado[169].

---

[166] IBAÑEZ NAJAR, J. E. *Ob. cit.*, nota 141, p. 129.

[167] *Ibídem.*

[168] BREWER-CARÍAS, *Ob. cit.*, nota 127, T. I, p. 185; SAYAGUÉS LASO, E., *Ob. cit.*, nota 125, p. 40; e IBAÑEZ NAJAL, J. E., *Ob. cit.*, nota 141, p. 141.

[169] GORDILLO, A., *Ob. cit.*, nota 82, pp. III-9.

Finalmente, OSPINA GARZÓN[170] afirma que el proceso de constitucionalización del Derecho administrativo hace parte del mismo grupo de fenómenos al que pertenecen la crisis del Derecho administrativo, la crisis del servicio público, la huida del Derecho administrativo, la teoría de la convencionalidad del Derecho administrativo, la reforma del Derecho administrativo, etc. Todos ellos ponen en evidencia la permanente transformación, evolución y adaptación del Derecho administrativo, pues ningún otro Derecho es tan dinámico como este y su interés consiste justamente en sus constantes transformaciones y readaptación a las expectativas sociales.

B. *Evolución de la teoría de la constitucionalización del Derecho administrativo*

§62. Planteamiento de la cuestión — Finalmente, el proceso de constitucionalización del Derecho administrativo, sostiene CASSESE[171], es un fenómeno complejo, que se desarrolla en el arco de un largo período, en tres fases donde existen diferencias notables, y no se puede decir ni siquiera que esté terminado.

a. La primera, es la de la separación evidenciada entre la Administración Pública respecto al Poder ejecutivo, que incide sobre la Constitución material.

b. La segunda, es la del reconocimiento formal en la Constitución escrita de algunos principios generales del Derecho administrativo.

c. Y la última todavía en curso, es el de la penetración en los Derechos administrativos nacionales de algunos principios generales propios del Derecho constitucional supranacional, y con ello la relevancia adquirida de la Administración Pública en el espacio supranacional y global, las cuales se abordan de seguidas.

§63. Separación de la Administración Pública en el Poder ejecutivo — La primera fase, sostiene CASSESE[172], la de la distinción de la Administración Pública con el Poder ejecutivo, se inicia con el crecimiento de las dimensiones administrativas. Esta primera constitucionalización del Derecho administrativo ocurrió en la Constitución material y concierne indiferentemente a la mayoría de los países desarrollados. Es

---

[170] OSPINA GARZÓN, *Ob. cit.*, nota 13, p. 11.

[171] CASSESE, S., "Las tres etapas de la constitucionalización del Derecho administrativo", en *La constitucionalización del Derecho administrativo. XV Jornadas Internacionales de Derecho Administrativo*, A. Montaña Plata, A.F. Ospina Garzón, Universidad Externado de Colombia, Bogotá, 2014, p. 283.

[172] *Ibídem*, pp. 284 y ss.

un fenómeno general, porque responde a un modelo de desarrollo difundido, caracterizado por el aumento de la demanda social y política de servicios públicos, por el crecimiento de *l'Etât-Providence*, por el incremento de la necesidad de tutela de los ciudadanos.

El fenómeno indicado no comprende solo a la Administración Pública, sino que también su derecho se encuentra en los cimientos del Derecho administrativo. Precisamente, el crecimiento de la Administración Pública y su lenta distinción respecto del gobierno, y finalmente la sujeción al control del Juez producen el nacimiento del Derecho administrativo. Por eso mismo se puede concluir que el proceso de constitucionalización no sería un fenómeno reciente y que, paradójicamente, no debería hablarse de constitucionalización del Derecho administrativo como de un fenómeno que se produce respecto a un Derecho administrativo maduro, bien desarrollado. De hecho, desde sus origenes el Derecho administrativo ha tenido un lugar en la Constitución[173].

§64. Reconocimiento constitucional de la Administración Pública — La segunda fase del proceso de constitucionalización del Derecho administrativo nos enseña CASSESE[174], se inicia cuando las Constituciones en sentido formal, como documentos escritos y dotados de fuerza superior a la ley, dictan normas sobre la Administración Pública y sobre el Derecho administrativo, y ello acontece cuando las Administraciones Públicas se convierten en cuerpos más extensos y poderosos en el aparato público, se vuelve evidente que los derechos de las personas dependen de las Constituciones, debiendo asegurar los medios materiales para garantizarlos.

De ahí que en los Ordenamientos contemporáneos, las Administraciones Públicas gozan de su propia posición constitucional, y esa es tan relevante que tiene un reconocimiento en las Constituciones en sentido formal, al regularlas de modo directo e indirecto. En el primer caso, la Constitución encarga a la ley su organización, establece responsabilidades, dicta criterios para la transferencia de las funciones; y en el segundo caso, asigna a los particulares derechos respecto a los cuales existen límites de las actividades de las Administraciones Públicas u obligaciones de prestaciones a su cargo.

§65. Derecho administrativo global — Por último, CASSESE[175] sostiene que uno de los fenómenos más importantes en curso de desarrollo

---

[173] CASSESE, S., *Ob. cit.*, nota 171, p. 284. Asimismo ARAUJO-JUÁREZ, J., *Derecho Administrativo. Concepto y Fuentes*. Ediciones Paredes, Caracas, 2012, p. 9.

[174] CASSESE, S., *Ob. cit.*, nota 171, pp. 284 y ss.

[175] CASSESE, S., *Ob. cit.*, nota 171, p. 287 y ss.

es la pérdida del anclaje estatal del Derecho administrativo, que creció y se desarrolló como un producto del Estado. La globalización jurídica, así sea de modo fragmentario, se extiende rápidamente, estableciendo principios que tienen relevancia directa en los Derechos administrativos nacionales, incluso asegurando una tutela jurisdiccional multinivel. Ya muchos derechos de los ciudadanos son tutelados frente a las Administraciones Públicas, no solo por Jueces nacionales sino también por Jueces supranacionales.

Así las cosas, el Derecho administrativo nacional está sujeto tanto a una normativa sea estatal como supranacional. Ello conduce a que exista desde el punto de vista jurídico, una influencia recíproca, entre los Ordenamientos jurídicos nacionales y los Ordenamientos jurídicos supranacionales.

En esta línea de pensamiento, se pone de manifiesto, según J. O. SANTOFIMIO GAMBOA[176], la inescindible, intensa y constante interacción entre el Ordenamiento jurídico interno y el Derecho internacional convencional, quedando la actividad del Estado alumbrada por el cumplimiento de los más altos compromisos internacionales, para la protección de los derechos humanos, proyectándose así la convencionalidad como nuevo paradigma del Derecho administrativo contemporáneo.

§66. Derecho positivo — El proceso de constitucionalización del Derecho administrativo en nuestro país tiene mucha trascendencia, por las razones siguientes:

a. La Constitución de 1999 ha incorporado al Derecho positivo, nuevas normas e instituciones de contenido administrativo.

b. La aparente duplicación de objeto, derivada de la común denominación de los temas en ambas disciplinas, no involucra repetición de conceptos ni superposición científica, sino doble examen desde dos puntos de vista científicos de unos mismos objetos (las normas constitucionales de contenido administrativo).

c. Las normas y categorías de contenido administrativo introducidas en la Constitución, han quedado constitucionalizadas y con ello dotadas de superioridad normativa formal que la Constitución implica, de directa aplicación e invocación ante los tribunales. Sin embargo, SCHMIDT-AßSMANN[177] sostiene que solo allí, donde se trate, en cada caso y en toda extensión, de un mandato

---

[176]   SANTOFIMIO GAMBOA, O., *Ob. cit.*, nota 18, pp. 615 y 616.
[177]   SCHMIDT-AßSMANN, *Ob. cit.*, nota 156, p. 25.

vinculante del Derecho constitucional, el Derecho administrativo adquiere el rango y la estabilidad de Derecho constitucional, pero estos son proporcionalmente solo pocos puntos específicos.

d.   La definición legal de la organización y la actividad de la Administración Pública está condicionada por los principios generales, valores superiores y fines que la Constitución reconoce y declara, por lo que no es posible su desconocimiento por ninguno de los centros o complejos orgánicos que ejercen el Poder Público ni tampoco por los ciudadanos, quedando de esa manera vinculados por la voluntad constituyente.

e.   La necesidad imperiosa de interpretar las disposiciones constitucionales de contenido administrativo, a la luz de la concepción global de la Constitución elaborada por el Derecho constitucional como ciencia[178].

f.   Y por último, dado el nuevo rango jerárquico constitucional, el control judicial se efectúa, tanto sobre la validez jurídica de las reglas legales que positivizan el Derecho administrativo, como sobre la actividad de la Administración Pública, a través del ejercicio de las garantías constitucionales correspondientes.

Finalmente, como sostiene el autor uruguayo M. BRITO[179], la Constitución que es el fundamento del propio ser del Estado y se refiere al mismo en su totalidad, caracteriza y determina por ello de forma expresa, en su fundamento (marco precisamente constitucional), el "objeto o contenido, límites y fines" del Derecho administrativo y de la Administración Pública.

§67. Conclusión — La mayor virtualidad o significado que hoy posee el Derecho constitucional, sostiene SCHMIDT-AßSMANN[180], reside justamente en su capacidad de fortalecer e impregnar el sistema del Derecho administrativo, su reforma y evolución. En este sentido, sostiene que el Derecho constitucional ha de operar, de un lado, como marco en cuyo se verifica la constante revisión de los dogmas tradicionales y, de otro, como receptor de las nuevas tendencias. De ahí concluye que las interrogantes por resolver saltan a la vista: ¿Resulta actualmente el Derecho administrativo lo suficientemente flexible para hacer frente a las nuevas situaciones y escenarios de riesgo que la sociedad presenta? ¿Son

---

[178]   CAJARVILLE PELUFO, J. P., *Ob. cit.*, nota 124, p. 43.

[179]   BRITO, M. R., *Ob. cit.*, nota 106, p. 34.

[180]   SCHMIDT-AßSMANN, E., *Ob. cit.*, nota 10, p. 17.

apropiadas las categorías jurídicas de que dispone para ahormar y disciplinar razonablemente las cambiantes técnicas de dirección y de producción del Estado moderno de acuerdo con los dictados y las exigencias de la cláusula del Estado de Derecho?

Así las cosas, la penetración del Derecho constitucional en el Derecho administrativo, en las tres fases indicadas, produce muchas consecuencias. La más importante es la de atribuir mayor fuerza a los principios generales del Derecho administrativo que vienen a encontrar, se insiste, sus *têtes de chapitre* en la Constitución. Pero esta constitucionalización no sucede sin un efecto de retroacción, en el sentido de que el Derecho administrativo reacciona, conquistando el Derecho constitucional. La constitucionalización del Derecho administrativo no es un proceso en una única dirección, porque se presenta también un proceso inverso, de penetración y de influencia del Derecho administrativo en el Derecho constitucional.

Finalmente, OSPINA GARZÓN[181] sostiene que gracias al proceso de constitucionalización del Derecho administrativo, se realizan las aspiraciones de DUGUIT y DICEY comentadas más arriba, en torno a la unidad del Derecho público, lo que no significa amalgama entre el Derecho constitucional y el Derecho administrativo o pérdida de su autonomía, identidad y rol propios, sino la presencia de unas relaciones estrechas, permanentes y de mutua dependencia, esto es, que transforman al Derecho administrativo, por el influjo del Derecho constitucional y al Derecho constitucional, por el contacto social del Derecho administrativo contemporáneo.

III. EL DERECHO ADMINISTRATIVO CONSTITUCIONAL

1. *Concepto*

§68. Planteamiento de la cuestión — Si la Constitución es como sostiene la doctrina[182] "el ordenamiento jurídico fundamental del Estado", es imperativo que la Constitución irradie todas las partes del Ordenamiento jurídico, entendida en sentido amplio la irradiación como el conjunto de normas jurídicas relacionadas entre sí, escalonadas o jerarquizadas, que rigen en un momento a un país determinado.

Así las cosas, por cuanto la fuente suprema de los Ordenamientos jurídicos es la Constitución, por consiguiente, también lo será para el Derecho administrativo. De lo dicho hasta ahora resulta absolutamente imprescindible construir, innovar y revalorizar el Derecho administra

---

[181]   OSPINA GARZÓN, A.E., *Ob. cit.*, nota 13, p. 15.

[182]   WERNER KAGI, *cit.* por SCHMIDT-AßSMANN, E., *Ob. cit.*, nota 156, p. 23.

tivo contemporáneo desde "el marco constitucional", cuyos capítulos se nutren en los principios generales, valores superiores y fines esenciales de rango constitucional.

En este último sentido, el Derecho administrativo, en su doble vertiente de herramienta del ejercicio del Poder Público y de instrumento garantizador de los derechos y libertades fundamentales de las personas, se convierte así en la piedra de toque de la Constitución, en el lugar donde se plasman concretamente los grandes principios generales, valores superiores y fines esenciales constitucionales. El Derecho administrativo será, así como se ha dicho, el Derecho constitucional de lo concreto, esto es, materializado sobre la realidad, porque sus instituciones y categorías jurídicas tienen necesariamente "un marco constitucional". De ahí que el Derecho administrativo, ni desde el punto de vista pedagógico ni desde el teórico puede definirse de manera autónoma y solo es posible dentro del marco de la Constitución.

Lo expuesto significa que resulta absolutamente imprescindible iniciar el estudio del Derecho administrativo contemporáneo desde el punto de vista de un "marco constitucional", en razón de lo cual el autor español J. L. MEILÁN GIL[183], teniendo en cuenta su doble condición académica de profesor universitario y de constituyente, con una participación muy activa en la elaboración y discusión de la Constitución española de 1978, –y al no existir una tajante separación en la materia tratada por los cultivadores de ambas disciplinas– propone la construcción de un denominado "Derecho administrativo constitucional": es decir, el estudio del Derecho administrativo desde un "marco constitucional". Por tanto, la propia concepción del Derecho administrativo y los distintos aspectos de sus categorías e instituciones deberían ser revisados a la luz del marco constitucional, ya que no es fácil y en su opinión no conveniente, establecer unas rígidas fronteras entre ambas disciplinas del Derecho público. Y concluye sosteniendo, lo que acerca y unifica el estudio científico desde ambas disciplinas *iuspublicísticas* es el enfoque jurídico, la común dependencia de la Constitución, que por auto declaración forma parte del Ordenamiento jurídico[184], y por la utilización de la jurisprudencia constitucional.

En este último punto, se recordará que según los términos del Art. 335 de la C se consagra que las interpretaciones conforme a Derecho que establezca la Sala Constitucional sobre el contenido o alcance de las nor-

---

[183]   MEILÁN GIL, J. L., *Ob. cit.*, nota 94, p. 159.

[184]   Véase en el mismo sentido que el Derecho positivo hace igual declaración en el Art. 7 de la C.

mas y principios generales constitucionales, serán vinculantes para las
otras Salas y demás tribunales de la República. Lo dicho significa que el
Derecho constitucional jurisprudencial no puede ser desconocido ni por
la Jurisdicción Contencioso Administrativa ni por la administración
pública, es más, debe ser aplicada por éstas. De ese modo, el Derecho
constitucional se afirma de pleno derecho con relación al Derecho administrativo y a la Administración Pública, en virtud del deber de actuar con sometimiento pleno a la Ley y al Derecho establecido en el Art.
141 de la C. Y así se convierte literalmente en parte integrante de este
último[185].

§69. Concepto — Ahora, volviendo al hilo conductor de la exposición, RODRÍGUEZ-ARANA[186] sostiene también que la denominación Derecho administrativo constitucional explicaría, el sistema de relaciones –y
agregamos funciones y desviaciones– que residiría en la necesaria recon-
ciliación y complementariedad entre ambas ramas del Derecho público, y
en la consideración de *norma normarum* que tiene la Constitución, que
proyecta sobre el conjunto del sistema del Derecho administrativo todos
sus principios y criterios. Desde esta perspectiva se evita tanto la "constitucionalización del Derecho administrativo" como la "administrativización del Derecho constitucional", por la sencilla razón de que desde el
pensamiento unilateral no se resuelven los problemas.

Ahora bien, realizar esta tarea, sólo es propio, precisamente por su
amplitud, de la construcción de una obra general de Derecho administrativo constitucional. La densidad conceptual que suscita tal planteamiento exige, que en un Manual como este se atienda exclusivamente a
los aspectos expositivos más sobresalientes y, muy especialmente, a los
principios generales del Derecho público que como muy bien señala
BREWER-CARÍAS condicionan, tanto al Derecho constitucional como al
Derecho administrativo contemporáneos[187], y a una visión dinámica de
su incidencia en este último, sin perjuicio de que en futuros trabajos se
estudien con más profundidad y extensión, muchos de los temas que en
la presente ocasión simplemente apuntamos o llamamos la atención. En
definitiva, el planteamiento acerca del alcance teórico del Derecho administrativo constitucional nos servirá de adecuado colofón en la medida
en que coloca sobre la mesa las insuficiencias pero también las fortalezas
de dicha perspectiva.

---

[185]   ROBERT, J., *Ob. cit.*, nota 113, p. 974.
[186]   RODRÍGUEZ-ARANA, J., "Nota Explicativa", en *Aproximación al Derecho
        Administrativo Constitucional*, EJV, Caracas, 2007, p. 11.
[187]   BREWER-CARÍAS, A. R., *Ob. cit.*, nota 61, p. 9.

§70. Planteamiento de orden metodológico — El Derecho administrativo tendrá una estructura formal y un tipo de principios básicos muy diferentes según sea el sistema constitucional imperante y la manera en que la Constitución haya organizado y constituido al Estado[188]. Así las cosas, el Derecho administrativo de cada Estado debe insertarse en el marco de la Constitución que le es propia. Pero como bien advierte CASSESE[189], el Derecho administrativo varía de un país a otro, en función de las tradiciones nacionales que se encuentran en el sistema constitucional que se prolonga a su vez en el sistema del Derecho administrativo. Y por ello, insiste, cada Texto Fundamental constituye el "marco constitucional" en el que se inserta el Derecho administrativo: aquél estructura y delimita sus contornos que son, agregamos, los de la organización, actividad, medios y fines de la Administración Pública.

Por eso mismo, el enjuiciamiento de lo que debería consistir el movimiento de innovación y de revalorización del Derecho administrativo contemporáneo debe formularse fijando en su extensión material, a través de su evolución, los antecedentes que se encuentran en las distintas Constituciones. Cabría, por tanto, formalizar en sus presupuestos, el estudio constitucional previo de las diversas materias que integran el Derecho administrativo, tanto General como Especial, a las que con frecuencia se refieren las Constituciones modernas que, repetimos, en su contenido formulan un conjunto de principios, valores superiores y fines esenciales que sintetizan lo que habrá de constituir, dentro del modelo jurídico-político de cada Constitución, el Derecho administrativo nacional. Pero ¿cuál es ese modelo constitucional para Venezuela?

El norte metodológico que se plantea para la innovación y revalorización del Derecho administrativo contemporáneo es que se debería partir de los condicionantes generales que se derivan del marco de la Constitución vigente, y sobre todo de los grandes principios estructuradores del modelo jurídico-político que contiene. Y es que siendo el Derecho administrativo un Derecho estatal o un Derecho del Estado, implica ineludiblemente que el mismo está necesariamente vinculado al modelo jurídico-político en el cual opera el propio Estado conforme a su propia Constitución, donde también se consagra la definición del modelo jurídico-político del Estado de que se trate.

En tal sentido, y recogiendo principalmente las ideas de SCHMIDT-AßMANN sobre el movimiento de innovación de la idea misma del Derecho administrativo, es decir, de sus fundamentos teóricos, este se en-

---

[188]   GORDILLO, A., *Ob. cit.*, nota p. 82, pp. III-9.

[189]   CASSESE, S., *Ob. cit.*, nota 154, p. 14.

cuentra en cada caso y para cada Estado en el marco de la propia Constitución. En el mismo sentido SANTAMARÍA PASTOR[190] afirma que la construcción e interpretación del sistema de Derecho administrativo ha de hacerse a partir de los condicionantes generales que se derivan de la Constitución, y sobre todo de los grandes principios estructuradores del régimen político que contiene.

Ahora bien, de acuerdo con RODRÍGUEZ-ARANA[191], evocando la frase de O. MAYER: "el Derecho constitucional pasa, mientras el Derecho administrativo permanece", llega a la conclusión evidente, pero no por ello menos importante: "[…] el Derecho administrativo del siglo XXI es distinto de aquel del siglo pasado en la medida en que **el sustrato político y social que le sirve de base es bien distinto, como también bien distinto el modelo de Estado actual** […]" (resaltado nuestro).

En esta misma línea de razonamiento, la constitucionalización significa más que solo una corrección de Derecho constitucional de las doctrinas particulares de Derecho administrativo, pues como bien sostienen G. F. SCHUPPERT/BUM KE[192], la constitucionalización del Derecho administrativo consiste en procesos de ajuste, orientación y transformación del Derecho administrativo a los mandatos de la Constitución.

Por ello consideramos que resulta imposible un concepto del Derecho administrativo contemporáneo y de sus categorías que no se nutra y que busque la consolidación del modelo jurídico-político del Estado consagrado dentro del marco de la Constitución. Por tanto, siendo el sometimiento del Derecho administrativo contemporáneo a la Constitución incuestionable, la construcción, comprensión, innovación y revalorización debería necesariamente interpretarse a la luz de los principios generales, valores superiores y fines esenciales constitucionales que rigen al Estado venezolano, pues dentro del marco constitucional al que está sujeto el Derecho administrativo venezolano es que también se encuentra la definición del modelo jurídico-político del Estado venezolano.

En tal sentido, los principios, valores y fines de rango constitucional deben recorrer transversalmente las dimensiones positiva y negativa aludidas más arriba, y sintetizar la estructura básica de un Derecho administrativo verdaderamente "constitucionalizado". En consecuencia, el

---

190 SANTAMARÍA PASTOR, J. A., *Ob. cit.*, nota 43, pp. 76-77.

191 RODRÍGUEZ ARANA, J., "El marco constitucional del Derecho administrativo (El derecho administrativo constitucional)", en *Revista de la Asesoría Jurídica de la Xunta de Galicia*, N° 6, 2011, p. 244.

192 SCHUPPERT, G. F. y BUMKE, U., *cit.* por SCHMID-AßMANN, E., *Ob. cit.*, nota 10, p. 27.

Derecho administrativo contemporáneo ha de interiorizar las exigencias y consecuencias de tal modelo jurídico-político en todas y cada una de sus técnicas, elementos y categorías jurídicas. En esta misma línea de razonamiento, si el proceso de innovación y revalorización consiste en procesos de ajuste, orientación y transformación del Derecho administrativo a los mandatos de la Constitución, consideramos que resulta imposible un concepto del Derecho administrativo y de sus categorías que no se nutran y encuentren la consolidación dentro del modelo jurídico-político del Estado consagrado dentro de la propia Constitución.

En tal sentido, sostiene N. ACHTERBERG[193], "las decisiones constitucionales fundamentales son, al tiempo, los valores básicos del Derecho administrativo". Así las cosas, la innovación y revalorización del Derecho administrativo contemporáneo debe partir de la primera decisión política fundamental o básica del Poder constituyente originario al configurar el modelo jurídico-político de cada Estado, en nuestro caso a la República Bolivariana de Venezuela como un "Estado democrático y social de Derecho y de Justicia", según dispone la norma de apertura constitucional o norma básica estructural del Art. 2 de la C de 1999 que establece lo siguiente: "**Artículo 2.** Venezuela se constituye en un **Estado democrático y social de Derecho y de Justicia**, que propugna como valores superiores de su ordenamiento jurídico y de su actuación, la vida, la libertad, la justicia, la igualdad, la solidaridad, la democracia, la responsabilidad social y en general, la preeminencia de los derechos humanos, la ética y el pluralismo político" (resaltado nuestro).

La norma transcrita forma parte de lo que la doctrina constitucionalista ha denominado normas fundamentales o constitutivas, en tanto que declaraciones de contenido sobre el carácter y finalidad del Estado establecido expresamente por la Constitución y, por tanto, sobre sus principios estructurales y funcionales. De dicha norma también se desprende, claramente, que el modelo jurídico-político del Estado venezolano tiene la peculiaridad de integrarse a su vez, por cuatro fórmulas constitucionales –o cláusulas como se las denomina en el Derecho público alemán– que, al menos conceptualmente, pretenden ser autónomas respecto de las restantes, así: "democrático", "social", "de Derecho" y "de Justicia". Ahora, cada una de las cláusulas cobra sentido y, por tanto, solo podrá ser comprendida mediante un análisis de cada una y de sus relaciones de coordinación con las otras, lo que origina una relación de interdependencia significativa. Por eso mismo, todas ellas van a condicionar al Derecho administrativo, pero no de idéntica forma; ellas actúan de forma independiente aunque complementarias.

---

[193]   ACHTERBERG, N., citado por SCHMIDT-AßSMANN, E., *Ob. cit.*, nota 10, p. 51.

En esta línea de razonamiento, y teniendo como referente la Constitución, se puede concluir que esta le imprime un carácter teleológico al Derecho administrativo venezolano. Por esa misma razón, el sistema debe comprender como parte de su descripción, el cumplimiento real y su desarrollo en la práctica de los cometidos, objetivos y fines propios del modelo jurídico-político que configuran al Estado venezolano como un "Estado democrático y social de Derecho y de Justicia".

Por tanto, ante la denominación y definición formal del Estado venezolano que se inserta en la Constitución de 1999, las interrogantes que dejo por resolver saltan a la vista: ¿son apropiadas las normas y categorías jurídicas de que dispone el actual Derecho administrativo venezolano para moldear y disciplinar razonablemente la existencia de balance o equilibrio entre la persona y el Estado –muy precario en el plano de la realidad política y de la práctica legislativa y jurisprudencial actual–, de acuerdo con los dictados y exigencias constitucionales del modelo jurídico-político de "Estado democrático y social de Derecho y de Justicia"? o si, por el contrario, ¿solo estaríamos en presencia de la función simbólica de los textos constitucionales carentes de concretización normativa-jurídica?

En consecuencia, partiendo de los elementos mencionados, esto es, del enunciado constitucional del Estado y del objetivo de demostrar el proceso de constitucionalización del Derecho administrativo, la tarea es investigar hasta dónde la irradiación de la nueva realidad constitucional ha transformado y/o habrá de trasformar el sistema de Derecho administrativo contemporáneo –su contenido y misión– que es el objetivo central de esta obra, lo que sigue adoptará la estructura siguiente: (i) el Derecho administrativo y el Estado de Derecho; (ii) el Derecho administrativo y el Estado social; (iii) el Derecho administrativo y el Estado democrático; y por último (iv) el Derecho administrativo y el Estado de Justicia.

CAPÍTULO IV

EL DERECHO ADMINISTRATIVO Y EL ESTADO DE DERECHO

I. LA TEORÍA GENERAL DEL ESTADO DE DERECHO

1. *Introducción*

§71. Planteamiento de la cuestión — La República Bolivariana de Venezuela es según la Constitución un "**Estado** democrático y social **de Derecho** y de Justicia" (Art. 2 *eiusdem*). De ahí que el tratamiento del tema exige para su debida ubicación, el estudio previo de la cláusula del Estado de Derecho, que si bien no pertenece al Derecho administrativo constituye el presupuesto jurídico de tal sistema y, muy especialmente, a los principios generales del Derecho público que condicionan tanto al Derecho constitucional como al Derecho administrativo.

Ahora, es sabido que la mencionada cláusula constitucional aparece en el mundo jurídico como una de las creaciones para configurar el marco de actuación legítima del Estado y, en definitiva, para fundamentar el Derecho público. Así, el concepto del Estado de Derecho se configura sobre: (i) la base de unos elementos existenciales o presupuestos estructurales; y (ii) la admisión de unas garantías jurídicas destinadas a eliminar la arbitrariedad y el exceso del Estado en el ejercicio del Poder Público y, por consiguiente, en limitar su intervención en la esfera de los derechos fundamentales de las personas.

En tal sentido, el examen sistemático de la Constitución del 99 nos revela cómo en forma completa y exhaustiva se determinan claramente, entre otros temas, las diversas cláusulas constitucionales que tienen particular importancia para el Derecho administrativo contemporáneo, con lo cual como ya advirtiera BREWER-CARÍAS[194], se consolida el proceso de su constitucionalización, pues su contenido configura el marco constitucional de la Administración Pública y de su actividad.

---

[194] BREWER-CARÍAS, A. R., *Ob. cit.*, nota 127, T. I, p. 185.

Ahora, es sabido que la construcción del Estado de Derecho se caracteriza por un alto grado de formalización, y con ello se afirma que sus principales elementos estructurales son los principios constitucionales o del Derecho público que analizaremos detenidamente más adelante. Si dichos elementos estructurales se dan, dada está al mismo tiempo su real efectividad.

Así las cosas, para estudiar cualquier sistema de Derecho administrativo contemporáneo es preciso hacer algunas referencias históricas y jurídicas a la Teoría general del Estado de Derecho. Y no sólo porque la evidencia histórica así lo demuestra, sino porque la sumisión de la Administración Pública al Derecho (con mayúscula), es consecuencia de la conexión entre Estado, Derecho y Administración Pública; en cuanto que ésta es el instrumento de la acción política del Estado mediante el cual cumple sus fines esenciales constitucionales, y en la medida en que a su vez existe una unión indisoluble entre Derecho y Estado (Ordenamiento jurídico), es inevitable que la Administración Pública se vea sometida al Derecho que el Estado mismo crea, como aquel modelo jurídico-político de Estado en que se reconocen y tutelan los derechos fundamentales de las personas mediante el sometimiento de la Administración Pública a la ley: Estado y Administración Pública se someten al Derecho (R. ENTRENA CUESTA)[195].

En efecto, para la concepción de Estado de Derecho, el Estado en su relación con las personas y para garantía de los derechos de éstas, se somete a un sistema de Derecho, y en su acción queda supeditado a los principios generales y valores superiores constitucionales que, preservando primeramente los derechos fundamentales de los personas, fija los medios por los cuales puede lograr sus fines esenciales constitucionales. Esta concepción presupone nítidamente establecido un ámbito propio de actuación de las personas, unas normas precisas de actuación de la Administración Pública, un control jurisdiccional de la juridicidad y la responsabilidad por su violación (H. BARBE-PÉREZ)[196].

2. *Configuración histórica*

§72. Origen — Debemos aclarar de entrada que al hablar de Estado de Derecho nos referimos al modelo occidental, porque en un sentido

---

[195] ENTRENA CUESTA, R., *Derecho Administrativo*, 13ª. ed., T.1/Vol. 1, Tecnos, Madrid, 1998, p. 50.

[196] BARBE-PÉREZ, H., *Derecho administrativo*, 1ª. ed., Oficina de apuntes del Centro de Estudiantes de Notariado, Montevideo, 1982.

amplio todos los Estados son de Derecho, ya que es imposible organizar una comunidad pública sin normas estables (R. MARTÍN MATEO)[197].

Como muy bien sostiene BREWER-CARÍAS[198], puede decirse que el Derecho administrativo comenzó a ser del Estado de Derecho, solo después del surgimiento del Estado de Derecho como modelo jurídico-político desde finales del Siglo XVIII, como consecuencia de los aportes de la Revolución americana (1776) y de la Revolución Francesa (1789) al constitucionalismo moderno, y más precisamente desde comienzos del Siglo XIX, con el agregado de los efectos liberales de los movimientos independentistas de Hispanoamérica (1811) y de la Constitución de Cádiz de 1812 en Europa.

Así las cosas, el Estado de Derecho se opone al Estado-Policía (denominado también Estado-Gendarme o Estado-Absolutista). La primera noción designa al Estado sometido al Derecho. La densidad conceptual que suscita el planteamiento del Estado de Derecho exige que en un planteamiento preliminar se atienda exclusivamente a los aspectos expositivos más sobresalientes y a una visión dinámica de su incidencia en el Ordenamiento jurídico de cada país.

3. *Concepto*

§73. Cuestión previa — Hemos señalado más arriba que la República Bolivariana de Venezuela es por definición constitucional, un "Estado democrático y social de Derecho y de Justicia" (Art. 2 de la C). Ahora, las declaraciones constitucionales a favor del Estado de Derecho tienen un contenido preciso y suficientemente conocido en la dogmática jurídico-pública.

La cláusula constitucional del Estado de Derecho –al igual que las demás cláusulas constitucionales– señala la doctrina, posee la naturaleza de un auténtico principio general del Derecho, a lo que su consagración también entre nosotros en el Título I "Principios Fundamentales" de la Constitución otorga una posición cualitativamente singular.

Ahora bien, la cláusula del Estado de Derecho remite a la vigencia de una idea cardinal: "[…] **la acción del Estado no es legítima más que si obedece al Derecho**, es decir a un conjunto de reglas preestablecidas" (Fromont)[199] (resaltado nuestro).

---

[197] MARTÍN MATEO, R., *Manual de derecho administrativo*, 23ª ed., Ed. Thomson-Aranzadi, Madrid, 2004, p. 33.

[198] BREWER-CARÍAS, A.R., *Ob. cit.*, nota 56, p. 233.

[199] FROMONT, M., "République fédéral d'Allemagne. L'Etat de droit", en *RDPF*, N° 5, 1984, pp. 1203-1226.

Esto es, la idea del sometimiento del Estado al Derecho, la cual ha adquirido una dimensión casi universal en nuestros días. El Estado de Derecho emerge históricamente con la expresión alemana *Rechtsstaat* (o Estado fundado en el Derecho: Estado que existía solamente por el Derecho y para el Derecho) y, en consecuencia, vinculado a los presupuestos político-constitucionales de la realidad política alemana. El movimiento en favor de la institución en Alemania es obra principalmente del liberalismo conservador germánico, una vez alejados definitivamente los intentos, a raíz de 1948 de implantar un Estado constitucional en sentido moderno.

§74. Concepto — Desde que se ha intentado describir el concepto de Estado ha tenido que hacerse en función al concepto de Derecho, reconociendo que el Estado se encuentra condicionado por el Derecho. He aquí el origen de la doctrina del Estado de Derecho (*Rechtsstaat*) (A. MOLES CAUBET)[200].

Sin embargo, el concepto del Estado de Derecho no es unívoco y ha sufrido una evolución que lo ha ido perfeccionando. En un primer término se pudo decir que lo fundamental era el respeto a la ley por parte del Poder Ejecutivo; esto era y es el todavía vigente denominado principio de la legalidad administrativa. Luego los límites que el Estado de Derecho impone son extendidos a la propia ley; se dice entonces que la propia ley, a su vez, debe respetar los principios generales, que viene a ser el otro principio fundamental del respeto a la Constitución por parte de las leyes, manifestado a través del control jurisdiccional de la constitucionalidad[201].

Así las cosas, la cláusula constitucional del Estado de Derecho fue la contribución de los maestros alemanes del Derecho público a la superación del absolutismo, así como la francesa había sido el principio de separación de poderes[202]. Al Estado soberano, que no tiene limitaciones fuera de sí mismo, sucede el Estado de Derecho que se caracteriza por no poder requerir ninguna acción ni imponer ninguna omisión, no mandar ni prohibir nada a las personas, más que en virtud de un precepto legal previamente existente.

---

[200] MOLES CAUBET, A., "Estado y Derecho (Configuración Jurídica del Estado)", en *Estudios de Derecho Público*, (Oswaldo Acosta-Hoenicka-Compilador), UCV-FCJP-IDP, Caracas, 1997, p. 130.

[201] GORDILLO, A., *Ob. cit.*, T. I, nota 82, p. III-38.

[202] PEREIRA MENAUT, A. C., *Rule of law o Estado de Derecho*, Marcial Pons, Madrid, 2003, p. 33.

En efecto, la expresión Estado de Derecho se encuentra por primera vez en los trabajos de A. MULLER, alcanza su más notable expresión en R. VON MOHL a mediados del siglo XIX, e hizo fortuna a través de los divulgadores como G. MEYER, P. LABAND, F. J. STAHL y R. VON GNEIST. La expresión es acuñada por MOHL[203], quien la usará precisando que el Estado de Derecho tiende a disciplinar la vida del pueblo, de modo que cada miembro del mismo se encuentre sostenido en el ejercicio y en el uso, lo más posible libre de sus propias fuerzas, es decir, fundar el Estado de Derecho en la libertad de la persona misma. Posteriormente, MOHL indica cuáles son a su juicio los deberes del Estado de Derecho y, a manera de síntesis, concluye que éste no puede existir si no se reconocen determinados derechos subjetivos a la autoridad y a las personas, lo cual convierte a su obra en "una piedra miliar" en el camino de la autonomía del Derecho administrativo[204].

Otro autor alemán F. J. STAHL[205] analiza el carácter del Estado no en el fin, ni en el contenido, sino que se refiere al modo y método para vincular y asegurar ambos conceptos. Da una definición del Estado de Derecho estimando que es el régimen imperante en la edad moderna. El Estado de Derecho debe determinar la dirección y los límites de su actuación con precisión jurídica, asegurar la inviolable ejecución de la ley, garantizar la libertad individual y promover directamente la idea moral.

Por su parte, GNEIST[206] trató de depurar jurídicamente la cláusula con un concepto partiendo, paradójicamente, de la eliminación de los ingredientes básicos del constitucionalismo moderno: el reconocimiento de unos derechos públicos subjetivos y del parlamentarismo. El eje del modelo presentado por GNEIST debía basarse en la supremacía del Poder Administrativo en el Estado con un mínimo de parlamentarismo. La esencia del Estado de Derecho residirá en la admisión de una Justicia administrativa que controle la sumisión del Poder Administrativo al Estado de Derecho, del ejercicio de la función administrativa a las normas jurídicas preestablecidas. El modelo proyectado por GNEIST era, desde el punto de vista constitucional un arcaísmo, pero su supervivencia como concepto jurídico se debe, fundamentalmente, al haber subrayado y enfatizado la necesidad de que el Estado, en cuanto Poder Admi-

---

[203] VON MOHL, R., *La science policiére selon les principes de l'Etat de droit*, TUBINGUEN, LAUPP, 1832-1834 citado por SOSA WAGNER, F., *Maestros alemanes del derecho público* (I), Marcial Pons, Madrid, 2002, p. 105.

[204] Citado por SOSA WAGNER, F., *Ob. cit.*, nota 203, T. I, p. 111.

[205] STAHL, F. J., citado por PRAT, J. A., *Derecho administrativo*, T. I, 2ª. ed., Acali, Montevideo, 1979, p. 55.

[206] GNEIST, citado por PRAT, J. A., *Ob. cit.*, nota 205, p. 56.

nistrativo, debe someterse al Derecho (*subditus ius*), sometimiento que se garantiza a través de un sistema de Justicia administrativa. Esta circunstancia explica el éxito de su enunciado en la doctrina administrativa y su desarrollo posterior, especialmente en la obra de O. MAYER[207].

Sin embargo, serán G. JELLINEK y O. VON GIERKE quienes asumirán la tarea y serán sus exponentes más destacados, al definir el Estado de Derecho como aquel Estado donde el Derecho representa, precisamente, la autolimitación de su poder, y que al establecer el Derecho se coloca como sujeto vinculado por el mismo Derecho que ha establecido. No obstante, JELLINEK[208] observa que si bien la noción es elaborada fundamentalmente por la doctrina alemana, el concepto es una emanación del principio aristotélico sobre la preponderancia de la ley en el Estado. Por su parte, GIERKE[209] va a proporcionar la base jurídica a esta noción: es el Estado que por sí mismo se coloca en el Derecho: un Estado que, en su entera positiva actividad vital, al igual que la persona libre, legalmente libre, está limitado por el Derecho, un Estado en el cual todo el Derecho está reconocido como tal en su pleno significado y que, por sobre todas las cosas, impone el goce efectivo de la tutela jurídica (J. PRAT)[210].

La dogmática alemana del Derecho público desde C. F. GERBER a JELLINEK, aceptado este esquema inicial, lo perfeccionará insertando en su contenido la teoría de los derechos públicos subjetivos (libertades públicas o derechos fundamentales) y los demás elementos del régimen constitucional, transformándose el concepto de Estado de Derecho en un instituto capital del Derecho público, a modo de expresión de una Constitución ideal, legitimadora del Estado de Derecho.

Finalmente, será V. E. ORLANDO[211] quien en 1900 proveerá una definición finalista del Estado de Derecho: "El que asegura la libertad de los ciudadanos, preservándolos del poder y del arbitrio de la autoridad", que será con variantes, la acepción más admitida y reproducida en la disciplina del Derecho público. Estado de Derecho es aquel que preserva, entonces, los derechos subjetivos de las personas, oponiéndosele al ejercicio del Poder Público garantías esenciales que permiten a aquéllos poseer remedios jurídicos suficientes para defenderlos.

---

[207]   MAYER, O., *Derecho administrativo alemán*, T. I, trad. española del original francés de 1903, Depalma, Buenos Aires, 1949-1951, pp. 67-75.

[208]   JELLINEK, W., citado por PRAT, J. A., *Ob. cit.*, nota 205, T. I, p. 55.

[209]   GIERKE, citado por PRAT, J. A., *Ob. cit.*, nota 205, p. 55.

[210]   PRAT, J. A., *Ob. cit.*, nota 205, p. 55.

[211]   ORLANDO, V. E., *Ob. cit.*, nota 52.

En consecuencia, desde el punto de vista teórico-doctrinario, el Estado de Derecho es un régimen en el que el Derecho regula minuciosa e imperativamente la vida y actividad del Estado, la sistematización y el funcionamiento de sus órganos y de sus relaciones con los derechos de las personas. Es aquél que se desenvuelve y funciona según las leyes, o sea, en el que las funciones estatales se ajustan al Ordenamiento jurídico. Es solo cuando el Estado configura jurídicamente la organización y el ejercicio del Poder Público, de manera que los individuos y sus grupos están protegidos por la existencia de normas e instituciones jurídicas, garantizadoras de sus derechos y libertades; cuando las funciones estatales se someten a normas e instituciones jurídicas, sin más excepciones que las exigidas por el bien común, que ese Estado es un Estado de Derecho (P. LUCAS VERDÚ)[212].

§75. Evolución — Pero la cláusula constitucional Estado de Derecho es evolutiva y, por consiguiente, variable según los espacios y tiempos, y de ahí que su contenido es contingente en cuanto a las renovaciones que ha sufrido, sufre y lógicamente sufrirá. Indudablemente que la cláusula del Estado de Derecho presenta una constante que es la de asegurar en lo posible la libertad de las personas (K. SCHMITT y O. MAYER)[213]; pero ello denuncia una concepción de base política, que tiene un contenido incierto e indeterminado y que por esto lleva frecuentemente a equívocos.

De ahí que como acertadamente señalara el autor M. STASSINO-POULOS[214], la cláusula del Estado de Derecho empleada en el Derecho administrativo no es la misma que la de la Teoría general del Derecho. Esta última ciencia entiende por tal, la determinación del fin y del contenido moral que el Estado se hubo asignado; el Estado de Derecho será, entonces, aquel que busca la realización y la observancia del Derecho por oposición al Estado-Policía, limitado éste sólo al mantenimiento del orden público y de la seguridad. Por el contrario, en el Derecho administrativo clásico la cláusula constitucional de Estado de Derecho será vinculada no ya a una teoría filosófica, sino a una teoría puramente jurídica, que se refiere adecuadamente al método según el cual proceden el conjunto de los órganos públicos dentro de la estructura general del Estado.

§76. Modernización — Finalmente, se señala 1949, año de la nueva Constitución alemana (Ley Fundamental de Bonn), a partir del cual se

---

[212] LUCAS VERDÚ, P., "Artículo 1°. Estado social y democrático de Derecho", en *Comentarios a la Constitución española de 1978*, (Dir. O. Alzaga), T. I, Cortes Generales-Edersa, Madrid, 1996.

[213] SCHMITT, K., *Teoría de la Constitución*, trad. española de la 1ª. ed. alemana, Taurus, Madrid, 1984; y MAYER, O., *Ob. cit.*, nota 207, T. I, p. 139.

[214] STASSINOPOULOS, M., *Traité des actes administratifs*, LGDJ, Paris, 1973.

inicia un nuevo hito en la evolución de la cláusula del Estado de Derecho. En primer término al juridificarse la Constitución penetrando en el Derecho y modificándolo, resultó también modificado el Estado de Derecho mismo, porque la Constitución es el máximo Derecho. El ahora denominado Estado constitucional de Derecho implica primado de la Constitución, vinculación por la misma y, por último, la existencia de una Jurisdicción constitucional.

Asimismo, la consagración de los derechos fundamentales que ocupan un lugar central y son un núcleo duro en los que no cabe reforma constitucional. Ahora los derechos fundamentales no son sólo unos derechos públicos subjetivos sino también unas normas jurídicas que proyectan su interpretación sobre el resto del Derecho como un valor (A. C. PEREIRA MENAUT)[215]. En efecto, los derechos fundamentales están cargados de valores o son también ellos mismos valores, y como tales forman un Ordenamiento jurídico completo de valores –dignidad, vida, salud, libre desarrollo de la personalidad, etc.– conforme a los cuales deben interpretarse las leyes y demás normas jurídicas.

Por último, al ampliarse los cauces para el control jurisdiccional universal de las controversias de Derecho público, y con ello la expansión tanto de la Justicia administrativa como de la Justicia constitucional a todos los ámbitos de actuación política y administrativa del Estado.

Los fenómenos mencionados han hecho que el clásico Estado legal de Derecho se haya transformado cualitativamente para designar este Estado en nuestros días que encierra la expresión distinta de Estado constitucional de Derecho según analizáramos más arriba. Lo anterior señala el paso del Estado de Derecho al "Estado de Constitución", "Estado Constitucional de Derecho" o "Estado Constitucional", para designar un cambio no sólo de grado sino de naturaleza notable como lo ponen de manifiesto constitucionalistas de la talla de GARCÍA PELAYO[216].

§77. Clasificación — Finalmente, SCHDMIT-AßSMANN[217] distingue dentro del Estado de Derecho el sentido formal y el sentido material. En el sentido formal, es el que reconoce como instituciones irrenunciables la separación de poderes, la independencia judicial, la legalidad de la actuación administrativa, la posibilidad de defensa jurídica contra los actos del Poder Público y las indemnizaciones. Mientras que en el sentido material, es el que garantiza esa correcta orientación en cuanto al contenido y la asegura a través de la vinculación de la legislación por la Cons-

---

[215]   PEREIRA MENAUT, A. C., *Ob. cit.*, nota 202, p. 73.
[216]   GARCÍA PELAYO, M., en *Ob. cit.*, nota 25, Vol. III, pp. 3025 y ss.
[217]   SCHDMIT-AßSMANN, E., *Ob. cit.*, nota 10, p. 52.

titución y la promoción y la garantía de los derechos fundamentales. Por tanto, un Estado de Derecho formal es aquel que, respetando las formas, no produce realmente una sumisión del Poder político al Derecho.

Ahora, el desarrollo de los principios generales del Derecho público que a su vez integran el contenido esencial del gran "principio del Estado de Derecho" (*Rechhtsstaatsprinzip*) lo efectuaremos más adelante.

4. *Naturaleza jurídica*

§78. Planteamiento de la cuestión — La cláusula constitucional del Estado de Derecho –al igual que las demás cláusulas constitucionales- señala la doctrina, posee la naturaleza de auténtico principio general del Derecho, a lo que su consagración también entre nosotros en el Título I *Principios Fundamentales* de la Constitución otorga una posición cualitativamente singular.

Así las cosas, señalábamos más arriba, la Constitución emplea la expresión principios en dos sentidos. En el primer sentido, el ordenamiento jurídico que la Constitución diseña es un Ordenamiento principal, formado tanto por valores superiores así como por principios y normas legisladas o no. Y eso no sólo se debe a que, según sostiene la doctrina[218], en cuanto supra-principios jurídicos o principios de principios, formen el basamento último de todo el Ordenamiento jurídico sino, ante todo, a que tales principios constitucionales constituyen el correlato de otros tantos "valores superiores" que también la Constitución enuncia.

En tal sentido, los principios generales operarían con el alcance y la fuerza que les reconoce el Art. 4 del CC. Su rol es servir de base y fundamento a todo el Ordenamiento jurídico; son las grandes directrices hermenéuticas y de aplicación; y a falta de otra norma jurídica, la última fuente del Derecho. Por tanto, son principios generales los que la Constitución define como tales y tienen así el rango de principios constitucionales o del Derecho público. Sin embargo, no todos están recogidos en la Constitución.

Finalmente, los principios constitucionales, a su vez, se enlazan unos con otros, de suerte que un mismo principio constitucional más genérico puede ir concretado en otros específicos o derivados (ARAGÓN REYES)[219], como veremos más adelante.

§79. Derecho administrativo contemporáneo en el modelo del Estado de Derecho — Es sabido que el modelo de organización jurídico-

---

[218]   SANTAMARÍA PASTOR, J. A., *Ob. cit.*, nota 43, p. 77.
[219]   ARAGÓN REYES, M., *Ob. cit.*, nota 47.

político del Estado venezolano como un Estado de Derecho aparece en el mundo jurídico como una de las creaciones para configurar el marco de actuación legítima del Estado y, en definitiva, para fundamentar el Derecho público.

Así, tradicionalmente se ha entendido el concepto de Estado de Derecho, concebido a la manera del Estado liberal decimonónico, como aquel que se configura sobre la base de unos elementos existenciales o presupuestos estructurales y en la admisión de unas garantías jurídicas destinadas a prohibir la arbitrariedad del Estado en ejercicio del Poder Público, en su intervención en la esfera de los derechos y libertades de los ciudadanos.

Ahora bien, a medida que se fue imponiendo el modelo jurídico-político del Estado de Derecho, las Constituciones emprendieron la labor de desarrollar, además de su parte orgánica, una parte dogmática relativa al régimen de los derechos y garantías constitucionales, como consecuencia de lo cual la Administración Pública comenzó a encontrar límites formales, que también empezaron a ser recogidos en normas constitucionales destinadas a regular las relaciones que se establecen entre el Estado y las personas, en la mayor parte de los casos con ocasión de la intervención de la Administración Pública.

Ello implicó la incorporación progresiva en los textos constitucionales de normas de Derecho administrativo, en los cuales se encuentran regulaciones sobre: la organización, funcionamiento y actividades de la Administración Pública como complejo orgánico incrustado dentro del Estado; la función pública; las relaciones jurídico-administrativas; los fines públicos y colectivos; los poderes y prerrogativas; y por último la protección de los derechos y garantías de las personas. Ahora, es sabido que la construcción del modelo jurídico-político del Estado de Derecho se caracteriza por un alto grado de formalización, y con ello se afirma que sus principales básicos estructurales son los principios constitucionales.

Así las cosas, el Derecho administrativo dentro del marco de la Constitución debe ser el propio de un Estado de Derecho, y su construcción y comprensión debería estar condicionado por los principios, valores superiores y fines esenciales que están a la base de ese modelo jurídico-político. En tal sentido, el examen sistemático de la Constitución del 99 nos revela, cómo en forma completa y exhaustiva se determinan claramente, entre otros temas, las diversas cláusulas constitucionales que tienen particular importancia para el Derecho administrativo contemporáneo, con lo cual como ya advirtiera BREWER-CARÍAS[220], se consolida el

---

[220]   BREWER-CARÍAS, A. R., *Ob. cit.,* nota 127, T. I, p. 185.

proceso de su constitucionalización, pues su contenido configura el marco constitucional de actuación de los centros o complejos orgánicos que ejercen el Poder Público, en general, y de la Administración Pública, en particular.

Y es esta Administración Pública la que regula el Derecho administrativo, parte de cuya misión consiste en rastrear el "marco constitucional", ahondar en el fin de las normas, profundizar en su análisis, esbozar garantías jurídicas tendentes a facilitar el entendimiento y respeto de los principios constitucionales a la Administración Pública referidos.

§80. Clasificación del contenido — El concepto del Estado de Derecho, más o menos impreciso, insistimos, se configura sobre: (i) la base de unos elementos existenciales, que no son otros que los principios constitucionales o principios generales del Derecho público que tienen carácter necesario para determinarlo como tal; y (ii) la admisión de unas garantías jurídicas destinadas a eliminar la arbitrariedad o abuso de los órganos del Estado en ejercicio del Poder Público en su intervención en la esfera de los derechos fundamentales de las personas, pues –repetimos– la Constitución democrática de nuestro tiempo regula no sólo la organización del Estado, sino también el *status* de las personas[221].

Por tanto, el estudio del Derecho administrativo contemporáneo debe realizarse con un criterio de carácter metodológico como señala ORLANDO[222], que lo concibe "como un sistema de principios jurídicos sistemáticamente coordinados". Por ello, como muy bien señala MODERNE, son los principios más que las normas los que son susceptibles de asegurar la coherencia y la plenitud del sistema normativo, y de conformar por lo mismo el régimen del Estado de Derecho en los Estados democráticos contemporáneos[223].

En este orden de ideas, sostiene la jurisprudencia[224] que la Constitución cumple tres roles básicos, a saber: (i) es integradora; (ii) es normadora; y por último (iii) es organizadora. De esta última función se desprenden, a su vez, tres principios básicos acerca del modo como se relacionan los órganos titulares del Poder Público, así:

---

[221] ARAGÓN REYES, M., *Ob. cit.*, nota 47.

[222] ORLANDO, V. E., *Ob. cit.*, nota 52, p. 10.

[223] MODERNE, F., *Ob. cit.*, nota 46, p. 30.

[224] Véase Sents. del TSJ/SC N° 1560 de fecha 22 de enero de 2003, caso *Servio Tulio León Briceño* y N° 23 de fecha 11 de junio de 2003.

a.   El principio de competencia de los funcionarios y de los órganos públicos, como elemento esencial del Derecho público[225], el cual actúa como un instrumento ordenador del ejercicio del Poder Público, una vez que éste es legitimado.

b.   El principio de separación de poderes.

c.   Y por último, el principio de legalidad.

Actualmente puede decirse que Estado de Derecho es aquél que canaliza y regula la acción estatal mediante: la separación de poderes (legislativo, ejecutivo y judicial); la jerarquía normativa (Constitución, leyes, decretos, etc.); los derechos de los individuos y sus grupos (partidos, sindicatos, gremios, etc.); la existencia de un control jurisdiccional (general y especial); y por último, la responsabilidad de los gobernantes respecto de las personas.

En conclusión, el modelo jurídico-político del Estado de Derecho significa abreviadamente que el Estado, como sujeto, en lo sustancial, se identifica por un conjunto de elementos existenciales o principios constitucionales que tienen carácter necesario para determinarlo como tal, cuya clasificación ha sido puesta de manifiesto así:

a.   El principio de separación de poderes, conforme al cual la Constitución le asigna a los diversos centros o complejos orgánicos del Estado la competencia de determinadas funciones públicas en torno a un ámbito objetivo más o menos específico.

b.   El principio de juridicidad (o tradicionalmente principio de legalidad), esto es, la sumisión plena del Estado al Derecho o vinculación a la juridicidad, elemento esencial del Estado de Derecho y del sistema democrático.

c.   El principio de la eficacia (reconocimiento y respeto) de los derechos fundamentales.

d.   El principio de la garantía patrimonial del Estado.

e.   Y por último, el principio del control jurisdiccional universal a través de tribunales independientes, y cuyo análisis de todos ellos en su vinculación con el Derecho administrativo contemporáneo realizaremos a continuación.

---

[225]   Véase Sent. del TSJ/SC N° 720 de fecha 5 de abril de 2006.

II. EL PRINCIPIO DE SEPARACIÓN DE PODERES

1. *Concepto*

§81. Planteamiento de la cuestión — El principio de separación de poderes fue el primero de los dogmas sobre los que se hubo asentado la construcción del Estado constitucional de Derecho. Sin embargo, ese principio, aparentemente de formulación sencilla y frecuentemente mal comprendido, ha tenido lecturas e interpretaciones de diferente alcance. Por ejemplo, en Europa la aplicación del principio de separación de poderes (a diferencia de los sistemas jurídicos anglosajones) no se ha asentado inicialmente sobre la idea de *checks and balances*, sino de separación formal de los poderes y de preeminencia de uno de ellos (unas veces el Poder legislativo y otras el Poder ejecutivo) sobre los demás.

A esa distorsionada aplicación inicial del principio de separación de poderes tras la Revolución Francesa, se le unieron una serie de cambios institucionales que transformaron radicalmente su papel en Europa: el asentamiento del modelo parlamentario de gobierno, la irrupción del Estado de partidos, la emergencia de los Tribunales constitucionales, la consagración de los derechos fundamentales como límite al ejercicio del Poder Público, así como la emergencia de las autoridades administrativas independientes, entre otros. Pero, a pesar de esa evolución, la idea fuerza del principio de separación de poderes tal como la configurara en su día Montesquieu como mecanismo de equilibrio institucional y límite al ejercicio del Poder Público sigue plenamente en pie, si bien reformulada en un contexto en constante mutación.

Así las cosas, el primer principio constitucional y a la vez elemento de carácter jurídico-político de la cláusula constitucional del Estado de Derecho es el principio de separación de poderes, que se instaura como un principio estructural del Poder Público, dogmático e indiscutible, del nuevo orden constitucional (GARCÍA DE ENTERRÍA)[226]. Fue MAYER[227] el primero que tuvo ocasión de abundar en la importancia que para el Derecho administrativo posee el citado principio. De acuerdo con este autor, los pilares que lo sustentan son la idea de la moderación en el ejercicio del poder público y la de la separación de los poderes.

Ahora, para un sector calificado de la doctrina francesa, el Derecho administrativo sería el resultado de la interpretación dada por los revo-

---

[226] GARCÍA DE ENTERRÍA, E., *Las Transformaciones de la Justicia Administrativa: de Excepción Singular a la Plenitud Jurisdiccional. ¿Un cambio de Paradigma?*, Thomson-Civitas, Pamplona, 2007, p. 17.

[227] MAYER, O., *Ob. cit.*, nota 207, T. I, p. 19.

lucionarios franceses a la separación de poderes: el Derecho administrativo sería la consecuencia de un principio (CHAPUS)[228]. Sin embargo, aún los mismos autores que afirman que el Derecho administrativo es el resultado del principio de separación de poderes, reconocen que cuando este se incorporó por primera vez en la DDHC en 1789, era simplemente una expresión en boga para la época, una fórmula de moda, pero sin contenido preciso ni consecuencias absolutas, y que aún hoy día se encuentra oscurecido como consecuencia de la imprecisión del lenguaje empleado, pues es de todos sabido que el término no corresponde exactamente al contenido del mismo.

De ahí que el camino que nos puede conducir a desentrañar el verdadero sentido de la doctrina según la Teoría general del Estado, es distinguiendo en tres planos distintos los elementos siguientes: (i) el poder público, (ii) las funciones jurídicas; y por último (iii) los órganos estatales.

A. *Elementos*

§82. Poder Público — La confusión se inicia a partir de la obra del BARÓN DE MONTESQUIEU[229] quien no distinguió conceptualmente las tres nociones, y por ello no se le planteó la necesidad de usar tres expresiones distintas para denominarlas. Fue el constitucionalista francés R. CARRÉ DE MALBERG[230], quien reaccionó contra el uso de toda una terminología confusa, estimando necesario afirmar previamente la unidad del poder del Estado.

En efecto, CARRÉ DE MALBERG[231] sostiene que todo estudio de Derecho público encierra y presupone la noción de Estado, en la medida en que se entiende por Derecho público el derecho del Estado (*Staatsrecht*), es decir, el derecho aplicable a todas las relaciones humanas o sociales en las cuales el Estado entra directamente en juego. Ahora, continúa el autor[232], lo que distingue el Estado de cualquier otra agrupación es la potestad de que se halla dotado. Esta potestad es el atributo esencial y característico del Estado, que solo él puede poseer, y que por lo tanto la caracteriza denominándola "potestad de Estado", o "potestad estatal", es decir, como su nombre mismo atestigua, que no puede pertenecer más que al Estado, pero también, por otra parte, que ningún Estado puede

---

228   CHAPUS, R., *Ob. cit.*, nota 107, T. I, p. I-2.

229   MONTESQUIEU, *Del Espíritu de las Leyes*, Origen, Barcelona, 2003.

230   CARRÉ DE MALBERG, R., *Contribution à la theorie general de l'Etat*, T. I., Recueil Sirey, París, 1920, p. 259, nota 1; *Teoría general del Estado*, trad. española, 2ª ed., UNAM-FCE, México, 1998, pp. 145 y ss.

231   *Ibidem*, p. 21.

232   *Ibidem*, p. 158.

existir sin ella. Este poder, que también se denomina "poder público", "poder estatal', "potestad estatal" o en fin Poder Público –con mayúsculas según la Constitución de 1999–, es uno e indivisible. Consiste de manera invariable, en la potestad o prerrogativa pública que tiene el Estado de mandar con fuerza irresistible por cuenta de la colectividad nacional y de imponer su voluntad a las personas. De ahí que la pretensión teórica de separar o dividir el poder del Estado carece de sentido.

§83. Funciones del Estado — Pero frente a la noción del Poder Público que es uno e indivisible, CARRÉ DE MALBERG[233] señaló también la necesidad de distinguir las funciones del Estado (funciones estatales o funciones públicas) que son múltiples. Entiende por funciones estatales, en Derecho público, las diversas actividades del Estado en cuanto constituyen diferentes manifestaciones o diversos modos de ejercicio de la potestad estatal o pública.

Ahora sean cuales fueren la extensión y la variedad de las competencias estatales, los actos por los cuales el Estado realiza las diversas atribuciones que el mismo pudo asignarse, las funciones estatales, conforme a una tradición muy antigua, se reducen por unanimidad a tres grandes clases de actividad: la legislación, la administración y la justicia[234].

Por su parte, SAYAGUÉS LASO[235] sostiene que son las potestades jurídicas que el Derecho positivo asigna a los órganos públicos para que puedan actuar y cumplir los fines que le competen. Así, las funciones del Estado constituyen las actividades de la propia esencia y naturaleza del Estado[236].

§84. Órganos del Estado — Finalmente, hay además una tercera noción para tener en cuenta: los órganos del Estado son los que expresan la voluntad inicial del Estado. Ellos son, pues, los centros o complejos de órganos encargados de desempeñar las diferentes funciones estatales. Integran las denominadas "ramas" que ejercen separadamente las funciones estatales, dotadas de cierto Poder Público para contrarrestar las interferencias de una sobre la otra de manera que exista un equilibrio entre ellas.

En consecuencia, el principio de separación de poderes responde a una concepción de separación de funciones estatales, como las más adecuadas al principio enunciado por el BARÓN DE MONTESQUIEU. La sepa-

---

[233] *Ibidem*, p. 249.

[234] *Ibídem*, p. 252.

[235] SAYAGUÉS LASO, E., *Ob. cit.*, nota 126, p. 34.

[236] BREWER-CARÍAS, A. R., *Ob. cit.*, nota 127, T. I, p. 72.

ración de poderes no sería tal separación, sino más bien la distribución de las funciones estatales entre las ramas, centros o complejos orgánicos del Estado, constituyendo así una garantía formal, a fin de que cada uno de ellas sea titular de modo preferente del ejercicio de una de las funciones estatales, y así garantizar, repetimos, el equilibrio entre las diversas ramas en que está dividido el ejercicio del Poder Público.

En mérito a lo antes expuesto, se puede afirmar que el principio de separación de poderes en tanto que primer elemento de la cláusula del Estado de Derecho es, antes de todo, un principio político transformado en un principio de Constitución material, según el cual las funciones estatales prescritas en las normas (constitucionales o primarias) deben ser distribuidas entre los distintos centros orgánicos estatales o ramas, de modo que ninguno de ellos concentre tal cantidad del ejercicio de funciones estatales con los que pueda imponerse a los otros centros orgánicos estatales o ramas[237].

B. *Evolución*

§85. Interpretación tradicional — El principio de separación de poderes que las Constituciones consagran y el Derecho constitucional cultiva ha sido interpretado y definido de muy diversas maneras. Siguiendo al constitucionalismo clásico o tradicional, se entienden por el principio de separación de poderes, el confinamiento de cada una de las funciones estatales como competencia propia o, más bien, adjudicada de modo preferente o preponderante al centro o complejo orgánico que ejerce el Poder Público de su respectivo nombre.

§86. Interpretación contemporánea —Sin embargo, nos enseña BARNÉS[238], el principio de separación de poderes, más allá de la función asignada desde el constitucionalismo clásico, parece haberse magnificado para incorporar una función explicativa que no le corresponde, esto es, para dar a entender que la dirección de los asuntos públicos se reduce a una simple secuencia: el legislador ordena y dispone; el ejecutivo y la Administración Pública aplican, desarrollan y ejecutan; y el poder judicial vigila y supervisa que el segundo cumpla lo que el primero ha establecido, lo que recuerda a la simplista secuencia del mandante, mandatario y árbitro. Las cosas, sin embargo, son más complejas y, también más interesantes. Y es que la Administración Pública hace mucho más cosas que sólo ejecutar órdenes cerradas y determinantes. La Administración Pública interpreta y aplica la ley y el Derecho; desarrolla la legislación

---

[237] GIANNINI, M. S., *Lezioni di diritto amministrativo*, Vol. I, Milán, 1950, p. 266; y *Derecho administrativo*, 1ra. ed. española, MAP, Madrid, 1991, p. 95.

[238] BARNÉS, *Ob. cit.*, nota 8, pp. 525 y 526.

primaria y la aplica; programa y produce normas de toda suerte y condición; presta servicios públicos y actividades de interés general y garantiza una adecuada prestación a cargo del sector privado, entre otras.

C.   *Derecho positivo*

§87. Planteamiento de la cuestión — El sistema constitucional venezolano sigue en sus lineamientos generales el postulado de la doctrina de CARRÉ DE MALBERG, pues para referirse a las potestades del Estado venezolano ha empleado el término de Poder Público en el sentido de potestad única e indivisible del Estado y, por tanto, sin referencia orgánica de cualquier naturaleza, según el Art. 137 de la C que dispone: "**Artículo 137.** La Constitución y las leyes definen las atribuciones de los órganos que ejercen **el Poder Público**, a las cuales deben sujetarse las actividades que realicen" (resaltado nuestro).

Así las cosas, el principio cardinal del Derecho constitucional[239] es la separación formal o según la interpretación de la Constitución del 99, la división horizontal separación orgánica de poderes[240]. Es decir, el sistema jurídico según el cual cada función jurídica básica o fundamental del Estado es confiada, de modo preponderante o preferente, a un centro o complejo orgánico del Poder Público en particular (función "propia"). Según la jurisprudencia[241], se trata de un principio fundamentalmente político que pasó a formar parte de los principios sustanciales que informan la estructura formal del Estado, con el objeto de: (i) evitar el exceso en el ejercicio del Poder Público, y (ii) garantizar el equilibrio entre las diversas ramas estatales.

En este orden de ideas, el principio de separación de poderes (denominado también división de poderes), señala la jurisprudencia[242], responde a la necesidad de brindar garantías institucionales que permitan a cada órgano o centro orgánico el ejercicio eficiente del Poder Público, obviando ilegítimas intrusiones de los demás órganos del Estado en la realización de sus funciones jurídicas básicas o fundamentales.

Asimismo, el principio de separación de poderes descansa sobre el postulado de que no puede, ninguna de las ramas, invadir la esfera de acción, vale decir, de las atribuciones de las otras en el ejercicio del Poder

---

[239]   Véase Sent. de la CFC/SPA de fecha 03 de diciembre de 1940, M. 1941, p. 279.

[240]   BREWER-CARÍAS, *Ob. cit.*, nota 61, p. 71; y véase Sents. de la CSJ/CP de fecha 28 de noviembre de 1988, en *RDP*, N° 38, p. 80; y N° 302 del TSJ/SC, de fecha 16 de marzo de 2005.

[241]   Véase Sent. del TSJ/SC N° 1889 de fecha 17 de octubre de 2007.

[242]   Véase Sent. del TSJ/SC N° 1414 de fecha 19 de julio de 2006.

Público. También es cierto, que tal principio no tiene una rigidez absoluta[243]. Por el contrario, la separación de poderes que postula la Constitución vigente no es tributaria de un principio de separación de poderes puro, sino de una concepción que hace hincapié en la conformación o construcción, en la interacción, así como en el equilibrio entre las distintas ramas.

En efecto, la jurisprudencia de la Corte Suprema de Justicia afirma que, lejos de ser absoluto el principio de separación de poderes, la doctrina establece que la división de poderes no coincide con la división de funciones, pues convenientemente se asignan al Poder Legislativo potestades típicamente administrativas y aun jurisdiccionales y al Poder Judicial funciones administrativas[244].

§88. Interpretación — Así las cosas, sobre la base del criterio flexible o relativo, la jurisprudencia ha interpretado el principio de separación de poderes con las matizaciones siguientes:

a. La Constitución del 99 no parte de una pluralidad sino de la unidad del Poder o potestad estatal, del Poder Público como un todo, de acuerdo con el Art. 137 de la C.

b. La separación de poderes no es tal separación, sino más bien la distribución de las funciones estatales entre las tradicionalmente denominadas "ramas"[245] –centros o complejos orgánicos del Estado–, constituyendo así una garantía formal, a fin de que cada una de las ramas del Poder Público sea titular de modo preferente de una de las funciones estatales, y así garantizar la separación o, más propiamente, el equilibrio entre las diversas ramas en que está dividido el ejercicio del Poder Público.

En consecuencia, los que están separados o divididos son esos centros o complejos orgánicos (las ramas), pero no el Poder Público. Por otra parte, las ramas son creación de la Constitución, con una delimitada esfera de funciones estatales que fija en forma precisa la órbita de actuación de cada una de ellas en forma privativa, y en estos casos no puede haber

---

[243] Véase Sent. de la CFC/SF de fecha 28 de mayo de 1951, GF N° 8, 1951, p. 127.

[244] Véase Sent. de la CSJ/SPA de fecha 18 de julio de 1963, GF N° 41, 1963, pp. 116 y 117.

[245] Véase Sent. de la CFC/SPAacc de fecha 19 de febrero de 1937, M. 1938, p. 166.

interferencia, ya que habría entonces el vicio grave de usurpación de funciones, de conformidad con el Art. 138 de la C[246].

En consecuencia, en Venezuela rige, pues, el principio de separación de poderes en el sentido de que se establece una multiplicidad de órganos que integran las distintas ramas del Poder Público, las cuales ejercen sus "funciones propias" (Art. 136 de la C), lo que en modo alguno significa, en principio, exclusividad en el ejercicio de las mismas, pudiendo la propia Constitución prever, excepcionalmente, en dicho ejercicio, el intercambio de funciones estatales entre las distintas ramas que ejercen el Poder Público. Precisando el lenguaje, la separación orgánica no tiene por qué coincidir plenamente con la separación de las funciones estatales[247], por lo que se habla más de separación de funciones estatales antes que de separación de poderes, y para lo cual resulta imprescindible que el Poder Público sea ejercido por órganos diferenciados.

§89. Derecho fundamental a la separación de poderes — Finalmente, Brewer-Carías[248] señala que en las Constituciones contemporáneas se pueden comenzar a identificar otros derechos políticos derivados del régimen democrático, como es precisamente el derecho ciudadano a la democracia en sí misma, es decir, a un régimen político en el cual se garanticen sus elementos esenciales y componentes fundamentales, entre los cuales se destaca por sobre todos, la facultad ciudadana de controlar el ejercicio del Poder Público y que comporta, a su vez, al menos tres otros derechos políticos básicos que se configuran precisamente en los pilares fundamentales del equilibrio entre el Estado y los ciudadanos, así:

a. El derecho ciudadano a la separación e independencia de poderes.

b. El derecho ciudadano a la distribución vertical o territorial del Poder Público para asegurar la participación.

c. Y por último, el derecho ciudadano al ejercicio de los recursos jurisdiccionales necesarios para controlar el ejercicio del Poder

---

[246] Véase Sent. del TSJ/SC N° 302 de fecha 16 de marzo de 2005, *RDP* N° 101, p. 132. Para un desarrollo del tema véase ARAUJO-JUÁREZ, J., *La Nulidad del Acto Administrativo*, Serie Monografías, Ediciones Paredes, 2014, pp. 82 y ss.

[247] Véase Sents. de la CSJ/SPA de fecha 18 de julio de 1963, G.F. N° 41, 1963, pp. 116-117; y N° 302 del TSJ/SC de fecha 16 de mayo de 2005.

[248] BREWER-CARÍAS, A. R., "El derecho a la democracia entre las nuevas tendencias del derecho administrativo como punto de equilibrio entre los poderes de la Administración y los derechos del administrado", en *Revista Mexicana Statum Rei Romanae de Derecho Administrativo*, N° 1 / Julio-Diciembre 2008 / *Revista Semestral*, México, 2008, pp. 97-98.

Público y, además, para asegurar la eficacia de los derechos fundamentales y el sometimiento del Estado al Derecho. Y estos derechos, como derechos políticos –se concluye– hay que configurarlos desde la perspectiva del Derecho constitucional y del Derecho administrativo de cada país.

2. *Sistema de distribución del ejercicio del Poder Público*

§90. Planteamiento de la cuestión — La Constitución es la Ley suprema y originaria de donde emana la organización primaria del Estado, al establecer las distintas ramas del Poder Público y, a la vez, determinar sus atribuciones.[249] En tal sentido, la Constitución de 1999 regula:

(i)   La organización del Estado venezolano mediante sistemas de separación y distribución del ejercicio del Poder Público y los fines esenciales del Estado (parte orgánica).

(ii) Y el estatuto de las personas de la sociedad civil en general, y sus relaciones con el propio Estado (parte dogmática).

Es así como el Derecho administrativo desarrolla los principios constitucionales, tanto en lo relativo a la parte dogmática como a la parte orgánica de la Constitución (LARES MARTÍNEZ)[250]. En este último aspecto, el principio de separación de poderes rige en las diversas ramas del Poder Público[251].

§91. Clasificación — Es así como en el sistema de distribución del ejercicio del Poder Público se encuentra una de las bases fundamentales del Derecho Administrativo venezolano, al establecer la Constitución de 1999 un sistema de distribución del ejercicio del Poder Público que se puede clasificar en: (i) sentido vertical (o forma territorial); (ii) sentido horizontal (o forma orgánica); (iii) sentido material (o forma funcional); y por último (iv) sentido de coordinación (o forma de colaboración), según analizaremos a continuación.

A.   *Principio de separación territorial del Poder Público*

§92. Planteamiento de la cuestión — El Estado moderno se ha visto obligado a crear determinadas figuras subjetivas destinadas a satisfacer necesidades públicas, por dos razones: o porque han aparecido nuevas necesidades que se masifican y lo obligan a atender a su satisfacción o

---

249   Véase Sent. de la CSJ/CP de fecha 13 de febrero de 1962, G.F. N° 135, 1962, pp. 92-94.

250   LARES MARTÍNEZ, E., *Manual de Derecho administrativo*, 14ª ed., FCJP-UCV, Caracas, 2013.

251   Véase Sent. de la CSJ/SPA de fecha 29 de mayo de 1972, G.O. N° 1542 Extr., de fecha 14 de septiembre de 1972, p. 10.

porque los servicios que las atendían han pasado de manos de los particulares a las del Estado. Ahora, la satisfacción de esas necesidades públicas, se piensa, pueden hacerse de manera más eficiente, mediante organizaciones administrativas dotadas de personalidad jurídica propia, los cuales al ser segregadas, mediante un régimen especial y propio de la persona misma del Estado, adquieren una mayor libertad de acción, complementado por la dotación de un patrimonio distinto e independiente del Estado.

Como cuestión previa se observa que un proceso de centralización o de descentralización puede tener por objeto las distintas actividades estatales. De ahí que es frecuente entre los tratadistas distinguir la centralización y descentralización políticas, de la administrativa.

En su acepción amplia, descentralizar significa separar del centro, lo opuesto a centralizar o unir en el centro. Así las cosas, la centralización se produce cuando el Poder Público se convierte en el centro unificador de todas las funciones y las ejerce por sí. Por el contrario, la descentralización existe cuando otros grupos sociales o políticos comparten dichas funciones.

La distinción surge dentro de la doctrina alemana del siglo XIX, al sostenerse que, frente a lo que ocurre con otras personas jurídicas, se decía que el territorio es para el Estado y los municipios un elemento fundamental, una parte constitutiva de su misma esencia o estructura, por lo cual se entendió que debían ser considerados como entes territoriales. Esta teoría fue objeto de críticas en el sentido que la competencia de todo ente público, cualquiera que sea su naturaleza, se ejerce sobre un territorio determinado. De este modo el territorio juega, por ello, una función idéntica respecto a todos los entes públicos, por lo que la distinción carece de validez.

En cuanto a los entes de Derecho público descentralizados, el Derecho positivo distingue entre territoriales y no territoriales, lo que da origen a dos formas de descentralización:

a. La descentralización territorial o política, la cual se caracteriza por el factor espacial, a través de entes político territoriales.

b. La descentralización funcional o administrativa, calificada también por servicios, técnica o especial, la cual se caracteriza por el factor de la especialidad de los servicios, que tiene lugar a través de entes ya de naturaleza fundacional o ya de naturaleza corporativa.

§93. Consagración constitucional — El primer principio constitucional, a su vez derivado del principio de separación de poderes, que condiciona al Derecho administrativo en la Constitución de 1999 es el principio de separación territorial del ejercicio del Poder Público, que deriva de la distribución vertical del Poder Público en atención a la forma del Estado venezolano como forma federal, el cual ha sido una constante en el Estado venezolano durante su existencia desde la primera Constitución de 1811. Con respecto al fenómeno federal, solo mencionaremos que al separarse Venezuela de España y proclamarse República independiente, luego de tres (3) siglos de dominación política, lucía absolutamente necesario encontrar una fórmula que comportara la solución simultánea de los problemas políticos y jurídicos que planteaban la Independencia, la adopción de un Gobierno republicano, y por último, la creación y organización de un Estado soberano.

Así las cosas, el título que la distingue es el de "Constitución Federal para los Estados de Venezuela"[252] de 1811, en razón de que establece como forma de Estado la Federación, a la cual denomina "Confederación Americana de Venezuela", nombre del nuevo Estado Federal, republicano y liberal, que por lo demás fue común a muchos nuevos Estados Hispanoamericanos.

Ahora, sobre si en realidad existió una imitación ("imitación artificial" o "traslado") de los constituyentes de la idea federal de los Estados Unidos, BREWER-CARÍAS destaca que si bien hubo, indudablemente, influencia de la Constitución norteamericana, la adopción de la forma federal fue básicamente una consecuencia de la autonomía local de los Cabildos o Ayuntamientos coloniales, según el esquema heredado de España y arraigado en Hispanoamérica para el momento de la Independencia.

Así las cosas, el sistema de distribución vertical da origen a un sistema de descentralización político-formal, derivado de la forma federal del Estado venezolano, de conformidad con el Art. 4 de la C que dispone: "**Artículo 4.** La República Bolivariana de Venezuela es un **Estado Federal descentralizado en los términos consagrados en esta Constitución**, y se rige por los principios de integridad territorial, cooperación, solidaridad, concurrencia y corresponsabilidad" (resaltado nuestro).

En tal sentido, la Constitución organiza el Estado en forma federal mediante un sistema de división o separación territorial del Poder Público en tres niveles: Nacional, Estadal y Municipal, atribuyendo su ejercicio a diversos órganos y asignando competencias exclusivas en los tres niveles político-territoriales, además de las competencias concurrentes entre ellos, al formular expresamente este principio en el Art. 136

---

[252] Véase *Las Constituciones de Venezuela*, "Estudio Preliminar" de Allan R. BREWER-CARÍAS, UCT-CEC-IEAL, Madrid, 1985, pp. 179 y ss.

en los términos siguientes: "**Artículo 136.** El Poder Público se distribuye entre **el Poder Municipal, el Poder Estadal y el Poder Nacional**" (resaltado nuestro).

De ahí que conforme a la Constitución, en sentido vertical, el ejercicio del Poder Público tiene tres ramas: (i) el Poder Público Nacional (Arts. 168 a 158 de la C; (ii) el Poder Público Estadal (arts. 159 a 167 de la C); y por último (iii) el Poder Público Municipal (Arts. 168 a 184 de la C), que da lugar a tres niveles de personas jurídicas de Derecho público de carácter territorial, así: la República Bolivariana de Venezuela, los Estados que forman la Federación, y por último, los Municipios.

B. *Principio de separación orgánica del Poder Público*

§94. Concepto clásico − Pero además del sistema de separación territorial del Poder Público en los tres niveles político-territoriales señalados, el segundo principio constitucional, a su vez derivado del principio de separación de poderes, que condiciona también al Derecho administrativo en la Constitución de 1999, es el principio de separación orgánica del Poder Público, que deriva de la división horizontal del ejercicio del Poder Público, lo cual origina ramas independientes y autónomas entre sí. Este principio constituye un elemento jurídico-político en el sentido que el Estado no sólo crea el Derecho sino que con su poder lo respalda, y en ese sentido aquel tiene un triple carácter: es legislador, juez y administrador, ya que repetimos, crea el Derecho, lo aplica y lo impone; de ahí que se afirme que la finalidad del Estado es realizar el Derecho (B. FIORINI)[253].

La teoría del principio de separación de poderes mantiene como premisa básica, nos recuerda GIANNINI[254], que suele llamarse "poder" a todo conjunto de órganos estatales que ejercite una actividad definida. Según esta teoría, los poderes no pueden ser más que tres: (i) el poder que elabora la norma; (ii) el poder que ejecuta lo dispuesto en la norma; y por último (iii) el poder que juzga las controversias aplicando las normas; en suma, los poderes legislativo, ejecutivo y judicial.

Ahora, el por qué los poderes debían ser sólo tres, continúa señalando GIANNINI, fue tema de gran debate, pero las explicaciones que prevalecieron fueron las que tenían una base lógico-antropomórfica: porque el hombre elabora, ejecuta y también puede que alguno juzga el comportamiento cuando es necesario. Además –incluso esto es una ca-

---

253 FIORINI, B., *Derecho administrativo*, T. I, 2ª ed. actualizada, reimpresión, Abeledo-Perrot, Buenos Aires, 1997, pp. 109-110.

254 GIANNINI, M. S., *Premisas sociológicas e históricas del derecho administrativo*, Ed. IAP, Madrid, 1980, pp. 74 y ss.

racterística importante– el conjunto de poderes está orientado sobre la base de la norma jurídica: (i) el que elabora la norma jurídica; (ii) el que la aplica; y por último (iii) el que juzga la validez de su aplicación. De esta manera surgen en la tradición de la Teoría general del Estado, los tres centros o complejos de órganos del Estado distintos, a saber: legislativo, ejecutivo y judicial.

§95. Consagración del Derecho positivo — Hemos señalado más arriba que el Estado constitucional nace en Venezuela con la Constitución Federal de 1811, al consagrar los grandes principios cardinales del Estado de Derecho.

En primer lugar, consagra la base constitucional de carácter jurídico-político al establecer expresamente la división del ejercicio del Poder Supremo en tres –legislativo, ejecutivo y judicial– conforme a la más pura fórmula de la Revolución Francesa.

En el caso de Venezuela, el puente jurídico-institucional entre la Monarquía y la República fue: primero, el "Reglamento Orgánico Provisorio para la Separación de los Poderes", aprobado por el Congreso Constituyente los días 3 y 4 de marzo de 1811, y que sirvió de base jurídico-política fundamental para la separación y posterior actuación de los Poderes legislativo, ejecutivo y judicial; y segundo, la propia Constitución Federal de 1811, siguiendo la doctrina del BARÓN DE MONTESQUIEU.

Así las cosas, el sistema de distribución horizontal da origen a una separación orgánica del ejercicio del Poder Público, siguiendo los intereses clásicos del constitucionalismo moderno. En efecto, además del sistema de distribución vertical del Poder Público en los tres niveles político-territoriales arriba mencionados, la Constitución establece un sistema de distribución horizontal del ejercicio del Poder Público que se manifiesta como una separación orgánica y no como separación funcional, originando así que el principio de separación de poderes rige en las diversas ramas que ejercen el Poder Público[255], de acuerdo con el Art. 136 de la C que dispone: "**Artículo 136.** […] El Poder Público Nacional se divide en **Legislativo, Ejecutivo, Judicial, Ciudadano y Electoral**" (resaltado nuestro).

Es usual y así lo consagra la Constitución venezolana denominar a cada una de estas ramas o complejos orgánicos que detentan el ejercicio de las funciones estatales en forma privativa, "Poder", así: Poder Legislativo Nacional (Título V, Capítulo I, Arts. 186 a 224 de la C); Poder Eje-

---

[255]   Véase Sent. de la CSJ/SPA de fecha 29 de mayo de 1972, G.O. N° 1542 Extr., de fecha 14 de febrero de 1972, p. 10.

cutivo Nacional (Título V, Capítulo II, Arts. 225 a 252 de la C); y Poder Judicial (Título V, Capítulo III, Arts. 253 a 272 de la C). Por eso se puede afirmar simplemente que de la denominada separación de poderes resulta una separación o distribución de funciones estatales y, correlativamente, una separación aún mayor de órganos, integrados por personas físicas distintas.

La Constitución del 99, sin embargo, ha venido a modificar sustancialmente la tradicional estructura jurídico-política del Estado, de donde conviene analizar hasta qué punto este cambio influye en las construcciones doctrinales. Como es sabido, la Constitución consagra el principio de separación de poderes según el modelo clásico así:

a. La función legislativa del Estado siendo radicada en el Poder Legislativo Nacional (Arts. 136, 186 y 187, *eiusdem*).

b. La función jurisdiccional o judicial del Estado en todo tipo de procesos, juzgando y haciendo ejecutar lo juzgado, corresponde a los tribunales y demás instituciones determinadas por las leyes que integran el Poder Judicial (Arts. 136, 253 a 261, *eiusdem*).

c. La función ejecutiva del Estado reside en el Poder Ejecutivo el cual dirige, a su vez, al Gobierno y a la Administración Pública (Arts. 136 y 141, *eiusdem*).

Pero junto a estos tres poderes, la Constitución vigente ha institucionalizado otras organizaciones estatales a los que ha dotado de funciones públicas complementarias de las clásicas legislativa, ejecutiva y judicial, haciendo más compleja la estructura orgánica del Estado y su régimen jurídico. Así, se puede hablar como hace la propia Constitución del Poder Ciudadano (Arts. 136 y 272 de la C) y del Poder Electoral (Art. 136 y 292 de la C), como nuevos centros o complejos orgánicos del Poder Público Nacional no englobados en los poderes clásicos del Estado. En conclusión, la Constitución configura, pues, un Estado caracterizado por una pluralidad o penta división de centros de poder, a los que les asigna funciones independientes y complementarias a la vez.

Por tanto, como señala BREWER-CARÍAS[256], la Constitución de 1999 adoptó un novedoso sistema de división horizontal o separación orgánica del ejercicio del Poder Público Nacional, donde además de los órganos que componen las clásicas ramas mencionadas, han existido otra serie de órganos que progresivamente han sido constitucionalizados y dotados de autonomía funcional, y que a partir de la Constitución de 1999 corresponden a nuevos complejos orgánicos y diferenciados y separados que han sido erigidos en ramas formales del Poder Público.

---

[256] BREWER-CARÍAS, A. R., *Ob. cit.*, nota 127, T. I, p. 67.

Según la jurisprudencia[257], ello obedece a la necesidad de otorgar independencia y autonomía funcional a los órganos del Estado que están encargados de desarrollar determinadas competencias, así:

a. El Poder Ciudadano, que integran los siguientes órganos constitucionales: la Contraloría General de la República (Art. 273 de la C), el Ministerio Público (Art. 284 de la C), y la Defensoría del Pueblo (Art. 280 de la C).

b. Y por último, el Poder Electoral, que ejerce el Consejo Nacional Electoral (Art. 293 de la C).

C. *Principio de separación funcional del Poder Público*

§96. Planteamiento de la cuestión — El tercer principio constitucional, a su vez derivado del principio de separación de poderes, que condiciona también al Derecho administrativo en la Constitución de 1999 es el principio de separación funcional del Poder Público. En efecto, para el logro de sus fines, señala F. GARRIDO FALLA[258], las comunidades humanas se organizan políticamente. El tipo de organización política que hoy día se conoce como regla en los pueblos civilizados se denomina Estado. A su vez, la acción del Estado se manifiesta en formas diversas que según señalábamos más arriba pueden reconducirse a las funciones estatales siguientes: (i) la función legislativa (ii) la función ejecutiva; y por último (iii) la función jurisdiccional.

En el mismo sentido, y con respecto a la naturaleza de las funciones estatales, SAYAGUÉS LASO[259] enseña que para lograr la realización de sus fines propios, los Estados realizan actos y operaciones en virtud de los poderes jurídicos que el Derecho objetivo establece. Dichos poderes jurídicos son una aptitud para obrar de determinado modo o manera. Ahora bien, continúa señalando el autor citado, atendiendo a las características de esos poderes jurídicos se distinguen tradicionalmente las distintas funciones jurídicas del Estado, a saber: legislativa, ejecutiva y judicial, si bien considera lógico agregar la función constituyente, que no sólo se diferencia de las anteriores en el aspecto orgánico y formal, sino que cabe distinguirle en el plano material[260].

Estas son, tradicionalmente, las llamadas funciones estatales, y cabe decir que cualquier acción estatal es, desde el punto de vista de su sus-

257 Véase Sent. del TSJ/SC N° 3098 de fecha 14 de diciembre de 2004, *RDP* N° 99-100, p. 142.
258 GARRIDO FALLA, F., *Ob. cit.*, nota 41, Vol. I, p. 35.
259 SAYAGUÉS LASO, E., *Ob. cit.*, nota 126, T. I, pp. 51-52.
260 *Ibídem*, p. 51.

tancia o contenido, dado el carácter irreductible que se ha predicado de las mismas, a ellas y sólo a una u otra de estas tres formas esenciales de la función estatal debe reconducirse cualquier acto jurídico estatal (GARRIDO FALLA)[261].

En mérito a lo antes expuesto, en la expresión constitucional por función estatal ha de entenderse la acción que desarrollan los órganos estatales de las distintas ramas o lo que es lo mismo, la actividad que desempeñan como tarea que les es inherente, en el sentido que sólo en ejercicio del Poder Público pueden cumplirse. Por tanto, las funciones estatales se configuran como aquellas tareas o cometidos esenciales al Estado, que le dan razón de ser y que no pueden ejercerse sino en virtud de la potestad constitucional que se identifica con el Poder Público.

Por tanto, dentro de la teoría general de las funciones estatales, conforme a una tradición muy antigua, se reducen por la casi unanimidad de los autores a tres grandes clases de funciones estatales: la legislación, la ejecutiva y la jurisdicción, clasificación que ha sido consagrada tradicionalmente en el constitucionalismo venezolano.

§97. Clasificación — Así las cosas, las funciones estatales se clasifican así:

a. La producción de normas legales que integran el Ordenamiento jurídico que es la función legislativa.

b. La solución de conflictos entre partes, que es la función jurisdiccional o judicial.

c. La conducción política de la sociedad que es la función de gobierno.

d. Y por último, la gestión en concreto del interés público por el Estado como sujeto de Derecho que se relaciona con los administrados que es la función administrativa.

Esas cuatro funciones estatales mencionadas se ejercen de acuerdo con nuestro sistema constitucional, por los distintos centros o complejo de órganos separados horizontalmente y que ejercen el Poder Público, por lo que el ejercicio de las funciones estatales no es ni exclusivo ni excluyente de ningún órgano estatal, o si se quiere, de ninguno de los poderes[262] salvo, agrego de mi parte, la modalidad muy concreta del ejercicio de la función jurisdiccional, aspecto este sobre el cual volveremos más adelante.

---

261 GARRIDO FALLA, F., *Ob. cit.*, nota 41, Vol. I, p. 35.

262 BREWER-CARÍAS, A. R., "Prólogo" al libro *El concepto del derecho administrativo*, EJV, Caracas, 1984, p. 15.

Al respecto es muy oportuno reiterar la distinción que realiza CARRÉ DE MALBERG[263] sobre la idea de la unidad del poder público del Estado, cuando señala que es necesario distinguir en este poder o potestad estatal, que es uno e indivisible, de las funciones estatales del mismo, que son múltiples. Así, el concepto de funciones estatales es distinto al de Poder Público del Estado. La noción de Poder Público es previa a la de la función; pues ésta se manifiesta como una actividad estatal específica realizada en ejercicio del Poder Público (de una de sus ramas), por lo que no puede haber una función estatal sino cuando se realiza en ejercicio del Poder Público, es decir, de la potestad genérica de obrar que tiene constitucionalmente el Estado. Poder y función son, por tanto, distintos elementos en la actividad del Estado.

El Poder Público como situación jurídico-constitucional, tiene su fuente en la propia Constitución y existe la posibilidad de ejercerlo desde el momento en que está establecido en ella; la función estatal, en cambio, presupone siempre el ejercicio del Poder Público por un órgano del Estado, y sólo cuando hay ejercicio concreto del Poder Público es que se realiza una función estatal. De ahí que la función estatal es toda actividad de la propia esencia y naturaleza de los órganos estatales y, por tanto, indelegable, salvo que exista una expresa autorización constitucional (BREWER-CARÍAS)[264].

En conclusión, las funciones estatales en tanto que son sólo las diversas formas a través de las cuales se manifiesta la actividad estatal, y como tareas inherentes a los órganos del Estado, se reconducen a las siguientes: (i) la función legislativa; (ii) la función jurisdiccional o judicial; y por último (iii) la función ejecutiva, cuyo desarrollo realizaremos a continuación.

§98. Función legislativa — La función legislativa como actividad privativa e inherente al Estado, es la actividad jurídica que se manifiesta en la potestad normativa en ejecución de la Constitución de establecer por vía general y obligatoria las normas o reglas de Derecho a que ha de ajustarse la conducta de los miembros de la comunidad, así como la organización misma de esa comunidad. Tales normas tienen como caracteres fundamentales la generalidad y la obligatoriedad (GARRIDO FALLA)[265].

Ahora, si bien en el Derecho positivo la función legislativa es una "función propia" del Poder Legislativo Nacional, a través de la Asamblea

---

[263] CARRÉ DE MALBERG, *Ob. cit.*, nota 230, p. 249.
[264] BREWER-CARÍAS, A. R., *Ob. cit.*, nota 127, T. I, p. 72.
[265] GARRIDO FALLA, F., *Ob. cit.*, nota 41, Vol. I, pp. 35-36.

Nacional, no es una función privativa y exclusiva del mismo, pues los demás órganos estatales también la ejercen o interfieren en la misma en los supuestos que la propia Constitución consagra. Sólo es función privativa y exclusiva de la Asamblea Nacional, el ejercicio de la potestad normativa en una forma determinada: como cuerpo legislador y mediante la emisión de la categoría de actos estatales denominados leyes (Art. 203 de la C); así como también los actos *interna corporis* denominados actos parlamentarios sin forma de ley (Reglamentos internos) (Art. 187, N° 19 de la C), siendo ambos actos legislativos, si bien de distinto valor normativo.

Los otros órganos estatales que ejercen excepcionalmente la función legislativa dentro del Poder Ejecutivo son: el Presidente de la República, en Consejo de Ministros, a través de los decretos legislativos y los decretos-leyes, según analizaremos en otra obra de nuestra autoría.[266] En cuanto a los órganos que participan en la función legislativa dentro del Poder Judicial, tenemos al Tribunal Supremo de Justicia, a través de la competencia que la Constitución le otorga para la iniciativa legislativa (Art. 6, Párrafos 1, 10 y 12 de la LOTSJ).

§99. Función jurisdiccional — La función jurisdiccional o judicial como actividad privativa e inherente al Estado, es la actividad jurídica que se encamina directamente a la conservación y mantenimiento de un Ordenamiento jurídico dado, restableciéndolo cuando ha sido violado y resolviendo conflictos intersubjetivos de intereses de acuerdo con las normas objetivas del Derecho[267]. En tal sentido, se manifiesta en la potestad de resolver controversias y declarar el Derecho en cada caso concreto (S. MUÑOZ MACHADO, Y O. BACHOF)[268], a través de un proceso en una forma determinada: con fuerza de verdad legal, mediante actos denominados sentencias (BREWER-CARÍAS)[269].

En efecto, el ejercicio de la función jurisdiccional presupone una controversia, pues, cuando esta se exterioriza ante el órgano jurisdiccional, ya existe, real o solo formal, entre quien afirma la existencia de esa violación o desconocimiento de la ley y quien se opone a esa pretensión. Entonces, el Ordenamiento jurídico establecido pone a disposición del individuo el derecho de acción, que ha sido concedido en reemplazo del antiguo poder de hacerse justicia por propia mano. Y frente a este derecho de acción, surge en cabeza del Estado el deber de jurisdicción.

---

266   ARAUJO-JUÁREZ, J., *Ob. cit.*, nota 173, pp. 354 y ss.

267   *Ibídem*, p. 38.

268   MUÑOZ MACHADO, S., *La reserva de jurisdicción*, Madrid, 1989; y BACHOF, O., *Jueces y Constitución*, Madrid, 1987.

269   BREWER-CARÍAS, A. R., *Ob. cit.*, nota 127, T. I, p. 79.

Ahora bien, a la pregunta de si los órganos administrativos o legislativos ejercen función jurisdiccional, la respuesta es negativa. En efecto, a diferencia de las demás funciones estatales, la función jurisdiccional ha sido atribuida no sólo como función "propia" a los órganos del Poder Judicial, esto es, constituido por el Tribunal Supremo de Justicia y por los demás tribunales que determine la ley, sino que también es una función "privativa y exclusiva" de ellos, sin que sea dable sostener constitucionalmente que el Poder ejecutivo pueda ejercer la función jurisdiccional[270].

Ahora, no desconocemos que algunos autores nacionales y extranjeros admiten la existencia de una determinada función jurisdiccional en ciertos casos, afirmando que la actividad administrativa puede ser de "sustancia o contenido" jurisdiccional, al formular sin sustento jurídico razonable que existiría una supuesta distinción entre: por un lado, la función jurisdiccional ejercida por los tribunales ("función judicial") y, por el otro, una función jurisdiccional administrativa ("función cuasi-jurisdiccional"), esto es, ejercida por los órganos administrativos[271]. De ahí que la jurisprudencia también incurra, hasta cierto punto, en una confusión funcional entre ellas, al admitir que la Administración Pública pueda ejercer excepcionalmente competencias que, por su naturaleza "privativa y exclusiva", corresponderían, en principio, a otra rama, como las potestades jurisdiccionales[272].

En consecuencia, el principio de que la función jurisdiccional es privativa del Poder Judicial, resulta no solo de la interpretación concatenada de los Arts. 136, 137 y 253 de la C, sino por cuanto el pretendido desdoblamiento en función "judicial" y función "jurisdiccional" o "cuasi-jurisdiccional" es forzado y carece del necesario sustento constitucional y legal, pues ambas expresiones son equivalentes y significan exactamente lo mismo, y como tales se utilizan en esta obra.

§100. Función ejecutiva — Dentro del orden de funciones estatales aparece la necesidad de individualizar la función ejecutiva, que algunos autores prefieren sustituirla por la de función administrativa como el

---

[270]   Véase Sent. de la CFC de fecha 23 de julio de 1957, G.F. N° 17, 1957, pp. 38-40. En el mismo sentido nuestro amplio desarrollo en *Prólogo* a la obra de GRISANTI VELANDIA, R., *Inexistencia de los actos cuasijurisdiccionales*, Vadell Hnos. Editores, Caracas, 1994.

[271]   Véase Sent. del TSJ/SC N° 3098 de fecha 14 de diciembre de 2004, *RDP*, N° 99-100, p. 141.

[272]   Véase un desarrollo sobre este tema en ARAUJO-JUÁREZ, J., *Principios Generales del Derecho Procesal Administrativo*, Ed. Vadell Hnos. Caracas, 2a reimpresión, 2001, pp. 214 y ss.

uruguayo SAYAGUÉS LASO[273], por entender que aquella expresión hace pensar en una actividad de mera aplicación de las leyes, por lo cual también se estima preferible hablar de actividad administrativa (ZANOBINI)[274].

Sin embargo, las posturas citadas son una reacción contra una pretendida inadecuación del término función ejecutiva aplicada a la Administración Pública, pues hoy es sabido que ésta no se limita a la mera aplicación en el sentido estricto de la palabra, que es la tarea propia de la función jurisdiccional, ya que aquella está encargada además de la tarea más amplia y por lo demás más imprecisa de interpretar y ejecutar la ley y el Derecho; desarrolla la legislación primaria y la aplica; programa y produce normas de toda suerte y condición; presta servicios y actividades, y un gran etc., en orden a la satisfacción de los intereses públicos, y esta finalidad ha de lograrse, por supuesto, dentro de los límites del Derecho, pero haciendo uso de una iniciativa que le es confiada y que no puede ser desde luego explicada por quienes pretenden calificar su papel como de mera aplicación o ejecución cerrada y mecánica.

De ahí resulta que el Poder ejecutivo, obligado en razón de su competencia a aplicar la ley, no puede actuar en contra de la ley, ni en ausencia de la ley, sino siempre subordinado a la ley y al Derecho, es decir, conforme y dentro del marco de la ley o más propiamente del marco de la Constitución.

Ahora bien, dentro del ámbito y actuación del Poder ejecutivo se distingue a su vez: (i) la función administrativa como función estatal; y (ii) la función política o gubernamental, para lo cual es necesario determinar la manera de saber cuándo el Poder ejecutivo actúa políticamente o como Gobierno, y cuándo actúa con carácter administrativo.

§101. **Función administrativa** — Si el Derecho administrativo regula el ejercicio de la función administrativa, será necesario identificarla dentro de las diversas funciones estatales, cuya diferenciación no coincide ni con la separación de poderes ni con determinadas funciones estatales, que es otra de las bases fundamentales del Derecho administrativo venezolano.

La función administrativa como actividad privativa e inherente al Estado, es "una zona de la actividad desplegada por el Poder Ejecutivo"[275], y consiste en la función jurídica que se manifiesta en la potestad de administrar y gestionar los intereses públicos, la cual se ha atribuido

---

[273]   SAYAGUÉS LASO, E., *Ob. cit.*, nota 126, T. I, p. 57.

[274]   ZANOBINI, G., *Ob. cit.*, nota 97, p. 43.

[275]   GARRIDO FALLA, F., *Ob. cit.*, nota 41, Vol. I, p. 42.

como "función propia" a los órganos del Poder ejecutivo. Sin embargo, a diferencia de la función jurisdiccional, la función administrativa no es privativa y exclusiva del Poder Ejecutivo, pues su ejercicio se atribuye también a los órganos del Poder ciudadano, Poder electoral, Poder legislativo y del Poder judicial, dentro del ámbito de sus respectivas competencias constitucionales y legales.

Por su parte, la jurisprudencia[276] define la función administrativa en un sentido general: "[...] como aquella actividad del poder público que tiende a conservar y promover los intereses generales, mantener al orden, proteger el ejercicio normal del derecho y facilitar el desenvolvimiento de toda actividad libre dentro de la convivencia social".

§102. Función política — Por último, la función gubernamental o política, como actividad privativa e inherente al Estado, es la otra zona de la actividad desplegada por el Poder ejecutivo, actividad ya no jurídica sino materialmente política o de gobierno, en ejecución directa de la Constitución, que se manifiesta en la realización de actividades que interesan a la unidad política y se manifiesta como función suprema del Estado. Dicha función estatal está atribuida por la Constitución al Poder ejecutivo, por órgano del Presidente de la República como Jefe del Estado, en cuya condición dirige la acción del Gobierno (Arts. 226 y 236, núm. 2 de la C), y se manifiesta a través de los denominados actos de Gobierno, entre otros ámbitos: las relaciones exteriores (Art. 236, núm. 4 de la C); la convocatoria a sesiones extraordinarias (Art. 236, núm. 9 de la C); la disolución (Art. 236, núm. 21 de la C) de la Asamblea Nacional; y por último, la declaración de los estados de excepción y restricción de las garantías constitucionales (Art. 338 de la C).

D.   *Principio de colaboración funcional de los órganos del Poder Público*

§103. Planteamiento de la cuestión — El último principio constitucional, a su vez derivado del principio de separación de poderes, que condiciona también al Derecho administrativo en la Constitución de 1999, es el principio de colaboración funcional de los órganos que ejercen el Poder Público. Si bien en sus orígenes, la necesidad de que exista al mismo tiempo, un Poder Público y una función suponía un axioma, hoy día es aceptado que las ramas y sus órganos del Estado desarrollan diversas funciones estatales cada una, en razón de lo cual no toda mani-

---

[276]   Véase Sent. de la CSJ/SPA de fecha 30 de mayo de 1966, G.F. N° 52, 1966, pp. 108-113. Al respecto se observa que para HAURIOU la función administrativa no se define por su objeto sino por los medios, esto es, la potestad pública que reside en el corazón del Derecho Administrativo, en HAURIOU, M., *Précis de droit administratif et de droit public*, Préface, 12ª ed., *Librairie du Recueil Sirey*, Paris, 1933.

festación activa de una rama en ejercicio del Poder Público debe ser encuadrada por fuerza en función "propia" o función "típica" de dicha rama, pudiendo ser tributaria de varias funciones. Así, en Venezuela no coincide la separación de poderes con una pretendida separación de funciones estatales pues, repetimos, estas se ejercen de manera preponderante pero no exclusiva por todos los órganos estatales, salvo la función jurisdiccional o judicial.

El principio cardinal de nuestro Derecho constitucional según la jurisprudencia[277] es, repetimos, la separación formal o la separación orgánica del ejercicio del Poder Público o de poderes (BREWER-CARÍAS)[278]; es decir, el sistema jurídico según el cual cada función estatal básica o fundamental del Estado es confiada de modo preponderante a una rama en particular ("funciones propias"), lo cual no implica en principio que cada uno de las ramas tenga el ejercicio exclusivo de alguna función estatal específica, insistimos, salvo la función jurisdiccional o judicial.

En efecto, la Constitución de 1999 no sólo distribuye el Poder Público en ramas, sino que asigna a cada una de ellas y a sus órganos, conformados de acuerdo con la división del Poder Público en cada nivel, algunas de las funciones estatales como "funciones propias". Por tanto, el hecho de que exista una separación orgánica "de poderes" no implica que cada una de las ramas y los órganos que ejerzan el Poder Público tenga necesariamente el ejercicio exclusivo de ciertas funciones estatales, pues paralelamente a las "funciones propias" de cada órgano del Estado, éstos ejercen funciones que por su naturaleza corresponderían a las que ejercen preponderante los otros órganos estatales. Así, paralelamente a sus funciones "propias", los órganos realizan funciones distintas a aquellas que les corresponden por su naturaleza, salvo la función jurisdiccional o judicial.

En conclusión, el principio de separación de poderes puede interpretarse en un doble sentido:

a.   Como postulado político encaminado a evitar el autoritarismo y la arbitrariedad del Estado a fin de asegurar la libertad individual.

b.   O ya como principio orgánico tendiente a conseguir una buena "división de trabajo" dentro del Estado.

---

277   Véase Sent. de la *CFC/SPA*, de fecha 03 de diciembre de 1940, M. 1941, p. 279.

278   BREWER-CARÍAS, A. R., *Ob. cit.*, nota 127, T. I, p. 85; en el mismo sentido, véase Sent. de la *CSJ/CP*, de fecha 28 de noviembre de 1988, *RDP* N° 38, p. 80.

En este último sentido posee un carácter técnico-jurídico, que tiene por finalidad el perfeccionamiento de la actividad del Estado mediante la adecuada división y las mutuas relaciones de las funciones estatales entre las diversas ramas y órganos que ejercen el Poder Público.

§104. Concepto — El principio de separación de poderes no implica una división o especialización absoluta de las funciones estatales asignadas a cada rama del Poder Público, como lo postulaba la lógica del racionalismo del siglo XVIII. Si bien cada rama del Poder Público ejerce las "funciones propias" (Art. 136 de la C) que las caracteriza y a las cuales deben su denominación, no es menos cierto que cada una de estas ramas suele ejercer funciones estatales que caracterizan a las otras ramas. En otras palabras, paralelamente a sus "funciones propias", las ramas del Poder Público realizan funciones distintas de aquéllas que le corresponden por su naturaleza.

En este sentido, la jurisprudencia de la antigua CSJ/SPA afirmaba:

> Lejos de ser absoluto el principio de separación de poderes, la doctrina recurre y señala el carácter complementario de los diversos organismos a través de los cuales el Estado ejerce sus atribuciones que respectivamente le señalan las leyes y realizan eventualmente actos de índole distinta a los que por su naturaleza les incumbe. La doctrina establece que **la división de poderes no coincide con la división de funciones**, pues convenientemente se asignan al Poder Legislativo potestades típicamente administrativas y aún jurisdiccionales y al Poder Judicial funciones administrativas[279] (resaltado nuestro).

En este orden de ideas, la jurisprudencia de la Sala Constitucional ha sostenido también que el principio de separación de poderes que consagra la Constitución "no implica, ni mucho menos, una división rígida de órganos y funciones"[280]. Es decir, la separación de la potestad estatal (el Poder Público) en ramas y la distribución de su ejercicio entre diversos órganos, no coincide exactamente con la "separación" de las funciones estatales.

En mérito a lo expuesto, la atribución de funciones estatales no se hace en forma exclusiva sino de manera preferente, es decir, que se realiza imperfectamente, lo cual plantea serias confusiones en la caracterización de cada una de ellas. Una buena parte de esa confusión se ha visto favorecida, entre otras causas, por obra de los textos legales, y por la introducción de costumbres y prácticas políticas que menoscaban gra-

---

[279] Véase Sent. de la CSJ/SPA de fecha 18 de julio de 1963, G.F. N° 41, 1963, pp. 116 y 117.

[280] Véase Sent. del TSJ/SC N° 3098 de fecha 13 de diciembre de 2004, *RDP*, N° 99, p. 100 (julio-diciembre, 2004), EJV, Caracas, 2004, pp. 139 y ss.

vemente el principio de separación de las distintas ramas del Poder Público. Tal ocurre, por ejemplo, cuando el Poder legislativo, lejos de constituir un órgano normativo y de permanente y eficaz control político (no sólo legislativo), en ciertas épocas se ha caracterizado por la dejadez o abandono de sus funciones propias. Esta evolución (retroceso en sentido estricto) ha sido alentada casi siempre por el propio Poder ejecutivo, quien activamente ha fomentado tal conducta. No se ha visto o no se ha querido ver que a través de ese procedimiento se desplaza así el eje del sistema constitucional del principio de separación de poderes en perjuicio del sistema democrático.

Ahora bien, si el principio de separación de poderes se ha convertido en dogma por obra del constitucionalismo moderno, lo que constituye un elemento fundamental en la organización del modelo jurídico-político de Estado de Derecho es justamente la "colaboración" o "coordinación" racional de las distintas ramas en el ejercicio del Poder Público, a quienes se les ha asignado una función estatal con carácter preferente. Es lo que la doctrina moderna denomina la "colaboración funcional de los poderes" mediante una separación orgánica aún mayor impuesta por el texto constitucional, y con la cual no coincide exactamente la separación de funciones estatales.

En este sentido, si bien la Constitución atribuye a cada rama del Poder Público unas funciones propias, ella también establece la colaboración funcional (intervención o interferencia) necesaria entre las ramas y los órganos que la ejercen, para lo cual es esencial que dichas funciones estatales se ejecuten dentro de los límites señalados en la propia Constitución, en los términos previstos en el Art. de la C, así: "**Artículo 136.** [...] Cada una de las ramas del Poder Público tiene sus funciones propias, pero **los órganos a los que incumbe su ejercicio colaborarán entre sí en la realización de los fines del Estado**" (resaltado nuestro).

Ahora bien, la medida y el grado de la "colaboración funcional" de las distintas ramas del Poder Público es algo que establece en cada caso el Ordenamiento jurídico en su jerarquía constitucional. Dicha colaboración se lleva a cabo, como afirma el autor alemán LOEWENSTEIN, por "coordinación" y no por "integración"[281].

En consecuencia, el esquema de una separación orgánica de funciones estatales del Poder Público lleva a concebir una separación aún mayor de las autoridades del Estado. Ninguna persona física puede pertenecer al mismo tiempo a distintas ramas del Poder Público, existiendo así la más rigurosa incompatibilidad (Art. 148 de la C). De ahí que los casos

---

[281] LOEWENSTEIN, K., *Ob. cit.*, nota 4, p. 92.

de colaboración por integración constitucionalmente prescritos no son muy numerosos. Así, entre otros, cuando se produce la falta absoluta del Presidente de la República y hasta tanto tenga lugar la posesión del nuevo, se encargará de la Presidencia de la República el Presidente o Vice-presidente de la Asamblea Nacional (Art. 233 de la C); o la aceptación por parte de los diputados de determinados cargos en la Administración Pública (Art. 191 de la C).

En consecuencia, la forma de colaboración (intervención o interferencia) entre las distintas ramas del Poder Público debe ser regulada originariamente por la Constitución y no por la ley. Así las cosas, el principio de separación orgánica del Poder Público descansa sobre el principio de que no puede ninguno de ellos ya sea invadir o ya sea interferir la esfera de acción, vale decir, las atribuciones de las otras ramas, más es cierto, que tal principio no tiene una rigidez absoluta por la vía de la colaboración funcional. De ahí que la distribución del ejercicio del Poder Público no implica que las ramas y los órganos que las ejerzan no deban colaborar funcionalmente entre sí, lo cual plantea de nuevo el principio constitucional de colaboración entre los diversos complejos orgánicos para alcanzar, en conjunto, los fines del Estado[282].

Empero, esta colaboración funcional que debe estar prescrita constitucionalmente a texto expreso, y no puede ir más allá de la finalidad prevista, no puede efectuarse nunca con detrimento de los principios constitucionales[283].

3. *Fines esenciales constitucionales del Estado*

§105. **Planteamiento de la cuestión** — Otra de las novedades de la Constitución de 1999 es la del concepto de fines esenciales constitucionales del Estado que se encuentra especialmente en su Preámbulo y en el Art. 3 de la C que consagra entre otros, el "bien común" o el "bienestar del pueblo", que en términos jurídicos se traduce en el "interés público" o el "interés general".

Ahora bien, las normas constitucionales que contienen o regulan los objetivos o fines esenciales del Estado van a condicionan también la teoría de las funciones administrativas. En tal sentido, el diseño constitucional consagra que la estructura del Estado se regirá, tal como se expresa en la EMC, por los principios de integridad territorial, cooperación, solidaridad, concurrencia y corresponsabilidad, que son las característi-

---

[282] Véase Sent. de la CSJ/SPA de fecha 18 de mayo de 1972, G.O. N° 1523 Ext. de fecha 1 de junio de 1972, p. 9.

[283] Véase Sent. de la CF de fecha 23 de julio de 1957, G.F. N° 17, 1957, pp. 38-40.

cas del modelo jurídico-político del Estado venezolano, en el que las comunidades y autoridades de los distintos niveles político-territoriales participan en la formación de las políticas públicas comunes a la Nación, integrándose en una esfera de gobierno compartida para el ejercicio de las competencias en que concurren. De esta manera, la acción de gobierno del Poder Público Municipal, del Poder Público Estatal y del Poder Público Nacional se armoniza y coordina, para garantizar los fines esenciales constitucionales del Estado venezolano al servicio de la persona, lo cual constituye a su vez fuente de su legitimación.

La visión mecánica y simplista, heredada del Estado liberal del Siglo XIX, y alentada por la visión clásica del principio de separación de poderes en el constitucionalismo posrevolucionario, hubo condicionado el desarrollo mismo del Derecho administrativo. En efecto, y de acuerdo con la explicación tradicional, el Poder ejecutivo y la Administración Pública se limitarían a ejecutar la ley. Fuera de su consideración quedarían, como si de una patología o una excepción se tratara, muchas actividades.

Ahora, no hay duda que las normas constitucionales que contienen o regulan los fines esenciales constitucionales del Estado condicionan también la teoría de las funciones administrativas. Así las cosas, la garantía de la satisfacción del interés público es la tarea o misión más inmediata del Estado porque de acuerdo con el nuevo paradigma, el fin esencial último es la persona y sus derechos fundamentales. Por ello, su referencia central es elemento clave para caracterizar al Derecho administrativo contemporáneo que ha de tener presente esta realidad y adecuarse institucionalmente a los nuevos tiempos (RODRÍGUEZ-ARANA)[284]. Ahora, es a partir de la noción de interés público, la matriz desde la cual se deben abordar los profundos cambios que se están operando en el seno del Derecho administrativo contemporáneo, por lo que el elemento clave debe estar en lo que debe entenderse, en cada momento, por interés público.

§106. Distinción — La Constitución acoge expresamente la distinción entre el interés público y el derecho e interés individual, así como la configuración de estos últimos en derechos fundamentales, derechos subjetivos, intereses legítimos, incluidos los colectivos o difusos (Art. 26 de la C). En tal sentido no hay duda de la posibilidad de oposiciones, interferencias, incompatibilidades o conflictos entre el interés público y el interés individual, que la Constitución resuelve en cada caso estableciendo la prevalencia del primero mediante la limitación o restricción de los segundos, a través de una norma de rango legal, que tiene como fun-

---

[284] RODRÍGUEZ-ARANA, J., *Ob. cit.*, nota 186, p. 57.

damento la satisfacción de las justas exigencias morales, de orden público y de bienestar general en la sociedad democrática, conforme lo consagra la Declaración Universal de los Derechos Humanos (29.2) y la Convención Americana de Derechos Humanos (32.2).

§107. Principio de tutela al servicio del interés público — Un aspecto de la concepción constitucional de la Administración Pública son los fines de interés público. Hemos hablado antes del fin del interés público como la traducción al Derecho administrativo de la idea filosófica del "bien común".

Así, en el articulado de la Constitución, las constantes referencias de las distintas manifestaciones de la Administración Pública siempre aluden a un elemento finalista, por ejemplo: el Estado "garantizará" (Art. 19 de la C), el Estado "tendrá la obligación" (Art. 30 de la C), el Estado "protegerá" (Art. 75 de la C), etc., los cuales se logran a través de la Administración Pública, por lo cual ostenta innumerables prerrogativas o potestades de Poder Público que la ubican en un plano de supremacía necesario para el cumplimiento de los mismos[285].

En efecto, como sostuvo la jurisprudencia[286], el interés público como categoría jurídica que legitima la actuación de las Administraciones Públicas del Estado, y en que se inspiran las normas del Derecho administrativo, justifica ciertos privilegios de que gozan para el cumplimiento efectivo de sus fines[287], que ubican a las autoridades públicas en un plano de superioridad necesario para el cumplimiento de los mismos, denominado principio de supremacía, pero estándole absolutamente prohibido actuar de forma arbitraria o violar de cualquier manera los derechos fundamentales de las personas[288].

En tal sentido se impone a la Administración Pública, además de las reglas exteriores de conducta, "una especie de regla psicológica": la obligación de perseguir en todas sus actuaciones la satisfacción del interés público, el cual es concreto y determinado o, en todo caso, el genérico de servicio público o que informa la función administrativa, por lo que no es posible que se ejercite en aras de otro interés por muy estimable que fuere (Art. 12 de la LOPA)[289]. La exigencia de que la función de la Administración Pública persiga en todo momento el interés público fue incor-

---

285   Véase Sent. del TSJ/SC N° 104 de fecha 21 de noviembre de 2000.

286   Véase Sent. del TSJ/SC N° 161 de fecha 1 de febrero de 2002.

287   Véase Sent. de la CSJ/SPA de fecha 30 de mayo de 1966, G.F. N° 52, 1966, pp. 108-113.

288   Véase Sent. del TSJ/SC N° 1401 de fecha 21 de noviembre de 2000.

289   Véase Sent. de la CF de fecha 28 de septiembre de 1954, GF N° 5-217.

porada a la Constitución de 1961 (Art. 206 de la C)[290], y que reitera la vigente Constitución al facultar a la Jurisdicción Contencioso Administrativa para anular los actos administrativos, incluso por el vicio de desviación de poder (Art. 259 de la C)[291].

En todo caso, la participación democrática de las personas y su protagonismo en todos los ámbitos políticos y sociales, señala ALLI ARANGUREN[292], alcanza también a la Administración Pública y a considerar que el interés público no es monopolio de la Administración Pública. La sociedad organizada también busca satisfacer intereses colectivos que forman parte del interés público. Este concepto justifica la participación ciudadana en la toma de decisiones y en el control social que en otras épocas eran exclusivos del Poder Público.

§108. Principio de buena administración — Finalmente, es a la Administración Pública a quien incumbe cumplir las leyes y actuar los fines esenciales constitucionales, para lo que se requiere unas veces su abstención, pero en muchas otras ocasiones su intervención, su actividad, su buen funcionamiento. En efecto, muchos preceptos constitucionales precisan de la acción de las Administraciones Públicas (nacionales, estadales o municipales). Y es que la Constitución establece objetivos y fines esenciales constitucionales, y entre otros, el bien común como razón de ser y de legitimación de la actuación de los órganos en el ejercicio del Poder Público.

En este orden de ideas, la Constitución le atribuye al Poder ejecutivo y a la Administración Pública tareas, responsabilidades y funciones de todo tipo, fija objetivos y finalidades a satisfacer, resultados a alcanzar, y, por supuesto, los límites infranqueables. Para el Derecho administrativo clásico, hemos dicho, la cuestión central radicaba en evitar por todos los medios que el Poder ejecutivo y las Administraciones Públicas se desviaran del interés general, invocando causas o razones que no encuentran cobertura en él, incurriendo en el vicio de desviación de poder. Sin embargo, ello solo es parte de la Constitución, y no todo es observar límites. El Ordenamiento jurídico, empezando por el constitucional, establece pautas o parámetros de conducta que la Administración Pública ha de

---

[290]   Véase Sents. de la CPCA de fecha 14 de junio de 1982, en *RDP*, N° 11, p. 134; 13 de agosto de 1986, en *RDP*, N° 28, p. 92; de la CSJ/SPA de fecha 15 de noviembre de 1982, en *RDP*, N° 12, p. 134; y N° 825 del TSJ/SC de fecha 6 de mayo de 2004.

[291]   Véase Sents. de la CPCA de fecha 14 de junio de 1982, *RDP* N° 11, p. 134; 13 de agosto de 1986, *RDP* N° 28, p. 92; y de la CSJ/SPA de fecha 15 de noviembre de 19-82, RDP N° 12, p. 134.

[292]   ALLI ARANGUREN, J. C., *Ob. cit.*, nota 139, p. 88.

observar, esto es, criterios o parámetros que empujan actuaciones positivas. Por ejemplo: la eficacia –fines– y la eficiencia –relación de medios a fines–.

Asimismo, la realización de los derechos fundamentales exige del buen funcionamiento de la Administración Pública, que se convierte así en el brazo ejecutor de los fines esenciales constitucionales del Estado. Es, pues, en la acción de las Administraciones Públicas donde se juega verdaderamente la efectividad de los postulados y fines esenciales constitucionales en los más variados sectores de la vida cotidiana –alimentación, educación, salud, vivienda, etc.–.

Y es esa Administración Pública la que regula el Derecho administrativo, parte de cuya misión consiste en rastrear las bases constitucionales, las cabeceras de capítulo, por utilizar de nuevo expresiones clásicas, ahondar en el fin de las normas, profundizar en su análisis, esbozar técnicas tendentes a facilitar el entendimiento de los principios constitucionales a la Administración Pública y a su actividad referidos, y que conformarán lo que se ha denominado el marco constitucional, o más propiamente dicho, la "Constitución administrativa", aspecto este que abordaremos a continuación.

III. LA CONSTITUCIÓN ADMINISTRATIVA

1. Concepto

§109. Planteamiento de la cuestión — Señalábamos más arriba que la doctrina es conteste en remarcar una tendencia amplia de constitucionalización del Derecho generada en virtud del reconocimiento de la Constitución, ya no sólo como valor político de creación y organización del Estado sino, también, como norma jurídica de aplicación directa e inmediata, sin necesidad de desarrollo legal y prevaleciente sobre la propia ley. De ahí que no podemos desconocer la existencia de un zócalo constitucional, o más propiamente, un marco constitucional de todas las disciplinas del Derecho, incluso ajenas al Derecho público según VEDEL[293]: civil, laboral, penal, procesal, social, tributario, etc. Este imperativo lógico común a todas las ramas del Derecho posee una incidencia muy especial en lo que se refiere al campo del Ordenamiento jurídico o a la regulación de la Administración Pública y su actividad.

Ahora, es sabido que la doctrina ha procedido desde una perspectiva didáctica a sustantivar cada parcela de la Constitución coincidente con determinadas disciplinas dándoles diversos nombres. En primer lugar, la

---

[293]   VEDEL, G., *Ob. cit.*, nota 134, p. VI.

denominada Constitución política que hace referencia tanto a la organización del Estado como a la distribución del Poder Público. En segundo lugar, a la Constitución social que hace referencia tanto al estatuto de las personas como a las relaciones entre la Sociedad y el Estado. En tercer lugar, a la denominada Constitución económica, que hace referencia al conjunto de normas y principios constitucionales destinados a proporcionar el marco jurídico fundamental, para la estructura y funcionamiento de la economía[294]. Y por último, agregamos, contiene la denominada Constitución administrativa[295]. En efecto, en razón de la posibilidad de aislar e identificar un conjunto de normas, principios y valores constitucionales definitorios cuyo ámbito material concierne a los aspectos fundamentales de la Administración Pública y de su actividad de un país dado, se propone emplear el término de Constitución administrativa.

Así la cosas, lo primero que cabe señalar es si la Constitución administrativa debe tener un pronunciamiento expreso o no sobre el *régime administratif* del Estado de que se trate. Al respecto una primera posición sería pronunciarse sobre el principio de neutralidad, esto es, sobre la naturaleza o base "neutral" de la Constitución. Una segunda posición, y es la que compartimos, se pronunciaría sobre la necesidad de que la Constitución establezca el marco de regulación jurídica sobre el modelo de la Administración Pública, pero que sin embargo deje abiertas las distintas posibilidades al legislador, por supuesto con la estricta observancia por su parte de los límites y fines esenciales de rango constitucional.

Así las cosas, el análisis que se emprende es eminentemente jurídico, sobre las relaciones entre la Constitución y el sistema del Derecho administrativo y la Administración Pública en el Derecho positivo. Ello exige la referencia a unos presupuestos previos y, por consiguiente, un examen sumario de la Constitución aprobada en el proceso constituyente en 1999 y la interpretación jurisdiccional.

§110. Concepto — Empezaremos afirmando que tanto la EMC como el propio texto de la Constitución se caracterizan por las abundantes remisiones a preceptos, declaraciones y principios de naturaleza administrativa, al igual que son múltiples los conceptos, instituciones y técni-

---

[294]   Véase Sent. de la CSJ/CP de fecha 15 de diciembre de 1998, caso *Pedro Antonio Pérez.*

[295]   Sostiene SCHMIDT-AßMANN que si bien en Estados Unidos el término constitucionalización no es empleado, sin embargo el concepto de *Administrative Constitution* juega un papel importante y es un punto de cristalización para reflexionar en las influencias de la Constitución de 1787 en el *Administrative Law* (*delegation of power, federalism, due process,* etc.). *Ob. cit.,* nota 156, p. 31.

cas desde marcado carácter *iusadministrativo*. En tal sentido podemos sostener que la Constitución vigente encierra una Constitución administrativa, la cual está constituida por las normas básicas destinadas a proporcionar el marco constitucional fundamental para la estructura y funcionamiento de la Administración Pública, o dicho de otro modo, para la regulación del sistema del Derecho administrativo. En este orden de ideas, dentro de la Constitución administrativa se contienen de manera omnicomprensiva el conjunto de principios, criterios, valores y reglas fundamentales que presiden la Administración Pública, en su estructura, organización, medios y fines.

Ahora, cuando se aborda el tema de la Constitución administrativa se pueden emplear conceptos referenciales y descriptivos. Desde el punto de su significación estrictamente administrativo (por ejemplo, la estructura o modelo de centralización o de descentralización); o ya desde un lenguaje propiamente jurídico (por ejemplo, la organización u orden administrativo, relaciones o potestades administrativas). Por tanto, el nexo entre Constitución y el Derecho administrativo que se aprecia es el de norma y contenido normativo. De ahí que nuestro objeto de análisis serán las normas constitucionales con contenido *iusadministrativo*, por lo que pretendemos hacer un desarrollo desde una perspectiva dogmática jurídica; por tanto difiere de los que sobre el mismo tema parten del análisis sociológico del Derecho.

De la lectura de las nociones citadas podemos colegir que la Constitución administrativa establece las bases de la ordenación jurídica de la Administración Pública al señalar desde: (i) el punto de vista subjetivo, las competencias, límites y modalidades de actuación de los órganos y entes administrativos del Estado (las "Administraciones Públicas"), así como los derechos y límites de los mismos a las personas que intervienen (los "administrados"); y (ii) desde el punto de vista sustantivo, les determina a todos sus ámbitos jurídicos de actuación y sujeta su conducta al Ordenamiento jurídico (el "principio de juridicidad").

En efecto, de la Constitución administrativa se deprenden los elementos estructurales de la Administración Pública, esto es, el cauce o marco constitucional de actuación tanto de los órganos y entes de la Administración Pública del Estado, al consagrarse el catálogo de los principios constitucionales (por ejemplo, celeridad, eficacia, eficiencia, transparencia, rendición de cuentas, responsabilidad, etc.), así como del ejercicio de las potestades públicas (por ejemplo, iniciativa pública, reserva, expropiación, etc.).

Finalmente, la Constitución administrativa ha de establecer las coordenadas básicas por lo que respecta, en primer lugar, a las distintas fórmulas de sistemas de organización de la Administración Pública que consisten: por un lado los sistemas organización administrativa (federal y descentralizada); por el otro, los principios generales de su actividad (honestidad, participación, celeridad, eficacia, eficiencia, transparencia, rendición de cuentas y responsabilidad); y por último, por lo que respecta al catálogo de derechos y garantías fundamentales de las personas frente a la Administración Pública (debido proceso, acceso a la información, etc.).

En conclusión, la Constitución incorpora distintos contenidos normativos referidos a la Administración Pública (estructura, organización, medios y fines), pero si bien no lo hace de manera estructurada ni sistemática, de su estudio es posible prefigurar el sustento para un modelo de Constitución administrativa, según se analizará a continuación.

2. *Administración Pública*

A. *Concepto*

§111. Introducción — Constituidos los diversos poderes del Estado, organizadas sus instituciones, la Administración Pública entra en acción. Es sabido que la perspectiva que adopta el Derecho administrativo para estudiar la Administración Pública es, obviamente, una perspectiva jurídica. Los análisis que se realizan desde el Derecho administrativo son el resultado de una determinada visión de la relación entre la Administración Pública y el Derecho, y que deriva del diseño clásico del Derecho administrativo. Ahora bien, el concepto de Administración Pública, determinante en la construcción Derecho administrativo –su contenido y misión–, está condicionado en su efectiva realidad, por aquel otro más amplio que es el de la Constitución. En definitiva, la Administración Pública no es sino una parte del Estado. Esta elemental relación integradora, tan esquemáticamente enunciada, lleva consigo una doble consecuencia, ciertamente sugestiva.

La primera, es que para la comprensión real de ambos conceptos –Constitución y Administración Pública–, es preciso partir inequívocamente de la perspectiva que cada uno de ellos ofrece al otro. Y la segunda, que la verdadera y real comprensión de lo que la Administración Pública representa, sólo puede alcanzarse determinándola directamente, en su recíproca interrelación con la Constitución. En suma, constitucionalización positiva de lo que la Administración Pública es. Y es esta segunda observación la que nos va a servir de punto de partida.

§112. Concepto — La Administración Pública puede tener diversas acepciones. En primer lugar, como actividad (objetiva) en cuanto significa la acción concreta del Estado para satisfacer las necesidades generales que la Constitución le encomienda. En este orden de ideas, la jurisprudencia[296] define la administración en un sentido general, como aquella actividad del Poder Público que tiende a conservar y promover los intereses generales, mantener el orden público, proteger el ejercicio normal del derecho y facilitar el desenvolvimiento de toda la actividad libre dentro de la convivencia social. Y en segundo lugar, como sujeto (subjetiva) para expresar el conjunto de órganos del Estado que realizan la actividad o función administrativa.

Es desde este último punto de vista que entendemos que la Constitución de 1999 ha definido a la Administración Pública, esto es, el centro o complejo de órganos que formando parte del Estado, están dotados de potestades o prerrogativas de Poder Público (o de *imperium*) y tienen por finalidad, en última instancia, la interpretación y aplicación concreta y específica de los fines esenciales de la Constitución, por intermedio de la función administrativa.

Así las cosas, la Constitución contiene un conjunto de principios generales, prerrogativas y sujeciones exorbitantes y fines referentes a una especie de modelo constitucional de Administración Pública, en la parte pertinente que se puede catalogar muy bien como Constitución administrativa, pues la regulación administrativa se encuentra en el propio texto, en el Capítulo I relativo a *De las disposiciones generales*, del Título IV sobre *El Poder Público*, Sección Segunda relativa específicamente a *De la Administración Pública*, así con mayúscula.

   B.   *Caracteres constitucionales*

§113. Planteamiento de la cuestión — Entonces, ¿cuáles son los caracteres constitucionales de la Administración Pública?[297]. Veamos cuál es la concepción de la Administración Pública en la Constitución de 1999, que consagra el Art. 141 de la C en los términos siguientes: "**Artículo 141. La Administración Pública** está al servicio de los ciudadanos y ciudadanas y se fundamenta en los principios de honestidad, participación, celeridad, eficacia, eficiencia, transparencia, rendición de cuentas y responsabilidad en el ejercicio de la función pública, con sometimiento pleno a la ley y al derecho" (resaltado nuestro).

---

[296]   Véase Sent. de la CSJ/SPA de fecha 30 de mayo de 1966, G.F. N° 52, 1966, pp. 108-113.

[297]   Véase con provecho el análisis para la construcción de una visión sistemática del concepto constitucional de Administración Pública la obra de HERNÁNDEZ, G., J. I., *Introducción al concepto constitucional de Administración Pública en Venezuela*, Cuadernos de Cátedra A.R. Brewer-Carías, UCAB, N° 27, EJV, Caracas, 2011.

En primer lugar, desde el punto de vista de los caracteres básicos, hay que volver a insistir sobre el ya tratado principio de separación funcional del Poder Público, pues la noción que consagra la Constitución de Administración Pública, está profundamente inspirada por el mismo.

En efecto, a la Administración Pública como organización del Estado le corresponde la función administrativa la cual, en principio, sólo puede ser ejercida por una organización estatal investida de tal cualidad, capaz de ejercerla en la forma y condiciones que el propio precepto constitucional establece. Se destaca claramente cómo la Constitución administrativa ha basado la delimitación de la Administración Pública en el seno del Estado, partiendo de la caracterización de la función administrativa para atribuirla a una organización específica del mismo, estructurada internamente sobre la base de las propias características de la función estatal que debe desarrollar. Es aquí donde encuentra plena y satisfactoria explicación la consideración subjetiva de la Administración Pública construida en torno a la función administrativa, como forma peculiar de servir a los ciudadanos, y donde es posible deslindar su ámbito propio, sin implicar a los demás órganos del Poder Público.

En tal sentido, existe una correspondencia formal, de alcance y valor constitucional, entre la función administrativa y la organización estatal que la asume constitucionalmente, la Administración Pública subjetivada. Sin embargo, en la Constitución administrativa no hay definición sino, por el contrario, se alude a unos rasgos conceptuales y, en definitiva, al deber ser de la Administración Pública.

Ahora bien, ¿cuáles son esos caracteres constitucionales a los que alude la Constitución administrativa de 1999? Pasaremos a realizar su análisis de seguidas siguiendo al efecto el tratamiento de MEILÁN GIL[298].

§114. Poder jurídico — En primer lugar, es un Poder jurídico, por cuanto las referencias que la Constitución administrativa contiene revelan el carácter necesario de la Administración Pública como elemento de organización del Estado, lo cual significa, en otras palabras, su carácter permanente y estable desde el punto de vista del cumplimiento de sus fines esenciales constitucionales dentro del Estado, ligado al ejercicio de la función administrativa que corresponde, en primer término, al Poder Ejecutivo Nacional (Art. 136 de la C).

Por tanto, a la Administración Pública se le concibe como un centro o complejo orgánico dotado de prerrogativas o potestades exorbitantes que no poseen las personas, tales como: policía, fiscal, expropiatoria, etc. y

---

[298]   MEILÁN GIL, J. L. *Ob. cit.*, nota 94, p. 163.

que, por tanto, ejerce un poder de *imperium* derivado de la soberanía del Estado, y que se justifica para el cumplimiento de los fines esenciales constitucionales del Estado y se rige por unas normas jurídico-administrativas especiales.

§115. Poder estructural — En segundo lugar, la Constitución administrativa hace referencia a un Poder estructural o concepto de estructura orgánica, estando la Administración Pública referida desde ese punto de vista, a una pluralidad de sujetos públicos (entes y órganos administrativos) que están diseminados en todo el articulado de la Constitución administrativa, de muy distinta índole, con muy distintas funciones y, por consiguiente, la Administración Pública (en singular), no sólo está incrustada dentro del Poder Ejecutivo Nacional (Art. 225 de la C), sino que comprende también a las distintas Administraciones Públicas (en plural) para referir su complejidad actual, y de manera específica, aquellas de rango constitucional del orden nacional –Poder Ciudadano y Poder Electoral– (Art. 136 de la C), del orden estadal –Poder Público Estadal– (Art. 160 de la C) y por último del orden municipal –Poder Público Municipal– (Art. 174 de la C).

Desde este punto de vista, la Constitución administrativa se refiere a la Administración Pública como: (i) un fenómeno organizativo; (ii) una estructura compleja; y (iii) una institución constitucional, de modo que la regulación de la Administración Pública adquiere también en la Constitución de 1999 rango constitucional.

§116. Poder servicial — En tercer lugar, la Administración Pública es un Poder Público, pero instrumental[299], subordinario o vicarial[300], por expresa determinación constitucional, cuando la Constitución administrativa la aborda desde una perspectiva funcional u objetiva, en el Art. 141 de la C, al prescribir que: "**Artículo 141. La Administración Pública está al servicio de los ciudadanos y ciudadanas** [...]" (resaltado nuestro).

El anterior precepto destaca el aspecto servicial de la Administración Pública caracterizándola de una forma singular, no aplicable por tanto en un sentido institucional a las otras organizaciones que ejercen el Poder Público. Desde esta perspectiva orgánica cobra especial significación la Administración Pública, ya que la justificación de su existencia radica en la servicialidad de la misma[301], que proviene de su propia etimología,

---

299   BRITO, MARIANO R., "Principio de legalidad e interés público en el Derecho positivo uruguayo" en *La Justicia Uruguaya*, T. XC, Sección Doctrina, p. 11.

300   MEILÁN GIL, J. L., *Ob. cit.*, nota 94, p. 163.

301   SOTO KLOS, E., *Derecho Administrativo*, T. I, Ed. Jurídica de Chile, Santiago de Chile, 1996, p. 83.

pues la palabra administrar proviene del latín *ad* y *ministrare*, que significa "servir a"[302]. Así, lo peculiar de la función administrativa se encierra en la consideración de que "está al servicio de los ciudadanos y ciudadanas", con lo que se destaca un aspecto cualitativo que habrá de dominar toda la actividad de la Administración Pública, como nota esencial de su régimen jurídico.

Finalmente, las relaciones entre la Administración Pública y la persona se construyen a partir del reconocimiento de unos derechos fundamentales de las personas, y un deber de garantizar su eficacia a cargo del Estado. En tal sentido, el principio de servicialidad no constituye únicamente una pauta de actuación de la función administrativa, sino que su consagración también se justifica por ser un paradigma que ha de orientar y dirigir la organización de la Administración Pública.

En efecto, dentro de los postulados distintivos del Derecho administrativo contemporáneo en donde se han producido muchos cambios desde sus orígenes, es que la persona debe ser el centro de la acción pública, por lo que el ejercicio del Poder Público es sólo instrumento normal de la Administración Pública para el cumplimiento de sus fines esenciales constitucionales y, en definitiva, para la realización de los intereses generales, del cual los derechos fundamentales forman parte del núcleo irreductible que la Administración Pública ha de satisfacer.

Y es que en la vida concreta de las personas, el Derecho administrativo se debe manifestar como realidad operativa y como instrumento de gobierno humano y de libertad y, por ende, como "Derecho constitucional concretizado" hemos mencionado más arriba, pues no sólo tiene que ver con el ejercicio de prerrogativas y sujeciones exorbitantes en el ejercicio del Poder Público, sino también con los problemas esenciales de los derechos fundamentales de las personas –especialmente las más desfavorecidas–, pues el ejercicio pleno de los mismos depende en primer término, concretamente, de la aplicación efectiva del Derecho administrativo. Y es por ello que, sin duda, la más alta y valiosa expresión del monumento jurídico que desde la libertad y los principios jurídicos de base ha legado Francia a los sistemas de Derecho público contemporáneo, pues muy bien afirma doctrina autorizada que del brillantísimo iusadministrativismo francés es de donde proceden los administrativismos del mundo entero, y en el que todos los administrativistas de otras lenguas debemos aún seguir alimentándonos (GARCÍA DE ENTERRÍA)[303].

---

[302]   DELPIAZZO, C. E., *Ob. cit.*, nota 99, p 110

[303]   GARCÍA DE ENTERRÍA, E., *Prólogo* a Moderne, F., *Principios Generales del Derecho Público*, Editorial Jurídica de Chile, Santiago de Chile, 2005, pp. 11 y 12.

§117. Poder vinculado al Derecho — Finalmente, otro elemento de la concepción de la Constitución administrativa de la Administración Pública es el carácter de ser un Poder Público, pero vinculado al bloque de legalidad o de juridicidad. Esto es, la Administración Pública pasa a ser organizada y regulada por el Ordenamiento jurídico (en su estructura, en su actividad, en sus fines), para el logro o satisfacción del interés general. En este sentido, el precepto constitucional 141 establece expresamente que la Administración Pública actúa "con sometimiento pleno a la ley y al derecho".

3. *Constitucionalización de la Administración Pública*

§118. Introducción — Es de todos sabido que durante el siglo XX se produce un fenómeno de constitucionalización de la Administración Pública[304] y, dentro de ésta, de su organización –estructura y funcionamiento– y actividad –material y jurídica–. Es así como a diferencia de nuestras Constituciones históricas, en las que encontramos escasas referencias a las materias administrativas, la Constitución administrativa prevé, insistimos, un conjunto de principios, valores superiores y normas que sintetizan lo que ha de constituir la Administración Pública y su actividad.

En este sentido, la Constitución administrativa hace referencia a una serie de principios constitucionales sobre las materias administrativas siguientes.

§119. Organización administrativa — Los principios constitucionales de la organización administrativa central y ministerial (Arts. 141 y 236, núm. 20 de la C); las personas de Derecho público territoriales y no territoriales (Arts. 145 y 322 de la C); la administración descentralizada funcionalmente, como los institutos autónomos (Art. 142 de la C), y las empresas del Estado (Art. 300 de la C).

§120. Actividad administrativa — Por lo que respecta al ejercicio de la actividad administrativa material, la Constitución administrativa enumera los principios constitucionales así: "**Artículo 141.** La Administración Pública está al servicio de los ciudadanos y ciudadanas y se fundamenta en **los principios de honestidad, participación, celeridad, eficacia, eficiencia, transparencia, rendición de cuentas y responsabilidad en el ejercicio de la función pública**, con sometimiento pleno a la ley y al derecho" (resaltado nuestro).

---

[304] TREVES, G. *Gli instituti ed i principi fondamentali del diritto administrativo italiano*, Bologna, 1956, p. 8.

Y, por otro lado, los no menos importantes principios constitucionales de la información pública que regula el Art. 143 de la C en los términos siguientes.

> Artículo 143. Los ciudadanos y ciudadanas tienen derecho a ser informados e informadas oportuna y verazmente por la Administración Pública, sobre el estado de las actuaciones en que estén directamente interesados e interesadas, y a conocer las resoluciones definitivas que se adopten sobre el particular. Asimismo, tienen acceso a los archivos y registros administrativos, sin perjuicio de los límites aceptables dentro de una sociedad democrática en materias relativas a seguridad interior y exterior, a investigación criminal y a la intimidad de la vida privada, de conformidad con la ley que regule la materia de clasificación de documentos de contenido confidencial o secreto. No se permitirá censura alguna a los funcionarios públicos o funcionarias públicas que informen sobre asuntos bajo su responsabilidad. (Resaltado nuestro).

Por lo que respecta a las formas de la actividad administrativa tenemos que la Constitución administrativa se caracteriza por la vastedad y heterogeneidad de su regulación, así: en la función administrativa material: los principios de la policía administrativa (Arts. 20, 156, núm. 6, 146, núm. 6 y 178 de la C); los principios de la actividad de servicios públicos (Arts. 84, 86, 102, 103, 156, núm. 29, 164, núm. 7, 178, 196, núm. 6, 281 y 259 de la C); y los principios de la actividad de fomento (Arts. 306 y ss.).

Por su parte, en la materia de la función administrativa jurídica tenemos: los principios de los actos administrativos (Art. 25 de la C); los principios de la contratación administrativa (Arts. 150 y 151 de la C); y por último, la ordenación de la actividad de los particulares (Arts. 20, 113, 112, 128, 130, 135 y 299 de la C).

§121. Interés público — Otro aspecto de la concepción de la Constitución administrativa de la Administración Pública son los fines esenciales de interés general. Hemos hablado antes del fin del "interés público" como la traducción al Derecho administrativo de la idea filosófica del "bien común".

Así, en el articulado de la Constitución administrativa, las constantes referencias de las distintas manifestaciones o personificaciones de la Administración Pública, siempre aluden a un elemento finalista, por ejemplo: el Estado "garantizará" (Art. 19 de la C), el Estado "tendrá la obligación" (Art. 30 de la C), el Estado "protegerá" (Art. 75 de la C), etc., los cuales se logran a través de las Administraciones Públicas, por lo cual goza de ciertos privilegios o prerrogativas públicas que la ubican en un plano de supremacía necesario para el cumplimiento de los mismos[305].

---

[305]   Véase Sent. del TSJ/SC N° 104 de fecha 21 de noviembre de 2000.

Ahora, la garantía del interés público es la principal tarea del Estado. Por ello, su referencia central es elemento clave para caracterizar al Derecho administrativo contemporáneo, que ha de tener presente esta realidad y adecuarse, institucionalmente, a los nuevos tiempos. Ahora, es a partir de la noción de interés público, la matriz desde la cual se deben abordar los profundos cambios que se están operando en el seno del Derecho administrativo contemporáneo, por lo que el elemento clave debe estar en lo que debe entenderse, en cada momento, por interés público.

§122. Función pública — En materia de la función pública, la Constitución administrativa consagra los principios del estatuto del funcionario público (Arts. 144 a 149 de la C); y los principios de responsabilidad del funcionario público (Arts. 46, núm. 4, 139, 199, 200, 216, 222, 232, 241, 242, 244, 281, núms. 4 y 5, 285, núm. 4 y 315 de la C).

§123. Bienes del Estado — En materia del dominio público, la Constitución administrativa consagra los principios de inalienabilidad, imprescriptibilidad e inembargabilidad (Arts. 12, 181 y 304 de la C).

§124. Garantía patrimonial del Estado — Los principios consagrados por la Constitución administrativa en materia de la responsabilidad administrativa o patrimonial del Estado, los principios de integralidad y sistema mixto de responsabilidad (Arts. 25, 29, 30, 140, 259, 46, núm. 4, 49, núm. 8, 115, 139, 141, 199, 216, 222, 232, 244, 255, 281 y 285 de la C)[306].

Otras disposiciones constitucionales que constituyen la base del sistema de la garantía patrimonial del Estado en Venezuela, son: los artículos 25, 137, 138 y 350 (principio de juridicidad); los Arts. 4, 165 y 184 (principio de corresponsabilidad por las gestiones públicas); los Arts. 26 y 49 (derecho a la tutela jurisdiccional efectiva); el Art. 117 (defensa de los derechos de los consumidores a recibir bienes y servicios de calidad y su consecuente derecho al resarcimiento por los daños causados por la violación de dicho derecho); los artículos 21, 133, 311 y 316 (principio de igualdad de las cargas públicas); el Art. 115 (garantía de la propiedad, integridad patrimonial e indemnización en la expropiación); los Arts. 7, 25, 46, 49, 139, 141, 199, 200, 216, 222, 232, 242, 244, 255, 281 y 285 (responsabilidad de los funcionarios públicos, entre ellos el Presidente de la República y los Ministros); el Art. 314 (principio de legalidad presupuestaria); y finalmente, los Arts. 19, 29, 30, 31 y 46 (responsabilidad por violación de los derechos humanos).

§125. Control de la gestión administrativa — Por último, en materia de control de la gestión administrativa en la Constitución administrativa

---

306   Véase Sent. del TSJ/SC N° 403 del 24 de febrero de 2006.

hay: los principios constitucionales del control popular (Art. 62 de la C), del control político (Art. 66 de la C); del control fiscal (Art. 287 de la C), y por último, del control de gestión (Art. 315 de la C).

En mérito lo antes expuesto, podemos concluir que, efectivamente, la Constitución administrativa contiene un conjunto de principios constitucionales referibles a la Administración Pública, actúe ésta *in veste* de tal Administración Pública o no, o conforme a procedimientos jurídico-públicos o jurídico-privados[307].

IV. EL PRINCIPIO DE JURIDICIDAD

1. *Concepto*

A. *Cuestión previa*

§126. Introducción — El segundo principio general del Derecho público, y a la vez elemento de carácter jurídico-formal de la cláusula constitucional del Estado de Derecho, es el que tradicionalmente se ha denominado principio de legalidad, si bien adelantamos desde ya que hay razones suficientes para sustituir hoy día su denominación como analizaremos más adelante, y que constituye en todo caso la más importante de las columnas sobre la que se asienta el total edificio del Derecho administrativo (GARRIDO FALLA)[308].

En efecto, la transición del Estado-Absolutista hacia la nueva etapa del Estado de Derecho tiene base en dos construcciones políticas fundamentales, a saber: (i) el principio de separación de poderes (MONTESQUIEU)[309]; y (ii) el dogma rousseauniano de la ley como expresión de la *volonté générale* del pueblo (ROUSSEAU)[310], que pasa así al lugar central del sistema. En este último sentido, surge la formulación de la idea o concepto del gobierno o *Règne de la Loi*, que como señala GARCÍA DE ENTERRÍA[311] no es retórico, sino que tiene un sentido técnico muy riguroso y estricto, pues significa que todo órgano público (del Rey para abajo) ejerce el poder que la ley ha definido previamente, en la medida tasada por la Ley, mediante el procedimiento y las condiciones que la propia ley establece, lo cual será

---

[307] MARTIN-RETORTILLO, S., *Derecho Administrativo Económico*, T. I, La Ley, Madrid, 1988, p. 218.

[308] GARRIDO FALLA, F., *Ob. cit.*, nota 41, Vol. I, p. 198.

[309] MONTESQUIEU, *Ob. cit.*, nota 229.

[310] ROUSSEAU, J. J., *El contrato social*, trad. española, Madrid, 1929.

[311] GARCÍA DE ENTERRÍA, E., *La lengua de los derechos. La formación del derecho público europeo tras la Revolución Francesa*, 2ª ed., Civitas, Madrid, 2001, pp. 127 y 129.

la base del Derecho público contemporáneo, erigiéndose así el principio de legalidad, que sirve de soporte a la concepción del Estado de Derecho[312], o sobre el cual descansa el Estado de Derecho[313], porque es precisamente en el sometimiento de la Administración Pública al Derecho, derivado de las propias exigencias internas del Estado de Derecho, donde se origina y configura, junto con el principio de la responsabilidad administrativa, como uno de los grandes pilares del Derecho administrativo (HAURIOU)[314]. En el mismo sentido, la Administración Pública quedará sometida al Derecho, en principio ejecutando la ley, de ahí la denominación al Poder ejecutivo.

En este sentido, la jurisprudencia nacional ha sostenido que el principio de legalidad es un principio desde el cual se erige, desde su nacimiento, el Estado de Derecho[315], principio fundamental que sirve de soporte a la concepción del Estado de Derecho[316].

En conclusión, uno de los más importantes elementos existenciales o presupuestos estructurales de la existencia del Estado de Derecho es, sin duda alguna, por sus grandes consecuencias directas e indirectas, la formulación del principio de legalidad, el cual vendrá a ser el rasgo más importante de los sistemas jurídicos contemporáneos, en virtud del cual toda actividad pública y aún privada debe en un Estado determinado ser conforme al Derecho que está en vigor en el momento en que tal actividad se realiza.

B.   *Origen histórico*

§127. Introducción — El principio de legalidad *strictu sensu* tiene un origen histórico. En la concepción originaria, esto es, la de los juristas o publicitas liberales del siglo XIX, que en la Europa continental –principalmente en Francia y Alemania–, lucharon por el principio de legalidad, por el Estado de Derecho. Cuando reclamaron la consagración por el Derecho positivo del principio de legalidad en la Administración Pública, cuando afirmaron que era necesario asegurar el respeto de la Ley por la Administración Pública, garantizando que su acción fuera legal, entendían la ley en el sentido que ese término tenía para el Derecho constitucional de los Estados liberales, y donde no es sinónimo de regla de Derecho, sino que designaba una especie particular bien definida de normas, aquella

---

312   Véase Sent. de la CFC/CP de fecha 12 de noviembre de 1947, M., 1948, pp. 10-13.

313   Véase Sent. de la CSJ/SPA de fecha 11 de agosto de 1965, G.F. N° 49, p. 197.

314   HAURIOU, M., *Ob. cit.*, nota 276, p. XII; y Sent. de la CPCA de fecha 31 de marzo de 1982, *RDP* N° 10, p. 152.

315   Véase Sent. del TSJ/SPA N° 1724 de fecha 27 de julio de 2000, *RDP* N° 83, p. 105.

316   Véase Sent. de la CFC/CP de fecha 12 de noviembre de 1947, M. 1948, pp. 10-13.

que es sancionada por el Parlamento, según el procedimiento legislativo y registrada dentro de los actos jurídico-estatales como ley. La lucha por el liberalismo sobre ese terreno fue un combate por el respeto de esa ley, de esta legalidad solamente (CH. EISENMANN)[317].

En efecto, la poderosa Administración Pública que surge de la Revolución Francesa adviene absorbiendo muchos de los poderes que coexistían con el Rey absoluto, la cual va a tener que ser a partir de entonces, y esa es una novedad formidable en la historia del Derecho, una Administración Pública legalizada o juridificada, esto es, organizada desde la ley y cuya función es servir los intereses generales, pero dentro de los ámbitos que la Ley de una manera previa le reserva. Pero además ocurre que al lado de la Ley están los derechos fundamentales, los derechos del hombre y del ciudadano, el segundo gran eje de la concepción revolucionaria. Del cruce de estos dos principios, legalidad de la Administración Pública y posición del ciudadano como sujeto de Derecho y de libertades, surgirá el Derecho administrativo.

De ahí que en su origen, el principio de legalidad administrativa o de la Administración Pública, entonces, no viene a ser más que la proyección en el campo jurídico administrativo de la especial relevancia que se le atribuyó a la Ley en el sistema jurídico.

§128. Concepto tradicional — En sus orígenes, el concepto que se denomina legalidad alude a "la sumisión de la Administración Pública a la ley", razón por la cual la función administrativa siempre es de rango sub-legal y es también desde el punto de vista práctico, el rasgo más manifiesto de la noción de la cláusula del Estado de Derecho, no obstante el hecho de que los términos y contenido en que éste limita a aquél, es objeto de polémicas doctrinales y ha experimentado cambios históricos de significación. En suma, el principio de legalidad definido en sus orígenes significa que la Administración Pública en su totalidad debe respetar la Ley y no puede ni derogarla ni modificarla, lo cual establece la superioridad del legislador sobre la Administración Pública.

De ahí que en la concepción tradicional del Estado de Derecho es imprescindible la legalidad en todos los actos, medidas, normas y decisiones que adopten los órganos del Poder Público, en razón de lo cual ocupa un lugar absolutamente capital la dinámica del principio de legalidad, hasta el extremo de que ambas concepciones se presentan, histórica y dogmáticamente como inseparables. En este sentido señala D.

---

[317] EISENMANN, CH., "Le droit administratif et le principe de légalité", en *EDCE*, Paris, 1957, p. 27.

JESCH[318]: "[…] el concepto de Estado de Derecho no puede adquirir unos contornos claros, sin que previamente haya sido explicado debidamente, el propio principio de la legalidad de la Administración".

Del principio de legalidad o de la legalidad de la Administración Pública deriva que ésta no puede actuar por su propia autoridad, sino amparándose en la autoridad de la Ley y a este mecanismo se le denomina proceso de ejecución de la Ley: el Poder ejecutivo sólo ejecuta una previa legalidad objetiva. El problema consiste en concretar el contenido de este proceso (GARCÍA DE ENTERRÍA)[319], al cual nos referiremos más adelante.

§129. Evolución — El principio de legalidad, sostiene CASSESE[320], ha sido el producto de un proceso que ha durado al menos dos siglos, de legalización o de juridificación creciente de la Administración Pública.

Las etapas de este proceso son numerosas y son resumidas así: Inicialmente, la Administración Pública venía considerada actividad libre de vínculos, en cuanto explicación de un poder autónomo e independiente como parte del Poder ejecutivo. Sucesivamente, a pesar de seguir siendo parte del Poder ejecutivo, ha sido sometida a la Ley. La tercera fase es aquella que se abre con el sometimiento de la misma Ley a una Ley de mayor grado: la Constitución. En esta fase, en las Constituciones penetraron no solo los principios a los cuales está sometido el Poder legislativo, sino también principios a los cuales está sometida la Administración Pública. Por último, se asoma una nueva fase, que ve consagrados los principios relativos a las Administraciones Públicas –diversamente denominados: tratados, convenciones, incluso constituciones de alcance global o supranacional–.

C.   *Consagración constitucional*

§130. Introducción — Es en el "Preliminar" o Preámbulo de la Constitución Federal de 1811 donde se consagra por vez primera la base constitucional de carácter jurídico-formal como es el principio de legalidad, al disponer que los individuos nombrados para ejercer las funciones públicas se sujetarán inviolablemente al modo y reglas que en la Constitución se les prescribe para el cumplimiento y desempeño de sus destinos.

He aquí el principio de legalidad en su formulación original, y que se va a traducir en la idea técnica de la atribución y ejercicio de las compe-

---

318   JESCH, D., *Ley y administración*, IEA, Madrid, 1978.
319   GARCÍA DE ENTERRÍA, E., *Ob. cit.*, nota 3, T. I, p. 444.
320   CASSESE, S., *Ob. cit.*, nota 171, p. 289.

tencias legales. Constituciones posteriores hasta la actual de 1999, van a consagrar, reiterativamente, que todo ejercicio del poder que extralimite la definición de atribuciones constituye una usurpación de poder, y como tal usurpación es nula. En efecto, el principio de legalidad es consagrado en el Derecho positivo por una disposición constitucional y, por tanto, teniendo fuerza superior a la Ley, en los términos siguientes: **"Artículo 137. La Constitución y la ley definirán las atribuciones de los órganos que ejercen el Poder público**, a las cuales deben sujetarse las actividades que realicen" (resaltado nuestro).

En mérito a la disposición transcrita, según la jurisprudencia se consagra así el principio de legalidad[321], y comporta la sujeción que debe tener el Poder Público al obrar con respecto a un Ordenamiento jurídico preexistente[322].

§131. Principio de legalidad administrativa — Para fortalecer la cláusula del Estado de Derecho, inherente al régimen democrático constitucional, la Constitución administrativa ratifica el principio de legalidad como límite y condición del ejercicio de las potestades o prerrogativas de la Administración Pública y de su actividad. Así las cosas, el primado del Derecho –con mayúsculas– es la sumisión no sólo a la Ley sino a su vez, como también rezan las constituciones alemana y española, al Derecho de acuerdo con el Art. 141 de la C que dispone: **"Artículo 141. La Administración Pública** está al servicio de los ciudadanos y ciudadanas y se fundamenta en los principios de honestidad, participación, celeridad, eficacia, eficiencia, transparencia, rendición de cuentas y responsabilidad en el ejercicio de la función pública, **con sometimiento pleno a la ley y al derecho**" (resaltado nuestro).

El aspecto que se destaca en el precepto constitucional 141 vigente, es la faceta relacional típica en que se manifiesta la Administración Pública, al establecer expresamente que la Administración Pública actúa "con sometimiento pleno a la ley y al derecho". Por tanto, el principio de legalidad obliga a la Administración Pública a someterse al Ordenamiento jurídico general en su actuación[323]. Siendo que la ejecución o aplicación de la ley no la llevan a cabo, en este modelo, órganos directamente representativos como lo son por ejemplo las Administraciones Públicas, es necesario que estas se ajusten a los criterios generales esta-

---

[321] Véase Sents. de la CSJ/SPA de fechas 6 de junio de 1985, 6 de junio de 1991, *RDP*, N° 46, p. 80; y de la CPCA de fecha 16 de diciembre de 1987, 2 de febrero de 1993, *RDP*, N° 53/54, p. 183.

[322] Véase Sent. del TSJ/SC N° 674 de fecha 28 de abril de 2005.

[323] Véase Sent. de la CSJ/SPA de fecha 21 de diciembre de 1972, G.O. N° 1568 Extr., de fecha 12 de febrero de 1972, p. 6.

blecidos en las normas aprobadas por los órganos representativos. En tales casos, a la Administración Pública se le reconocen ciertas prerrogativas, que se traducen en la presunción de que las decisiones se ajustan efectivamente a Derecho, y también en la potestad de realizar sus pretensiones por sus propios medios. Aquí la legalidad actúa desde este punto de vista como correa de transmisión de la legitimidad.

Asimismo, de acuerdo con la jurisprudencia, el principio de legalidad representa la conformidad con el Derecho, en otros términos, la regularidad jurídica de las funciones de todas las ramas y los órganos del Estado. Por tanto, el Derecho (que puede coincidir o no con la ley, como distingue la propia Constitución vigente), vincula plenamente a la Administración Pública, o en palabras del Tribunal Supremo de Justicia, la Administración Pública: "[...] se configura como una Administración que actúa con subordinación plena a la Ley y al Derecho, que está sometida, por ello, al control integral del Poder Judicial"[324].

Posteriormente, el mencionado principio es ratificado por el Art. 4 de la LOAP cuando dispone: "Art. 4. La Administración Pública se organiza y actúa de conformidad con **el principio de legalidad** [...]" (resaltado nuestro).

De acuerdo con la disposición transcrita, la Administración Pública se organiza y actúa de conformidad con el principio de legalidad, por el cual la asignación, distribución y ejercicio de sus competencias se sujeta a la Constitución, a las leyes y a los actos administrativos de carácter general, en garantía y protección de las libertades públicas que consagra el régimen democrático a las personas (J. RIVERO)[325].

Así, la construcción constitucional pretende, pues, un imperio del Derecho, donde además de las normas jurídicas se encuentran todos los "valores" constitucionales, desde los proclamados "superiores" en el propio Art. 2, *eiusdem*, hasta los esparcidos a lo largo del Texto Fundamental y, en los que se incluyen ciertas "garantías institucionales", y también los principios generales del Derecho[326].

---

[324] Véase Sent. del TSJ/SC N° 1632 de fecha 11 de agosto de 2006.

[325] RIVERO, J., et WALINE, J., *Droit Administratif*, 21éme. edition, Dalloz, Paris, 2006; y *Derecho Administrativo*, Trad. al esp. de la 9ª ed. francesa, Instituto de Derecho Público, Universidad Central de Venezuela, Caracas, 1984, p. 18.

[326] Véase con provecho el excelente desarrollo que hace HERNÁNDEZ-MENDIBLE, V., "Los principios generales del Derecho en el Derecho Administrativo", en *Principios en el Derecho Administrativo Iberoamericano*, VII Foro de Derecho Administrativo, Ed. Netbiblo, Valladolid, Salamanca, 2008, pp. 657-689.

En consecuencia, la Administración Pública debe ceñirse al denominado principio de legalidad, el cual no sólo exige conformidad de las actividades funcionales de la Administración Pública con la norma o regla de Derecho preexistente, tanto exógena, esto es, la que es impuesta desde fuera por la Constitución y la ley, como endógena, constituida por la norma que emana de su propio seno.

Así las cosas, el principio constitucional implica, necesariamente, la existencia de órganos encargados de aplicar el Derecho y de restablecer la legalidad eventualmente desconocida, o sea, órganos jurisdiccionales (R. ODENT)[327]. En tal sentido, sostiene la jurisprudencia[328] que: "[…] **la actividad del Estado y de todas las personas que dentro del mismo ejercen funciones públicas, debe estar estrictamente ceñida a las facultades que expresamente se le señalen.** Cualquier extralimitación en el ejercicio de esas atribuciones, vicia de ilegalidad el acto de que se trate, y su nulidad debe ser declarada si así fuere solicitada. Es este el principio de legalidad sobre el cual descansa el Estado de Derecho" (resaltado nuestro).

D. *Premisas*

§132. Introducción — Para entender el profundo significado del principio de legalidad, se han de recordar los postulados esenciales que comporta el nuevo *régime administratif* surgido de la Revolución Francesa, así:

a. La Administración Pública creada por el Derecho tiene una función vicarial o subordinada consistente en la gestión de los intereses públicos de los que no es titular, por pertenecer a la colectividad a la que sirve.

b. Y toda actuación de la Administración Pública relativa a los intereses públicos necesariamente debe estar legitimada en previas decisiones del representante de la comunidad que es el Parlamento, quien manifiesta típicamente sumisión a través de la ley.

Por tanto, el Estado de Derecho se caracteriza no sólo por el elemento jurídico-material o sustantivo –el respeto y tutela a los derechos públicos subjetivos y derechos fundamentales–, sino también por la forma como este objetivo va a alcanzarse; el sometimiento del Estado y, dentro de él, principalmente, la Administración Pública, al Derecho. Así este principio postula que:

---

[327] ODENT, R., *Cours de contentieux administratif*, T. I, Les cours de droit (dact.), 1977-1981, p. 17.

[328] Véase Sent. de la SPA/CSJ de fecha 11 de agosto de 1965, G.F. N° 49, 1965, p. 197.

a. La Administración Pública se someta en todo momento a las prescripciones del Poder legislativo, por el mayor valor que a los actos de dicho órgano del Poder Público se concede.

b. El respeto absoluto en la producción de las normas administrativas al orden escalonado exigido por el grado normativo de las fuentes.

c. Y por último, la sumisión de los actos administrativos de una autoridad administrativa a las normas de carácter general previamente dictadas por esa misma autoridad o, incluso, por autoridad de grado inferior siempre que actúe en el ámbito de su competencia (principio de auto-vinculación)[329].

2. *Principio de atribución de potestades administrativas*

A. *Concepto*

§133. Concepto — A partir de la Revolución Francesa quedó definitivamente sentado el principio de la radicación de la soberanía en el pueblo, cuya expresión de más alto grado era la Ley y a la cual se hallan subordinados todos los demás poderes estatales. Se instaura así el principio de legalidad que va a dominar toda la Administración Pública moderna. Con ello se aprecia que debe sujetar al Derecho todas sus actuaciones y que las potestades públicas que ejerce le han de ser plenamente concedidas por el Ordenamiento jurídico. En tal sentido se hace hincapié en la atribución ordinamental de potestades públicas y no exclusivamente legal, en cuanto se requiere únicamente que esta atribución procede de la soberanía que es ajena a la Administración Pública.

El trasunto lógico del Estado de Derecho es el principio de legalidad (J. RODRÍGUEZ ELIZONDO)[330], que surge como reflejo de la soberanía popular (M. DUVERGER)[331], lo cual nos conduce a la afirmación de que en un Estado de Derecho no existen poderes ilimitados, ya que la Administración Pública creada por el Derecho necesariamente debe estar legitimada en previas decisiones del representante de la sociedad que es el Poder legislativo, quien manifiesta típicamente su voluntad a través de la Ley.

Por tanto, en el Derecho de la organización administrativa deben hacerse compatibles las exigencias de la cláusula del Estado Derecho en

---

[329] Véase Sent. de la CPCA de fecha 23 de mayo de 2000, *RDP*, N° 82, p. 207.

[330] RODRÍGUEZ ELIZONDO, J., Protección jurisdiccional de los administrados (El exceso de poder), SDP, N° 7, Chile, 1961.

[331] DUVERGER, M., *Institutions politiques et Droit constitutionnel*, T. 1. Les grands systèmes politiques, PUF, Paris, 1975, p. 176.

cuanto a la asignación clara de responsabilidades y a la efectividad o eficacia, por un lado, con lo que por su parte, exige la legitimidad democrática. Por ello constituye una afirmación común de la doctrina, la de que la Administración Pública ni es un reducto soberano ni tiene poderes inmanentes, su legitimidad democrática no deriva de sí misma sino de las prerrogativas o potestades públicas que previa y externamente se le atribuyen, pues el mecanismo a través del cual se expresa el principio de legalidad –que cuando es referido a la Administración Pública se le conoce como principio de legalidad administrativa–, es la concesión o atribución de potestades públicas –que por estar referidas a la Administración Pública se adjetivan como administrativas–, que supone la constitución del título que habilita su actuación y define los límites y fines del ejercicio del Poder Público[332].

B. *Modalidades*

§134. Límites — La Administración Pública no está integrada por órganos soberanos sino por órganos cuya soberanía, autoridad y poder, son concedidos por otros órganos del Estado. Esta es una de las claves del Estado de Derecho. De ahí que la atribución de potestades públicas se conecta, pues, con el principio de legalidad haciendo aparecer la Ley bajo un doble aspecto: como límite y como condición de la función administrativa[333].

En efecto, el principio de legalidad actúa como límite al encuadrarse y delimitarse el espacio que contienen las potestades o prerrogativas públicas de la Administración Pública, la cual no puede dictar actos o disposiciones contrarios a la Ley ni, por supuesto, realizar actividades de cualquier naturaleza contrarias a lo dispuesto en ella; también lo es en cuanto el Ordenamiento jurídico delimita un sector que sólo puede ser regulado por una norma de rango legal: el principio de la reserva legal. Pero también actúa como condición, ya que la Administración Pública, como veremos más adelante, sólo puede hacer aquello que está permitido, es decir, es necesario los apoderamientos, las habilitaciones para que pueda obrar (MATEO)[334], a través de sus diversas formas jurídicas reconocidas y sólo a través de ellas.

Ahora bien, las potestades o prerrogativas públicas no son un privilegio, en tanto poder considerado en sí mismo, sino poderes mensura-

---

[332]   Véase Sent. del TSJ/SPA N° 1724 de fecha 27 de julio de 2000, *RDP*, N° 83, p. 105.

[333]   CARRÉ DE MALBERG, C., *Ob. cit.*, nota 230, p. 450.

[334]   MATEO, M., *Ob. cit.*, nota 197, p. 73.

bles, instrumentos normales para el cumplimiento de los fines esenciales del Estado. Por tanto, que la Ley ha de definir las potestades o prerrogativas públicas de la Administración Pública, esto es, las potestades administrativas, es una condición del principio de legalidad, según se desprende del Art. 137 de la C.

Así las cosas, el principio de sumisión de la Administración Pública a la ley y al Derecho se consigue por dos vías:

a.   Cuando el legislador dicta normas delimitando las esferas jurídicas subjetivas tanto de la Administración Pública como la de las personas; se determina así el conjunto de potestades administrativas de que la Administración Pública dispone y, al mismo tiempo, aparece el límite de la función administrativa.

b.   Y mediante el dictado por el legislador de una serie de normas de acción, que señala a la Administración Pública los fines y los modos de actuar para conseguirlos.

En este orden de ideas, los límites de la función de la Administración Pública y del campo de acción de las personas deben ser definidos por el Derecho de una manera satisfactoria. De ahí que como enseña MOLES CAUBET[335], toda regla atributiva de poder, en tanto que poder de mando, es la clásica *potestas* –equivalente al *imperium* o a la *auctoritas,* diferenciándose así del derecho subjetivo *(ius)*– y postula necesariamente, además del *quién* (órgano), el *qué* (contenido) y el *cómo* (procedimiento).

Es así como, por ejemplo, una delegación legislativa muy amplia y no definiendo concretamente el objeto de la misma, elimina los límites de la función del Poder ejecutivo, y se encontraría en franca oposición con el principio de separación de poderes y el principio de legalidad. En tal sentido, el principio de concesión o atribución de potestades administrativas es un concepto técnico jurídico que es el efecto propio del principio de legalidad (J. PALMA JARA)[336].

C.   *Doctrina de la vinculación al Derecho*

§135. Introducción — Si la expresión legalidad viene a designar la cualidad de aquello que es conforme a la ley –entendida ésta en su sentido amplio, equivalente a Derecho–, es preciso entender que hoy legalidad equivale al Ordenamiento jurídico entero referido, por tanto, a lo

---

[335]   MOLES CAUBET, A. "El principio de legalidad y sus implicaciones", en *Ob. cit.*, nota 200, p. 333.

[336]   PALMA JARA, J., *Consideraciones sobre el contenido del principio de la legalidad administrativa, ADA,* Santiago de Chile, 1975/1976.

que magistralmente HAURIOU[337] llamó "vinculación al bloque de la legalidad".

Con el principio de legalidad se quiere decir tanto como que la Administración Pública está vinculada o subordinada al Ordenamiento jurídico entero, comprendiendo la condición de que debe actuar con arreglo al Derecho, incluido aquel que ella misma elabora. Ahora bien, aun siendo esto cierto, no dice, en definitiva, más que una consecuencia de la superioridad de la Ley frente a la Administración Pública; en términos más amplios, la supremacía del *dominus,* del titular de la disposición (Poder legislativo) frente a la Administración Pública, titular de la gestión subordinada (J. L.VILLAR PALASI)[338].

a. *Modalidades*

§136. Planteamiento de la cuestión — El auténtico problema lo constituye no esta afirmación amplia y vaga de que con el principio de legalidad se quiere decir tanto como que la Administración Pública está subordinada al Ordenamiento jurídico entero, comprendiendo la condición de que debe actuar con arreglo al Derecho, incluido aquel que ella misma elabora, sino el desentrañar a través de qué proceso se verifica la atribución de las potestades administrativas a la Administración Pública en cada caso y qué consecuencias comporta.

En el presente punto se intentará dilucidar la posición en que se encuentra la Administración Pública frente al Derecho, los términos en que se produce la vinculación de aquélla al Derecho y cuál es su contenido, pudiendo adelantarse desde ya que han sido dos las doctrinas principales que han tratado de explicar las relaciones existentes entre la Administración Pública y el Derecho o, en otras palabras, la función del principio de legalidad para la Administración Pública, y son cronológicamente: la vinculación negativa (*negative Bindung:* WINKER, y F. J. STHAL)[339] y la vinculación positiva (*positive Bindung:* MERKL)[340].

Si bien ambas configuran a la norma como límite, lo cierto es que hay notables diferencias. La primera considera que la posición de la Administración Pública no difiere fundamentalmente de aquella que tienen las personas frente al Derecho; y la segunda pone especial énfasis en que la

---

[337]   HAURIOU, M., *Ob. cit.*, nota 276, Préface XII.

[338]   VILLAR PALASI, J. L. *Derecho administrativo. Introducción y teoría de las normas, Facultad de Derecho*, 1968, p. 70; y *Apuntes de Derecho Administrativo*, T. I, p. 118.

[339]   WINKER y STAHL *cit.* por MOLES CAUBET, A., "La progresión del Derecho Administrativo", en *Ob. cit.*, nota 200, pp. 7 y ss.

[340]   MERKL, A., *Ob. cit.*, nota 39, p. 127.

Administración Pública es un Poder no soberano del Estado, que constituye una persona jurídica, sea genérica (Fisco), sea específica (organismos autónomos especializados).

En resumen, como explica SANTAMARÍA PASTOR[341], toda norma jurídica condiciona las acciones que realizan los sujetos de Derecho en dos formas básicas y opuestas:

a.   Como fundamento previo y necesario de la actuación, de tal forma que el sujeto público sólo puede actuar lícitamente en la medida que la norma lo habilita para ello, con lo que en ausencia de habilitación no puede actuar (vinculación positiva).

b.   Y la norma opera únicamente como límite externo de tal forma que el sujeto público puede actuar sin necesidad de habilitación mientras respete el límite (vinculación negativa).

Ambas doctrinas son consecuencia directa de los postulados de la Revolución Francesa, especialmente de: (i) la teoría de la ley como expresión de la voluntad general del pueblo expuesta por ROUSSEAU; y (ii) el principio de separación de poderes de MONTESQUIEU, influyendo por cierto también la teoría de los derechos naturales desarrollada por LOCKE, que constituye también uno de los presupuestos del Estado de Derecho, como forma jurídica destinada a salvaguardar los derechos públicos subjetivos o derechos fundamentales de la persona frente al ejercicio del Poder Público arbitrario.

a'.   *Principio de legalidad: Límite*

§137. Introducción — Que la Administración Pública se encuentra vinculada al Derecho es un punto totalmente pacífico en las doctrinas *iuspublicistas* modernas y, por lo tanto, que el Derecho constituye un límite para el obrar de la Administración Pública. Sin embargo, los términos y ámbitos en que el Derecho limita y vincula a la Administración Pública son objeto de arduas polémicas. Asimismo, que la Administración Pública se encuentra vinculada al Derecho por el principio de legalidad es un punto que tampoco es pacífico en la configuración del principio en estudio, ya que no pocos autores de gran prestigio han afirmado que el mismo determina solamente la relación entre la Administración Pública y la ley formal, en estricto sentido, como veremos más adelante.

En consecuencia, el principio de legalidad presupone una cierta relación entre, por un lado la Administración Pública y su actividad; y, por el

---

[341]   SANTAMARÍA PASTOR, J. A., *Ob. cit.*, nota 43, T. I, p. 196.

otro, el Derecho o la Ley en estricto sentido, según sea entendido; pero los términos de dicha relación no son tratados en general por la doctrina con la exactitud y precisión que requieren, por lo que puede llegarse a conclusiones diametralmente opuestas.

Efectivamente, la mayoría de los autores describen o definen la naturaleza o contenido de la función del principio de legalidad para la Administración Pública acudiendo a términos ambiguos e imprecisos, señalando que es aquel principio jurídico que obliga a la Administración Pública a "respetar al Derecho" o "a la ley", a "conformar sus actos" a los mismos; que la Administración Pública debe actuar con "sujeción a la norma" o que se encuentra "vinculada al Derecho", o que sus "actos deben ser legales". Pero ¿qué es lo que precisamente se pretende expresar con los términos señalados? No es aclarado de modo alguno por la generalidad de la doctrina que dedicaba a ese punto capital de la teoría del Derecho administrativo poco espacio, salvo honrosas excepciones (EISENMANN, MOLES CAUBET, y G. PÉREZ LUCIANI)[342].

El principio de legalidad es de la esencia del Estado de Derecho, tal cual éste se ha elaborado en la historia constitucional y administrativa europea continental y significa: (i) negativamente, que ninguna manifestación de la función administrativa debe contrariar a una norma jurídica vigente; (ii) positivamente, implica la exigencia para toda función administrativa de una previa habilitación legislativa formal, la llamada reserva legal.

De los términos señalados puede estimarse que no se trata de discutir tanto el concepto del principio de legalidad, sino de determinar qué papel cumple la norma previa para la Administración Pública, para lo cual hay dos modalidades o teorías opuestas de enjuiciar la función del principio de legalidad en su vinculación con la Administración Pública.

a". *Teoría de la vinculación negativa (noción mínima)*

§138. Concepto — Para una primera concepción del principio de legalidad de la Administración Pública, la denominada vinculación negativa (*negative Bindung*) de WINKER, la Administración Pública se vincula negativamente a la ley que opera como un límite externo a una básica libertad de determinación: *Quae non prohibita, permissa inteliguntur*.

Es decir, que la Ley actuaría como límite de la actuación libre de la Administración Pública, ésta quedaría legitimada en su actuación sim-

---

342 EISENMANN, CH., *Cours de Droit Administratif*, Vol. I, LGDJ, Paris, 1979, pp. 462-468; MOLES, A., *Ob. cit.*, nota 335; y PÉREZ LUCIANI, G., *El principio de legalidad*, Serie Estudios 81, Caracas, 2009.

plemente con probar que no hay precepto legal en su contra y que significa: (i) todo lo que la Ley no prohíbe hacer a la Administración Pública, se entiende que es campo dejado a su decisión; y (ii) un desarrollo extraordinario de la *Freie Ermessen* o discrecionalidad o autonomía administrativa libre.

§139. Relación de compatibilidad o no contrariedad — De ahí que según la teoría de la vinculación negativa, a la Administración Pública le bastaría para que su actuación se adecue a las exigencias del principio de legalidad, el no violar directamente ningún precepto legal, esto es, que exista una "relación de compatibilidad o no contrariedad" entre su actividad y el Ordenamiento jurídico, que postula la teoría del principio en estudio, como un mero límite externo de la función administrativa.

§140. Crítica — Al respecto se señala que es sabido que la Ley no regula todo y la Administración Pública tiene libre apreciación que no está en las leyes. Ello apareja las más peligrosas consecuencias prácticas: el principio de legalidad entendido como vinculante entre Administración Pública y la Ley opera sobre una franja muy estrecha de su actividad, en tanto que lo sustancial quedaría al margen de la legalidad en detrimento de los derechos de las personas.

b". Teoría de la vinculación positiva (noción máxima)

§141. Concepto — Una segunda concepción, denominada vinculación positiva, en la que el Derecho no es ya para la Administración Pública sólo un límite externo que señale hacia afuera una zona de prohibición y dentro de la cual, ella puede conducirse con su sola libertad y arbitrio. Por el contrario, el Derecho condiciona y determina, de manera positiva la función administrativa, la cual no es válida si no cuenta con una habilitación normativa que lo permita.

Esta teoría es obra de la Escuela de Viena, y fundamentalmente de MERKL[343], que ha contribuido a la cobertura normativa de la función administrativa, atributiva de potestades y que le da su legitimidad: *Quae non permissa, prohibita inteliguntur*. Es decir, que la Administración Pública puede actuar: (i) sólo cuando la Ley le ha atribuido una potestad administrativa; y (ii) dentro del ámbito y medida en que tal atribución habilite su actividad. Hay, pues, una "presunción de prohibición" que sólo cede cuando la Ley habilita el ejercicio de la función administrativa.

Así, la teoría de la vinculación positiva significa que toda potestad administrativa:

---

[343]   MERK., A., *Ob. cit.*, nota 39.

a.   Ha de tener origen o derivarse necesariamente de la Ley.

b.   Debe estar previamente definida por ella.

c.   Y por último, sólo puede ejercerse de acuerdo con las condiciones que la Ley prevea.

§142. Relación de conformidad — De ahí que también de las mismas expresiones antes señaladas puede deducirse que el principio de legalidad exige a la Administración Pública que su actividad se encuentre en una "relación de conformidad" con el Ordenamiento jurídico, que será uno de los postulados de la "teoría de la vinculación positiva" de la Administración Pública al Derecho y significa: (i) como la Administración Pública es ejecución, cada actuación implica un previo precepto legal que lo permita; y (ii) sólo la completa cobertura legal previa legitima la actividad del Poder Público.

Que se exija "relación de conformidad" con el Derecho en las actividades de la Administración Pública significa que ésta debe adecuarlas en un grado de similitud a una previa normación abstracta. Esto es, debe ser posible determinar que la forma en que la Administración Pública ha actuado se ha desarrollado en forma similar a la prevista normativamente, por lo que para que exista esa "relación de conformidad" es necesario que exista una prefiguración normativa, un orden establecido de normas, una regulación jurídica que habilite la actuación de la Administración Pública a la cual pueda referirse.

En consecuencia, la ausencia de una prefiguración normativa implica de por sí la imposibilidad que se produzca una "relación de conformidad", y significaría en términos de la función administrativa: (i) por un lado, una prohibición de obrar; y (ii) por el otro, esta misma ausencia implica la "relación de compatibilidad o no contrariedad", puesto que no existiría ninguna norma que pudiera ser violada en concreto o que la prohibiera. La ausencia de regulación, por ende, asegura la "relación de compatibilidad o no contrariedad", pero impide la "relación de conformidad", que es el máximo de rigor de la función del principio de legalidad en cuestión, ya que éste exige o comporta la compatibilidad o no contrariedad.

Sin embargo, la teoría de la vinculación positiva estricta dio paso a una nueva teoría de acuerdo con la cual, la función de la Administración Pública excedía de la simple ejecución de la Ley y su labor esencial era la consecución de los fines esenciales constitucionales que le son propios, con la eficacia y efectividad de la acción administrativa dentro del orden o marco constitucional, y actuando para ello dentro de los límites fijados por la Ley, con lo cual se reivindica una función más amplia para la Administración Pública consistente en la realización del interés público.

§143. Examen de las teorías expuestas — De ambas teorías que configuran a la norma como límite, y que confinan a la Administración Pública dentro de los muros de la legalidad externa, surgen conclusiones con notables diferencias, las cuales serán fundamentales para las posibilidades concretas de actuación de la Administración Pública en cualquier ámbito y su posterior control jurisdiccional de la legalidad administrativa.

Con arreglo a la primera teoría –la vinculación negativa–, la Administración Pública es libre de actuar del modo que estime pertinente en todos aquellos campos que no están comprendidos bajo el denominado principio de la reserva legal, o simplemente no hayan sido objeto de un desarrollo por el legislador (congelación del rango), entendiéndose facultada para hacer todo aquello que no esté prohibido por la Ley.

Por el contrario, allí donde la Ley ha ejercido una actuación normativa, la Administración Pública se encuentra limitada en su obrar, en el sentido de que debe respetarla o adecuar su actuación a lo previsto en ella. De este modo se consideraría que la Administración Pública está, en principio, desvinculada al Derecho y sustancialmente libre de actuar, siendo limitada por la Ley en la medida que ésta regula campos que con anterioridad se encontraban exentos de preocupación legislativa (es un poder discrecional).

Ahora bien, los orígenes de la teoría de la vinculación negativa de la Administración Pública al Derecho se encuentran en una errada interpretación del principio de separación de poderes, especialmente en lo relativo a la separación de autoridades administrativas y judiciales, que creó un clima ideológico apto para su elaboración, en la supervivencia, sin razón de ser, de algunos elementos del esquema del régimen absolutista, y en la falta de maduración de las ideas jurídicas acerca de la naturaleza del Estado como una creación jurídica.

Según el planteamiento originario del principio de legalidad, de acuerdo con los postulados de la Revolución Francesa, la Administración Pública no podrá actuar por propia autoridad sino basándose y de acuerdo con la Ley, máxima autoridad y expresión de la voluntad general. La Administración Pública no es autárquica, ya que no es soberana. La función de la Administración Pública es ejecución de la Ley –o del Derecho– aplicándola al caso concreto. De esta manera se estimó que la función desempeñada por la Administración Pública era similar a la desempeñada por el Poder judicial. Sin embargo, se admitió lo erróneo de tales argumentos.

En este orden de ideas, era lógico sostener en sus inicios que la Administración Pública podría realizar no solamente aquello que la Ley expresamente autoriza sino, además, todo aquello que la Ley no prohíbe. Los partidarios de esta doctrina configuraron, originalmente, la teoría de los poderes o potestades discrecionales en todo aquello que no sea materia de la reserva legal, y no haya sido regulado por la Ley, actuando, por tanto, válidamente en el ámbito libre de la Ley o "tierra de nadie", como ha dado en llamarse por algunos constitucionalistas.

Así, por ejemplo, la regularidad jurídica de los actos administrativos se produciría, en consecuencia, de una manera bastante ilógica; para examinarla habría que considerar si algún precepto jurídico prohíbe el acto administrativo en cuestión de modo absoluto, o prescribe a su respecto requisitos que no ha observado, o le señala algún contenido o forma diferente a como se ha llevado a cabo. Si no sucede así, el acto administrativo sería plenamente válido, lo que lógicamente no es aceptable, ya que no siempre lo contrario a lo falso es lo verdadero.

Así, pues, la teoría de la vinculación negativa considera que la posición de la Administración Pública frente al Derecho no difiere sustancialmente de aquella en que se encuentran las personas frente al mismo. El Derecho operaría en ambos casos como un límite externo, en el sentido de ir sometiendo paulatinamente bajo su dominio en la medida que lo estime necesario, materias que hasta entonces se encontraban desprovistas de regulación normativa y, por lo tanto, bajo la "potestad discrecional de la Administración Pública", olvidándose que la Administración Pública es subordinada al Derecho, insistimos, por la sencilla razón de que no es soberana.

Con arreglo a la segunda teoría –vinculación positiva– se ha de extraer una conclusión opuesta. La Administración Pública sólo puede hacer aquello para lo que expresamente ha sido habilitada por la Ley –o el Derecho–, comportando la ausencia de regulación en un campo determinado una prohibición para la función administrativa y, por tanto, para que su actuación sea considerada válida debe encontrarse en una "relación de conformidad" con el Ordenamiento jurídico entero en el sentido anotado.

Al respecto hay que señalar que la función de la Administración Pública es bastante más vasta que la mera ejecución o aplicación de la ley entendida como la particularización de sus mandatos a los casos concretos; por otra parte, hay una diferencia entre los fines de la Administración Pública y del Poder judicial. En efecto, el Derecho le atribuye a la Administración Pública tareas, responsabilidades y funciones de todo tipo; le fija objetivos y finalidades a satisfacer, resultados a alcanzar, y dispone de pautas de conducta o modos de actuar.

En otras palabras, el Derecho al que se somete la Administración Pública excede en mucho de un mero conjunto de órdenes, mandatos o prohibiciones (BARNÉS)[344].

b'. *Principio de legalidad: condición*

§144. Planteamiento de la cuestión — Tradicionalmente el principio de legalidad se considera en Derecho como condición de la Administración Pública, desde dos puntos de vista: tanto en su existencia como en su función administrativa, y recibe el nombre de vinculación positiva de la Administración Pública al Derecho, ya que como su propio nombre lo indica, exige un previo apoderamiento legal habilitante en favor de la Administración Pública para que pueda actuar, y es posible adelantar desde ya que es lo que consagra el Derecho administrativo venezolano.

§145. Existencia — En efecto, se admite generalmente por la doctrina jurídica que el Derecho es un elemento constitutivo y determinante del Estado y, como tal, si condiciona y determina al Estado en su conjunto, debe igualmente condicionar a la Administración Pública que es una de las formas de presentarse el Estado.

De esta manera, cada órgano o ente específico de la Administración Pública debe su existencia al Derecho, pues es éste el llamado a crearlo (principio de estatalidad del Derecho: ALESSI)[345] y en nuestro Ordenamiento jurídico, específicamente la Ley, tiene el poder de crear los órganos de la Administración Pública (Arts. 142, 236, núm. 20 y 300 de la C), ya que como personas morales o ideales que son, no pueden nacer por generación espontánea, necesitan de una fuente creadora que es el Derecho y, concretamente, la Ley. Es en este sentido que se señala que el Derecho es condición de existencia de la Administración Pública.

§146. Función administrativa — Es posible también extraer conclusiones similares, si se estudia el problema de la función administrativa a la luz de las diferentes posiciones que ocupan las personas por una parte, y los órganos y complejos de órganos del Estado frente al Derecho, por la otra.

En el Derecho privado, la persona como consecuencia de su autonomía de voluntad puede hacer todo aquello que no le sea prohibido expresamente por la ley. Sin embargo, tal situación no es posible advertir en los órganos o complejos de órganos del Estado, a menos que con ello quiera expresarse que a su respecto se debe entender prohibido todo aquello que no se encuentra comprendido dentro de su competencia, que

[344]   BARNÉS, J., *Ob. cit.*, nota 8, p. 518.
[345]   ALESSI, R., *Ob. cit.*, nota 84.

se les debe otorgar positiva y expresamente ya que, en consecuencia, se llegará al mismo resultado práctico: todo órgano es tal en la medida en que se encuentra creado por el Derecho y tiene como potestades o prerrogativas públicas sólo y nada más que aquellas que ha establecido el Derecho incorporándoselas dentro de su competencia. Lo anterior es particularmente claro si se advierte que sólo la existencia de una norma jurídica previa que haga posible una determinada acción, es decir, imputar sus efectos al órgano estatal en cuestión.

De lo anterior se desprende con meridiana claridad que el Estado y la Administración Pública, en definitiva, pueden hacer sólo aquello que el Derecho les permite, esto es, pueden hacer sólo aquello para lo cual han sido debidamente habilitados por éste. Queda claro, en consecuencia, que la Administración Pública requiera de un otorgamiento previo y expreso de las potestades administrativas para poder ejercerlas, el cual debe encontrarse en el Derecho. No es posible pensar en otra fuente de la cual podría obtener sus potestades administrativas de actuación. La razón –repetimos– es sencilla: radica en el hecho que la Administración Pública no es soberana.

En este orden de ideas es posible reafirmar que el mecanismo a través del cual se expresa el principio de legalidad es la técnica de la concesión o atribución de potestades administrativas. Como consecuencia del principio de que las potestades administrativas requieren una previa atribución positiva, esto es, depende del Ordenamiento jurídico señalar quién será su titular, es posible afirmar sin vacilación que sin una habilitación expresa y previa que impute el otorgamiento de una potestad administrativa, la Administración Pública se encuentra en la prohibición de obrar por lo que, por argumento en contrario, ella sólo puede hacer aquello para lo cual ha sido expresamente habilitada por el Derecho.

En atención a lo expuesto señalamos que es innegable que las relaciones entre la Administración Pública y el Derecho, que convierten al último en condición de existencia y del obrar de la primera y se plasman en el principio de legalidad, de acuerdo con la teoría de la vinculación positiva de la Administración Pública al Derecho, obedecen a una circunstancia necesaria de la esencia misma de aquella y su actividad como subordinada al Derecho, en cuanto no radica en ella la soberanía, y en cuanto función jurídica es total.

En tal sentido, la jurisprudencia[346] ha señalado que todas las actividades de la Administración Pública "[...] deben ceñirse a **reglas o normas preestablecidas**. De ahí el principio de legalidad de los actos adminis-

---

[346] Véase Sent. de la CF de fecha 17 de julio de 1953, G.F. N° 1, 1953, p. 151.

trativos, según el cual éstos carecen de vida jurídica no sólo cuando les falta como fuente primaria, un texto legal, sino también cuando no son ejecutados en los límites y dentro del marco señalado de antemano por la ley" (resaltado nuestro).

3. *Principio de legalidad: Ley o Derecho*

§147. Introducción — La determinación de si el principio de legalidad postula una relación determinada entre la Administración Pública y su función estatal propia y, el Derecho, o solamente entre la Administración Pública y su función estatal propia y la Ley, no es pacífica en la doctrina, según veremos a continuación.

A. *Tesis restrictiva*

§148. Planteamiento de la cuestión — La importancia fundamental del principio de legalidad, como presupuesto lógico y en esa medida como planteamiento teórico insoslayable del Derecho administrativo, exige exponer de manera breve en clave histórica cuál era la importancia, alcance y concepción que se tenía de este en el modelo de Estado de Derecho puro.

Al respecto, un sector de la doctrina sostiene que el principio de legalidad es un postulado político que consistiría fundamentalmente en fijar determinadas relaciones de poder entre el Poder ejecutivo y el Poder legislativo, dando preeminencia a este último por sobre el primero, como consecuencia de ser el representante del pueblo, el depositario de la soberanía.

De tal modo –señalan– al englobar en una fórmula unitaria las relaciones entre la Administración Pública y su función estatal y el Derecho estimado en su conjunto –tanto normas estrictamente legales como constitucionales– se estaría dando una misma solución a problemas que son formalmente similares, pero materialmente diferentes. Así, por ejemplo, la Ley fijaría las relaciones de poder entre el Poder legislativo y la Administración Pública; la jurisprudencia, las relaciones entre el Poder judicial –ordinario o administrativo– y la Administración Pública; los reglamentos tendrían carácter vinculante solamente para ciertos órganos o entes de la Administración Pública; y finalmente la Ley tendría carácter obligatorio para toda la Administración Pública.

También señalan que de aceptarse la tesis amplia, el análisis del principio de legalidad se reduciría al estrecho de las fuentes del Derecho administrativo. De ahí que en su versión inicial, los autores que defienden la tesis restrictiva estiman que ésta solamente determina las relaciones entre la Administración Pública y su función estatal y la Ley "formal", en el entendido de que sólo a través de las fuentes aprobadas por el Poder legislativo, sin desconocer que existen otras fuentes jurídicas de carácter vinculante para la Administración Pública, que se enmarcan también bajo la denominación más amplia de Derecho.

En este orden de ideas, la jurisprudencia nacional sostiene que el principio de legalidad comporta un doble significado, a saber:

a. La sumisión de los actos estatales a las disposiciones emanadas de los cuerpos legislativos en forma de ley.

b. Y el sometimiento de todos los actos singulares, individuales y concretos, provenientes de una autoridad pública, a las normas generales y abstractas, precisamente establecidas, sean o no de origen legislativo, e inclusive provenientes de esa misma autoridad[347].

En conclusión, el principio que se denomina legalidad alude a "la sumisión de la Administración Pública a la ley", razón por la cual la función administrativa siempre es de rango sub-legal, y es también desde el punto de vista práctico, el rasgo más manifiesto de la noción de Estado de Derecho puro, no obstante el hecho de que los términos y contenido en que este limita a aquel, es objeto de polémicas doctrinales y ha experimentado cambios históricos de significación.

En suma, el principio de legalidad definido en sus orígenes significa que la Administración Pública, en su totalidad, debe respetar la Ley y no puede ni derogarla ni modificarla, lo cual establece la superioridad del legislador sobre las Administración Pública.

B. *Tesis amplia*

§149. Introducción — La lectura del principio de legalidad, en sentido estricto, es una lectura propia de los orígenes del Estado de Derecho puro que impone a la Administración Pública la obligación de que su actuación se enmarque dentro de los estrictos límites que le señale la Ley. Así, la comprensión de la Ley en ese Estado de Derecho debe hacerse con la óptica material y procedimental de una norma jurídica de carácter general, abstracta y expedida por el legislador, para ser considerada como tal.

Esta visión no puede ser olvidada, pues como lo recuerda SCHMIDT-AßMANN[348]: "La posición central de la Ley en el conjunto del ordenamiento jurídico administrativo se explica, aún hoy, en clave histórica: el sometimiento de la Administración al Derecho tuvo lugar mediante la vinculación a la Ley, como programa normativo que había de ser ejecutado a través de una precisa secuencia de actos administrativos singulares".

---

347 Véase Sent. del TSJ/SC N° 488 de fecha 30 de marzo de 2004, *RDP*, N° 97-98, p. 180.

348 SCHMIDT-AßMANN, E., *Ob. cit.*, nota 10, p. 93.

Hoy día, el principio de legalidad no puede seguir siendo entendido restrictivamente como se le comprendió bajo el modelo del Estado de Derecho puro. En efecto, el fenómeno de constitucionalización exigió la inclusión del sistema constitucional como parámetro de medida de las actividades que debe desarrollar la Administración Pública. Y es que la constitucionalización se construye por el conjunto de normas que se imponen en el nivel constitucional y forman lo que L. FAVOREU[349] denominó "bloque de constitucionalidad", haciendo analogía con la fórmula del "bloque legal de leyes y reglamentos" o "bloque de la legalidad", forjada a su vez por HAURIOU[350].

Ahora bien, la tesis amplia del principio de legalidad, esto es, la que postula la relación entre la Administración Pública y su función administrativa y el Derecho –con mayúscula– considerado en su conjunto, parte de una base totalmente diferente para su estudio.

En primer lugar, considera la situación de la Administración Pública en el marco jurídico elaborado por el Estado de Derecho, en el cual aquélla deja de ser prerrogativa del Monarca, quien realizaba la gestión administrativa como la de su propio patrimonio y sometido al Derecho privado, para transformarse en un elemento propio del Estado, siendo la función administrativa una función inherente y propia de éste y, por lo tanto, función jurídica. Como consecuencia, el principio de legalidad no es considerado básicamente político, de relaciones de poder entre diversos órganos del Estado, sino como una ley jurídico-teórica que se basa en el hecho de ser las funciones del Estado funciones jurídicas, por lo que carece de excepciones y es inviolable.

Por otra parte, la tesis restrictiva que se critica presenta al Ordenamiento jurídico de una manera parcializada que no corresponde a la naturaleza de éste, el cual debe ser considerado como una unidad. De ahí que el modo correcto de analizar el principio de legalidad es examinando la relación que existe entre la Administración Pública considerada como la representación del Estado y esa unidad irreparable que es el Ordenamiento jurídico entero, lo que obedece a un esquema único que es susceptible de explicarse a través de la mencionada técnica de la atribución de potestades administrativas, esto es, la habilitación respectiva para la función administrativa, a través de sus diversas formas que destruyen sin apelación alguna, la crítica de la tesis restrictiva que afirma que el estudio del principio de legalidad considerado en forma amplia se reduciría al mero estudio de las fuentes del Derecho administrativo.

---

[349] FAVOREU, L., y otros, *Les grandes décisions du Conseil constitutionnel*, 7ª Éd., Paris, 1993.

[350] HAURIOU, M., *Ob. cit.*, nota 276, *Préface* XII.

En tal sentido, se ha verificado un cambio en clave histórica del principio de legalidad en varios sentidos:

a. Aparecen coberturas legales de origen administrativo, que son los casos de los decretos-leyes, la legislación delegada a través de las leyes habilitantes y, por último, los reglamentos, con lo cual se ha roto el monopolio exclusivo de la ley formal como única norma.

b. Y la ley formal no agota la regulación de la materia reservada, al regular sólo los grandes principios y remitir su desarrollo a los reglamentos.

§150. Cambio de denominación — La sujeción al Derecho y no solo a la Ley, exige desde la perspectiva de un sector de la doctrina una modificación en la denominación del principio de legalidad, para lograr que el vocablo se ajuste a la realidad a la cual hace referencia. Por ello ha hecho fortuna la expresión según la cual la Administración Pública debe someterse no ya a la Ley sino al Ordenamiento jurídico entero referido, por tanto, a lo que magistralmente se denominó "vinculación al bloque de la legalidad" (HAURIOU)[351], y abarca hoy día el conjunto de normas o reglas de Derecho para hacer jurídicamente correctas las actividades funcionales de la Administración Pública (MOLES CAUBET)[352].

En efecto, con el uso, el término de legalidad ha recibido una acepción más amplia y ha pasado a ser sinónimo de regularidad jurídica, de juridicidad (WEIL)[353], denominado por ello también "principio de juricidad" o más propiamente "principio de juridicidad", en su concepción integral de "bloque de la legalidad" (HAURIOU)[354]. Aquí el vocablo o denominación deviene muy importante, pues preconiza el imperio no solo de la Ley sino del Derecho sobre el uso de la fuerza o de la arbitrariedad. Así, la construcción constitucional pretende, pues, un imperio del Derecho, donde además de las fuentes jurídicas a nivel constitucional donde se encuentran todos los "valores" constitucionales, desde los proclamados "valores superiores" en el propio Art. 2 de la C, hasta los esparcidos a lo largo del Texto Fundamental, en los que se incluyen ciertas garantías institucionales, así como los principios generales del Derecho, finalmente se encuentran las fuentes a nivel internacional.

---

351 HAURIOU, M., *Ob. cit.*, nota 276, *Préface* XII.
352 MOLES CAUBET, A., *Ob. cit.*, nota 200, p. 332.
353 WEIL, P. et Pouyaud, D., *Ob. cit.*, nota 7, p. 82.
354 HAURIOU, M., *Ob. cit.*, nota 276.

Por tanto, el principio de legalidad se ha ampliado pues la propia Administración Pública y la función administrativa: (i) deben ajustarse al Ordenamiento jurídico entero y ser congruente o conforme con él; (ii) se prohíbe la arbitrariedad y el cambio caprichoso del Ordenamiento jurídico; (iii) es también una obligada referencia a los principios generales del Derecho como fuentes del Ordenamiento jurídico; y finalmente (iv) la importancia creciente de los instrumentos jurídicos internacionales vinculantes –Tratados, Convenios, Convenciones, etc.– y sus interpretaciones, con relación a las exigencias de protección y eficacia de los derechos humanos, con lo cual también se abre una nueva época y se proyecta como nuevo paradigma del Derecho administrativo contemporáneo.

Así las cosas, de una rígida sujeción a la Ley formal, el Art. 141 de la C admitió una visión más amplia de este asunto e impone un sometimiento de la Administración Pública al Derecho –y no específicamente a la Ley– esto es, a un bloque de la legalidad o principio de juridicidad que además de la Leyes formales, comprende las normas y principios generales de distinto rango normativo del Ordenamiento jurídico. Por tanto, se trataría de una nueva concepción del principio de legalidad, al punto de que ya resulte, en alguna medida, inadecuado hablar del principio de legalidad, y sea necesario empezar a hablar del principio o bloque de juridicidad que no es solo para la Administración, sino que vale para toda persona o actividad (DELVOLVÉ)[355]. Así, este autor sustenta la hipótesis del principio de juridicidad como un principio diferente, tanto formal –fuente– como materialmente –contenido– del tradicional principio de legalidad, aunque sucedáneo de este.

Así las cosas, el primado del Derecho –con mayúscula– es la sumisión no sólo a la ley sino también, como también rezan las constituciones alemana y española, al Derecho. De acuerdo con lo indicado el principio de juridicidad representa la conformidad con el Derecho, en otros términos, la regularidad jurídica de las actuaciones de todos los centros o complejos orgánicos del Estado.

§151. Sumisión a un Derecho común, propio y peculiar — Finalmente, el principio de juridicidad establece una relación entre dos términos: de una parte, la Administración Pública; y de otra, el Derecho en su conjunto. Por su parte el contenido de esta relación es triple como analizaremos de seguidas.

En efecto, significa al menos que la Administración Pública no puede violar el Derecho; se exige una compatibilidad entre la función administrativa y el Derecho; y por último, es una exigencia mínima impuesta a la

---

[355] DELVOLVÉ, P., *Le droit administratif*, 3ª ed., Dalloz, Paris, 2002, pp. 51 y 52.

Administración Pública. Además, establece que la Administración Pública no puede actuar sin atribución expresa dada por el Derecho. Se exige una habilitación de la Administración Pública por el Derecho. Es una exigencia impuesta por el Derecho.

Finalmente, la más rigurosamente interpretada y plenamente consagrada en el sentido que la función administrativa debe estar prefijada en una norma preexistente. Se exige una conformidad de la total actividad de la Administración Pública al Derecho.

Ahora, hemos venido afirmando que la noción de la cláusula del Estado de Derecho designa al Estado sometido al Derecho. De la misma manera cuando en Art. 141 de la C habla de sometimiento de la Administración Pública al Derecho no especifica cuál Derecho. Por tanto cabe preguntarse: ¿A qué Derecho? La pregunta es perfectamente lógica, pues la relación entre Administración Pública y Derecho, puede presentarse en forma esencialmente diferente. En efecto, esta sumisión puede dar lugar a dos posibilidades:

a.   Que el Derecho sea fundamentalmente el mismo que se aplica a las personas.

b.   O que ese Derecho sea fundamentalmente diferente.

Ahora bien es sabido que el Derecho administrativo es, ante todo, una creación de la jurisprudencia administrativa. La aplicación del Código Civil o Derecho común a la Administración Pública fue expresamente descartada (*arrêt Blanco*), y por ello fue necesario determinar cuál era el Derecho a ella aplicable. Y fue la jurisprudencia administrativa y, esencialmente, obra del *Conseil d'Etat* su construcción. En efecto, durante el siglo XIX y, en especial, hacia finales del mismo, se fue formando una rama del Derecho cuyo objeto consiste en establecer una serie de reglas y principios exorbitantes y derogatorios al Derecho común para regir a la Administración Pública y su actividad, diferentes a aquellos que rigen la actividad de las personas. Así, el principio es la sumisión de la Administración Pública a un Derecho común, propio y peculiar, diferente a aquél que rige las actividades de las personas, en el sentido de que ante problemas similares (los actos, los contratos, la responsabilidad, etc.), aporta soluciones distintas (RIVERO)[356]. Este Derecho común, propio y peculiar para la Administración Pública es el Derecho administrativo.

Así, la construcción constitucional del Estado de Derecho pretende, pues, un imperio del Derecho, entidad en la que entran, insistimos,

---

[356]   RIVERO, J., *Ob. cit.*, nota 325, p. 18.

además de las normas jurídicas, todos los "valores" constitucionales, desde los proclamados "superiores" en el propio Art. 2, *eiusdem*, hasta los esparcidos a lo largo del Texto Fundamental y, en los que se incluyen ciertas "garantías institucionales", y los llamados expresamente principios generales del Derecho.

En conclusión, en el Derecho positivo, tanto el principio de separación de poderes como el principio de legalidad se han modificado en gran medida y sin desaparecer –lo que permite hablar del mismo fenómeno– tiene una lectura diferente, como se ha demostrado.

C. *Sanción del principio de juridicidad*

§152. Derecho particular — Se prescribe que en el supuesto de que la Administración Pública infrinja de alguna manera el principio de juridicidad antes enunciado, el acto por el cual se comete la infracción estaría viciado, en grado de nulidad absoluta o de nulidad relativa o anulabilidad, según la gravedad[357], por lo que de impugnarse conforme a Derecho habrá de precederse a la anulación, consistiendo ésta sanción en la consecuencia jurídica que se impone ante la transgresión al Ordenamiento jurídico, para lo cual hay que estar a lo que disponga la LOPA, éste es el principio general (Arts. 19 y 20 de la LOPA)[358].

En conclusión, el principio de juridicidad es uno de los principios jurídicos necesarios conceptualmente para la existencia del sistema de Derecho administrativo (L. PAREJO ALFONSO)[359]. De lo cual deriva que su contenido y alcances estén ligados, a su vez, de manera inescindible a su contenido, así como a la concepción que se tiene del mismo.

V. EL PRINCIPIO DE EFICACIA DE LOS DERECHOS FUNDAMENTALES

1. *Consagración constitucional*

§153. Planteamiento de la cuestión — El principio constitucional de eficacia de los derechos fundamentales –referidos en esta obra desde una perspectiva básicamente constitucional como los derechos constitucionales o derechos inherentes a la persona, reconocidos explícita o implícitamente por la Constitución–, constituye el otro elemento jurídico-ma-

---

[357] Véase ARAUJO-JUÁREZ, J., *La nulidad del Acto Administrativo*, Serie Monografías, Ediciones Paredes, Caracas, 2014.

[358] Véase Sents. de la CPCA de fechas 29 de septiembre de 1987 y 4 de noviembre de 1987.

[359] PAREJO ALFONSO, L., *Lecciones de Derecho Administrativo*, Tirant lo Blanch y Universidad Externado de Colombia, Bogotá, 2011, p. 19.

terial de la cláusula del Estado de Derecho. La afirmación expuesta precedentemente de que el Estado de Derecho se caracteriza porque a través del mismo se consigue el sometimiento de la Administración Pública al Derecho, ha de precisarse, en el sentido de que esta sujeción no puede constituir un fin en sí mismo sino, simplemente, una técnica para conseguir una determinada finalidad, y que como tal, puede emplearse para perseguir diversas finalidades.

De ahí que, como señala ENTRENA CUESTA[360], lo que caracteriza, por tanto, al Estado de Derecho será:

a.   El reconocimiento y respeto (la intangibilidad o inmutabilidad) de los derechos subjetivos –muy especialmente los de un contenido público, llamados por ello derechos públicos subjetivos–.

b.   Y el otorgamiento a los particulares de los medios idóneos para la defensa y tutela de los mismos.

§154. Concepto — Señalábamos más arriba que en el modelo de Estado legal de Derecho del cual es tributario el Derecho administrativo clásico, la Ley se convirtió en la principal fuente de Derecho, incluso por encima de la Constitución, en razón de la primacía de la Ley porque emanaba del Poder legislativo. Ahora esa preponderancia de la Ley hizo necesario que los derechos del hombre tuviesen que ser incorporados en un texto legal para tener aplicabilidad, pues no podían ser exigidos directamente sobre la base de la Constitución. En consecuencia, la eficacia (aplicabilidad y exigibilidad) de los derechos denominados hoy fundamentales, dependió durante mucho tiempo de la consagración legal, de lo contrario no gozarían de contenido normativo ni aplicabilidad o exigibilidad jurídica.

Al respecto se ha dicho, que la primacía constitucional, desarrollo que se dio completamente bajo el nuevo modelo del Estado constitucional de Derecho, se transformó en una característica propia de este, lo que trajo como consecuencia la inversión de la relación entre derechos fundamentales y la Ley. Los derechos fundamentales no debían ya estar contenidos en las normas expedidas por el legislador para lograr eficacia, aplicabilidad y exigibilidad, sino que el legislador debía respetar en sus decisiones soberanas el contenido de estos. Es en el nuevo modelo de Estado constitucional de Derecho que los derechos fundamentales adquieren el rango normativo constitucional que aún conservan.

---

[360]   ENTRENA CUESTA, R., *Ob. cit.*, nota 195, p. 50.

Sin embargo, como se desarrollará más adelante, la verdadera evolución hubo de esperar con el advenimiento del modelo de la cláusula del Estado social, y la lectura actual de los derechos fundamentales.

§155. Principio de progresividad — Finalmente, debemos agregar que el Art. 19 de la C reconoce expresamente el principio de progresividad en la protección de los derechos fundamentales, y que según la jurisprudencia[361], consiste en la obligación del Estado de garantizar a toda persona natural o jurídica, sin discriminación de ninguna especie, el goce y ejercicio irrenunciable, indivisible e interdependiente de tales derechos fundamentales.

El mencionado principio se concreta, continúa señalando la jurisprudencia señalada, en el desarrollo consecutivo de la esencia de los derechos fundamentales, en los tres aspectos siguientes: (i) ampliación de su número; (ii) desarrollo de su contenido; y (iii) fortalecimiento de los mecanismos institucionales para su protección.

§156. Catálogo — En esta materia, la Constitución de 1999 se ha incorporado a las corrientes modernas del constitucionalismo universal, al establecer un amplísimo catálogo de derechos y garantías constitucionales, que se caracteriza por su amplitud, apertura y heterogeneidad[362].

En tal sentido, el Art. 23 de la C establece que los tratados, pactos y convenciones internacionales relativos a derechos humanos, suscritos y ratificados por Venezuela tienen rango normativo constitucional y prevalecen en el orden interno, y son de aplicación inmediata y directa por los tribunales y demás órganos del Poder Público, pero solo si resultan más favorables que las normas constitucionales. No cabe duda, pues, que los tratados internacionales en esta materia son fuente directa de la Constitución. Igual ocurre con los tratados internacionales mediante los cuales el Estado venezolano acepta transferir a organizaciones supranacionales partes del ejercicio de sus competencias, dentro de acuerdos de integración porque también, evidentemente, al suscribirse se incorporan al sistema constitucional venezolano, como se desprende del Art. 153 de la C.

En conclusión, a los tratados internacionales relativos a los derechos humanos y a la transferencia de competencias del Estado venezolano a organizaciones supranacionales, se les da rango de normas constitucionales o de valor constitucional.

---

[361] Véase Sent. del TSJ/SC N° 1709 de fecha 7 de agosto de 2008.

[362] CASAL H., J. M., *Los derechos humanos y su protección (Estudios sobre derechos humanos y fundamentales)*, UCAB, Caracas, 2006, pp. 44-45.

Por último, la Constitución establece una consecuencia jurídica para aquellos casos en que los derechos fundamentales resulten transgredidos por actos del Poder Público, como lo es la nulidad absoluta (Art. 25, C)[363].

§157. Derecho administrativo contemporáneo y los derechos fundamentales — El último postulado distintivo del Derecho administrativo contemporáneo en donde se han producido muchos cambios desde sus orígenes, es que si en un sistema democrático el gobierno es del pueblo, y se realiza para y por el pueblo, la persona debe colocarse en el centro de la acción pública, por lo que el ejercicio del Poder Público es sólo instrumento normal de la Administración Pública para el cumplimiento de sus fines y, en definitiva, para la realización material del interés general o público, del cual los derechos fundamentales forman parte del núcleo irreductible e indisponible que la Administración Pública ha de satisfacer.

En efecto, sostiene SCHMIDT-AßSMANN[364], los derechos fundamentales han sido el componente del Estado de Derecho que más decisivamente ha influido en la evolución del Derecho administrativo de la posguerra. Y es que bajo el perfil dogmático, el Derecho administrativo representa la base y el instrumento fundamental para la efectividad de tantas garantías constitucionales, señaladamente en el mundo de los derechos fundamentales. Así las cosas, continúa afirmando, la más alta misión sistematizadora que al Derecho constitucional le cabe cumplir en el plano de la construcción del Derecho administrativo reside justamente en sentar los postulados sobre la relación básica entre la persona y la Administración Pública. Y concluye señalando que lo que interesa subrayar es que la dimensión individual constituye el punto de partida y el objetivo final de toda reflexión en el ámbito del Derecho administrativo[365].

En tal sentido, el influjo estructural de los derechos fundamentales sobre el Derecho administrativo se observa prestando atención a las dos dimensiones de los mismos, como derechos de defensa y como mandatos de protección. De esta forma, junto a la "prohibición de exceso" –propia de la dimensión defensiva de los derechos fundamentales– se puede hablar hoy también de la dimensión de la "prohibición de omisión" que resulta de la vertiente protectora de los mismos[366].

Y es que el Derecho administrativo es algo más que un sistema de garantías, es cauce para la mejor satisfacción del interés público que in-

---

[363] Véase Sent. del TSJ/SC N° 1264 de fecha 11 de junio de 2002.

[364] SCHMIDT-AßMANN, *Ob. cit.*, nota 10, p. 71.

[365] SCHMIDT-AßMANN, *Ob. cit.*, nota 10, p. 18.

[366] *Ibídem, Ob. cit.*, nota 10, p. 73

teresa a las personas y justifica la misión servicial de la Administración Pública, pues no sólo tiene que ver con el ejercicio de prerrogativas y sujeciones exorbitantes de Poder Público, sino también con los problemas esenciales de los derechos fundamentales de la persona –especialmente la más desfavorecida–, pues el ejercicio pleno de los mismos depende en primer término, concretamente, de la aplicación efectiva del Derecho administrativo. Y por ello este es, sin duda, la más alta y valiosa expresión del monumento jurídico que desde la libertad y los principios jurídicos de base ha legado Francia a los sistemas de Derecho público contemporáneo del que proceden los administrativismos del mundo entero, y en el que todos los administrativistas de otras lenguas debemos aún seguir alimentándonos (GARCÍA DE ENTERRÍA)[367].

Ahora bien, la perspectiva de la centralidad de la persona lleva a buscar y a encontrar nuevas figuras jurídicas que innoven y revaloricen al Derecho administrativo en relación con los derechos fundamentales. Por tanto, en el Derecho administrativo contemporáneo lo relevante es la persona y no el Estado, ya que priman la tutela de la dignidad humana, la eficacia de los derechos humanos constitucionalmente reconocidos en los instrumentos jurídicos internacionales (tratados, convenios, acuerdos, etc.) de protección de los derechos humanos, del Derecho internacional humanitario y del Derecho de gentes, ya sea porque se encuentren incorporados por ley al Ordenamiento jurídico nacional, o que su aplicación proceda con efecto directo atendiendo a su carácter de *ius cogens*. Con ello se abre una nueva época, y como sostiene la doctrina, se proyectan tanto el Derecho internacional convencional como el control de la convencionalidad como nuevos paradigmas del Derecho administrativo contemporáneo.

VI. EL PRINCIPIO DE LA GARANTÍA PATRIMONIAL

1. *Introducción*

§158. Planteamiento de la cuestión — La cuestión de la responsabilidad del Estado por los daños y perjuicios ocasionados a los particulares por actos de la Administración Pública, ha sido objeto de análisis permanente, a través del tiempo por los autores del Derecho público. Ahora, como señala la jurisprudencia[368], el principio de separación de los poderes, base fundamental de la concepción del gobierno democrático, al distribuir entre los órganos del Poder Público las funciones privativas del Estado, creando entre los mismos un armónico equilibrio de precisas

---

[367] GARCÍA DE ENTERRÍA, E., *Ob. cit.*, nota 303, pp. 11 y 12.

[368] Véase Sent. de la CSJ/SPA de fecha 5 de febrero de 1964, G.F. N° 43, 1964, pp. 14-19.

atribuciones, dio lugar a un nuevo tipo de relación jurídica entre el Estado y el individuo, en cuya virtud el ejercicio de la función pública conlleva una responsabilidad, que limita su alcance y protege a la colectividad frente a la acción omnipotente del Poder Público.

Como quiera que la Administración Pública, aún actuando conforme a Derecho, puede ocasionar a las personas daños que no están obligados a soportar, se consagra la garantía patrimonial en el ejercicio de la función pública, esto es, la responsabilidad administrativa que cubre, por tanto, la responsabilidad por:

a. Actividades normales o lícitas (funcionamiento normal o sin falta del servicio).

b. Actividades anormales o ilícitas (funcionamiento anormal o con falta del servicio), mediante la justa indemnización, el restablecimiento del principio de igualdad ante la ley y, con él, el orden jurídico perturbado (Arts. 25, 141 y 259, C).

§159. Consagración constitucional — Una de las innovaciones importantes de la Constitución de 1999 en materia de régimen general del ejercicio del Poder Público, fue la consagración expresa del principio de la garantía patrimonial del Estado, por los daños y perjuicios que cause en el ejercicio de sus funciones, el cual es un instituto jurídico consustancial al Estado de Derecho[369].

En efecto, la Constitución administrativa realiza la consagración general del sistema de responsabilidad del Estado en su Art. 2, al consagrar lo siguiente: "**Artículo 2.** Venezuela se constituye en un Estado democrático y social de Derecho y de Justicia, que propugna como valores superiores de su ordenamiento jurídico y de su actuación, la vida, la libertad, la justicia, la igualdad, la solidaridad, la democracia, la responsabilidad social y, en general, la preeminencia de los derechos humanos, la ética y el pluralismo político".

Dicha consagración general se desprende también del Art. 6, *eiusdem*, el cual establece: "**Artículo 6.** El gobierno de la República Bolivariana de Venezuela y de las entidades políticas que la componen es y será siempre democrático, participativo, electivo, descentralizado, alternativo, **responsable**, pluralista y de mandatos revocables" (resaltado nuestro).

Más especialmente, el reconocimiento en cuestión respecto a la Administración Pública se realiza a través del Art. 141 de la C, el cual prevé que:

---

[369] CALCAÑO DE TEMELTAS, J. "La responsabilidad extracontractual de la Administración Pública", en *II Jornadas Internacionales de Derecho Administrativo Allan Randolph Brewer-Carías, Las Formas de la Actividad Administrativa.* Asimismo, Sent. N° 1469 del TSJ/SC de fecha 6 de agosto de 2004.

"**Artículo 141.** La Administración Pública está al servicio de los ciudadanos y ciudadanas y se fundamenta en **los principios de** honestidad, participación, celeridad, eficacia, eficiencia, transparencia, rendición de cuentas y **responsabilidad en el ejercicio de la función pública**, con sometimiento a la ley y al derecho" (resaltados nuestros).

Y finalmente, la garantía patrimonial del Estado, es decir, de las personas jurídicas estatales en sus respectivos niveles territoriales, por el funcionamiento de sus Administraciones Públicas, es regulada específicamente y de una manera mucho más clara en el Art. 140 de la Constitución de 1999 de la siguiente forma: "**Artículo 140.** El **Estado responderá patrimonialmente** por los daños que sufran los particulares en cualquiera de sus bienes y derechos, siempre que la lesión sea imputable al funcionamiento de **la Administración Pública**" (resaltados nuestros).

Así, se tiene un gran avance en cuanto a la consolidación, al menos constitucionalmente, de uno de los pilares fundamentales de la cláusula del Estado de Derecho, como es el sistema de la garantía patrimonial del Estado, y de manera específica bajo la denominación general de "responsabilidad administrativa", que englobaría todas las reparaciones debidas por el Estado por daños causados por el funcionamiento tanto "normal" como "anormal" de la Administración Pública, como estructura orgánica.

Admitida así, en principio, la responsabilidad del Estado para con el individuo, surge de inmediato la necesidad de establecer las diferencias esenciales entre esa responsabilidad administrativa y la que rige en el campo del Derecho privado.

§160. Sistema mixto de responsabilidad — Ahora bien, el Art. 140 de la C no puede analizarse separado o de manera individual, sino que debe interpretarse conjuntamente con todas las demás disposiciones constitucionales que tratan el sistema de la garantía patrimonial del Estado, pero en especial con la EMC, cuya parte que se quiere resaltar en estos momentos es del tenor siguiente:

> *Finalmente, en las disposiciones generales, se establece bajo una perspectiva de derecho público moderna **la obligación directa del Estado de responder patrimonialmente por los daños que sufran los particulares en cualquiera de sus bienes y derechos**, siempre que la lesión sea imputable al funcionamiento, normal o anormal, de los servicios públicos y por cualesquiera actividades públicas, administrativas, judiciales, legislativas, ciudadanas o electorales, de los entes públicos o incluso de personas privadas en ejercicio de tales funciones.* (Resaltado nuestro).

Del extracto transcrito se observa claramente, la amplitud e integralidad en la que formalmente ha quedado reconocido la garantía patrimonial del Estado[370], la cual no sólo recae sobre el ejercicio de la función pública por parte de la Administración Pública (hechos, actos y contratos administrativos, vías de hecho, retardos, abstenciones, etc.), sino también sobre las demás funciones legislativas, judiciales, electorales, ciudadanas o cualquier otro tipo de función pública, pudiendo éstas ser ejercidas por personas públicas o privadas en ejercicio de las funciones públicas, bien sea mediando un funcionamiento normal (legal) o anormal (ilegal) de los órganos en el ejercicio del Poder Público.

Como puede observarse, formal y constitucionalmente ha prevalecido lo que la doctrina ha denominado un sistema mixto de responsabilidad, donde el pilar fundamental ya no es el autor del daño sino la integridad patrimonial de las personas. En tal sentido, la jurisprudencia del Tribunal Supremo de Justicia destaca el carácter mixto del sistema de responsabilidad patrimonial del Estado, así como su naturaleza amplia e integral[371].

Conjuntamente con las generalidades ya mencionadas, el Art. 259 C prevé la ampliación del contencioso administrativo, al incluir ahora la responsabilidad por la prestación de los servicios públicos.

En mérito a lo expuesto, y por cuanto el régimen de responsabilidad de la Administración Pública tiene rango constitucional[372], se comparte el criterio de la doctrina[373], que de todo el mencionado bloque normativo constitucional o Constitución administrativa en Venezuela, resulta una consistente base jurídica para fundamentar y desarrollar técnicamente a fondo, los principios propios y autónomos de la garantía patrimonial del Estado.

VII. EL PRINCIPIO DE LA TUTELA JURISDICCIONAL EFECTIVA

§161. Reenvío — Por último, como el principio de juridicidad puede ser excedido por la Administración Pública, es natural que se prevean los medios para que en tales casos pueda ser restablecido, asegurando su supremacía. El sometimiento pleno a la ley y al Derecho se verifica por el correlativo control jurisdiccional. Es indudable, en este sentido, que la

---

370   Véase Sents. del TSJ/SC N° 2818 de fecha 19 de noviembre de 2002, caso *Gladis Josefina Jorge Saad viuda de Carmona*; y N° 403 de fecha 24 de febrero de 2006.

371   Véase Sents. del TSJ/SC de fecha 19/11/2002, caso *Carmona*; y del TSJ/SPA de fecha 1/10/2002, caso *Cadafe*; y 25/03/2003, caso *Enelbar*.

372   Véase Sente. del TSJ/SE N° 834 de fecha 26 de julio de 2005, *RDP*, N° 102, p. 89.

373   ORTIZ ÁLVAREZ, L., "La Responsabilidad patrimonial del estado en Venezuela en la Constitución de 1999. Visión general sustantiva y el mito del carácter objetivo del sistema)", en *Congreso Internacional de derecho administrativo en Homenaje al Prof. Luis Farías Mata*, T. I, UCAB, Caracas, 2006, p. 33.

última y más importante garantía jurisdiccional de la vigencia del principio de juridicidad radica en el principio de tutela jurisdiccional efectiva de los órganos jurisdiccionales que integran el Poder Judicial, también llamado principio de justiciabilidad, con competencia en esa materia, ya sea general, ya sea especial.

De ahí que, como también señalara MOLES CAUBET[374], las diversas maneras con que la Administración Pública puede desconocer o vulnerar el principio de legalidad o principio de juridicidad, conducen como consecuencia inmediata al control de la Justicia administrativa o Jurisdicción contencioso administrativa, y agregamos también al control de la Justicia constitucional, aspecto éstos que desarrollaremos posteriormente en el Capítulo VII y al cual remitimos deferentemente al lector.

---

[374]   MOLES CAUBET, A., "El Sistema Contencioso-administrativo venezolano en el Derecho Comparado", en *Ob. cit.*, nota 200, pp. 429 y ss.

CAPÍTULO V

EL DERECHO ADMINISTRATIVO
Y EL ESTADO SOCIAL

I.   LA TEORÍA DEL ESTADO SOCIAL

1. *Consagración constitucional Introducción*

§162. Planteamiento de la cuestión — La República Bolivariana de Venezuela también es según la Constitución un "**Estado** democrático y **social** de Derecho y de Justicia" (Art. 2 *eiusdem*). Ahora bien, para estudiar cualquier sistema de Derecho administrativo contemporáneo, es preciso hacer algunas referencias jurídicas a la cláusula constitucional del Estado social, que si bien no pertenece al Derecho administrativo, constituye un presupuesto jurídico de tal sistema y, muy especialmente, a los principios fundamentales del Derecho público que condicionan tanto al Derecho constitucional como al Derecho administrativo. Sin embargo, las declaraciones constitucionales a favor del Estado social tienen la necesidad de contar con un contenido que sea preciso y suficientemente conocido en la dogmática jurídico-pública.

Para empezar emplazando la cuestión, es preciso señalar junto con J. C. HENAO[375], que la comprensión actual del Derecho es en gran medida producto de las ideologías liberales y del advenimiento del Estado de Derecho, y dentro de este la concurrencia de sus principios fundamentales que venimos de analizar en el Capítulo anterior. Ahora bien, a medida que se fue imponiendo el modelo político del Estado de Derecho, una nueva realidad jurídica de orden constitucional, como es la noción del Estado Social, que se le agrega a la cláusula constitucional del Estado de Derecho, denominado desde entonces "Estado social de Derecho", lo

---

[375]   HENAO, J.C., "Estado Social y Derecho administrativo", en *Constitucionalización del Derecho administrativo, XV Jornadas Internacionales de Derecho Administrativo*, Ed. A. Montaña Plata y A. F., Ospina Garzón, Universidad Externado de Colombia, Bogotá, 2014, p. 147.

cual no significa en modo alguno el advenimiento de un fenómeno completamente novedoso y diferente, sólo que adquiere una dirección distinta y en algunas ocasiones sufre transformaciones –o cuando no desafíos–.

El estudio académico de modelo jurídico-político de Estado social, continúa señalando HENAO[376], cuando menos en sus primeras comprensiones, estuvo ligado a la necesidad de justificar las nuevas responsabilidades que había empezado a asumir el Estado desde finales del Siglo XIX. En tal sentido, señala que de la determinación constitucional de un modelo de Estado social se deriva de que la Administración Pública debe asumir nuevas responsabilidades, no es un aporte novedoso para la doctrina. De hecho podría llegarse al extremo de afirmar que, cronológicamente, primero la Administración Pública asume nuevas responsabilidades, y solo con posterioridad se introduce el Estado social como concepto jurídico y doctrinario para explicarlas. Sin embargo, poco se ha dicho respecto de la forma como la asunción de esas nuevas responsabilidades ha sido fundamental en la forma como la Administración Pública interpreta, aplica y si se quiere, contribuye en la construcción del Derecho administrativo que le es aplicable.

§163. Orígenes — HENAO[377] nos recuerda que el imperio del Estado liberal de Derecho se caracterizó por el imperio del Derecho privado, que parte del presupuesto, lógico dentro de su concepción, de que los particulares son libres en cuanto puedan hacer valer y respetar su voluntad. Tuvo como finalidad esencial proteger al ciudadano de los embates del poder, liberar de restricciones indebidas de sus libertades civiles y políticas, sus bienes y derechos subjetivos en general. El papel de los aparatos administrativos no es de intervención activa sino pasiva, un vigilante que solo puede actuar en condiciones excepcionales. Es, pues, una lógica en el que el *laisser faire–laisser passer* es la fórmula adecuada para la consecución del interés general, lo público debe no solo disminuirse sino replegarse ante la iniciativa de los privados. En definitiva, el Derecho administrativo del Estado liberal es en gran medida un Derecho establecido para mantener el *status quo* creado por el Derecho privado. En el Estado social, por el contrario, concluye, se debe buscar modificar el *status quo* social para dar efectivo cumplimiento a sus finalidades sociales.

Por tanto, sostiene HENAO[378], la génesis del Estado social es la superación de la visión del Estado-abstencionista o Estado-policía, en la

---

[376]   HENAO, J.C., *Ob. cit.*, nota 375, p. p. 167.

[377]   *Ibídem*, 151 y ss.

[378]   HENAO, J.C., *Ob. cit.*, nota 375, p. 152.

cual la acción del Estado debe tener como objetivo lograr que la libertad e igualdad dejen de tener contenidos formales, y pasen a tener un contenido material en el que se observe al ser humano como realidad histórica y social. Los fines del Estado no se desfiguran por completo: la igualdad, la libertad y el mantenimiento del orden permanecen como fines del mismo, pero estos no tiene en el Estado social igual contenido, la misma concepción ni la misma lógica.

En términos generales, puede decirse junto a HENAO[379], que el Estado social supera al Estado de Derecho, pues al concepto de Estado "ahistórico" se opone, si se quiere, el concepto de un Estado enmarcado en lo histórico y en la situación social de sus ciudadanos. Las finalidades sociales, que pretenden llenar de contenido real y práctico a la libertad y a la igualdad, desembocan como consecuencia lógica y necesaria en el Derecho administrativo, y en la forma como el mismo se debería construir y concebir contemporáneamente. Esas finalidades sociales son la base sobre las cuales se construye el nuevo Derecho administrativo del Estado social y de Derecho distinto de aquel que caracterizó al del Estado que, además de Estado Derecho es hoy día es un Estado social.

En efecto, a medida que se fue imponiendo el modelo político de Estado de Derecho, las Constituciones contemporáneas se van a caracterizar por el aumento significativo de su contenido material, al consagrar, además de su parte orgánica y dogmática, normas destinadas a regular las relaciones entre el Estado y las personas, o de estas entre sí, en muchos casos precisamente con ocasión de la actividad de la Administración Pública y del Derecho a ella aplicable.

§164. Denominación — Para emplazar el asunto que pretendemos desarrollar, debemos delinear la evolución del componente del modelo de organización jurídico-político de nuestro Estado, la cláusula constitucional del Estado social, es decir, de los fenómenos que bajo este concepto se intentan abarcar.

En efecto, a partir de la Revolución Francesa se hubo planteado y se consagraron normativamente ciertas demandas de la sociedad encaminadas a la modificación de las condiciones de vida de los grupos menos favorecidos. Esto es importante recordarlo, porque se trata de la aparición de nuevas exigencias y con ellas un cambio sustancial en la forma de concebir el Estado y dentro de él a la Administración Pública. En el transcurso de los Siglos XIX y XX, y debido a distintas causas, el contenido de las demandas ha ido cambiando al tiempo que se han ido incrementando; en todo caso tuvieron siempre como destinatario principal al

---

[379] *Ibídem*, p. 153.

Estado, buscando inicialmente que éste otorgara directamente las prestaciones o bien después que regulara los fenómenos vinculados con ellas,
lográndose que las Constituciones recogieran tales exigencias en normas
de distinto tipo (preámbulos, declaraciones, principios de acción, derechos, garantías, etc.), tendentes a garantizar su cumplimiento.

Así, a la confluencia entre las nuevas tareas a cargo del Estado y los
cambios producidos, se le designa como "Estado social", expresión acuñada por el constitucionalista alemán H. HELLER[380] en 1929, en el sentido
que el Estado debe intervenir en la vida social y económica con pequeñas
correcciones para evitar su destrucción[381], y en su virtud la sociedad
puede y debe decidir democráticamente sobre su estructura económica y
social[382]. Asimismo planteaba la necesidad, para el viejo y simple Estado
de Derecho moldeado conforme a los parámetros del liberalismo económico clásico, de asumir un papel central y principalísimo en la atención a
los conflictos sociales, so pena de generar la ruptura total del sistema y la
caída del Estado de Derecho y democrático por los senderos de los regímenes despóticos.

Finalmente, predicaba la necesidad de que el Estado de Derecho se
transformara en un Estado Social de Derecho, que procurara la consolidación de la igualdad en un sentido material, que abarcara la totalidad
de la cuestión social, y no se agotara en una simple igualdad formal. La
igualdad material implica, adoptar decisiones con incidencia directa en
la vida social de los ciudadanos más allá del ámbito estricto del individualismo y de los simples derechos subjetivos, por lo tanto, para el legislador, reconocer derechos y para la Administración Pública garantizar
su efectiva realización.

Por su parte, las revoluciones liberales dieron paso a otro fenómeno:
las revoluciones industriales, transformación vertiginosa que no fue solo
económica sino que tuvo implicaciones sociales relevantes. Así las cosas,
frente a un Estado abstencionista se planteó la necesidad de un Estado
intervencionista en el que no solo se regularan las situaciones y las relaciones jurídicas entre los sujetos particulares, sino que creó una verdadera estructura encaminada a la disminución de la desigualdad material
constatada.

---

[380]   HELLER, H., "¿Estado de Derecho o dictadura?", en *Escritos políticos*, Alianza,
        Madrid, 1985, pp. 283.
[381]   ABENDROTH, W., "El Estado de Derecho democrático y social como proyecto
        político", en *El Estado Social*, Centro de Estudios Constitucionales, Madrid, 1986,
        p. 29.
[382]   *Ibídem*, p. 37.

§165. Concepto — Una precisión previa se considera necesaria, pues como señala el administrativista alemán E. FORSTHOFF[383], cualquier intento de plasmar en una fórmula conceptual al Estado social corre el riesgo de sufrir interpretaciones tan contradictorias como las del término social. En tal sentido, toma como punto de partida el hecho de que la existencia individual se ha transformado de un modo decisivo. Para valorar ese cambio en sus efectos sobre el Estado, parte de una distinción –todavía vigente– entre "espacio vital dominado" por cada individuo, del "espacio vital efectivo". Por el primero quiere significar aquél que está de tal manera colocado bajo el individuo de modo que éste pueda considerarse dueño de dicho espacio; por el segundo quiere significar aquél espacio en el que fácilmente se desarrolla la existencia de cada uno.

Luego viene una transformación de la existencia individual, donde el espacio vital se ha visto reducido, lo cual tiene una contrapartida en la extraordinaria ampliación del espacio efectivo vital que el progreso de la técnica ha hecho posible. Sin embargo, la renuncia al espacio vital dominado supone a la vez renuncia a garantías sustanciales en la existencia individual, que inicialmente fueron satisfechas por las organizaciones asistenciales públicas y luego por el propio Estado. Y estas prestaciones del Estado en el ámbito existencial se amplían notablemente, y que hacen necesariamente del Estado un Estado social. Lo es en un sentido mucho más amplio al que normalmente se le concibe, si se interpreta lo social como medidas de asistencia a favor de los necesitados. Así, el Estado social es un Estado que garantiza la subsistencia y, por lo tanto, no sólo un Estado de prestaciones ("Estado asistencial" o "Estado providencia"), sino también de redistribución de las riquezas con fines de asistencia social ("Estado social"), para llegar a un resultado importante: las funciones del Estado social son funciones de servicio, ordenadas a la consecución de una existencia digna para cada ciudadano[384].

Además, es también FORSTHOFF quien nos recuerda que el Derecho constitucional y el Derecho administrativo son distintos considerados desde la perspectiva del Estado social, al señalar: por un lado, que no es por el ámbito constitucional, sino por el de la Administración Pública por donde el Estado social ha penetrado en la teoría del Derecho público; y por el otro, que mientras el Derecho constitucional se muestra distanciado respecto de los esfuerzos en la formación de un Estado social, por su parte el Derecho administrativo ha pasado por un pro-

---

[383] FORSTHOFF, E., "Problemas constitucionales del estado social", en *El Estado Social*, Centro de Estudios Constitucionales, Madrid, 1986, p. 46.

[384] FORSTHOFF, *Ob. cit*, nota 383, pp. 48-49. En el mismo sentido, Sent. del TSJ/SC N° 85 de fecha 24-1-2002, caso *ASODEVIPRILARA*.

fundo proceso de mutación en toda su sistemática, cuyo resultado hoy es el Estado social en una forma que todavía no es definitiva, pero que está ya muy avanzada[385].

Finalmente, FORSTHOFF[386] distingue dentro de las garantías jurídico-sociales, entre las libertades y los derechos de participación como nociones cardinales que configuran las relaciones del individuo con el Estado. En efecto, la libertad garantizada mediante una limitación aludiría a un Estado que se traza límites a sí mismo, y deja al individuo en la situación social que tiene. Por su parte, la participación como derecho y pretensión supone un Estado que ayuda, reparte, distribuye y adjudica, que no abandona al individuo en su situación social, sino que acude en su ayuda mediante subsidios. Tal es el Estado social.

§166. Vinculación del Estado social con el Estado de Derecho — Ahora, como concluye FORSTHOFF[387] la conexión del Estado de Derecho con el Estado social es una realidad. Las ordenaciones sociales de los Estados, configurados por la ley y aplicadas por las Administraciones Públicas se sitúan en su aspecto formal bajo el imperio de las normas constitucionales. Estado de Derecho y Estado social se encuentran en una recíproca relación de complementariedad. Sin embargo, la respuesta a la pregunta sobre el contenido del Estado social se obtiene de la conexión del dato positivo constitucional, esto es, una Constitución social, con datos relativos a las reivindicaciones y logros del movimiento social. Por ello es necesario delimitar –en la medida de lo posible– qué se entiende bajo el concepto de Constitución social y, para ello, también es presupuesto identificar el contenido del fin o interés social del Estado.

Así las cosas, como sostiene la Corte Constitucional colombiana[388], la interpretación sistemática del principio fundamental del Estado social de Derecho y de los preceptos constitucionales que lo concretan, permite concluir que dicho principio abarca, sin caer en el paternalismo o en el asistencialismo, contenidos tanto de participación en la prosperidad general, de seguridad frente a los riesgos de la vida en sociedad, de equiparación de oportunidades como de compensación o distribución de cargas.

§167. Estado social y la Administración Pública — Desde entonces la cláusula de Estado social es, por tanto, una decisión política del Poder constituyente originario que acarrea unas determinadas consecuencias

---

385   FORSTHOFF, E., *Ob. cit*, nota 383, pp. 78-79.

386   *Ibídem*, p. 86.

387   *Ibídem*, p. 106.

388   Véase Corte Constitucional española, Sent. C-1064 de 2001.

jurídicas. Cuando se observan los vínculos que existen entre la cláusula del Estado social y la Administración Pública, el estudio se ha de centrar en qué forma se incorpora aquella sobre la organización, las actividades, los fines e incluso los medios a los cuales debe recurrir la Administración Pública

En primer lugar, cuando se alude al Estado social, se ha de entender no como un Estado prestador, característica propia del Estado de Bienestar o del Estado social bajo una interpretación concreta, sino como un Estado que a través de los medios que le permite el Ordenamiento jurídico debe dar satisfacción a la finalidades constitucionales sociales. Por tanto, no se debe hacer referencia solo a la opción finalística del constituyente, sino también a una opción de organización o institución, en el sentido que entre el Estado de Derecho y su caracterización como Estado Social existe una relación de medio a fin. Se trata de conseguir una determinada situación social calificable como justa por los medios que ofrece el Estado de Derecho (J. M. RODRÍGUEZ DE SANTIAGO)[389].

En tal sentido, sostiene la doctrina[390], una de las diferencias esenciales entre el Estado de Derecho y el Estado social es el tipo de garantías por las cuales propenden. El Estado de Derecho está caracterizado por las garantías técnico-jurídicas, mientras que el Estado social por garantías jurídico-sociales. Las primeras consisten en limitaciones (el Estado se limita así mismo) que persiguen garantizar los derechos y libertades mediante la separación del individuo del Estado, manteniendo, por tanto, con ello el *status quo* y la situación social del individuo. Mientras que las garantías jurídico-sociales, que consisten primariamente en participación y vinculan al individuo con el Estado (pues éste no le abandona a su situación social sino que presta, distribuye, redistribuye y reparte con equidad).

En este sentido, y en virtud de la supremacía de la Constitución propia del Estado de Derecho (Art. 7 de la C), todos los destinatarios de aquella, en especial el Estado, sus órganos y funcionarios, se encuentran sometidos a la misma. Es decir, el Estado Social tiene rango normativo constitucional, y por lo mismo debe "irradiar" todo el Ordenamiento jurídico y el actuar de todos los órganos o complejos de órganos del Poder Público y de los poderes privados. Que la Constitución ha optado por implantar un modelo de Estado social, incompatible con un Estado

---

[389] RODRÍGUEZ DE SANTIAGO, J. M., *La administración del Estado Social*, Marcial Pons, Madrid, 2007, p. 140.

[390] MAGALDI, N., *Procura existencial, Estado de Derecho y Estado Social*, en Serie de Historia Jurídica y Filosofía del Derecho, N° 48, Universidad Externado de Colombia, Bogotá, 2007, pp. 125 y 126.

neutral en las cuestiones sociales, y que además imponga a las autoridades y, en especial a la Administración Pública, numerosas tareas y fines, refuerza lo anterior.

2. *Derecho positivo*

§168. Planteamiento de la cuestión — La República Bolivariana de Venezuela es según la Constitución un "**Estado** democrático y **social** de Derecho y de Justicia" (Art. 2 *eiusdem*). Pero lo que hace constitucionalmente al Estado venezolano un Estado social, es el énfasis que el Preámbulo de la Constitución hace de los valores del bien común, la justicia social y la igualdad sin discriminación ni subordinación alguna; y la incorporación de una serie de disposiciones constitucionales de contenido social, la consagración de una serie de derechos fundamentales prestacionales, así como los fines esenciales que se le imponen al Estado en el ámbito o materia económica y social, al proclamar en el Art. 299, C lo siguiente: "**Artículo 299. El régimen socioeconómico de la República Bolivariana de Venezuela se fundamentará en los principios de justicia social**, democratización, eficiencia, libre competencia, protección del ambiente, productividad y solidaridad, **a los fines de asegurar el desarrollo humano integral y una existencia digna y provechosa para la colectividad**" (resaltados nuestros).

De acuerdo con la transcripción anterior, el Estado social es un Estado que se involucra en la vida social y económica y que trata de conducirla en la consecución de sus fines sociales, impuestos por la calificación del Estado como social.

En este orden de ideas, BREWER-CARÍAS[391] sostiene que la cláusula Estado social está basada en la Constitución, en la concepción del Estado con obligaciones sociales y de procura del principio constitucional de "justicia social", lo que lo lleva a intervenir en la actividad económica y social, inicialmente como Estado prestacional, y agregamos, después como Estado garante de prestaciones. Tal carácter social deriva principalmente del valor fundamental de la igualdad y no discriminación establecido en el Preámbulo y en el Art. 1°, C, que además de derecho fundamental (Art. 21, C) es el pilar de actuación del Estado (Art. 2, C); y de la declaración del principio constitucional de la Justicia social como base del sistema socio-económico.

En efecto, la jurisprudencia nacional[392] ha sostenido que el concepto de Estado Social surge para velar por la protección y resguardo efectivo

---

[391]   BREWER-CARÍAS, A. R., *Ob. cit.*, nota 61, p. 118.

[392]   Véase Sent. del TSJ/SC N° 85 de fecha 24 de enero de 2002, caso *ASODEVIPRILARA*.

de los derechos de las personas, y propender y dirigir la misma no sólo en el ámbito social, sino en el aspecto económico con la finalidad de ir disminuyendo el desequilibrio existente en nuestra sociedad, que lo eleva a la categoría del Estado garante de las prestaciones esenciales para lograr lo que en expresión acuñada por FORSTHOFF sería la "procura existencial" y el bienestar social general de todos las personas[393].

Ahora bien, la cláusula constitucional del Estado social, a diferencia de las demás, no se refiere directamente al sujeto Estado, sino a una determinada situación empírica de la comunidad social que se organiza en forma estatal que, en una primera aproximación muy general, podría describirse como la situación en la que se cumplen ciertos requisitos de Justicia social. La idea que subyace es, pues, la realización de reformas sociales a través del Estado.

§169. Concepto — El Estado venezolano se concibe a sí mismo como un Estado social, cláusula constitucional que tiene también particular importancia para el Derecho administrativo contemporáneo, pues como señala BREWER-CARÍAS[394], su contenido configura el marco de actuación de la Administración Pública. Tal declaración constitucional, a diferencia de las anteriores, no se refiere directamente al sujeto Estado, sino a una determinada situación empírica de la comunidad social que se organiza en forma estatal que, en una primera aproximación muy general, podría describirse como la situación en la que se cumplen ciertos requisitos de Justicia social a que alude expresamente el Art. 299 de la C. La idea que subyace al concepto de Estado social es la realización de reformas sociales a través del Estado. De ahí la necesidad de intervención pública de forma efectiva en la vida económica y social.

Por su parte, la jurisprudencia señala que el concepto Estado social surge ante la desigualdad real existente entre las clases y grupos sociales, que atenta contra la igualdad jurídica reconocida a los individuos por la propia Carta Fundamental[395], que lo eleva a la categoría del Estado garante de las prestaciones esenciales para lograr la "procura existencial" y el bienestar social general de todos los ciudadanos[396]. El mismo se caracteriza por procurar la satisfacción de necesidades de la colectividad, exigencias sociales, y para ello dispone de una Administración Pública con un cometido prestacional o asistencial, la cual es

---

[393] Véase Sent. del TSJ/SC N° 3252 de fecha 28 de octubre de 2005.

[394] BREWER-CARÍAS, A. R., *Ob. cit.*, nota 61, p. 118.

[395] Véase Sent. del TSJ/SC N° 85 de fecha 24 de enero de 2002, caso *ASODE-VIPRILARA*.

[396] Véase Sent. del TSJ/SC N° 3252 de fecha 28 de octubre de 2005.

tendente a la procura existencial de los ciudadanos, espacio mínimo vital acorde con el bien común que permite el desarrollo y enriquecimiento de la persona humana[397].

Así las cosas, concluye la jurisprudencia[398], la concepción social del Estado, que lo eleva de la categoría de Estado policía al de Estado de prestaciones esenciales para lograr la procura existencial y el bienestar social general de todos las personas, implica, además, una serie de deberes en cabeza de los particulares, con fundamento en el principio de solidaridad y de responsabilidad social (Art. 153, C), en atención a los cuales las personas y la sociedad en general, no son ajenos a tales cometidos prestacionales, sino que han de colaborar activamente –dentro de los términos legales y, como dice la norma, según su capacidad– a través de su participación en la gestión pública.

§170. Igualdad material — Los fines esenciales del Estado a partir de la consagración de la cláusula constitucional del Estado social no se desfiguran por completo: la igualdad, la libertad y el mantenimiento del orden permanecen como fines esenciales del mismo, pero estos no tienen en el Estado social igual contenido, la misma concepción ni la misma lógica. Ahora bien, los fines esenciales sociales serán la base sobre los cuales se ha de construir el Estado social.

El principio de igualdad material o Justicia social como principio constitucional solo se desarrolla y se hace jurídicamente exigible en la medida en que intervengan los distintos órganos del Poder Público para concretar su contenido. La concreción de ese contenido puede venir de las manos del Poder legislativo, del Poder judicial, pero recaerá, por regla general, sobre el papel central que tiene la Administración Pública en la concreción del Estado social, y en esa medida será parte integrante del Derecho administrativo contemporáneo.

De esta forma, junto con la consagración de los principios básicos de un sistema de economía mixto o social de mercado, como son el reconocimiento de los derechos fundamentales de contenido económico, se contiene importantes limitaciones al ejercicio de estos derechos, se prevén varios instrumentos de intervención del Estado en la economía, y finalmente se reconoce un catálogo de derechos fundamentales prestacionales –específicos o inespecíficos–.

De ahí la existencia y necesidad de intervención pública de forma efectiva en la vida económica y social. Así, el Estado social es un Estado

---

[397]   Véase Sent. del TSJ/SC N° 3013 de fecha 2 de diciembre de 2002.

[398]   Véase Sent. del TSJ/SC N° 3252 de fecha 28 de octubre de 2005.

que garantiza la subsistencia y, por lo tanto, no es sólo un Estado de prestaciones (Estado asistencial o Estado providencia), sino también de redistribución de las riquezas con fines de asistencia social (Estado social), para llegar a un resultado importante: las funciones del Estado social son funciones de servicio, ordenadas a la consecución de una existencia digna para cada persona[399]. El valor equilibrante es, pues, una virtud del Estado social.

En efecto, el Poder constituyente al configurar al Estado venezolano dentro del modelo jurídico-político del Estado social tenía la obligación de constitucionalizar los derechos fundamentales prestacionales, ya que según la jurisprudencia[400] la constitucionalización de tales derechos es lo que fundamentalmente identifica a un Estado social. Por tanto, los derechos fundamentales, en general, y los derechos fundamentales sociales o prestacionales, en particular, se configuran así en criterios, guías y límites de cualquier interpretación jurídica, y su carácter de normas básicas materiales hace que toda interpretación que transgreda su significado sea inconstitucional. Es por ello que a la hora de que el operador jurídico pretenda dotar de significado a los derechos fundamentales sociales o prestacionales, el papel de la interpretación jurídica es clave, sobre todo cuando estamos tratando de su ejercicio en el ámbito social, económico y cultural.

§171. Contenido jurídico — Dentro de la evolución, la doctrina y jurisprudencia le reconocen a la cláusula del Estado social carácter jurídico. Sin embargo, la Constitución no define qué debe entenderse por Estado social, ni cuál es su contenido jurídico[401], luego de la negación inicial de parte de la doctrina sobre el contenido jurídico de la cláusula fuera del ámbito de la legislación y de la Administración Pública, lo cual fue objeto de crítica por parte de FORSTHOFF[402] a la doctrina *iusadministrativista* de su tiempo, que desconocía la realidad de una Administración Pública encargada de nuevas actividades, entre ellas las actividades de orden prestacional.

Ahora bien, el Estado social es una cláusula que a la vez que habilita la configuración estatal del orden social, atribuye a las autoridades una notable corresponsabilidad por la vigencia de unas condiciones materiales acordes con la dignidad humana y propicias para la efectividad de los derechos fundamentales. Es una cláusula que también da unidad y sen-

---

[399] FORSTHOFF, E., *Ob. cit.*, nota 383, pp. 48-49. En el mismo sentido, Sent. del TSJ/SC N° 85 de fecha 24 de enero de 2002, caso *ASODEVIPRILARA*.

[400] Véase Sent. del TSJ/SC de fecha 5 de agosto de 2014, caso *C.A. Centro Médico*.

[401] Véase Sent. del TSJ/SC N° 85, *cit.* nota 139.

[402] *Cit.* por HENAO, J.C., *Ob. cit.*, nota 375, p. 167.

tido a las numerosas responsabilidades que impone la Constitución al Estado en materia de lucha contra la desigualdad social y la pobreza, en la garantía de derechos sociales y de los derechos colectivos, la regulación de la economía y la defensa de bienes colectivos, cuya ejecución material es esencialmente labor de la Administración Pública.

En tal sentido, la jurisprudencia nacional[403] ha sostenido que la Constitución permite ir delineando el alcance del concepto de Estado social desde el punto de vista normativo, sobre la base de diferentes artículos, por lo que el mismo tiene un contenido jurídico, el cual se ve complementado por el Preámbulo de la Constitución y por los conceptos de la doctrina, y permiten entender qué es el Estado social, que así deviene en un valor superior del Derecho público venezolano.

Así las cosas, el Estado social supuso una respuesta histórica a la denominada "cuestión social" y representó la asunción por el Estado moderno de las reivindicaciones del "movimiento social", en la medida que las finalidades sociales son también la base sobre la cual se construye el Derecho administrativo contemporáneo en el modelo del Estado social.

§172. Derecho administrativo contemporáneo en el modelo del Estado social — En primer lugar, cuando se observan los lazos que se tienden entre la cláusula del Estado social y el Derecho administrativo contemporáneo, sostiene HENAO[404], el estudio se ha de centrar en la forma como se incorpora dicha cláusula sobre las actividades, fines, e incluso medios a los cuales debe recurrir la Administración Pública. Ello pondrá en evidencia la permanente transformación, readaptación y revalorización del Derecho administrativo contemporáneo, pues ningún otro Derecho es tan dinámico como este y su permanente interés intelectual consiste, justamente, en sus constantes innovaciones. Y es que lo anterior va a permitir demostrar que el Derecho administrativo del modelo de Estado Social se diferencie del Derecho administrativo del modelo de Estado de Derecho puro.

De modo que mientras exista y tiene que existir un Estado social, tiene que existir un Derecho administrativo porque se configura como un instrumento básico, y tiene que cumplir los mandatos del Poder constituyente originario, muchos de los cuales aparecen como derechos fundamentales, en razón de lo cual no hay derechos fundamentales sin Constitución; y viceversa, no hay Constitución sin derechos fundamentales.

---

403 Véase Sent. del TSJ/SC N° 85 de fecha 24 de enero de 2002, caso *ASODE-VIPRILARA.*

404   HENAO, J. C., *Ob. cit.*, nota 375, p. 148.

Habido cuenta de lo anterior, el análisis debe centrarse en las nuevas responsabilidades que han impuesto a la Administración Pública los fines esenciales del Estado social de raigambre constitucional, y cómo el establecimiento de esos fines esenciales sociales permite que la Administración Pública asuma también un papel diferente al tradicional, configurando con su actuación el nuevo Derecho administrativo contemporáneo.

Y es como desde hace años lo constataba A. NIETO[405], el Derecho administrativo siempre "refleja los condicionamientos políticos y sociales vigentes en un momento dado". De allí aquella gráfica expresión de P. WEIL[406], en el sentido que el Derecho administrativo sufre permanentemente de una "crisis de crecimiento" que, en definitiva, nunca concluye, pues las transformaciones económicas y sociales de la sociedad no cesan, y con ellas las del Estado y del rol que la Administración Pública desempeña.

De ello surge que no hay Derecho más actual que el Derecho administrativo, que pueda reflejar de mejor manera el estado de una sociedad, en la medida en que debe acompañar las trasformaciones sociales que se reflejan en el Derecho, en el rol del Estado frente a la sociedad, en lo que se espera del Estado y en lo que se espera de la Administración Pública; en fin, el rol de la persona frente al Poder Público, y viceversa. Por ello se afirma que cuando de espaldas a la sociedad, el Derecho administrativo propio del modelo del Estado de Derecho puro se resiste al cambio, se torna anacrónico, obsoleto. Frente a esta realidad, el fenómeno de constitucionalización se devela como el motor principal de la innovación y readaptación científica a las expectativas sociales, y en este sentido el Derecho administrativo contemporáneo es también un verdadero Derecho social.

Ahora bien, puede resultarles extraño que en un análisis del Derecho administrativo se haga mención de una realidad que parece más un antecedente del Derecho social, pero no debería ser así si compartimos la afirmación de la doctrina administrativa alemana[407] según la cual: "El estado Social de Derecho antes de ser una realidad constitucional fue una realidad administrativa". Y la razón de ser de esta afirmación está en una dialéctica consustancial al Derecho de la organización de la Administra-

---

[405] NIETO, A., "La vocación del Derecho administrativo de nuestro tiempo", en *RAP*, N° 76, CEC, Madrid, 1975.

[406] WEIL, P., y POUYAUD, D., *Ob. cit.*, nota 7, p. 17.

[407] FORSTHOFF, E., "Abbiamo Troppo o Troppo Poco Stato", en *Stato di Diritto in Transformazione*, Giuffré, Milan, 1973, p. 422.

ción Pública: la estructura del aparato político-administrativo del Estado responde a las necesidades sociales que los demandan. Así las cosas, antes de que se hablara de los derechos sociales, la realidad descrita había conducido a la necesidad de la aparición de verdaderos modos de gestión de servicios públicos asistenciales: por ejemplo, la salud había sido asumida de forma compartida con el sector privado, y posteriormente aparecieron los primeros servicio de seguridad social, que bajo la modalidad de aseguramiento público, pretendía hacer frente a las contingencias de enfermedad, vejez y muerte.

La realidad descrita tuvo eco en la construcción del Derecho administrativo, específicamente en el papel que debe asignar a la Administración Pública. En efecto, tres fenómenos confluyen en la idea de un Estado que no sólo debe ser vigilante del orden público compuesto ya no solo por los derechos de connotación individual (J. I. RINCÓN CORDOBA)[408]:

a. La consagración constitucional de los llamados derechos sociales en México –Constitución de Querétaro de 1917 –, y en Alemania –Constitución de Weimar de 1919– y que luego generalizó su reconocimiento en las Constituciones posteriores a la II Guerra Mundial como sucedió en Venezuela –Constitución de 1947–.

b. La aparición de tesis socialistas –utópicas y científicas– que cuestionaban el papel abstencionista del Estado.

c. Y por último, la justificación de la aplicación al Derecho administrativo de un criterio que no apele a la soberanía sino a un concepto totalizante de servicio público (Escuela de Servicio Público), que ya había surgido materialmente como una actividad en respuesta a las exigencias sociales propias de las revoluciones liberales y se consolida como la justificación última del obrar de los poderes constituidos, en especial del poder administrativo, bajo la lógica de que el Estado ante todo cumple una función social (L. DUGUIT)[409].

En mérito a lo anterior, el papel de las instituciones, órganos o sujetos calificados como administrativos no solo se ha transformado, sino que ha reconocido un papel claro de la dogmática de lo social del Derecho, y dentro de todas las instituciones la Administración Pública es la

---

[408] RINCÓN CÓRDOBA, J. I., "La igualdad material como responsabilidad de la administración pública", en *Constitucionalización del Derecho administrativo, XV Jornadas Internacionales de Derecho Administrativo*, Ed. A. Montaña Plata y A.F. Ospina Garzón, Universidad Externado de Colombia, Bogotá, 2014, p. 423.

[409] DUGUIT, L., *La Transformaciones del Derecho Público y Privado*, Ed. Colmenares, 2007, pp. 19 y ss.

decisiva para la consolidación de lo social en el Estado. En este sentido, L. PAREJO ALFONSO[410] sostiene que es la pieza capital en el cumplimiento del principio social propio de ese Estado. Ello significa que la tensión que late en entero estado de legitimación (a través del pluralismo político y la sumisión al Derecho) y eficacia –satisfacción de los objetivos sociales: máxima igualdad posible en cada momento en la distribución de los bienes materiales y culturales– se hace especialmente acusada en el ámbito administrativo.

Las transformaciones mencionadas se dirigen a dotar a la Administración Pública de instrumentos idóneos para atender la totalidad de las demandas y exigencias sociales, circunstancias que repercuten sobre el carácter y contenido del Derecho administrativo que se torna, en consecuencia, en un Derecho con principios dirigidos a hacer desde la Administración Pública realidad dentro del contexto del Ordenamiento jurídico el carácter social del Estado y justificar así –dentro del contexto jurídico emanado de las normas convencionales, la Constitución y la ley– los nuevos instrumentos que dotan de posibilidades de mayor actuación y decisión a la Administración Pública.

Así las cosas, como bien sostiene HENAO[411], las consecuencias del Estado social sobre el Derecho administrativo no sólo es una realidad que afecta sólo a la Administración Pública, sino que resulta necesario observar el papel que habrán de desempeñar los demás centros o complejos orgánicos que ejercen el Poder Público en la construcción y configuración de ese fenómeno jurídico.

Finalmente, sobre la importancia de la intervención de los mismos en la concepción del Estado social, y la forma como debe impactar el Derecho administrativo, el citado PAREJO ALFONSO[412] concluye: "El Estado social administrativo exige hoy, justamente para adaptarse a los requerimientos de la dinámica económico-social actual, cambios profundos en el ciclo entero de la gestión de asuntos públicos, es decir, en la legislación, como también en la ejecución".

§173. **Responsabilidades sociales en el Derecho administrativo** — Ahora bien, como nos lo recuerda HENAO[413], el estudio académico del

---

[410] PAREJO ALFONSO, L., *El concepto de derecho administrativo*, EJV, Caracas, 1984, pp. 261 y 262.

[411] HENAO, J.C., *Ob. cit.*, nota 375, p. 155.

[412] PAREJO ALFONSO, L., "El Estado social Administrativo: Algunas reflexiones sobre la 'crisis' de las prestaciones y los servicios públicos", en *RAP*, N° 153, 2000, pp. 217-250, p. 238.

[413] HENAO, J.C., *Ob. cit.*, nota 375, p. 167.

Estado social, cuando menos en sus primeras comprensiones, estuvo ligado a la necesidad de justificar las nuevas responsabilidades que había empezado a asumir la Administración Pública desde finales del Siglo XIX. En este sentido, señalar que de la determinación constitucional de un modelo de Estado social se deriva que la Administración Pública debe asumir nuevas responsabilidades sociales, no es un aporte novedoso para la doctrina. De hecho puede llegarse al extremo de afirmar que, cronológicamente, primero la Administración Pública asume nuevas responsabilidades, y solo con posterioridad se introduce el Estado social como concepto jurídico y doctrinario para explicarlas.

En este orden de ideas el autor menciona que FORSTOHFF ya hacía críticas a la doctrina *iusadministrativa* de su tiempo, que en su sentir desconocía la realidad de una Administración Pública encargada de nuevas actividades de orden prestacional. Actividades nuevas que no podían entenderse bajo la lógica tradicional del Estado de Derecho puro, y del Derecho administrativo propio de ese modelo de Estado.

Por tanto, si se califica de acuerdo con la vigente Constitución nuestro Estado como social, de tal calificación se desprenden consecuencias jurídicas precisas, y de manera principal, significa "añadir a las funciones estatales aquellas otras funciones destinadas a crear las condiciones vitales que ni el individuo, ni los grupos puedan asegurar por sí mismos"[414].

En tal sentido se concluye con MEILÁN GIL[415], el Estado de Derecho no es un obstáculo para el Edo social; ni este comporta la desaparición de aquél, sino un "plus", un enriquecimiento.

II. RESPONSABILIDADES DEL ESTADO SOCIAL

§174. Planteamiento de la cuestión — Habida cuenta de lo anterior, en esta Sección el estudio se centrará en las viejas y nuevas responsabilidades que imponen a la Administración Pública los fines esenciales de la cláusula del Estado social, de raigambre constitucional, y cómo el establecimiento de estas finalidades sociales ha permitido que la Administración Pública asuma también un papel diferente al tradicional, configurando con su actuación el nuevo Derecho administrativo contemporáneo.

---

[414]   GARCÍA PELAYO, M., "Consideraciones sobre las cláusulas económicas de la Constitución", en Vol III. *Estudios sobre la Constitución de 1978*, Madrid, 1979, p. 46.

[415]   MEILÁN GIL, J. L., "La administración pública a partir de la Constitución española de 1978 (1)", en *Revista Española de Derecho Constitucional*, Año 16, N° 47, 1996, p. 61.

Esta realidad jurídico-constitucional exige de entrada que las finalidades sociales impuestas por la Constitución se entiendan en sus justos límites, evitando que en el plano de la realidad política y de la práctica legislativa y jurisprudencial se imponga por vía interpretativa de la Constitución una ideología específica y. por tanto, inconstitucional.

§175. Plan — Hemos sostenido más arriba que el Estado venezolano es un Estado social (Art. 2, C). Ahora, las declaraciones constitucionales a favor del Estado social tienen un contenido preciso y suficientemente conocido en la dogmática jurídico-pública.

En este orden de ideas, la jurisprudencia[416] afirma que el Estado social, al cual hace referencia el Art. 2, C, se caracteriza por procurar la satisfacción de necesidades de la colectividad, exigencias sociales, y para ello dispone de una Administración Pública con un cometido prestacional o asistencial, la cual es tendente a la procura existencial de los ciudadanos, espacio mínimo vital acorde con el bien común que permite el desarrollo y enriquecimiento de la persona humana.

En consecuencia, partiendo de los elementos mencionados, en esta parte el estudio se centrará en algunas de las responsabilidades –tradicionales unas y novedosas otras– que imponen a la Administración Pública los fines sociales de raigambre constitucional, y cómo el establecimiento de estas finalidades del Estado social permite que la Administración Pública asuma también un papel diferente al propio del modelo del tradicional Estado de Derecho puro, configurando con su actividad, la construcción y comprensión de un nuevo modelo: el Derecho administrativo contemporáneo.

Con la precisión obvia de que todo ello se enmarcará dentro de la relación Derecho administrativo y la cláusula constitucional del Estado social, el análisis se desglosa en torno a las ideas extraídas de lo que es común a la historia del "movimiento social"[417], que enumeramos así:

a. La configuración constitucional de los servicios públicos.

b. La ayuda al individuo en estado de necesidad y pobreza, y la responsabilidad del Estado con respecto a un mínimo de procura existencial adecuado a la dignidad de la persona humana.

---

[416] Véase Sent. del TSJ/SC N° 3013 de fecha 2 de diciembre de 2002.

[417] ZACHER, *cit.* por RODRÍGUEZ DE SANTIAGO, J. M., *La administración del Estado social,* Marcial Pons, Madrid, 2007, p. 23.

c.   La consecución de más igualdad material o real mediante la superación de las diferencias sociales y el control sobre las relaciones de dependencia.

d.   El régimen de seguridad social frente a los riesgos y contingencias vitales.

e.   Y por último, la responsabilidad estatal de contribuir al crecimiento económico para posibilitar la participación de todos en el bienestar general. Veamos.

1. *Servicio públicos*

A.   *Introducción*

§176. Planteamiento de la cuestión — No es este el lugar para llamar la atención que requiere un tema tan relevante y sugestivo. Bástenos decir lo imprescindible, destacando los puntos que hayan de tenerse ahora presentes. Así las cosas, las actividades de servicio público, tradicionalmente consideradas como función administrativa, será la primera de las responsabilidades que se expondrá. La generalización del reconocimiento de fundamentales de los derechos prestacionales va a condicionar las competencias de la Administración Pública y el Derecho administrativo a ella aplicable. De ahí que no solo aparece la actividad de servicio público en cabeza de la Administración Pública como una respuesta a las exigencias sociales propias de las revoluciones liberales, sino que además se convierte en uno de los criterios que justifica la aplicación de un régimen jurídico diferenciado.

Como cuestión previa debemos mencionar que las bases doctrinales de la noción de servicio público se encuentran en el trabajo publicado por el Decano L. DUGÜIT[418] en el año 1913. Este autor francés define el servicio público como toda actividad cuyo cumplimiento debe ser asegurado, regido y controlado por los gobernantes, porque ese cumplimiento es indispensable para la realización y desarrollo de la interdependencia social; en ese sentido sostuvo que el objeto del Derecho administrativo es el fin de la actividad de servicio general del Estado. Concibe el Estado como un conjunto de servicios públicos, como un conjunto de cometidos, que el Estado asume para la satisfacción de las necesidades colectivas. Esos cometidos no son otros que los servicios públicos Así las cosas, esta teoría tiene como consecuencia que reduce la teoría del Estado a la teoría de los servicios públicos o, si se quiere, a una concepción de servicio público demasiado amplia porque la teoría del servicio público sería una teoría del Estado, ya que las funciones del Estado serían un servicio público.

---

[418]   DUGÜIT, L., *Ob. cit.*, nota 409, pp. 19 y ss.

El citado DUGÜIT[419], uno de los principales exponentes de esta construcción doctrinal, afirmaba que la justificación del Estado era ante todo teleológica, por cuanto ante la necesidad de resolver necesidades generales, lo público prevalece sobre lo privado y justifica una mayor intervención sobre la vida de las personas. Así las cosas, la finalidad del Estado no es mandar sino obrar para dar respuesta a un contexto social que se caracteriza por nuevas actividades. Así, el servicio público, que ya había surgido materialmente como actividad, se consolida como justificación última del obrar del Estado, a través de la Administración Pública, de allí que sostenga que "[...] la voluntad del gobernante no tiene ninguna fuerza más que en la medida que persigue la organización y funcionamiento de un servicio público".

De ahí deriva que el concepto de servicio público tendrá tres implicaciones: (i) se trata de una actividad propia de la Administración Pública; (ii) se concibe como un concepto que justifica la aplicación de un régimen jurídico diferenciado; y por último (iii) se consolida como el principal instrumento que garantiza la igualdad material como instrumento de equiparación y como finalidad a alcanzar.

En consecuencia, los servicios públicos son inherentes a la finalidad social del Estado. Por tanto, desde el punto de vista constitucional, una vez que se determine que una actividad es de esta naturaleza, no se pueden dejar sin desarrollo las finalidades que le acompañan, siendo un deber del Estado social asegurar o garantizar su prestación eficiente a todos los habitantes.

§177. Régimen jurídico — Por otro lado, siendo el servicio público una modalidad específica de intervención administrativa, cualitativamente diferente de otras, entraña unas determinadas consecuencias generales sobre el plano del régimen jurídico aplicable a las actividades afectadas, con lo cual nos encontramos con un dilema semejante al del huevo y la gallina: ¿Es el régimen jurídico concreto un elemento de la definición de servicio público o, más bien, es una consecuencia de la calificación de una actividad como servicio público?

El funcionamiento de los servicios públicos, cualquiera que sea su naturaleza así como sus modalidades de gestión, está sometido a un *corpus* de principios muy diversos, destinado a garantizar la satisfacción del interés público. El denominado "Derecho de los servicios públicos" deriva de un estatuto jurídico especial, el cual, desde el punto de vista del Derecho comparado, se caracteriza fundamentalmente por la ausencia de un conjunto normativo sistematizado a la manera de codificación, salvo muy contadas excepciones en el Derecho administrativo comparado.

---

[419]   *Ídem.*

A partir del momento en que el servicio público empezó a entenderse como categoría jurídica, y ante la ausencia de un texto expreso que recogiera todas las reglas y normas atinentes, se fue reconociendo la existencia de ciertos principios fundamentales que son consecuencia de la sistematización elaborada por la doctrina y la labor de la jurisprudencia, sobre la base de la especificidad de cada Derecho positivo, a partir de la legislación vigente en cada país.

En consecuencia, de conformidad con el Art. 156 de la C, el Poder legislativo tiene la competencia de formular las normas básicas relativas a la naturaleza, la extensión y cobertura de los servicios públicos, los modos de gestión, la regularidad, permanencia, la calidad y la eficiencia en su prestación, el estatuto de los usuarios, el régimen de protección y las formas de participación en la gestión, el régimen tarifario, y finalmente el control y vigilancia para asegurar su prestación efectiva.

Por último, es digno de mencionar el tratamiento integral de la posición y la naturaleza social y plural de los derechos de los usuarios ante el servicio público, mediante el dictado de las denominadas Cartas de servicio público, que según M. SÁNCHEZ MORÓN[420] serían los documentos que constituyen el instrumento a través del cual los órganos de la Administración Pública informan a los usuarios sobre los servicios públicos que tiene encomendados, sobre los derechos que les asisten en relación con aquellos y sobre los compromisos de calidad en su prestación.

§178 Vigencia plena — Por último, la razón de ser de los servicios públicos se encuentra hoy día en el contenido dogmático de las Constituciones, y es sabido que entre las garantías de los derechos fundamentales sociales o prestacionales a alcanzar se halla la igualdad material o Justicia social. Ello justifica que la intervención del Estado, mediante la prestación o la garantía de prestación de los servicios públicos, si bien con los límites que constituyen la finalidad última a la que deben propender, siga siendo necesaria e indispensable. Es bien cierto que las doctrinas neoliberales cuestionaron el papel del sector público en cuanto a la actividad de prestaciones, ello no implicó ni una retirada ni mucho menos el "digno entierro" que se le pronosticaba, sino una mutación de la institución para acomodarse a un nuevo contexto social e histórico[421].

En efecto, la denominada crisis del servicio público y el replanteamiento del papel del Estado por las doctrinas neoliberales, si bien no

---

[420] SÁNCHEZ MORÓN, M., *Derecho Administrativo. Parte General*, Ed. Tecnos, Madrid, 2006, p. 752.

[421] RINCÓN CÓRDOBA, J. I., *Las Generaciones de Derechos Fundamentales y la Acción de la Administración Pública*, Universidad Externado de Colombia, Bogotá, 2004.

permiten definir en torno a ella el eje nuclear de la Administración Pública y al Derecho administrativo, ello no quiere decir, sin embargo, que deba ser enviada en bloque al baúl de la historia (MARTÍN RETORTILLO)[422].

Así las cosas, la evolución histórica demuestra que el carácter de actividad prestacional del servicio público, si bien no llevado al extremo tal de señalar que "el servicio público es casi todo, pero no es todo", sin duda alguna lo convierten en el principal instrumento para lograr la materialización de los derechos fundamentales sociales y, por ende, de la igualdad material o Justicia material. En efecto, muchos derechos fundamentales sociales no se comprenden sin la existencia de una estructura de servicios públicos, o lo que es igual: el servicio público se convierte en el contenido material de los derechos fundamentales sociales que la doctrina ha denominado de segunda generación, de forma tal que sin aquél no se podrían realizar. Por ello la actividad prestación o de garantía de prestación de servicio público de una manera continua y regular continúa siendo prevalente, puesto que se relaciona con las finalidades sociales que le son inherentes al Estado, circunstancia que conduce a que se la siga calificando como una función administrativa con independencia de que su prestación se haga con la colaboración de los particulares[423].

Ahora, también es cierto que la caracterización clásica del servicio público ha ido adecuándose para construir un nuevo concepto con otras características. En efecto, la perspectiva central de la persona lleva a buscar y a encontrar nuevas figuras jurídicas que pongan al día la teoría de los servicios públicos en relación con los derechos fundamentales. El servicio público sigue siendo lo que fue. Lo que ha ocurrido es que la realidad nos ha llevado a nuevos conceptos, hoy de gran utilización, como son por ejemplo, el concepto de servicio económico de interés general, que elimina la titularidad pública de determinados servicios enteros o de algunas de sus fases; o el concepto de servicio universal, que si bien implica la presencia del Estado no es la propia y privativa del régimen del servicio público, pero intervención pública al fin, pero ya no se trataría del concepto de servicio público en el sentido tradicional del término, sino un intento de conciliación de los principios del servicio público con los de la economía social de mercado.

En conclusión, la decisión política del Poder constituyente a través de la regulación, prestación y garantía sobre las finalidades sociales de los servicios públicos, sean domiciliarios o no, es una realidad imperativa con consecuencias determinantes en la construcción y comprensión del Derecho administrativo contemporáneo.

---

[422]   MARTÍN RETORTILLO, S. *Ob. cit.*, nota 307.
[423]   RINCÓN CÓRDOBA, J. I., *Ob. cit.*, nota 408, pp. 427 y 428.

B. *Deberes*

§179. Planteamiento de la cuestión — La organización del Estado, al igual que otras instituciones u organizaciones sociales, se presenta como respuesta a intereses y aspiraciones comunes de un grupo que pretende desarrollarlas, valiéndose para ello de una estructura y unas reglas, a partir de las cuales se materializan los fines sociales concretos. Así, los servicios públicos dentro de las actividades de la Administración Pública constituyen una actividad de prestación de la cual es titular.

Bajo esta consideración se mencionan los deberes estatales fundamentales con relación a los servicios públicos: (i) el deber estatal no sólo de prestación directa sino de la garantía de su prestación; (ii) el deber estatal de buen funcionamiento de los mismos; y por último (iii) la prohibición de no regresividad.

§180. Deber y garantía de prestación — Desde el Preámbulo de la Constitución, que de por sí tiene fuerza normativa vinculante, se proyecta el compromiso de un Estado que consolide, entre otros valores, el "bien común".

Por su parte, el Art. 299 de la C, al establecer el régimen socioeconómico y la función del Estado en la economía, señala como fines del Estado, los de "asegurar del desarrollo humano integral y una existencia digna y provechosa para la colectividad". Ahora bien, la realización efectiva de tales fines estatales implica, muchas veces, la intervención directa del Estado. En tal sentido, no cabe duda que desde el comienzo el Texto constitucional impone un deber de prestación de los servicios públicos. Especialmente los que tienen que ver con el desarrollo de la colectividad.

Pero se observa cómo la Administración Pública bajo el Estado social puede, a través de los medios que le otorga el Ordenamiento jurídico, y no solo a través de la prestación directa, sino a través de la garantía de prestación, dar cumplimiento a los fines sociales, y cumplir así con el mandato constitucional. En contrapartida, las personas ostentan no solo el derecho a la creación y mantenimiento de los servicios públicos y organizaciones prestacionales, sino también el derecho al uso y disfrute de los servicios públicos existentes en condiciones de acceso, niveles de calidad y tarifa en cada caso previstos en atención a la naturaleza de los mismos.

§181. Buen funcionamiento — En la medida en que el Estado social se legitima en la acción y no en la inhibición pública, el buen funcionamiento de los servicios públicos lo califica o descalifica, pues la actividad de prestación o de su garantía prestacional, aun siendo solo una parte, si bien muy importante, de la actividad administrativa, es de importancia capital dado que estas necesidades sociales, satisfechas de este modo, responsabilizan exclusivamente al Estado, entendido este en su sentido amplio. Finalmente, y no menos importante, el principio de eficacia se encuentra establecido en los Arts. 141 de la C y 10 de la LOAP.

§182. Prohibición de no regresividad — Por último, relacionado con el principio de progresividad tenemos el principio de no regresividad de los derechos fundamentales sociales reconocido por la jurisprudencia de la Corte Constitucional colombiana[424], que busca ante todo, evitar el retroceso en los estándares de protección alcanzados en facetas progresivas de los derechos sociales. Es, pues, aplicado a la prestación de los servicios públicos, una prohibición para retroceder en los medios establecidos, como forma de evitar que no se afecten los objetivos propuestos y alcanzados. Es una prohibición para disminuir el nivel de cumplimiento que se había alcanzado, salvo que esté absoluta y debidamente justificado.

C.   *Clasificación*

a.   *Servicios públicos constitucionales*

§183. Concepto — La noción de servicio público que ha sido una noción forjada por el *Conseil d'Etat*, también ha sido remodelada a nivel constitucional por el *Conseil Constitutionnel*, quien ha extraído del interior de la noción de servicio público, una nueva categoría de servicios exigidos por la Constitución francesa y denominados servicios públicos constitucionales, calificación que ha sido receptada por la doctrina francesa (CHAPUS)[425], y que va a comportar consecuencias jurídicas muy precisas.

El interés de la nueva categoría jurídica resulta de una distinción que se establece entre, por un lado, los servicios públicos simplemente legislativos cuya creación o supresión, principalmente por la vía de la denominada privatización, es posible; y por otro, los servicios públicos exigidos por la Constitución[426], cuya transferencia al sector privado está prohibida. En tales casos, los fines sociales vienen impuestos de manera inevitable por la Constitución.

§184. Criterios — El concepto de servicio público constitucional está fundado sobre los tres criterios siguientes: (i) la voluntad del Poder constituyente; (ii) una actividad de interés público; y por último (iii) gestionada por una persona pública a nivel nacional.

---

[424]   Véase Corte Constitucional colombiana Sent. C-630 de 2011, p. 173.

[425]   CHAPUS, R., *Ob. cit.*, nota 107, p. 552.

[426]   Véase *Conseil Constitutionnel*, Déc. 88-232 DC de fecha 7 de enero de 1988, Rec. 17.

§185. Decisión del Poder constituyente — Es sabido, de manera tradicional, que la declaración del Poder Público es requerida para que se pueda calificar a una actividad como servicio público. En el caso de los servicios públicos constitucionales, es la voluntad del Poder constituyente la que determina expresamente la obligación constitucional del funcionamiento del servicio público de que se trate.

Por tanto, a nivel constitucional surge una *summa divisio* entre servicios públicos cuya existencia es exigida por la Constitución, y los servicios públicos cuya existencia es dejada a la libre discreción del legislador.

§186. Interés público — Para poder ser calificado de servicio público constitucional, la actividad debe ser de interés público. Tal es lo que acontece, según lo analizaremos en su oportunidad, con la noción de servicio público *strictu sensu*.

§187. Nivel nacional — Una consecuencia de orden orgánico deriva de la naturaleza de los servicios públicos constitucionales y es que los mismos están estrechamente ligados al Estado. Son necesariamente servicios públicos nacionales, es decir, asumidos por el Estado.

Sin embargo, lo contrario no es correcto, no todos los servicios públicos nacionales son servicios públicos constitucionales[427]. Por otro lado, el resultado principal de la existencia de este concepto es que son servicios públicos nacionales que no pueden ser objeto de transferencia al sector privado y, por ende, deben ser gestionados por una persona pública.

§188. Clasificación — Al interior de los servicios públicos constitucionales, existe una clasificación por la cual, según admitan o no la existencia de su gestión por parte del sector privado, serían calificados como de primer tipo o segundo tipo, o de primer rango o segundo rango, y donde el fundamento, paradigmáticamente, es el juego o rol de los derechos o libertades fundamentales para la determinación de las modalidades de su ejercicio.

Ahora, si bien el *Conseil Constitutionnel* aplica a todos los servicios públicos los grandes principios fundamentales[428] y no le impone la gestión pública a la segunda categoría.

§189. Servicios públicos de primer rango — La existencia de bases constitucionales diferentes conducirá a la doctrina francesa a distinguir, entre los servicios públicos constitucionales de primer rango, aquellos

---

427   Véase *Conseil Constitutionnel*, Déc. N° 96-380 DC, fallo Entreprise nationale France Telecom, Rec. CC, p. 107.

428   Véase *Conseil Constitutionnel*, Déc 96-380 DC, de fecha 23 de julio de 1996, Rec. 107.

vinculados a las funciones de garantía de la soberanía del Estado y comprendería los servicios públicos garantes de: (i) la seguridad y el orden público (por ejemplo, las fuerzas armadas, la policía judicial y penitenciaria, etc.); (ii) la soberanía económica y financiera del Estado (por ejemplo, el servicio público de la moneda y el servicio público fiscal); (iii) por último, la soberanía externa del Estado (por ejemplo, el servicio público diplomático y el servicio público del asilo político).

§190. Servicios públicos de segundo rango — Es sabido que las Constituciones proclaman derechos fundamentales de naturaleza económica y social, los cuales demandan, en vista de su materialización, la intervención del Estado, principalmente mediante la prestación de los denominados servicios públicos constitucionales de segundo rango.

En tal sentido, los servicios públicos constitucionales serán calificados de segundo rango, en la medida en que el ejercicio de los derechos fundamentales de naturaleza económica y social (*droits-créances*) autoriza, bajo ciertas condiciones, con el título de gestor o de concurrente, la intervención por parte ya sea de las colectividades locales, ya de establecimientos públicos o, en fin, de personas privadas.

En este orden de ideas es posible realizar, a su vez, una división de los servicios públicos constitucionales de segundo rango así: (i) los servicios públicos de protección de la economía nacional (por ejemplo, los servicios públicos de electricidad, transporte, gas, etc.); los servicios públicos de protección de la vida intelectual (por ejemplo, los servicios públicos de la formación profesional, de la cultura y de la educación, etc.); y por último los servicio públicos de protección de la vida material (por ejemplo, los servicios públicos de protección de la salud, de la seguridad social, del turismo, etc.).

§191. Admisión — En la doctrina venezolana (ARAUJO-JUÁREZ, BREWER-CARÍAS)[429] también se ha receptado la categoría de los servicios constitucionales. En efecto, la existencia de diversas normas en la Constitución administrativa, sobre servicios públicos, permite a la doctrina (BREWER-CARÍAS)[430] identificar tres grupos de servicios públicos constitucionales por oposición a los creados por ley formal, según su

---

[429] ARAUJO-JUÁREZ, J., "Los derechos fundamentales económicos y el Derecho de los servicios públicos", en *Servicio Público. Balance & Perspectiva*, Vadell Hnos. Editores, Caracas, 1999; ARAUJO-JUÁREZ, J., *Derecho Administrativo General. Servicio Público*, Ediciones Paredes, Caracas, 2010; y BREWER-CARÍAS, A. R., "A Manera de Prólogo sobre 'el marco constitucional de los servicios públicos'", al libro *Los Servicios Públicos domiciliarios*, (Director: Víctor Hernández-Mendible), EJV-Cereco-Funeda, Caracas, 2012.

[430] BREWER-CARÍAS, A.R, *Ob. cit.*, nota 429, pp. 21 y ss.

vinculación a: (i) los derechos de la Nación; (ii) los fines del Estado; y por último (iii) los derechos y libertades individuales.

§192. Servicios públicos vinculados a los derechos de la Nación — Son aquellos que la Constitución administrativa declara como derechos irrenunciables de la Nación, es decir, de toda persona e instituciones, vinculadas a la soberanía y que origina la obligación del Estado de resguardarla y, por tanto, exclusivos del Estado, y en muchos casos excluyentes tales como: (i) el servicio público de defensa y seguridad –la Fuerza Armada Nacional– (Arts. 322, 328 y 156, núms. 2, 7 y 8); (ii) el servicio público exterior y diplomático (Arts. 152, 156, núms. 1 y 152); y por último (iii) el servicio público de promoción y ordenación de la economía (Arts. 112, 299, 308, 309 y 310) y en particular: el régimen fiscal y monetario (Arts. 311 a 315); el sistema tributario (Arts. 316 y 317); el sistema monetario nacional (Arts. 318 y 319); y la coordinación macroeconómica (Art. 320).

§193. Servicios públicos vinculados a los fines del Estado — El Estado tiene como fines esenciales la defensa y desarrollo de la persona y el respeto a su dignidad, la construcción de una sociedad justa, la promoción de la prosperidad y bienestar del pueblo, para lo cual la Constitución administrativa establece los siguientes servicios públicos: (i) los de seguridad y protección ciudadana, como son la policía (Art. 156, núm. 6) y protección civil (art. 178, núm. 4); el régimen de los extranjeros (Art. 156, núm. 4); y los servicios de identificación (Art. 156, núm. 5), y la administración de riesgos y emergencias (Art. 156, núm. 9)); (ii) el servicio público de justicia (Art. 26) y de defensa pública (Art. 268); (iii) los de protección ambiental (Arts. 127 a 129); (iv) los sociales como la asistencia y protección social (Arts. 75 a 81); (v) de salud y sanidad (Arts. 83, 84 y 85); (vi) seguridad social (art. 86); (vii) educación (Art. 102); (viii) vivienda (Art. 82); (ix) de empleo (Art. 87); (x) culturales (Art. 98 a 101); y en fin (xi) deportivos y de recreación (Art. 111).

§194. Servicios públicos para garantizar el ejercicio de derechos y libertades individuales — El último grupo de servicios públicos constitucionales se configura por aquellas actividades prestacionales impuestas por la Constitución administrativa al Estado para garantizar el ejercicio de los derechos individuales, así: (i) los servicios públicos para la circulación (Art. 50) tales como la vialidad nacional (Art. 156, núm. 27) y urbana (Art. Art. 178, núm. 2), el transporte público (Art. 156, núm. 26), tales como navegación, aéreo, terrestre, marítimo, fluvial y lacustre (Art. 156, núm. 26), ferrocarriles nacionales (Art. 156, núm. 27) y transporte público urbano de pasajeros (Art. 178, núm. 2) ; (ii) los servicios públicos para las comunicaciones (Art. 48) tales como la información (Arts. 58, 101 y 108) y de correos (Art. 156, núm. 28); (iii) los servicios públicos para la calidad de vida tales como los servicios públicos domiciliarios (Art. 156, núm. 29) y, finalmente, (iv) los servicios públicos e intervención del Estado en la economía (Arts. 112, 115 305, 308, 309 y 310).

b.   *Servicios públicos domiciliarios*

§195. Planteamiento de la cuestión —La importancia de los servicios públicos domiciliarios y su incidencia en el desarrollo no solo de la Administración Pública y el Derecho administrativo, sino también en la calidad de vida y el desarrollo de la sociedad, ha sido motivo de importantes trabajos en el Derecho administrativo comparado (P. ESPLUGAS, J. F. LACHAUME, F. J. VILLAR ROJAS, y L. F. MORENO)[431].

En efecto, tanto en lo individual como en lo colectivo, la adecuada prestación de los servicios públicos determina la calidad de vida, pues se afecta en forma directa la existencia de las personas. No es posible hablar de bienestar social, sin una adecuada prestación de los servicios públicos y, asimismo, no será posible emprender proyectos públicos o privados exitosos de producción de bienes y servicios si no se dispone de una adecuada infraestructura de servicios públicos.

Es así como el tema de los servicios públicos domiciliarios se hubo desarrollado también en la Constitución administrativa y según la doctrina, de la misma forma, varió la misión del Estado en materia de servicios públicos al considerar que su papel principal era no solo el de prestar sino el de garantizar de manera eficiente su prestación, por el propio Estado, por los particulares o por las comunidades organizadas.

§196. Concepto —Si bien el articulado de la Constitución administrativa vigente hace relación a los servicios públicos de modo general (Arts. 365 a 370), también lo hace en algunas disposiciones, de manera específica, a una especie de ellos, los servicios públicos domiciliarios (arts. 367, 368, 370 y 369 inc. 2° *eiusdem*), que son los que se prestan, a través del sistema de redes físicas o humanas con puntos terminales que son las viviendas o sitios de trabajo, tales como electricidad, agua potable y gas doméstico (art. 1654, núm. 29) y aseo urbano y domiciliario (art. 178, núm. 4).

Se distingue, de este modo, una especie dentro del género de los servicios públicos calificados como domiciliarios, y si bien no se los define, se les atribuye una importancia singular, pues no solo se hace referencia específica a los mismos, sino que se dispone una estructura general y normativa para que sea desarrollada por el legislador.

---

[431] ESPLUGAS, P., *Le service public*, Dalloz, Paris, 1998; LACHAUME, J.F., *Grands services publics*, Masson, Paris, 1989; VILLAR ROJAS, F.J., Privatización de servicios públicos, Tecnos, Madrid, 1993; y MORENO, L. F., *Servicios Públicos Domiciliarios. Perspectivas de Derecho Económico*, Universidad Externado de Colombia, Bogotá, 2001.

§197. Conclusión — Ante una sociedad que demanda mayores exigencias sociales, las consecuencias determinantes de las actividades de servicio público en la construcción actual del Derecho administrativo contemporáneo son el reflejo de la cláusula constitucional del Estado social, de las obligaciones y los fines sociales derivados de la decisiones políticas fundamentales o básicas que el propio Poder constituyente originario le impuso al Estado para hacer real su cumplimiento de una manera eficiente.

2. *Pobreza*

§198. Planteamiento de la cuestión — Como cuestión previa se debe mencionar la urgencia del Derecho administrativo contemporáneo para detectar fenómenos y escenarios, que desde el modelo de la dogmática tradicional no se contemplan. En este punto hemos de efectuar una reflexión sobre el papel de lo jurídico en la disminución de la pobreza en sus distintas manifestaciones –situación de pobreza y pobreza crítica–, que se nos presenta no sólo real y actual, sino hoy por hoy también dramática.

En efecto, el movimiento social de la década de los años 80 se caracteriza en materia social por el descubrimiento de un fenómeno nuevo: la exclusión social. Sin embargo, la pobreza –en su realidad humana, económica, social, moral y política– si bien desde siempre ha sido objeto de múltiples intervenciones estatales particulares, no forma parte de una categoría que el Derecho haya construido en tanto que tal. Esto es, una noción sobre la cual el Derecho –no obstante su finalidad de Justicia social, solidaridad, bien común, etc.– haya regulado jurídicamente, en su unidad y especificidad, para darle un contenido identificable y sacar los efectos jurídicos particulares.

§199. Ayuda estatal a los pobres — Por tanto, como sostiene la autora francesa D. ROMÁN[432], conviene dejar sentado la necesidad de la intervención del Derecho administrativo contemporáneo frente a la pobreza, que ha de pasar, progresivamente, de la regulación en materia de persecución de los indigentes o la represión de los vagos, al imperativo esfuerzo de integración social del pobre.

En efecto, la realidad jurídico-constitucional exige de entrada que las finalidades sociales impuestas por la Constitución social se entiendan en sus justos límites, puesto que donde acaba la caridad, la beneficencia o la implantación de los denominados "programas sociales" que corresponden, en principio, a tareas excepcionales y temporales (la denominada

---

[432]   ROMÁN, D., *Le droit public face à la pauvreté*, LGDJ, Paris, 2002.

Administración de misión frente a la Administración de gestión), se manifiestan los derechos a la dignidad de la persona y a la satisfacción de las necesidades humanas mínimas, y mientras exista la pobreza revela que se los desconocen. Esta percepción comporta una mutación sensible del Ordenamiento jurídico: el tratamiento jurídico de la pobreza tiende a renovarse gracias a la formulación de un derecho humano a la inserción o inclusión, como un verdadero derecho fundamental.

Y es que la ayuda a los pobres se nos presenta históricamente como la primera tarea social del Estado, lo cual supone la intervención activa y competente de una Administración prospectiva. En efecto, la dignidad de la persona impone la ayuda estatal para la consecución del mínimo de procura existencial en aquellos casos en los que, por especiales circunstancias, la persona no puede sostenerse por sus propios medios. De ahí que el sistema constitucional impone al Estado social actuar ante una situación de insuficiencia del mínimo de procura existencial para que el pobre viva con dignidad.

Por tanto, el Derecho y, concretamente, el Derecho administrativo contemporáneo no pueden ser indiferente a la realidad social e histórica como es la pobreza. La procura existencial como principio constitucional solo se desarrolla y se hace exigible en la medida en que intervengan los centros o complejos orgánicos que ejercen el Poder Público para concretar su contenido, esto es, las Administraciones Públicas. En cabeza de las mismas está la obligación de crear técnicas, reglas, procedimientos, instituciones e intervenciones jurídicas en orden, si no a su eliminación, al menos a su atenuación, para generar un ambiente favorable al ejercicio y respeto de los derechos fundamentales. La concreción de ese contenido material y real debe venir de manos del legislador, del juez, pero recaerá, principalmente, en la Administración Pública, medio indispensable para una actividad prospectiva, y en esa medida será parte integral del Derecho administrativo contemporáneo.

3. Igualdad material o Justicia social

§200. **Planteamiento de la cuestión** — En el otro punto y en el momento actual, la doctrina *iuspublicista* también debate sobre los temas de las minorías y el pluralismo, ofreciendo pautas para responder a uno de los mayores retos que enfrenta la organización de la convivencia social: la justificación de normas comunes que regulen la convivencia entre individuos con identidades diversas para lograr la igualdad o Justicia social (material o real), como fin esencial social del Estado.

Precisamente, el eje sobre el que pivota la Justicia social a la cual se refiere expresamente el Preámbulo de la C es la igualdad material. A este respecto los Arts. 2, 3, 19, 20, 21, y de modo capital el 299 de la C cuando señala que el régimen socioeconómico de Venezuela se fundamenta entre otros, en "los principios de *justicia social*, democratización, eficiencia, libre competencia, protección del ambiente, productividad y solidaridad" (cursiva nuestra), a los fines de asegurar el desarrollo humano integral y una existencia digna y provechosa para la colectividad. En consecuencia, la Constitución dirige un mandato muy claro a todos los órganos del Poder Público, cual es el de promover las condiciones para que la libertad y la igualdad del individuo y de los grupos en que se integra sean reales, efectivas, así como remover todos los obstáculos que impidan o dificulten su plenitud y facilitar la participación de todos los ciudadanos en la vida política, económica, cultural y social.

En este contexto y en cumplimiento de ese mandato constitucional que se impone a los distintos órganos del Poderes Público, todos, sin excepción, deben actuar en pro de la igualdad o Justicia social (material o real). Pero no hay duda que es la Administración Pública quien tiene un papel primordial, pues ésta en cuanto parte del aparato estatal principalmente responsable de la acción interior del Estado, lo será también de la realización de los objetivos propios del Estado Social, junto con la iniciativa privada (corresponsabilidad pública y privada). Y todo ello sin olvidar que la Administración Pública ha de servir siempre el interés general y sobre la base del principio de eficacia, en conclusión, debe perseguir del modo más eficaz posible la realización efectiva del Estado Social y, a través del mismo, de la Justicia social.

Así, pues, sostiene la doctrina[433] que el Derecho público aborda ya, entre otros, el concepto de minoría y el modo en el que la definición de minoría y mayoría puede contribuir a la inclusión o a la segregación; el papel de la libertad de conciencia, el abuso de la religión o de la política como instrumentos de exclusión y la inadecuación de algunas de las categorías tradicionales del modelo del solo Estado de Derecho para ofrecer soluciones acordes con la igual consideración y el pluralismo y, por tanto, coherentes con los ideales de los derechos humanos y de la Democracia; y finalmente, la revisión de las fortalezas y debilidades de algunas de las políticas de gestión de la diversidad.

Para evitar tal desequilibrio, la Constitución y las leyes deberían determinar cuáles materias son de interés social, o definir o utilizar expresiones que permitan reconocer que en específicas áreas de las relaciones humanas existen personas en posición de desigualdad o segregación. Y es que el ámbito de desigualdad en la relaciones sociales es infinito: rico y pobre; patrono y trabajador; propietario e inquilino; adulto, niño o

---

[433] ABAD CASTELOS, M., y otros, *Minoría y Derecho*, Ed. Dykinson, SL, Madrid, 2016.

anciano, etc. Pero también es cierto, el Estado social no puede pretender una igualación absoluta; de lo que se trata es que el Estado social actúe por vías diversas sobre estas diferencias para eliminarlas o aminorarlas o, al menos, para controlar las relaciones de subordinación que nacen entre ellas.

Por su parte, la jurisprudencia nacional[434] señala que inherente a la cláusula constitucional del Estado social es el "interés social", el cual es un valor superior distintivo del Estado social de Derecho, que persigue equilibrar en sus relaciones a personas o grupos que son, en alguna forma, reconocidos por la propia ley como débiles jurídicos, o que se encuentran en una situación de subordinación con otros grupos o personas. Tal acontece con la decisión de garantizar, por ejemplo, por vía general a los habitantes que pertenezcan a un determinado estrato, de manera gratuita, el mínimo vital, por ejemplo, a un determinado metraje cúbico de agua o la tarifa social del servicio de electricidad determinado por la propia Administración Pública.

§201. Derecho a la igualdad y no discriminación — Dispone al Art. 21, C lo siguiente:

Artículo 21. Todas las personas son iguales ante la ley, y en consecuencia:

1°. No se permitirán discriminaciones fundadas en la raza, el sexo, el credo o la condición social o aquellas que, en general, tengan por objeto o por resultado anular o menoscabar el reconocimiento, goce o ejercicio en condiciones de igualdad, de los derechos y libertades de toda persona.

2°. La ley garantizará las condiciones jurídicas y administrativas para que la igualdad ante la ley sea real y efectiva, adoptará medidas positivas a favor de personas o grupos que pueden ser discriminados, marginados o vulnerables, protegerá especialmente a aquellas personas que por alguna de las condiciones antes especificadas, se encuentran en circunstancias de debilidad manifiesta y sancionará los abusos o maltratos que contra ellas se cometan.

3°. Sólo se dará el trato oficial sino el de ciudadano y usted, salvo las fórmulas diplomáticas.

4°. No se reconocerán títulos mobiliarios ni distinciones hereditarias. (Resaltado nuestro).

Ahora bien, en el derecho subjetivo a la igualdad y no discriminación es entendido como la obligación de tratar por igual forma a quienes se encuentran en análogas o similares situaciones de hecho, es decir, que

[434] Véase Sent. del TSJ/SC N° 85 de fecha 24 de enero de 2002, caso *ASODEVIPRILARA*.

este derecho supone, en principio, que todos los ciudadanos gocen del derecho a ser tratados por la ley de forma igualitaria, y se prohíbe, por tanto, la discriminación[435].

Así, nuestra jurisprudencia ha delimitado el contenido esencial de ese derecho fundamental y certeramente ha interpretado que la disposición no sólo está basada en motivos tasados (raza, sexo, credo o condición social), sino que ha de interpretarse de manera extensiva, esto es, como una cláusula general de prohibición de desigualdad cuando sostuvo[436]:

> Principio fundamental de la democracia es el de igualdad entre seres humanos, **la Constitución en el propio preámbulo establece como propósito el de mantener la igualdad social y jurídica, sin discriminaciones derivadas de la raza, sexo, credo o condición social**.

> Si bien en el artículo transcrito se prohíbe la discriminación fundamentada en "la raza, el credo o la condición social", considera la Sala que la discriminación entre particulares consagrada en el artículo 61 de la Constitución abarca, no sólo los supuestos por él señalados, sino todas aquellas situaciones donde sin ningún motivo o razón se resuelva contrariamente planteamientos iguales y así se declara. (Resaltado nuestro).

Ahora bien, no todo trato desigual es discriminatorio, pues sólo lo será el que no esté basado en causas legales objetivas y razonables, y de ahí que el legislador puede introducir diferencias de trato cuando no sean arbitrarias, esto es, cuando estén justificadas por la real situación de los individuos o grupos. En definitiva, lo que está constitucionalmente prohibido es el trato desigual frente a situaciones idénticas. Por tanto, la discriminación solo existe, cuando situaciones similares o análogas se deciden, sin aparente justificación, de manera distinta o contraria[437].

Por otro lado, se observa que del derecho fundamental a la igualdad y no discriminación es necesario distinguir dos aspectos: (i) igualdad en la ley; y (ii) igualdad "en la aplicación" de la ley.

En el primer caso, el mencionado derecho fundamental opera frente al legislador o frente al poder reglamentario, impidiendo que uno u otro

---

[435]   Véase Sent. del TSJ/SC N° 1.197 de fecha 17 de octubre de 2000; y Sent. del TSJ/SC N° 487 de fecha 6 de abril de 2001.

[436]   Véase Sents. de la CSJ/SPA de fecha 6 de octubre de 1992, caso *Luis Nicolás Tineo Rodríguez*; de la CSJ/SPA de fecha 7 de noviembre de 1996, caso *Argelia Carmona de Meléndez*; del TSJ/SC N° 1197 de fecha 9 de agosto de 2000; del TSJ/SC N° 2254 de fecha 13 de noviembre de 2001; y del TSJ/SC N° 898 de fecha 13 de mayo de 2002.

[437]   Véase Sent. del TSJ/SC N° 1197 de fecha 17 de octubre de 2000; y Sent. del TSJ/SC N° 2844 de fecha 9 de diciembre de 2004.

puedan configurar los supuestos de hecho de la norma de modo tal que se dé trato distinto a personas que, desde todos los puntos de vista se encuentran en la misma situación o, dicho de otro modo, impidiendo que se otorgue relevancia jurídica a circunstancias que, o bien no pueden ser jamás tomadas en consideración por prohibirlo así expresamente la propia Constitución, o bien no guardan relación alguna con el sentido de la regulación que, al incluirlas, incurre en arbitrariedad y es por eso discriminatoria.

En otro plano, en el de la aplicación, la igualdad ante la ley obliga a que ésta sea aplicada efectivamente de modo igual a todos aquellos que se encuentran en la misma situación, sin que el operador jurídico pueda establecer diferencia alguna en razón de las personas o de circunstancias que no sean precisamente las presentes en las normas.

Por último y vinculado con el derecho a la igualdad y no discriminación, recientemente fue objeto de protección el denominado derecho de las minorías, en aplicación de normas del Derecho internacional convencional, mediante sentencia de nuestro Alto Tribunal al sostener que[438]: [...] **los derechos legítimos de las minorías, tienen un valor jurídico y una fuerza vinculante per se**; por lo tanto, pueden y deben manifestarse en el ámbito de su entorno vital: socio-económico, cultural, geográfico y político, con prescindencia de consideraciones exógenas, incluyendo la voluntad de la mayoría [...]" (resaltado nuestro).

4. *Seguridad social*

§202. Sistema público de seguridad social — El Estado ha asumido como tarea social, la asunción de las situaciones de necesidad derivadas de contingencias vitales (enfermedad, incapacidad, muerte, etc.), que llevan consigo la pérdida del sustento económico o gastos especialmente elevados (tratamiento médico). Y es que la construcción de un sistema público de seguridad social caracteriza una fase esencial en la construcción del Estado social, hasta el punto que su regulación constitucional se identifica como una garantía constitucional. En este sentido, según el autor F. A. MORA BASTIDAS[439], el nuevo sistema de seguridad social está conformado por el conjunto integrado de sistemas y regímenes prestacionales, complementarios entre sí e interdependientes, clasificados así:

---

[438]   Véase Sent. de la CSJ/CP de fecha 10 de diciembre de 1997, caso *Ley de División Político Territorial del Estado Amazonas.*

[439]   MORA BASTIDAS, F. A., *Régimen Jurídico de la Seguridad Social. Estudio constitucional y legal del derecho a la seguridad social y el sistema de seguridad social,* Colección Textos Legislativos, EJV, Caracas, 2007, pp. 95 y ss.

a.   El Sistema Prestacional de Salud que desarrolla la Ley Orgánica de Salud[440], que viene a proteger a todas las personas que consagra la Ley en materia de salud, gestionado por el Sistema Nacional de Salud.

b.   El Sistema Prestacional de Previsión Social, integrado a su vez, por cuatro regímenes prestacionales: servicios sociales al adulto mayor y otras categorías de personas; de empleo; de pensiones y otras asignaciones económicas; y de seguridad y salud en el trabajo, que desarrolla la Ley Orgánica del Sistema de Seguridad Social[441].

c.   Y por último, el Sistema Prestacional de Vivienda y Hábitat que desarrolla la Ley del Régimen Prestacional de Vivienda y Hábitat[442], que se deberá encargar de velar por el derecho a la vivienda de las personas.

En este punto, nos referiremos solo a la seguridad social que es una de las primeras manifestaciones que en los Estados permitió hablar de la realidad de un nuevo Estado. La consideración de que la seguridad social es una de las manifestaciones del Estado social, o Estado de Bienestar, ha sido una realidad invariable desde las reformas de Bismark (1883), y la Constitución de Weimar (1919).

En efecto, el Estado también ha asumido como tarea social, la asunción de las situaciones de necesidad derivadas de contingencias vitales (por ejemplo, enfermedad, incapacidad, muerte, etc.), que llevan consigo la pérdida del sustento económico o gastos especialmente elevados (tratamientos médicos). La construcción de un sistema público de seguridad social caracteriza una fase esencial en la construcción del Estado social, hasta el punto que su regulación se identifica como un derecho fundamental[443].

También junto a la seguridad social se sitúa la indemnización social, dirigida a compensar daños que parten de una contingencia externa de la que el Estado social se hace responsable, y que afectan a determinados ciudadanos o a un grupo de ellos (por ejemplo, las prestaciones a las víctimas de los desastres naturales, los desplazamientos o el terrorismo).

---

440   Véase G.O. N° 36.579 de fecha 11 de noviembre de 1998.
441   Véase G.O. N° 39.912, de fecha 30 de abril de 2012.
442   Véase G.O. N° 39.945, de fecha 15 de junio de 2012.
443   Véase Sent. N° 03 del TSJ/SC, de fecha 25 de enero de 2005, caso *CANTV*.

Se trata ante todo, de un derecho fundamental a la seguridad social[444]. Además, es un derecho colectivo pues conforme al Art. 86 de la C constituye una condición indispensable para el disfrute de los restantes derechos humanos interdependientes y para el cumplimiento por sus titulares de los deberes que le son conexos, cuando dispone:

Artículo 86. [...]

El **Estado tiene la obligación de asegurar la efectividad de este derecho**, creando un **sistema de seguridad social universal, integral, de financiamiento solidario, unitario, eficiente y participativo, de contribuciones directas o indirectas**. La ausencia de capacidad contributiva no será motivo para excluir a las personas de su protección. Los recursos financieros de la segunda social no podrán ser destinados a 'otros fines –cotizaciones obligatorias– que realicen los trabajadores y las trabajadoras para cubrir los servicios médicos y asistenciales y demás beneficios de la seguridad social podrán ser administrados sólo con fines sociales bajo la rectoría del Estado. Los remanentes netos del capital destinado a la salud, la educación y la seguridad social se acumularán a los fines de su distribución y contribución en esos servicios. El sistema de seguridad social será regulado por una ley orgánica especial. (Resaltado nuestro).

Por otro lado, sostiene la jurisprudencia[445] siguiendo a la doctrina nacional[446] que una característica del sistema de seguridad social es su integridad, la cual es entendida en dos sentidos: (i) la suficiencia en la protección frente a cualquier necesidad; y (ii) la oportunidad en la prestación recibida.

Así las cosas, el Art. 86 de la C, según la jurisprudencia, impone una obligación al Estado de crear un sistema de seguridad social universal[447]. Además, define al sistema de seguridad social como un servicio público gratuito[448], que tendrá bajo su responsabilidad el aseguramiento de las contingencias que conforma el derecho fundamental a la seguridad social, con las consecuencias que tal calificación comporta desde el punto

---

[444] GARCÍA, A. "Reflexiones sobre la Seguridad Social, a propósito de la Sentencia N° 03/2005 de la Sala Constitucional (Caso: *CANTV*)," en *Ensayos Laborales, Ob. cit.* por MORA BASTIDAS, F. A., p. 86.

[445] Véase Sent. del TSJ/SC N° 3013 de fecha 2 de diciembre de 2002.

[446] RAMÍREZ JIMÉNEZ, A., "La Seguridad Social en la Constitución Bolivariana de Venezuela", en *Libro Homenaje a Fernando Parra Aranguren*. T. I, Universidad Central de Venezuela, Caracas, p. 282, *Ob. cit.* por la Sent. del TSJ/SC N° 3013 de fecha 2 de diciembre de 2002.

[447] Véase Sent. del TSJ/SC N° 1197 de fecha 17 de octubre de 2000.

[448] En este sentido, ya existía una Sent. de la CFC/SF, de fecha 2 de agosto de 1946, M. 1947, p. 83.

de vista del régimen jurídico exorbitante del Derecho común que le será aplicable (constitucional, administrativo, financiero, fiscal, etc.)[449].

En este orden de ideas, el concepto de seguridad social consagrado en la Constitución, según la jurisprudencia[450] debe ser entendido: como un conjunto de medios previsibles que tienden a asegurar a los habitantes de un país los medios económicos idóneos para lograr las condiciones mínimas de comodidad, salud, educación, vivienda y recreación necesarias, así como las providencias contra una serie de riesgos inherentes a la vida moderna, tales como el desempleo, la enfermedad profesional o de otro origen, la invalidez, la vejez, la educación y las derivadas de la muerte de quien fuera el sustento económico de la familia. Por ende, forma parte integral de dicha concepción del Estado social, y es una institución que tiende a la garantía de los derechos humanos, los cuales dan sentido a la actuación del mismo.

Finalmente, la jurisprudencia[451] lo concibe como un sistema que abarca toda una estructura que integran entes de derecho público-sistema de asistencia y seguridad social, configurado bajo el régimen único de seguro social entendido, en su acepción tradicional, al igual que el régimen privado, cuyo objeto común es garantizar la obtención de los medios económicos suficientes para cubrir las necesidades básicas de las personas. Así, pues, constituye un deber para el Estado social, no sólo garantizar el derecho a la seguridad social a todos los venezolanos[452], sino el establecimiento y mantenimiento de un sistema de seguridad social universal, integral y eficiente[453].

§203. Derecho a la seguridad social — Dispone el Art. 86 de la C lo siguiente: "**Artículo 86. Toda persona tiene derecho a la seguridad social** como servicio público de carácter no lucrativo, que garantice la salud y asegure protección en contingencias de maternidad, paternidad, enfermedad, invalidez, enfermedades catastróficas, discapacidad, necesidades especiales, riesgos laborales, pérdida de empleo, desempleo, vejez, viudedad, orfandad, vivienda, cargas derivadas de la vida familiar y cualquier otra circunstancia de previsión social" (resaltado nuestro).

---

[449] MORA BASTIDAS, F. A., *Ob. cit.*, nota 439, pp. 75-78.

[450] Véase Sent. del TSJ/SC N° 3.013 de fecha 2 de diciembre de 2002.

[451] Véase Sent. del TSJ/SC N° 3 de fecha 25 de enero de 2005.

[452] Véase Sent. del TSJ/SC N° 1197 de fecha 17 de octubre de 2000. En el mismo sentido se pronuncia MORA BASTIDAS, F. A., *Ob. cit.*, nota 443, p. 86.

[453] Véase Sent. del TSJ/SC N° 1.505 de fecha 5 de junio de 2003.

Se trata ante todo, de un derecho ciudadano fundamental a la seguridad social[454]. Además, es un derecho colectivo, pues conforme a la norma contenida en el Art. 68 de la C constituye una condición indispensable para el disfrute de los restantes derechos humanos interdependientes y para el cumplimiento por sus titulares de los deberes que le son conexos.

Por otro lado, una de cuyas características sostiene la jurisprudencia[455], siguiendo a la doctrina[456], es su integridad, la cual es entendida en dos sentidos: (i) la suficiencia en la protección frente a cualquier necesidad; y (ii) la oportunidad en la prestación recibida. La disposición transcrita, según la jurisprudencia, impone una obligación al Estado de crear un sistema de seguridad social universal[457].

§204. Servicio público — Finalmente, el Art. 86 de la C define al sistema de seguridad social como un servicio público[458], que tendrá bajo su responsabilidad el aseguramiento de las contingencias que conforma el derecho fundamental a la seguridad social, con las consecuencias que tal calificación comporta desde el punto de vista del régimen jurídico exorbitante del Derecho común que le será aplicable (constitucional, administrativo, financiero, fiscal, etc.)[459]

En este orden de ideas, el concepto de seguridad social consagrado en la Constitución, según la jurisprudencia[460] debe ser entendido: por un lado, como un conjunto de medios previsibles que tienden a asegurar a los habitantes de un país los medios económicos idóneos para lograr las condiciones mínimas de comodidad, salud, educación, vivienda y recreación necesarias, así como las providencias contra una serie de riesgos inherentes a la vida moderna, tales como el desempleo, la enfermedad profesional o de otro origen, la invalidez, la ancianidad, la educación y las derivadas de la muerte de quien fuera el sustento económico de la familia. En tal sentido, forma parte integral de dicha concepción del Estado, y es una institución que tiende a la garantía de los derechos humanos, los cuales dan sentido a la actuación del mismo.

---

[454] GARCÍA, A. *Ob. cit.*, nota 444, p. 86.

[455] Véase Sent. del TSJ/SC N° 3013 de fecha 2 de diciembre de 2002.

[456] RAMÍREZ JIMÉNEZ, A., *Ob. cit.*, nota 446, p. 282, y Sent. del TSJ/SC N° 3013 de fecha 2 de diciembre de 2002.

[457] Véase Sent. del TSJ/SC N° 1197 de fecha 17 de octubre de 2000.

[458] En este sentido, ya existía una Sentencia de la CFC/SF, de fecha 2 de agosto de 1946, M. 1947, p. 83.

[459] MORA BASTIDAS, F. A., *Ob. cit.*, nota 439, pp. 75-78.

[460] Véase Sent. del TSJ/SC N° 3013 de fecha 2 de diciembre de 2002.

Y por otro lado, la jurisprudencia461 lo concibe como un sistema que abarca toda una estructura que integran entes de derecho público-sistema de asistencia y seguridad social, configurado bajo el régimen único de seguro social entendido, en su acepción tradicional, al igual que el régimen privado, cuyo objeto común es garantizar la obtención de los medios económicos suficientes para cubrir las necesidades básicas de los ciudadanos.

Así, pues, constituye un deber para el Estado, no sólo garantizar el derecho a la seguridad social a todos los venezolanos462, sino el establecimiento y mantenimiento de un sistema de seguridad social universal, integral y eficiente463.

5. *Responsabilidad estatal de la economía*

§205. Planteamiento de la cuestión — Por último, aparece la decisión fundamental constitucional de la responsabilidad del Estado con respecto al funcionamiento de la economía general, con el objeto de alcanzar una situación económica que permita la participación de todas las personas en el bienestar social. Y es que la realización del Estado social necesita del crecimiento social y económico, porque no es la pobreza la que deba distribuirse o democratizarse; todo lo contrario, se trata en la medida de lo posible de conseguir la igualdad y Justicia social (material o real) a través del crecimiento social y económico.

En tal sentido, con la cláusula constitucional del Estado social se quiere expresar que no sólo encierra exigencias concretas de la persona frente al Poder Público, sino que tiene sentido pleno cuando pone de manifiesto que una Democracia sólo puede funcionar si ésta se extiende a la sociedad y ofrece a todas las clases sociales las mismas oportunidades en el proceso social y económico464.

En el primer caso, el papel de la actividad de regulación es de tal importancia y magnitud, lo que dio lugar a que se hable de un nuevo Estado: el Estado regulador. Sin embargo, sostiene HENAO465, la regulación económica, que en su comprensión inicial fue diseñada como un mecanismo para superar las fallas que se presentaban en determinados sectores de la economía, es superada hoy día por la realidad de la regulación,

---

461   Véase Sent. del TSJ/SC N° 3 de fecha 25 de enero de 2005.

462   Véase Sent. del TSJ/SC N° 1197 de fecha 17 de octubre de 2000. En el mismo sentido se pronuncia MORA BASTIDAS, F. A., *Ob. cit.*, nota 439, p. 86.

463   Véase Sent. del TSJ/SC N° 1505 de fecha 5 de junio de 2003.

464   ABENDROTH, W., *Ob. cit.*, nota 381, p. 30.

465   HENAO, J.C., *Ob. cit.*, nota 375, pp. 174 y 175.

donde la actividad regulatoria se desmarca de lograr la eficiencia en los mercados, y busca de manera directa la redistribución de las riquezas, modificando así la concepción inicial de la regulación. Lo anterior supone que en la mayoría de las ocasiones, la influencia del Estado social debe pasar por manos del Legislador, de la Administración Pública o del Juez, para llegar a ser determinante en la construcción y comprensión del Derecho administrativo contemporáneo.

En este orden de ideas, HENAO[466] resalta que toda la actividad regulatoria del Estado, por vía legislativa, administrativa o judicial, oscila de manera pendular sobre dos filosofías políticas: el paternalismo y el libertarismo. En términos generales, la primera versión entraña que el Estado, por vía de regulación, limita la autonomía o la libertad de una persona o grupo de personas en aras de garantizar su bienestar; mientras que la segunda visión entraña, por contraste, un especial énfasis en el individualismo y en la responsabilidad individual, razón por la que el Estado debe abstenerse de interferir en la órbita personal de cada individuo a efectos de garantizarle su plena libertad de elección. Entre ambas se ha dado paso a una posición intermedia, denominada como paternalismo libertario (C. SUNSTEIN y R. THALER)[467], para describir una estrategia de diseño de esquemas de decisión en los que las personas son libres de decidir lo que bien tengan para sus vidas como componente libertario del concepto, lo cual implica que no se debe poner ningún tipo de carga a la potestad de elegir ni mucho menos sancionar las elecciones de las personas.

Finalmente, Henao[468] considera que es este último concepto el que resulta compatible con la Constitución, toda vez que corresponde a las autoridades públicas garantizar, por medio de la regulación, el bienestar de toda la población mediante el mejoramiento de su derecho fundamental a la calidad de vida, pero sin que ello implique restarles o desconocerles su libertad constitucional de elegir lo que estimen mejor para sus vidas. En todo caso, a mi manera de ver las cosas, lo que de entrada si debe estar proscrito dentro de la cláusula constitucional del Estado social, es la exacerbación de cualesquiera de las tendencias paternalistas, colectivistas, populistas e intervencionistas del Estado, y en

---

[466] HENAO, J.C., *Ob. cit.*, nota 375, p. 175.

[467] SUNSTEIN, C. y THALER, R., *cit.* por HENAO, J. C., *Ob. cit.*, nota 375, p. 177 y 178.

[468] HENAO, J. C. *Ob. cit.*, nota 375, p. 178.

su virtud la Sociedad deje de poder y deber decidir democráticamente sobre su estructura económica y social[469].

Por esas circunstancias, el papel de las instituciones, órganos o sujetos calificados como administrativos no solo se ha transformado, sino que ha reconocido un papel claro de la dogmática de lo social de Derecho, afirmando PAREJO ALFONSO[470]: "La administración es la pieza capital y el cumplimiento del principio social de ese Estado", y estas transformaciones, sostiene a su vez SANTOFIMIO GAMBOA[471] se dirigen a dotar a las Administraciones Públicas de instrumentos idóneos para atender la totalidad de demandas y exigencias sociales, circunstancias que repercuten sobre el carácter y contenido del Derecho administrativo, pues como muy bien advierte, ya "no estamos frente a un Derecho administrativo de corte estrictamente liberal", pues es un Derecho con principios dirigidos a hacer desde la Administración Pública realidad dentro del Ordenamiento jurídico el carácter social del Estado y justificar así –dentro del contexto jurídico emanado de las normas convencionales, la Constitución y la ley– los nuevos instrumentos que dotan de posibilidades de mayor actuación y decisión a los órganos administrativos.

Sobre este aspecto también son válidas las palabras de MEILÁN GIL[472], al señalar que existe un amplio campo objeto a la discusión en este aspecto relevante del Estado social, pero que en todo caso puede sentarse como seguro, que esos principios suponen para todos los órganos del Poder Público una vinculación negativa: no se puede actuar por vía normativa, judicial o práctica administrativa en contra de ellos o apartarse de ellos "notoria o injustificadamente".

§206. **Consagración constitucional** — De acuerdo con la EMC, el Título VI de la Constitución se refiere al sistema socioeconómico. Y qué duda cabe, es la economía mixta o social del mercado, el modelo económico consagrado en la Constitución, el que conduce a los derechos fundamentales a la realización del interés o fin social del Estado social, en los términos siguientes.

> **Artículo 299**. El régimen socioeconómico de la República Bolivariana de Venezuela se fundamenta en los principios de justicia social, democratización, eficiencia, libre competencia, protección del ambiente, productividad y solidaridad, a los fines de asegurar el desarrollo humano integral y una existencia digna y provechosa para la colectividad. **El Estado conjuntamente**

---

469   ABENDROTH, W., *Ob. cit.*, nota 381, p. 37.
470   PAREJO ALFONSO, L., *Ob. cit.*, nota 412, pp. 261 y 262.
471   SANTOFIMIO GAMBOA, O., *Ob. cit.*, nota 18, p. 638.
472   MEILÁN GIL, J. L., *Ob. cit.*, nota 94, pp. 160-161.

con la iniciativa privada promoverá el desarrollo armónico de la economía nacional con el fin de generar fuentes de trabajo, alto valor agregado nacional, elevar el nivel de vida de la población y fortalecer la soberanía económica del país, garantizando la seguridad jurídica, solidez, dinamismo, sustentabilidad, permanencia y equidad del crecimiento de la economía, para garantizar una justa distribución de la riqueza mediante una planificación estratégica democrática participativa y de consulta abierta.

En este mismo sentido se ha pronunciado la jurisprudencia del TSJ/SPA[473], al confirmar "el carácter mixto de la economía venezolana", esto es, la existencia de un sistema socioeconómico intermedio entre la economía de libre mercado y la intervención del Estado en pro de salvaguardar los derechos económicos y sociales de la población.

Así las cosas, el régimen socioeconómico no se define de forma rígida, no obstante se consagran principios de Justicia social, eficiencia, democracia, libre competencia e iniciativa, defensa del ambiente, productividad y solidaridad, fuera de cualquier dogmatismo ideológico con relación a la ya superada disputa sobre los roles del mercado y del Estado, evitando una visión extrema y excluyente de los contenidos sociales de todo sistema económico, pero sentando las bases de una economía mixta de mercado de respeto a la acción individual.

La cláusula constitucional del Estado social implica[474], por tanto: por un lado, una exigencia de producción de normas jurídicas conforme a los principios rectores de políticas sociales y económicas y, en todo caso, una aplicación e interpretación conforme a aquella; y por el otro, la interpretación y aplicación del Ordenamiento jurídico conforme a la primera dimensión de la cláusula del Estado social abarca, por ello obviamente, la referencia social de los derechos fundamentales, que han de ser entendidos a todos los efectos, no desde el punto de vista formal, sino material o real, ya que la determinación constitucional es que sean reales y efectivos.

En tal sentido, el Estado no está ausente, sino que tiene un papel fundamental como regulador de la economía para asegurar el desarrollo humano integral, defender el ambiente, promover la creación de valor agregado nacional y de fuentes de trabajo, garantizando la seguridad jurídica para fomentar, junto con la iniciativa privada, el desarrollo armónico de la economía nacional y la justa distribución de la riqueza. En suma, se

---

[473] Véase Sent. del TSJ/SPA N° 190 de fecha 24 de febrero de 2016, caso *Venevalores Casa de Bolsa, C.A.*

[474] CARMONA CUENCA, E., *El Estado Social del Derecho en la Constitución*, Consejo Económico y Social, Madrid, 1999, p. 19. Según la jurisprudencia, el interés social tiene rango de "valor", véase Sent. del TSJ/SC N° 85 de fecha 24 de enero de 2002, caso *ASODEVIPRILARA*.

plantea un equilibrio entre el Estado y el mercado en razón de que el problema no es más Estado o menos Estado, sino un mejor y más eficiente Estado, y por su parte el mercado no es un fin en sí mismo, sino un medio para satisfacer las necesidades colectivas; y ese equilibrio debe prevalecer entre productividad y solidaridad, entre eficiencia económica y Justicia social, dando y respetando libertad a la iniciativa privada y preservando el interés del colectivo.

En consecuencia, el Estado debe orientar las políticas macroeconómicas y sectoriales para promover el crecimiento y el bienestar social. A tal efecto, se reconoce como esencial la actividad reguladora del Estado para establecer un marco normativo estable que brinde seguridad jurídica a la actividad económica, postulando una economía abierta a las inversiones tanto nacionales como extranjeras, y garantizando que éstas estarán sujetas a las mismas condiciones de la inversión nacional.

§207. Estado de garantía — Finalmente, dentro del modelo de economía mixta de mercado se ha de contemplar el fenómeno de la corresponsabilidad entre el sector público y el sector privado, mal llamada "privatización", en cuanto esquema de gobernanza que integra tanto a sujetos públicos como a sujetos privados para la realización de tareas regulatorias y de prestación de servicios públicos o de actividades de interés general (BARNÉS)[475].

En tal sentido, en el Derecho comparado se asiste a una profunda reformulación del papel y de las funciones estatales, y ello configura una nueva realidad. Y esta nueva realidad constituye, según O. MIR PUIGPELAT[476], el nuevo equilibrio entre Estado y Sociedad, entre la esfera pública y la esfera privada. Ello conduce a A. MONTAÑA PLATA[477] a sostener que la distinción constitucional entre tratamiento jurídico de los público y lo privado es, entonces, el norte metodológico de una idea constitucional de Derecho administrativo.

Así las cosas, el Estado si bien reduce su papel –por así decirlo– en el ámbito de la propiedad pública de los medios de producción y de la prestación directa de los bienes y servicios a límites razonables, a cambio gana un enorme poder de regulación y vigilancia de la competencia y de

---

[475]   BARNÉS, J., *Ob. cit.*, nota 8, p. 503 y 509.

[476]   MIR PUIGPELAT, O., *Globalización, Estado y Derecho. Las transformaciones recientes del Derecho Administrativo*, Cuaderno Civitas, Thomson-Civitas, Madrid, 2004, pp. 112 a 114.

[477]   MONTAÑA PLATA, A., "El Estado de Derecho y la idea constitucional de un Derecho administrativo", en *Constitucionalización del Derecho administrativo, XV Jornadas Internacionales de Derecho Administrativo*, Ed. A. Montaña Plata y A.F., Ospina Garzón, Universidad Externado de Colombia, Bogotá, 2014, p. 73.

los mercados. El Estado deja de ser un "Estado prestador", y por cuanto en la satisfacción del interés social concurre también la Sociedad, el mercado, aunque con las condiciones impuestas por la regulación pública y bajo la supervisión constante del Estado, éste se convierte en un "Estado garante" (BARNÉS)[478] o "Estado de garantía" (SCHMIDT-AßMANN)[479]. En todo caso, el equilibrio resultante se enmarca todavía dentro de la órbita de la cláusula constitucional del Estado social.

Como consecuencia de lo expuesto, sostiene MIR PUIGPELAT[480], en la materia se observa una ampliación de los instrumentos de regulación y control que se pone a disposición de los poderes públicos. A los instrumentos tradicionales propios del Derecho administrativo policial decimonónico de carácter imperativo como la potestad normativa, autorizatoria, sancionatoria o de inspección, se añade o en otros casos se sustituye ahora todo un repertorio de medidas más flexibles, menos (o nada) imperativas, como la orientación, la dirección, la recomendación, el convenio, la mediación o el arbitraje. Se trata de la recepción en el Derecho administrativo de las técnicas propias del nuevo "Derecho reflexivo".

Por ejemplo, sostiene la doctrina que en el estudio de impacto de la regulación económica representa un objetivo deseable que esta sea eficaz y efectiva (dimensión positiva), puesto que mayores serán los beneficios cuanto mejor sea la regulación en términos de crecimiento sustentable, de justicia distributiva, de efectividad, de generación de consenso y aceptación, o de eficiencia del sector al cual se dirija; y al mismo tiempo, la regulación económica debe ser un instrumento o herramienta que evite los efectos no deseados, los mayores costos a la economía, las ineficiencias, etc. (dimensión negativa).

En consecuencia, en virtud del principio de regulación económica reconocido por la jurisprudencia,[481] es de la esencia del Estado Social de Derecho dictar medidas para planificar, racionalizar y regular las actividades de los particulares y del propio Estado, en beneficio del colectivo[482].

---

[478] BARNÉS, J., "Una reflexión introductoria sobre el Derecho administrativo y la Administración Pública de la Sociedad de la Información", en *RAnAP*, N° 40, octubre-diciembre de 2000, p. 35.

[479] SCHMIDT-AßMMANN, E., *Ob. cit.*, nota 20, p. 7.

[480] MIER PUIGPELAT, O., *Ob. cit.*, nota 476, pp. 120 y 121.

[481] Véase Sent. del TSJ/SC N° 878 de fecha 9 de julio de 2013, caso *RCTV, C.A.*

[482] Véase Sent. del TSJ/SC N° 878 de fecha 9 de mayo de 2006, caso *Cervecerías Polar Los Cortijos, C.A.*

§208. Conclusión — En mérito a lo antes expuesto, compartimos la conclusión de RINCÓN CÓRDOBA[483], al sostener que la fatalidad de quienes afirmaban que el Estado social estaba en crisis, sustentados en tesis económicas neo-liberales y en el desplazamiento evidente de la Administración Pública propietaria por la Administración Pública reguladora, demuestra que no solo estaban equivocados sino que además lanzaron una profecía que no se sustentaba en la realidad administrativa. Que la historia de las Administraciones Públicas y del Derecho administrativo a ellas aplicable es el de la adaptación constante a los cambios históricos, políticos y sociales, de forma tal que un fenómeno que tiene la capacidad de adaptarse al medio en el que debe desenvolverse, tiene la cualidad de encontrar nuevas vías, instrumentos e instituciones, así como replantear los ya existentes para hacer frente a la complejización de las exigencias que demandan los diferentes componentes sociales.

Sin duda alguna será solo la concreción de las responsabilidades sociales del Estado que venimos de analizar y las que surjan en el futuro, y el análisis de la forma como se gestionan en la realidad política y en la práctica legislativa y forense, las que permitirán extraer conclusiones sobre la verdadera materialización de la cláusula constitucional del Estado social, puesto que solo con un análisis de este tipo podrá observarse si se está modificando el *status quo* de la persona, para convertir la realidad en una realidad socialmente más justa y más acorde con la tutela de la dignidad de la persona humana.

Y llegado el momento de concluir, terminamos así estas pinceladas con las que se ha querido reflejar que como concepto, según SCHMIDT-AßMANN[484], el fenómeno de constitucionalización significa más que solo una corrección de Derecho constitucional de las doctrinas particulares en las demás disciplinas del Derecho. Quien quiera tomar en serio la cláusula del Estado social debe estar preparado para examinar minuciosamente todas las relaciones sistemáticas, y dentro de ellas, la gran complejidad que encierra la vinculación entre la cláusula constitucional del Estado social por un lado y el Derecho administrativo por el otro, y que comporta el alumbramiento de nuevos enfoques y perspectivas que han de presidir, inspirar y estructurar, como el ADN, en el desarrollo de métodos apropiados para aprehender y disciplinar las nuevas realidades socio-económicas que ambas disciplinas contemplan.

En el primer caso, es una realidad que afecta a la Administración Pública. Y sobre la importancia que tiene esta rama del Poder Público en

---

[483]   RINCÓN CÓRDOBA, *Ob. cit.*, nota 408, p. 448.
[484]   SCHMIDT-AßMANN, E., *Ob. cit.*, nota 10, p. 37.

la concreción del Estado social, y la forma como debe impactar el Derecho administrativo, el autor Parejo Alfonso[485] afirma: "El Estado social administrativo exige hoy, justamente para adaptarse a los requerimientos de la dinámica económico-social actual, cambios profundos en el ciclo entero de la gestión de asuntos públicos, es decir, en la legislación, como también en la ejecución".

Por tanto, se trata de un mandato doble del Derecho administrativo que: por un lado, le garantiza a la Administración Pública el cumplimiento eficaz de sus funciones; y por el otro, persigue la plena defensa y el desarrollo integral de los derechos fundamentales de la persona, y con ello el respeto y tutela a la dignidad humana.

En consecuencia, fue deseo expreso del Poder constituyente originario el incorporar decididamente y de manera prevalente, una contundente respuesta en materia de los fines, principios y valores superiores sobre los que se ha de construir el modelo de organización jurídico-político del Estado social. Pero dicho "rótulo", que con su prestigio y fuerza facilitadora ha servido así de vehículo para que hagan su aparición demandas sociales intensamente sentidas, sin embargo, su grado de efectividad hoy día no alcanza en nuestro país niveles satisfactorios ni en funcionamiento ni actuación. No bastan pues las declaraciones formales de la Constitución, ni que el régimen fundamental del Derecho administrativo y de otras disciplinas sociales como el Derecho del trabajo y de la Seguridad social se hayan constitucionalizado efectivamente. Es por ello que a la idea del peso de las decisiones políticas constitucionales, se suma con toda intención, la preocupación por la eficacia y las garantías reales de protección de los derechos fundamentales.

En consecuencia, en el mundo contemporáneo, sostiene W. ROBSON[486], la tarea prioritaria del Derecho administrativo consiste en alimentar el interés general, lo que demanda no solo proteger los derechos y libertades, sino conjurar los excesos del individualismo. Por tanto, como muy bien concluye BARNÉS[487], el Derecho administrativo bajo los postulados de la teoría de la dirección ha de construir un sistema que se preocupe por la efectividad del Derecho o, dicho en términos más propios del idealismo británico, el Derecho administrativo no se ha de quedar en la

---

485   PAREJO ALFONSO, L., *Ob. cit.*, nota 412, p. 238.

486   ROBSON, W., *Justice and Administrative Law*, 2a ed. 1947, p. 31, *apud* JANET McLEAN (University of Dundee), "Britisch Idealism and the Administrative State", en [www.law.yale.edu/academics/conference.htm], Conferencia sobre Derecho administrativo comparado, en la Yale Law School, en 2009, manuscrito inédito.

487   BARNÉS, J., *Ob. cit.*, nota 8, p. 515.

justicia individual, dejando al ciudadano a su libro desarrollo, sino que se erige en un sistema de Justicia social que busque la satisfacción del bien común.

La cláusula constitucional del Estado social implica, por tanto: por un lado, una exigencia de producción de normas jurídicas conforme a los principios rectores de políticas sociales y económicas y, en todo caso, una aplicación e interpretación conformes a aquella; y por el otro, que la interpretación del Ordenamiento jurídico conforme a la primera dimensión de la cláusula del Estado social abarca, por ello obviamente, la referencia social de los derechos fundamentales (E. CARMONA CUENCA)[488], que han de ser entendidos a todos los efectos, no desde el punto de vista formal sino material, ya que la determinación constitucional, es que todos ellos sean reales y efectivos, y de modo especial los derechos fundamentales prestacionales, cuyo análisis haremos a continuación.

III. LOS DERECHOS FUNDAMENTALES PRESTACIONALES

1. *Teoría de los derechos fundamentales*

§209. Planteamiento de la cuestión — Un tratamiento general de las relaciones entre la cláusula constitucional del Estado social y el Derecho administrativo ha de partir necesariamente de la consideración histórica y, a la vez, debe tener en cuenta las transformaciones que se han operado en el campo jurídico de los derechos fundamentales.

En efecto, en la Constitución típica del constitucionalismo decimonónico, la eficacia de los derechos fundamentales se agotaba en la delimitación del ámbito material de la reserva legal. Por eso, en esta versión llamada clásica, los derechos fundamentales valen como derechos sólo frente a la Administración Pública, y sólo en la medida en que el Legislador no dispusiera sobre ellos; algo que, por lo demás, este último podía hacer en principio con entera libertad.

Posteriormente, con la democratización de los regímenes políticos, los derechos fundamentales que inicialmente sólo valían como garantía formal frente a la Administración Pública, el Legislador está al menos, en principio, en condiciones de fomentar la realización material de los derechos fundamentales para todos. No estamos ante un simple progreso en la garantía de los clásicos derechos fundamentales, sino ante un verdadero cambio cualitativo que afecta a su alcance.

---

[488]   CARMONA CUENCA, E., *Ob. cit.*, nota 474, p. 19.

En tal sentido, con la cláusula del Estado social y democrático de Derecho se quiere expresar que la noción de Estado social no sólo encierra exigencias concretas del particular frente al Poder Público, sino que tiene sentido pleno cuando pone de manifiesto que una Democracia sólo puede funcionar si ésta se extiende a la Sociedad y ofrece a todas las clases sociales las mismas oportunidades en el proceso social y económico[489].

Como consecuencia, hoy en día es fácil constatar que tanto el sistema como la concepción misma de los derechos fundamentales han experimentado profundas transformaciones que, en último término, obedecen a la adecuación de aquellos a las nuevas interpretaciones de la Constitución. En efecto, los derechos y libertades fundamentales tradicionales, aunque mayoritariamente continúan siendo los mismos, han sufrido una importante transformación interna. En ese sentido, es preciso señalar que las variaciones que se han producido en el marco de los derechos fundamentales se proyectan en relación con el contenido, la estructura y las funciones de los mismos.

§210. **Contenido** — En el primer caso, se ha ampliado el contenido, ya desde el punto de vista de la extensión de los derechos fundamentales a sujetos a los que antes se les negaba, o ya por el aumento del número de nuevas figuras contempladas en los catálogos o listas de los derechos fundamentales, que como sostiene la doctrina más autorizada, se caracterizan por su amplitud, apertura y heterogeneidad (J. M. CASAL)[490].

§211. **Estructura** — En el segundo caso, el otro cambio se produce respecto a la estructura y la naturaleza misma de los derechos fundamentales, en función de la evolución de las condiciones económicas, sociales y tecnológicas.

§212. **Función** — Finalmente, la evolución de los derechos fundamentales ha supuesto igualmente un reforzamiento de su función, al haber adquirido el valor de elementos configuradores o conformadores del nuevo orden político, social, y jurídico.

Desde este último punto de vista, es sabido que los derechos fundamentales están contenidos en normas jurídicas, lo cual plantea el problema de la interpretación de los enunciados de los derechos fundamentales a la hora de pretender dotarlos de un significado concreto. Atendiendo por ahora sólo a las disposiciones relacionadas con los derechos fundamentales sociales, podemos señalar que la Constitución y, por

---

[489] ABENDROTH, W., *Ob. cit.*, nota 381, p. 30.
[490] CASAL H., J. M., *Ob. cit.*, nota 362, pp. 44-45.

ende, la totalidad de sus enunciados han de admitirse como normas jurídicas. En tal sentido, la doctrina habla de las garantías de interpretación, con lo cual se hace alusión a los distintos mecanismos presentes en el Derecho destinados a garantizar que la misma se haga para favorecer, el pleno ejercicio y disfrute de todos los derechos fundamentales.

Por otro lado, hay que estar conscientes de que la Constitución no es una norma cualquiera, entre otras muchas cosas porque impone valores contenidos, pero al tiempo no muchas veces no establece con claridad cuáles sean esos contenidos, por ello el trabajo del intérprete es peculiar y la interpretación de la Constitución exige un modo de interpretar no exactamente idéntico al de otras normas no constitucionales.

En este orden de ideas, el autor G. PECES-BARBA[491] distingue en la interpretación dos proyecciones. En primer lugar, la garantía de interpretación desde los derechos fundamentales, la cual se refiere a la proyección de los derechos fundamentales en las restantes normas; en virtud de la misma, la interpretación de todas las normas del Ordenamiento jurídico deberá hacerse en conformidad con los derechos fundamentales, es decir, en el sentido más favorable para su efectividad, cuyo significado se concreta en la máxima *in dubio por libertate*, si bien posee un sentido más fuerte la expresión *favor libertatis*. En segundo lugar, la garantía de interpretación de los derechos fundamentales constituye una garantía directa y afecta propiamente a la proyección de la interpretación sobre los derechos mismos: aquí entran en juego criterios tales como el gramatical, el contextual, la realidad social del tiempo, así como el respeto al contenido esencial y la conformidad con los textos, tratados y acuerdos internacionales.

Por tanto, los derechos fundamentales se configuran así en criterios, guías y límites de cualquier interpretación jurídica, y su carácter de normas básicas materiales hace que toda interpretación que transgreda su significado sea inconstitucional. Es por ello que a la hora de que el operador jurídico pretenda dotar de significado a los derechos fundamentales, el papel de la interpretación jurídica es clave, sobre todo cuando estamos tratando de su ejercicio en el ámbito social, económico y cultural.

En este orden de ideas, las actividades públicas tendientes a la consecución de tales fines, se clasifican en los sectores siguientes: promoción y protección social; desarrollo cultural; asuntos laborales; previsión y seguridad social; educativo; y promoción de la salud.

---

[491] PECES-BARBA, G., *Curso de Derechos Fundamentales. Teoría General*, Madrid, 1995, p. 510.

2. *Derechos fundamentales prestacionales*

§213. Planteamiento de la cuestión — Dicho lo anterior debemos decir que a partir de la vigencia de la Constitución del 99, cualquier reflexión sobre los denominados derechos sociales o derechos fundamentales sociales exige obligatoriamente tomar en cuenta las previsiones constitucionales, pues se consagran en su parte dogmática, dentro de los cuales encontramos aquellos que se han denominado por la doctrina como derechos sociales. Lo obvio de esta exigencia nos excusa de cualquier tipo de justificación, sin embargo, es conveniente señalar algunas razones básicas.

En primer lugar, es necesario tener presente que los derechos sociales son considerados por la Constitución como valores por ella protegidos. Y en segundo lugar, según análisis hecho más arriba, la Constitución se presenta como una norma suprema y como tal hay un "principio de supremacía de la Constitución" sobre el resto del Ordenamiento jurídico. Ahora bien, esta supremacía se manifiesta no sólo como fuente de las fuentes del Derecho, sino sobre la base de contenidos, que son expresados como valores que se imponen a los órganos del Poder Público.

Ahora bien, la principal revelación de identidad de la cláusula del Estado social, en materia de articulación jurídica de las libertades consiste, como es sabido, en la incorporación de cláusulas de contenido económico, social y cultural al catálogo constitucional de los tradicionales derechos fundamentales. En general, a tales cláusulas suelen denominarse derechos sociales o derechos fundamentales sociales, no obstante la heterogeneidad del material jurídico en ellas contenido, pues no sólo los así denominados por la Constitución, sino también los económicos, los culturales y los ambientales.

Ahora bien, el relieve doctrinal de los derechos sociales considerados como una nueva y trascendentalísima categoría jurídica, contrapuesta a los derechos individuales, corresponde principalmente al fundador de la escuela del Derecho social G. GURVITCH[492], quien hace notar que estando inseparablemente unidos los derechos subjetivos y el Derecho objetivo, hay que reconocer no sólo la existencia de los derechos subjetivos individuales, ligados al derecho individual y que se contraponen, sino también la realidad de los derechos subjetivos sociales, ligados al Derecho social y que se interpretan. Lo cierto es que esta nueva categoría jurídica ha venido a ser reconocida en las más modernas declaraciones de derechos de

---

[492] GURVITCH, G., *L'idee du droit social*, Paris, 1931, p. 626.

orden constitucional, tales como la Constitución del 99[493], así como en los tratados y acuerdos del Derecho internacional convencional.

En definitiva, los derechos sociales buscan, en general, garantizar unas condiciones materiales de vida mínimamente dignas para todas las personas, bajo el entendimiento que estas condiciones, además de su valor intrínseco, constituyen el presupuesto fáctico indispensable para el ejercicio efectivo de los demás derechos fundamentales por la generalidad de sus titulares (igualdad material o Justicia social).

Ahora bien, se hace necesario adentrarnos en su definición a efectos de establecer su relación con el principio de igualdad material, el cómo esto condiciona la actividad administrativa y cuál es, dentro de este contexto, el papel del Derecho administrativo contemporáneo.

§214. Denominación — En torno a la denominación y delimitación del contenido de los denominados derechos sociales, se suscita hoy en día uno de los principales debates del Derecho constitucional. Esta situación proviene del mismo término "social", el que por su vaguedad admite elementos sustancialmente diversos, por lo que un sector de la doctrina propone su sustitución por expresiones si bien más restrictivas, al menos, más precisas.

Es así como para un grupo de autores, los derechos sociales se caracterizan por ser derechos de titularidad colectiva, que tienen por objeto principal mejorar la situación social de los grupos de las personas más débiles (AUBERT), o la satisfacción de los intereses colectivos (PERGOLESI). Para otro conjunto de autores, los derechos sociales son tales por imponer al Estado la obligación de otorgar prestaciones tendientes al mejoramiento social, ya sea a favor de grupos o personas (SCHMITT, BISCAREITI DI RUFFIA).

En todo caso, de la variedad de elementos referidos con el término derechos sociales, la doctrina separa los dos (2) constantes, que son:

a. El reconocimiento de prestaciones a cargo del Estado.

b. Y la aceptación del valor de igualdad como finalidad, en tanto y en cuanto los denominados derechos sociales se resuelvan en prestaciones a cargo del Estado encaminadas a satisfacer los llamados "mínimos vitales"[494].

---

[493] V., Capítulo V, De los Derechos Sociales y de las Familias, del Título III De los Deberes, Derechos Humanos y Garantías de la C.

[494] OSUNA PATIÑO, N. I., *Tutela y Amparo. Derechos Protegidos*, Universidad Externado de Colombia, Bogotá, 1998, p. 261.

Finalmente, la doctrina moderna sostiene que hablar de derechos sociales tuvo una indudable importancia en el pasado, cuando se incorporaron derechos de nuevo cuño (llamados por ello derechos de segunda generación) al catálogo de los clásicos derechos individuales (derechos de primera generación). Hoy día han desaparecido las razones para mantener la oposición terminológica derecho individual-derecho social. Además, también son conocidos los efectos nocivos que ha traído la clasificación dicotómica (derechos individuales *vs.* derechos sociales) que a partir de tal denominación se hubo desarrollado.

En resumen, como enseña CASAL[495], si bien existen ciertos matices o rasgos distintivos entre los derechos civiles y políticos y los derechos económicos, sociales y culturales, relativos a su estructura normativa y a la manera de hacerlos operativos, no hay diferencia de esencia entre ellos, que atenten contra la unidad del concepto de derecho y de la idea de derechos humanos.

Es por ello que, sin olvidar que la Constitución vigente[496] recepta la nomenclatura, más que de derechos sociales[497] o derechos sociales fundamentales como lo hace la jurisprudencia[498], es más adecuado a su naturaleza la denominación de derechos de prestación,[499] o más propiamente de "derechos fundamentales prestacionales"[500], cuando a su dimensión activa o material hayamos de referirnos.

§215. Contenido — Por lo que respecta al contenido, la doctrina (GARCÍA DE ENTERRÍA, y C. MORTATI)[501] señala como una de las características más comunes de las Constituciones modernas, la incorporación de preceptos que, de una u otra forma, consagran prestaciones a cargo del Estado y a favor de las personas, lo cual, sin embargo, no ha contribuido a una adecuada elaboración doctrinal de lo que por prestaciones constitucionales deba entenderse.

---

[495] CASAL, J. M., *Ob. cit.*, nota 362, p. 211.

[496] *V.*, Capítulo V *"De los Derechos Sociales y de las Familias"*, del Título III De Los Deberes, Derechos Humanos y Garantías de la Constitución.

[497] CASAL, J. M., *Ob. cit.*, nota 362, pp. 202 y ss.

[498] Véase Sent. del TSJ/SC N° 487 de fecha 6 de abril de 2001.

[499] CARMONA CUENCA, E., *Ob. cit.*, nota 474, p. 150.

[500] Véase ARAUJO-JUÁREZ, J., "El Amparo Constitucional y los Derechos Fundamentales Prestacionales", en *Revista de Derecho Administrativo*, N° 4, Septiembre-Diciembre, Ed. Sherwood, Caracas, 1998, pp. 7-22.

[501] GARCÍA DE ENTERRÍA, E., *Ob. cit.*, nota 3, T. II, pp. 56 y ss; y MORTATI, C, "Principi fondamentali e strutture dell'ordinamento costituzionale", en *Racolta di scritti, III,* Giuffrè, Milano, 1991.

En efecto, la primera observación que ha de realizarse es que las prestaciones constitucionales pertenecen al más vasto campo de las obligaciones públicas, al ser aquellas sólo una especie de este género. En efecto, por lo que hace a la doctrina española[502], hay autores para quienes los derechos fundamentales prestacionales consisten en facultades de grupos e individuos a participar en la vida social, traducibles en derechos y prestaciones directos e indirectos, por parte de los poderes públicos o en prestaciones a cargo del Estado.

Por su parte, un sector de la doctrina francesa[503] considera específico de los derechos fundamentales prestacionales, la autorización que conceden a los individuos frente a la sociedad para exigir a los órganos del Poder Público prestaciones para desarrollar su personalidad o consistir en un crédito contra la sociedad dirigido a satisfacer prestaciones positivas a través de servicios públicos.

Finalmente, la doctrina italiana[504] ha sido más explícita a este respecto, encuadrando las prestaciones dentro de la categoría "derechos cívicos". Por estos últimos se entienden las pretensiones de los individuos frente al Estado para obtener prestaciones a su favor, consistentes en obligaciones positivas de hacer.

Del conjunto de opiniones aquí resumidas se puede sostener que el elemento prestacional les identifica a todas ellas, consideradas tales prestaciones como actividades de hacer o de dar impuestas a los Poderes Públicos desde el texto constitucional, reconociéndoseles además carácter de fundamentales.

En consecuencia, existe un conjunto de derechos fundamentales cuyo objeto primordial consiste en prestaciones a cargo de los órganos del Poder Público que buscan la elevación o, al menos, el mantenimiento de ciertas condiciones de vida, de manera que en ellos el elemento prestacional se entiende como su objeto nuclear, y que por ello se denominan derechos fundamentales prestacionales.

---

[502]　PÉREZ LUÑO, E., *Derechos Humanos, Estado de Derecho y Constitución*, Madrid, 1984, p. 84; Y GARCÍA MACHO, R., *Las aporías de los derechos fundamentales sociales y el derecho a una vivienda*, Madrid, 1982, p. 143.

[503]　BURDEAU, G., *Les libertés publiques,* Paris, 1961, p. 311; y RIVERO, J., *Les libertés publiques*, Vol. II, Paris, 1981, p. 25.

[504]　MORTATI, C., *Ob. cit.*, nota 501, p. 368. El autor BISCARETTI DI RUFIA utiliza la expresión "derechos públicos de prestación" para comprender las específicas pretensiones de los ciudadanos a obtener prestaciones de hacer o de dar en materia económico-social, a cargo de quien ejercita una función pública, en *Derecho Constitucional*, Tecnos, Madrid, 1973, p. 191.

De ahí que es importante insistir en que en los derechos fundamentales prestacionales, la prestación constituye el objeto de la obligación constitucional estatal, esto es, lo que la doctrina alemana ha calificado de "procura existencial".

En este sentido, la jurisprudencia[505] sostiene que los derechos sociales son derechos de prestación que persiguen básicamente actos positivos a cumplirse, pues otorga a las personas una directa o indirecta prestación por parte de quien los debe, en orden a su consecución, y en función de la participación de los beneficios de la vida en sociedad, o de la actuación del principio de igualdad.

Lo dicho hasta ahora comprueba que la Administración Pública, junto con el Derecho a ella aplicable como es el administrativo, se han convertido no solo adecuados sino necesarios para los concreción de los derechos fundamentales prestacionales.

Ahora bien, si la existencia de los derechos fundamentales prestacionales se acepta en la actualidad de forma prácticamente unánime, no sucede lo mismo cuando se trata de su distinción y contenido, sobre el tipo de garantías adecuado para su efectividad, su invocabilidad judicial como derechos subjetivos e, incluso, sobre el valor jurídico de las disposiciones constitucionales que los consagran, aspectos que analizaremos de seguidas.

§216. Clasificación — Por lo que se refiere a la clasificación, creemos que vale la pena dedicar una reflexión a los criterios habituales de la doctrina en Venezuela, por cuanto son útiles para comprender mejor el concepto de los derechos fundamentales prestacionales.

Como cuestión previa se ha de señalar que la Constitución vigente no hace sino receptar una tradición que se remonta al año 1811, pues es la primera Constitución que en América Latina consagra los derechos del hombre. En efecto, debemos recordar que la Constitución Federal de 1811 consagró la base constitucional de carácter jurídico-material como es el principio de respeto y de garantía a los derechos humanos al aprobarse dos declaraciones, que en términos generales van a conformar la tercera Declaración de Derechos de rango constitucional en la historia del constitucionalismo moderno.

Por un lado, y adelantándose a la Declaración de Independencia, se aprueba el 1 de julio de 1811 una declaración de derechos denominada

---

505 Véase Sent. del TSJ/SA N° 85 de fecha 24 de enero de 2002, caso *ASODE-VIPRILARA*.

"Declaratoria de los «Derechos del Pueblo»"[506], en cierto modo separada de la Constitución Federal de 1881, a semejanza de la Revolución Francesa, y que se convierte en nuestro ámbito en la idea técnica de consagración y respeto de los derechos fundamentales de las personas. Y por el otro, la propia Constitución Federal de 1811 dedica el Capítulo VIII a la declaración de los "Derechos del hombre que se reconocerán y respetarán en toda la extensión del Estado". La enumeración que establece es notablemente avanzada para la época, pues contiene un extenso catálogo de derechos y garantías del hombre, el mismo que en sustancia van a puntualizar y ampliar las Constituciones venezolanas posteriores.

Ahora bien, las normas constitucionales durante el siglo XIX consagraron básicamente los derechos individuales y los derechos económicos; y es sólo a partir de 1936 cuando se comenzaron a consagrar los derechos de carácter social.

En este sentido, sostiene CASAL[507] que la denominación derechos sociales se emplea frecuentemente para referirse al conjunto de los derechos económicos, sociales y culturales, por la relación de éstos con ciertas necesidades sociales o con la proyección social de la acción humana en el ámbito laboral, cultural o científico.

Dentro del grupo de los derechos fundamentales sociales que la Constitución regula y garantiza, a su vez, BREWER-CARÍAS[508] distingue dos (2) formas de consagración.

En primer lugar, los derechos sociales que la Constitución expresa y directamente formula. Y en segundo lugar, aquellos derechos sociales que pueden deducirse como contrapartida a las obligaciones que la Constitución establece para el Estado y que, por tanto, su efectividad depende de la regulación legal que se dicte en cumplimiento de dichas obligaciones. No se trataría, entonces, de derechos exigibles por su sola previsión indirecta en la Constitución, sino que requerirían de una consagración o actualización legal para su exigibilidad ante el Estado, denominándoseles por tal razón, como "expectativas de derechos". De lo dicho por el autor citado, se desprendería que habría dos niveles de positivización de los derechos fundamentales sociales.

---

[506]   Véase *Las Constituciones de Venezuela, Ob. cit.*, nota 252, pp. 175 y ss.

[507]   CASAL, J. M., *Ob. cit.*, nota 362, p. 206.

[508]   Con especial referencia a la Constitución del 61. Véase BREWER-CARÍAS, A. R., "Derechos y Garantías Constitucionales", en *Instituciones Políticas y Constitucionales*, EJV, Caracas, 1996, p. 176.

Al respecto sostenemos lo siguiente: que si bien es lo cierto que la doctrina incluye en la categoría de derechos sociales a los derechos de huelga, sindicación y otros derechos de ámbito laboral que no serían propiamente derechos de prestación, en esta oportunidad sólo nos referiremos a estos últimos. Y por otro lado, que el problema en sus inicios fue mal abordado por la jurisprudencia de la extinta Corte Suprema de Justicia, pues se hizo incorrectamente un paralelo entre los derechos fundamentales prestacionales y las denominadas "normas programáticas", cuando sostuvo bajo la vigencia de la Constitución del 61 lo siguiente:

> El artículo 50 de la Constitución dispone que la falta de Ley reglamentaria de los derechos en ella enunciados no menoscaba el ejercicio de los mismos. Pero hay que distinguir **las cláusulas directamente operativas** –que preceptúan autónomamente, son completas, suficientes y agotan los requisitos sustantivos y procesales para su aplicación–, de **las mediatamente operativas o programáticas**, que no pueden aplicarse sino cuando las completa la legislación ulterior, por requerirlo así la letra y el contenido del precepto[509] (resaltados nuestros).

Posteriormente, el Máximo Tribunal rectifica la doctrina al sostener que las normas que consagran los derechos sociales no son de carácter programático, pues si bien muchas tienen límites difusos o son indeterminados, el Juez constitucional para mantener la supremacía constitucional tiene el deber de aplicarlas y darles contenido mientras la legislación particular a ella se emite[510].

Asimismo, se habrá de señalar que todos los derechos fundamentales prestacionales presentan los mismos rasgos en lo que se refiere a su alcance normativo, pues en lo jurídico no es admisible distinguir entre derechos fundamentales prestacionales de "primera y de segunda".

En este orden de ideas, la jurisprudencia[511] procedió a distinguir entre los derechos sociales los siguientes:

a. Los que implican una prestación determinada, dentro de una relación jurídica que crea vínculos concretos, como los contemplados en los Arts. 89, 90 y 91, C.

---

[509] Véase Sents. de la CSJ/CP de fecha 25 de mayo de 2069, G.F., N° 64, 1969, p. 21; y CSJ/CP de fecha 02 de septiembre de 1969, G.F., N° 65, 1969.

[510] Véase Sent. del TSJ/SC N° 85 de fecha 24 de enero de 2002, caso *ASODEVIPRILARA*; y del TSJ/SE N° 51 de fecha 19 de mayo de 2000, caso *Asociación de Profesores de la Universidad Central de Venezuela (APOUC)*.

[511] Véase Sent. del TSJ/SC N° 1309 de fecha 19 de julio de 2001, caso *Hermán Escarrá*.

b.   Los que implican una prestación indeterminada hacia personas concretas o grupos individualizados, pero de posible cumplimiento por quien la debe, ya que lo que se exige es una mínima actividad en ese sentido, como el Art. 99 de la C.

c.   Y por último, los que resultan con una mayor indeterminación, tanto en lo debido como en quienes son sus titulares, y su cumplimiento depende de que surjan determinadas condiciones, como sería el caso del Art. 82 de la C.

Al respecto, no nos parece que cabría diferenciar ciertos derechos fundamentales prestacionales, atendiendo al criterio material, sólo si únicamente han sido objeto de desarrollo legislativo que se dictaría en cumplimiento de las obligaciones constitucionales. Se presentaría así, una deficiente estructura del sistema de garantías constitucionales, en orden a la plena satisfacción de los derechos fundamentales prestacionales, con lo cual se estaría concluyendo que en el caso de este tipo de derechos, la garantía de protección jurídica habrá de requerir previamente de una acción estatal positiva, lo que supondría que no fuesen exigibles por los individuos desde la Constitución.

Al respecto se observa que, si bien los derechos fundamentales prestacionales mencionados en los puntos (ii) y (iii) requerirían de mayor desarrollo o intervención legislativa, toda vez que hay mayor necesidad de determinar los supuestos y condiciones de su ejercicio, sin embargo, esa circunstancia no obliga a entender que nos encontramos frente a derechos de pura configuración legal o "expectativas de derechos". Por el contrario, todos los derechos fundamentales prestacionales operan de manera inmediata frente a la totalidad de los órganos del Poder Público de diversas maneras, y gracias a su contenido esencial actúan sobre ellos al punto de que los Jueces constitucionales los han amparado para lograr su restablecimiento.

En conclusión, la idea de unos derechos fundamentales prestacionales constitucionalmente consagrados, pero cuya aplicación aparece suspendida hasta el momento de su posterior desarrollo legislativo, aparece hoy en día superada, razón por la cual sosteníamos en otra oportunidad, no compartir la tesis que con cierta rigidez estima que algunos derechos fundamentales prestacionales no generan efectos jurídicos sino hasta en tanto sean regulados legislativamente y, por ende, tampoco la tesis actual de la jurisprudencia[512] de que tales normas no generan derechos subjetivos y muchas de ellas lo que aportan son principios, según analizaremos a continuación.

---

[512]   Véase Sent. del TSJ/SC N° 85 de fecha 24 de enero de 2002, caso *Asodeviprilara*.

§217. Eficacia jurídica — La doctrina señala que el mayor problema que plantean los derechos fundamentales prestacionales es el de su operatividad o eficacia jurídica. Al respecto debemos dejar claro e insistir en que la totalidad de los preceptos constitucionales son normas jurídicas, por lo que la misma condición de normas de los derechos fundamentales prestacionales que consagra la Constitución les otorga eficacia jurídica, lo que nos permite reiterar la negativa de su condición de meras fórmulas programáticas y, menos aún, como erróneamente sostiene la jurisprudencia, que se está frente a políticas constitucionales que requieren de otros complementos para su aplicación. En tal sentido CASAL[513] insiste en la buena doctrina de que imponen una serie de obligaciones de inmediata observancia para el Estado, no condicionados por la progresividad o la disponibilidad de recursos, obligaciones derivadas del deber de respeto y garantía de los derechos humanos.

Por otra parte, representa un importante cambio en la comprensión de los derechos fundamentales operada por la cláusula del Estado social, la consideración de la eficacia de aquellos en las relaciones entre privados, pues existen numerosos poderes privados que son capaces también de conculcar los derechos y libertades y frente a los cuales el individuo se encuentra frecuentemente más indefenso que ante el propio Estado[514].

Ahora bien, hablar de la eficacia jurídica de los derechos fundamentales prestacionales es, sin ningún género de dudas, un tema complejo. Con ello se quiere significar la diversidad de componentes que lo integran, así: (i) los derechos públicos subjetivos, (ii) las obligaciones públicas prestacionales y (iii) los contenidos esenciales.

§218. Derechos públicos subjetivos — En primer lugar, debemos afirmar junto con el autor CASAL[515], la condición de derechos humanos, fundamentales o constitucionales de los derechos sociales. Por tanto, los derechos fundamentales prestacionales tienen carácter plenamente jurídico y, por ende, son derechos públicos subjetivos, pues ellos recogen u otorgan un poder a favor de un sujeto, a fin de que exija de los órganos del Poder Público, el cumplimiento de la conducta prestacional a que éstos se encuentran obligados. Dicho carácter ha sido claramente reafirmado por la extinta Corte Suprema de Justicia, en los términos siguientes:

---

513   CASAL, J. M., *Ob. cit.*, nota 362, p. 298.

514   CARMONA CUENCA, E., *Ob. cit.*, nota 474, p. 21.

515   CASAL, J. M., *Ob. cit.*, nota 362, p. 209. En el mismo sentido se pronuncia sobre el carácter inequívoco de derechos subjetivos GARCÍA DE ENTERRÍA, E., *Ob. cit.*, nota 3, T. II, p. 60.

En efecto, el hecho de que el amparo sirva exclusivamente para restablecer las lesiones a algún ciudadano que se produzcan en sus verdaderos **derechos subjetivos fundamentales —entendidos éstos como situaciones de intereses evidentemente privados, en servicio de los cuales el ordenamiento confiere un poder a favor de su titular con el cual puede imponer a otro, aún a la administración, una conducta—**, y no como un mecanismo abstracto de control de la constitucionalidad (*vid.*, decisión N° 22 del 31-01-91, caso: *Anselmo Natale*), impide que los efectos del mandamiento del Juez puedan extenderse a toda la colectividad, ya que –de así suceder– se estaría más bien "garantizando" o "protegiendo" un interés general o, en el mejor de los casos, un interés colectivo o difuso, consecuencia que se aparte la finalidad de este medio judicial; a más de que para obtenerla existen en nuestro medio judicial consagrados en forma particularmente generosa, acciones *ad hoc*[516] (resaltados nuestros).

En el mismo sentido, la jurisprudencia posterior del TSJ/SC sostuvo[517]: "[...] los derechos sociales se vinculan a normas que prescriben un fin o declaran un valor, sin especificar los medios para su consecución o las situaciones en que debe ser realizado, y así lo que para los poderes estatales o los obligados es una norma jurídica, para los ciudadanos se convierte en garantía de transformación de obligaciones jurídicas del Estado en **derechos subjetivos** del individuo" (resaltado nuestro).

Por tanto, la cuestión se sitúa desde la perspectiva constitucional-formal, sobre el grado de vinculación que los derechos fundamentales prestacionales suponen para los órganos del Poder Público y, en especial, sobre si su consagración constitucional basta para fundar pretensiones judiciales a favor de sus titulares, esto es, si constituyen verdaderos derechos subjetivos.

Al respecto observamos que el concepto derecho fundamental no sólo tiene una vertiente subjetiva –de derecho público subjetivo cualificado– sino que también incluye un contenido objetivo. En efecto, los derechos fundamentales son derechos públicos subjetivos, derechos de los individuos no sólo en cuanto a derechos de las personas en sentido estricto, sino en cuanto garantizan un *status* jurídico a la libertad en un ámbito de la existencia. Pero al propio tiempo son elementos esenciales de un Ordenamiento objetivo de la comunidad nacional, en cuanto ésta se configura como marco de una convivencia humana justa y pacífica, plasmada históricamente en el Estado de Derecho y, más tarde, en el Estado social de Derecho, o finalmente en el Estado social y democrático de Derecho y de Justicia según la fórmula de la Constitución vigente.

---

[516]   Véase Sentencia de la CSJ/SPA: 27 de julio de 1993, caso *José Antonio Padrón*, JCSJ/OPT: 1993, N° 8-9-74.

[517]   Véase Sentencia del TSJ/SC N° 85 del 24 de enero de 2002.

En conclusión, respecto de los derechos fundamentales prestacionales es predicable sin problema, el régimen jurídico de los derechos públicos subjetivos.

§219. Obligación pública constitucional — En segundo lugar, hemos de analizar la obligación pública constitucional como elemento integrante del derecho fundamental prestacional. En efecto, en principio se dice que si un sujeto tiene derecho a recibir prestaciones de otro, ese otro tiene un deber. Del mismo modo, si la Constitución consagra a favor de un sujeto un derecho, el Estado tendrá obligación de atender a las necesidades de las personas. Ello supone la responsabilidad del Estado por el funcionamiento de la economía en su conjunto[518], de la cual depende la cobertura de las necesidades[519]. De ahí que la intervención estatal en el proceso económico es, pues, fundamental para lograr los fines esenciales propios del Estado social.

Al respecto la doctrina sostiene que otra dimensión de la cláusula constitucional Estado social es la vinculación social del Estado, que comprende la obligación de los órganos del Poder Público de atender las necesidades de las personas, responsabilizándose para ello del funcionamiento de la economía en su conjunto. En tal sentido, FORSTHOFF[520] afirma que de modo natural la evolución del Estado social conduce a que las garantías sociales no quedan relegadas a una promesa meramente programática, sino a reconocerle una vinculación jurídica directa, bien sea para los tribunales de justicia o por la propia Administración Pública.

En este punto sostenemos que el individuo no sólo cuenta con un "derecho originario", sino que también posee un "derecho de acción" o "derecho de exigibilidad", con lo cual se quiere significar que si los órganos del Poder Público, y de manera principal la Administración Pública, se hayan obligados a realizar determinadas conductas, se distinguen tres momentos así:

a. El establecimiento de un derecho a favor de las personas, quienes podrán exigir el cumplimiento de la obligación constitucional regulada por los Poderes Públicos.

b. La consagración de una obligación prestacional por parte de los Poderes Públicos desde la Constitución.

c. Y por último, la regulación o concretización de los contenidos prestacionales de esa obligación por parte del Legislador.

---

[518] CARMONA CUENCA, E., *Ob. cit.*, nota 474, p. 175.

[519] *Ibidem*, p. 22.

[520] FORSTHOFF, E., *Ob. cit.*, nota 385, pp. 89-98.

JOSÉ ARAUJO-JUÁREZ

§220. Contenido esencial — Y, por último, pasando a otro de los componentes de los derechos fundamentales prestacionales, tenemos el contenido esencial. Como se sabe, la importancia del mismo es la de constituirse en límite a las potestades legislativas y administrativas, a fin de garantizar la permanencia del núcleo esencial o reducto indisponible de los derechos fundamentales en general, que de no ser respetado convierte a la actuación del Poder Público en inconstitucional, el cual ha sido explicado por la jurisprudencia[521] del Alto Tribunal así:

> Sin embargo, si bien el constituyente estableció la forma en la cual pueden limitarse los referidos derechos de rango constitucional, nada dijo sobre la extensión que ésta pudiere tener, razón por la cual ha sido labor de esta Corte Suprema de Justicia –actuando tanto en Sala Plena como en esta misma Sala– precisar cuál es el **"contenido esencial" de dichos derechos, a los efectos de establecer una barrera o área de protección inexpugnable aún por el propio legislador**, de forma tal que la mencionada limitación legislativa no pueda transformarse en una supresión absoluta del derecho constitucional".

> En efecto, la necesidad de establecer el referido "contenido esencial" de los derechos constitucionales ha sugerido de los distintos regímenes jurídicos que el Legislador ha desarrollado en determinadas materias con el objeto de "ampliar o "restringir" más o menos los mismos. Según la especial naturaleza de la actividad que los particulares realicen y el interés público que la misma posea.

Ahora bien, aun cuando según la teoría de los límites de los derechos fundamentales se reconoce la potestad de configuración del derecho que ostenta el Legislador según la jurisprudencia[522], no es admisible que se puedan suprimir los derechos que la Constitución ha consagrado, pues ello implicaría sostener el absurdo según el cual, el Legislador puede establecer áreas aisladas del marco de aplicación de nuestra Carta Magna. Debe concluirse entonces, que si bien puede haber una zona gris en la que el Legislador puede restringir o ampliar los derechos constitucionales según la característica especial de la materia a regular, que es lo que los doctrinarios alemanes han definido como "halos de certeza", siempre existirán como parámetros materiales de control un "núcleo duro" que no podrá ser suprimido por el Legislador, así como el principio de proporcionalidad o racionalidad de las restricciones[523].

---

[521] Véase Sentencias de la CSJ/SPA: 19 de junio de 1997, caso *Tiuna Tours, C.A.*; y del TSJ/SC de fecha 6 de abril de 2001, caso *Manuel Quevedo Fernández*.

[522] Véase Sent. N° 85 del TSJ/SE, de fecha 14 de julio de 2005.

[523] Véase Sents. de la CSJ/SPA de fecha 19 de junio de 19997, caso *Tiuna Tours, C.A.*; CSJ/SPA de fecha 5 de agosto de 1999, caso *Andrés Raúl Figueroa Merchán*. Así mismo CASAL, H., J. M., *Ob. cit.*, nota 365, p. 136.

En conclusión, en la actualidad se reconoce que los derechos fundamentales prestacionales también tienen eficacia inmediata contra terceros, Estado y particulares, tal como lo hubo reconocido, de manera clara el Alto Tribunal al sostener:

> **En nuestro ordenamiento jurídico la protección del amparo constitucional no está reservada sólo a los derechos individuales, sino que en la amplitud que caracteriza esta institución venezolana su acción se extiende, incluso, a los derechos de contenido social.** Además de los políticos y económicos, ahora bien, en virtud de la naturaleza de los derechos sociales, y al hecho indiscutible de que ellos son establecidos en buena medida para servir como guía en la labor del legislador, la protección que por vía del amparo a ellos puede darse, está condicionada a la existencia de algún acto, hecho u omisión que atentase de manera específica contra ellos. Debe haber, entonces una relación directa entre el agente perturbador y el contenido del derecho constitucional, siendo improcedentes los alegatos que tengan por objetivo, so pretexto de violación de derechos sociales como la protección a la familia, al trabajo, etc., impedir una acción legítima o legal de un funcionario público o de un particular que, en definitiva, no se dirija concretamente hacia tales derechos sociales[524] (resaltado nuestro).

3. *Medios de protección jurisdiccional*

§221. Planteamiento de la cuestión — Finalmente, observamos que los sistemas que otorgan derechos e imponen obligaciones pueden calificárseles como jurídicos, sólo si contemplan garantías para su efectividad, pues de lo contrario se convertiría a la correspondiente norma en mera "retórica constitucional".

Ahora, el reconocimiento de los derechos fundamentales prestacionales como derechos humanos conduce en opinión de CASAL[525], a la aceptación de su justiciabilidad o de las facetas prestacionales, que es propia de la esencia o al menos de la naturaleza de todo derecho. Al efecto debemos señalar que para garantizar el cumplimiento o la efectividad de los derechos fundamentales prestacionales, las formas de accionar son variadas. En efecto, la Constitución establece diversos medios de protección jurisdiccional y, particularmente: (i) la acción popular de inconstitucionalidad, (ii) el recurso contencioso-administrativo, (iii) la

---

[524] Véase Sentencia de la CSJ/SPA de fecha 8 de mayo de 1996, caso *Pura Esperanza Jiménez Yustiz*, JCSJ, N° 5, 1996, p. 37.

[525] CASAL, J. M., *Ob. cit.*, nota 362, p. 212; y "La garantía constitucional de los derechos sociales: progresos y dificultades o zonas de tensión", en *III Congreso de Derecho Procesal Constitucional y I Congreso de Derecho Administrativo, La Justicia Constitucional y Justicia Administrativa como garante de los derechos humanos reconocidos en la Constitución. En Homenaje al Doctor Gonzalo Pérez Luciani*, T. I, UMA-FUNEDA, Caracas, 2013, pp. 145 y ss.

acción de amparo constitucional, y por último, (iv) las acciones por derechos e intereses difusos.

§222. Acción popular de inconstitucionalidad — Frente a la violación de los derechos fundamentales prestacionales por actos jurídico-estatales, la Constitución establece el derecho de todas las personas de interponer la acción popular de inconstitucionalidad, sobre la base del deber general establecido en el artículo 333 de la C de colaborar en el restablecimiento de su efectiva vigencia[526].

§223. Acción contencioso-administrativa — Por otro lado, el control de la constitucionalidad de los actos administrativos de efectos particulares está atribuido a los órganos de la Jurisdicción contencioso-administrativa, como manifestación de concentración de la constitucionalidad en el Alto Tribunal de la República[527].

§224. Acción de amparo constitucional — Además, la Constitución al incorporar el amparo constitucional consagró una garantía procesal para proteger específicamente todos y nada más que los derechos fundamentales de la persona humana, comprendidos los derechos fundamentales sociales, lo que se calificó como uno de los aciertos más destacados en la avanzada Carta Fundamental de 1961 y que ratifica la del 99[528].

Así, la consagración de una garantía extraordinaria para los derechos fundamentales deriva, por un lado de la trascendencia de la materia, pero también de que la realidad suele revelar la ineficiencia en el proceso común en su funcionamiento, en particular por exigirse una urgente actuación al respecto.

§225. Acción por derechos e intereses difusos — Por último, una de las novedades de la Constitución vigente es la inclusión, dentro de la

---

[526] Véase BREWER-CARÍAS, A. R., *Estado de Derecho y control judicial*, Instituto de Administración Pública, Alcalá de Henares-Madrid, 1987; *El sistema de justicia constitucional en la Constitución de 1999*, EJV, Caracas, 2000; y CASAL H., J. M., *Constitución y Justicia Constitucional*, UCAB, Caracas, 2004.

[527] BREWER-CARÍAS, A. R., *Ob. cit.*, nota 526.

[528] Véase Sent. del TSJ/SC N° 1002 de fecha 26 de mayo de 2004; CHAVERO GAZDIK, R. J., *El Nuevo Régimen del Amparo Constitucional en Venezuela*, Editorial Sherwood, Caracas, 2001; LINARES BENZO, G. J., *El Proceso de Amparo*, Universidad Central de Venezuela, Caracas, 1999; ORTÍZ-ÁLVAREZ, L. A. Y HENRÍQUEZ MAIONICA, G., *Las Grandes Decisiones de la Jurisprudencia de Amparo Constitucional* (1969-2004), Editorial Sherwood, Caracas, 2004.

garantía del acceso a la justicia, la legitimidad de los titulares de los derechos e intereses colectivos y difusos (J. L. VILLEGAS MORENO)[529].

Ahora bien, tales expresiones –señala la doctrina–[530], se emplean en sentido sustantivo y sentido formal. En el primer caso se quiere significar que la expresión de derechos e intereses difusos poseen también y ante todo, un valor sustantivo, que alude a que existen derechos que no son individuales, sino colectivos y que no pertenecen a un grupo identificable de sujetos, sino que aluden a la protección de determinados valores. Por su parte, ya precisando aún más, sostiene que el interés colectivo es el interés de un grupo plenamente identificado o identificable y, en consecuencia, sus integrantes pueden ser cuantificados. Por el contrario, en el interés difuso, los sujetos que lo alegan no constituyen un conjunto definido, excluyente e identificable, sino que aquellos que integran la categoría están unificados por la tenencia común de la misma aspiración personal. El interés se presenta así entre los múltiples sujetos que tiene una idéntica pretensión jurídica.

En el segundo caso, continúa la doctrina[531], la noción ha adquirido en virtud de la jurisprudencia y doctrina también un sentido formal, al calificar a una acción, es decir a un instrumento o medio procesal. En tal sentido, define a la acción colectiva como la vía procesal que se ejerce en nombre de un sector de la colectividad de ámbito variable, tanto por el número de actores, como por las condiciones en que el mismo opera.

Finalmente, dentro de las características de las acciones colectivas se menciona: la supra-individualidad, esto es, se aplica al hecho de que la protección interesa a más de un individuo; y la indivisibilidad, característica que alude al hecho de que cualquier relación al derecho protegido afecta a todos los actores[532].

Se trata de una acción específica, cuya nota fundamental está dada por el hecho de que la competencia para conocer de la misma le corresponde a la Sala Constitucional del Tribunal Supremo de Justicia.

§226. **Conclusión** — Lo anteriormente expuesto es el reflejo de la gran variedad de maneras por las que los centros o complejos orgánicos del Poder Público quedan comprometidos al respeto y al fortalecimiento, a la búsqueda de la eficacia, en definitiva, de los derechos fundamentales, en general, y los derechos prestacionales, en particular.

---

[529] Véase con provecho el ensayo de VILLEGAS MORENO, J. L., *La protección jurisdiccional de los intereses difusos y colectivos*, EJV, Caracas, 1999.

[530] RONDÓN DE SANSÓ, H., *Análisis de la Ley Orgánica del Tribunal Supremo de Justicia. Una ley fuera de contexto*, Caracas, 2006. pp. 91 y 93.

[531] RONDÓN DE SANSÓ, H., *Ob. cit.*, nota 530, p. 94.

[532] *Ibídem*, pp. 94-95.

En efecto, fue deseo expreso del Poder constituyente el incorporar decididamente y de manera prevalente, una contundente respuesta en materia de los derechos fundamentales prestacionales. Pero dicho "rótulo" que con su prestigio y fuerza facilitadora ha servido así de vehículo para que hagan su aparición aspiraciones sociales intensamente sentidas, sin embargo, su grado de efectividad en la realidad política y en la práctica hoy día no alcanza en nuestros países niveles satisfactorios. Es por ello que a la idea del peso de las declaraciones, se suma con toda intención, la preocupación por la eficacia y las garantías de su protección, para lo cual los centros de enseñanza e investigación, son especialmente llamados a educar para las libertades y los derechos fundamentales prestacionales.

CAPÍTULO VI

EL DERECHO ADMINISTRATIVO
Y EL ESTADO DEMOCRÁTICO

I.   LA TEORÍA DEL ESTADO DEMOCRÁTICO

§227. Planteamiento de la cuestión — La República Bolivariana de Venezuela es, también, según la Constitución un "**Estado democrático** y social de Derecho y de Justicia" (Art. 2 *eiusdem*). Ahora, las declaraciones constitucionales a favor del Estado democrático tienen un contenido preciso y suficientemente conocido en la dogmática jurídico-pública.

El sistema constitucional venezolano descansa, junto con el principio de legalidad y otros principios constitucionales analizados (Estado de Derecho), el principio de igualdad o Justicia material (Estado social), en el principio de participación (Estado democrático). Ahora, la cláusula constitucional del Estado democrático significa una real presencia y participación de los ciudadanos a través de diversas modalidades de procedimientos y estructuras organizativas (entidades sociales, no partidos políticos) que permitan reconducir el ejercicio de la soberanía del pueblo a los centros de decisión del Gobierno y de la Administración Pública.

Ahora, la base constitucional de la democracia, más que un mero instrumento adjetivo, constituye un fenómeno sustancial y cultural con indudables efectos políticos, sociales y jurídicos, que debe dominar el ejercicio del Poder Público en todas sus manifestaciones (G. SARTORI)[533]. Por tanto, la cláusula constitucional del Estado democrático se encuentra estrechamente vinculada a la forma como se ha diseñado el marco institucional del Poder Público y su ejercicio en el Ordenamiento jurídico, de manera principal, de la Administración Pública.

Así las cosas, el marco democrático es dentro del cual se debe ubicar y desenvolver el Estado y su Administración Pública para efectos de dar

---

[533]   SARTORI, G., *Teoría de la democracia*, Ed. Alianza, Madrid, 1988, pp. 21 y ss.

cumplimiento al mandato constitucional y convencional de la satisfacción de las necesidades públicas, y de la existencia de recursos y medidas efectivas para la protección de los derechos fundamentales de las personas.

En consecuencia, el modelo jurídico-político del Estado democrático constituye dentro de nuestro Ordenamiento jurídico, la columna sustentadora de la inclusión, el equilibrio, la igualdad, la transparencia, el debido proceso, la libertad de los asociados en sus relaciones con los centros o complejos orgánicos del Poder Público y, sobre todo, de seguridad jurídica.

§228. Derecho administrativo contemporáneo en un modelo de Estado democrático — La cláusula constitucional en favor de la Democracia influye también en la construcción del Derecho administrativo, a través de la obligación de legitimación, por un lado, y ante todo, a través de las exigencias de publicidad y la búsqueda del consenso en torno a las decisiones estatales, por el otro (SCHMIDT-AßMANN)[534]. Pero entonces ¿cuál es la relación entre la cláusula constitucional Estado democrático y el Derecho administrativo? Y ¿cómo irradia al Derecho administrativo?

Al respecto P. ROBLEDO SILVA[535] sostiene que no se trata de la relación con la democracia representativa, pues el Derecho administrativo nace después de la sustitución del Estado absolutista, sometido al principio de legalidad y, por ende, sometido al Legislador como representante de la voluntad popular, lo que hace que la relación antes mencionada, esto es, democracia representativa-Derecho administrativo resulte más que evidente. Por lo tanto, se trata de la relación entre el Derecho administrativo y la democracia participativa, para lo cual resulta necesario hacer algunas precisiones conceptuales.

Así las cosas, hoy día para estudiar cualquier sistema científico de Derecho administrativo, es preciso hacer también algunas referencias jurídicas a la cláusula constitucional del Estado democrático, que si bien su estudio no pertenece al mismo, pues corresponde al Derecho constitucional, si constituye otro de sus presupuestos jurídicos como pretendemos demostrar. En efecto, a medida que se fue imponiendo el modelo político del Estado de Derecho, las Constituciones contemporáneas se van a caracterizar por el aumento significativo de su contenido material

---

[534] SCHMIDT-AßMANN, E., *Ob. cit.*, nota 10, p. 99.

[535] ROBLEDO SILVA, P., "El papel de la democracia participativa en la creación de los nuevos municipios en Colombia", en *Constitucionalización del Derecho administrativo, XV Jornadas Internacionales de Derecho Administrativo*, Ed. A. Montaña Plata y A.F. Ospina Garzón, Universidad Externado de Colombia, Bogotá, 2014, p. 265.

al consagrar, además de su parte orgánica y dogmática, normas destinadas a regular las relaciones entre el Estado y las personas, o de estas entre sí, en muchos casos precisamente con ocasión de la actividad de la Administración Pública.

Con lo expuesto se consolidó la concepción del Derecho administrativo de las sociedades democráticas como el instrumento por excelencia para: por un parte, garantizar la eficiencia de la función administrativa y la prevalencia de los intereses generales y colectivos; y por la otra, para asegurar la protección de las personas frente a la Administración Pública, siendo el reto del Derecho administrativo lograr y asegurar el equilibrio entre estos dos extremos.

Ahora bien, la existencia o no del mencionado equilibrio, o la existencia de un acentuado desbalance entre los dos extremos, no es lo que resulta del modelo de organización jurídico-político en el cual se mueve y aplica el Derecho administrativo, pues está muy claro cuál ha sido el modelo político proclamado en el Art. 2, C, que no es otro que el del Estado democrático y social de Derecho y de Justicia, el cual tiene que existir real y efectivamente, y que no solo constituya una decisión política del constituyente originario. Cosa distinta es que en la realidad política y en la práctica legislativa y forense el Estado no se conduzca como tal en su funcionamiento y en su actuación, y el "régimen político" o "régimen ideológico" específico de turno imponga en la práctica un modelo distinto al Estado democrático por vía interpretativa de la Constitución, en perjuicio de los intereses públicos, derechos y libertades de las personas, negando así el principio democrático, principio basilar de nuestro Estado según la Constitución. Por tanto, siendo el Derecho administrativo contemporáneo por esencia, ante todo y por sobre todo, un Derecho democrático y de la democracia, cuando deja de serlo será cualquier cosa pero nunca un Derecho administrativo.

Que el Derecho administrativo algo tiene que ver con un Estado democrático y con una concepción sustancial de los derechos de los ciudadanos, nos parece bastante obvio a los administrativistas, sostiene GARCÍA DE ENTERRÍA[536]. En efecto, el Derecho administrativo, se ha dicho, además de ser un Derecho estatal o del Estado[537], es también un Derecho garantista de los derechos y garantías de la persona. Por tanto, como

---

[536] GARCÍA DE ENTERRÍA, E., *Hacia una nueva justicia administrativa*, 2ª ed. ampliada, Madrid, 1992, p. 43.

[537] DEMICHEL, A., *Le droit administratif. Essai de réflexion théorique*, Paris, 1978, p. 14.

sostuvo la jurisprudencia[538], el Derecho administrativo se presenta dentro de un Estado social de Derecho como el punto de equilibrio entre el Poder y la Libertad. Es por eso que concluye en estos términos: "En este orden de ideas **el derecho administrativo es ante todo y por sobre todo un derecho democrático y de la democracia**, y su manifestación está íntimamente vinculada a la voluntad general (soberanía) de la cual emana"[539] (resaltados nuestros).

El principio de la participación ciudadana o social en el conjunto de los asuntos públicos se configura en la Constitución de 1999[540], desde la óptica de la cláusula constitucional del Estado democrático, que es la primariamente aludida en el Art. 2, *eiusdem*, la columna vertebral del Estado venezolano[541], e informa la estructura y la actuación del Estado y sirve al objetivo de legitimar al Poder Público[542].

De acuerdo con BREWER-CARÍAS[543], lo que caracteriza al Derecho administrativo en un orden democrático, no es otra cosa que ser el instrumento para asegurar la sumisión del Estado al Derecho, pero con la misión de garantizar el respeto a los derechos de las personas, en medio de una persistente y fatigosa lucha histórica para controlar el poder y contra las "inmunidades del poder", que es lo que ha caracterizado el devenir del Derecho administrativo. Ese equilibrio, siempre latente, pero débil al inicio, efectivamente se comenzó a consolidar bien entrado el Siglo XX, luego de la II Guerra Mundial, cuando el Derecho administrativo empezó a ser regulador no solo del Estado sino de los derechos y garantías de las personas en un marco democrático.

Así las cosas, el Derecho administrativo en el marco de la Constitución debe ser el propio de un Estado democrático, y su construcción y comprensión debería estar condicionado por los principios y valores superiores que están a la base de ese modelo jurídico-político de orden democrático. En tal sentido, el examen sistemático de la Constitución del 99 nos revela cómo en forma completa y exhaustiva se determinan clara-

---

[538]   Véase Sents. del TSJ/SPA N° 1028 de fecha 9 de mayo de 2000, en *RDP*, N° 82, Caracas, EJV, 2000, p. 214; y del TSJ/SPA N° 2189 de fecha 5 de octubre de 2006, *RDP*, N° 108, EJV, Caracas, 2006, p. 100.

[539]   *Ibídem*, p. 214.

[540]   Véase Sents. del TSJ/SC N° 1050 de fecha 23 de agosto de 2000, caso *Red de Veedores de la Universidad Católica de la Universidad Católica Andrés Bello*; N° 23 de fecha 22 de enero de 2003; y N° 1399 de fecha 4 de julio de 2007.

[541]   Véase Sent. del TSJ/SC N° 180 de fecha 20 de marzo de 2000, caso *Allan R. Brewer-Carías*.

[542]   Véase Sent. del TSJ/SC N° 23 de fecha 22 de enero de 2003.

[543]   BREWER-CARÍAS, A. R., *Ob. cit.*, nota 56, p. 239.

mente, entre otros temas, las diversas cláusulas constitucionales que tienen particular importancia para el Derecho administrativo contemporáneo, se consolida un completo proceso de constitucionalización, lo cual como ya advirtiera BREWER-CARÍAS no es suficiente[544], pues su contenido configura el marco de actuación real y efectiva de los centros o complejos orgánicos que ejercen el Poder Público, en general, y de la Administración Pública, en particular.

II. EL PRINCIPIO DE LA DEMOCRACIA PARTICIPATIVA

1. *Principio de la democracia participativa*

§229. Concepto — Con el surgimiento del Estado liberal-constitucional y el reconocimiento del dogma de la soberanía popular, se adoptan las formas de participación representativas. Pese a esto, los instrumentos de democracia directa no desaparecieron, y se reservaron para asuntos de suma importancia (referendo, plebiscito, revocatoria del mandato, iniciativa popular, etc.). Posteriormente, los mecanismos de participación directa se fueron convirtiendo en procedimientos frecuentes. Así las cosas, la Constitución de 1999 concibió un modelo híbrido desde el punto de vista democrático al señalar:

Artículo 5. La soberanía reside intransferiblemente en el pueblo, quien la ejerce **directamente** en la forma prevista en esta Constitución y en la ley, e **indirectamente**, mediante el sufragio, por los órganos que ejercen el Poder Público.

Los órganos del Estado emanan de la soberanía popular y a ella están sometidos. (Resaltados nuestros).

Se trata, pues, de una fórmula constitucional mixta entre la democracia representativa y la democracia directa, que se concibió como democracia participativa. En este orden de ideas surge otra pregunta: ¿Qué se entiende por democracia participativa?

Frente al modelo de democracia representativa, articulada a través de los partidos políticos como el modelo más extendido, se fue consolidando el modelo de participación ciudadana en la conformación, ejercicio y control del Poder Público, para superar muchos de los problemas que se manifestaban en aquella, que se convierte así, no en un sustituto sino en complemento mediante mecanismos y fórmulas de distinta índole que permiten la vinculación del pueblo con los asuntos que le afectan directamente.

---

[544] BREWER-CARÍAS, A. R., *Ob. cit.*, nota 56, p. 256.

Por tanto, el principio de la democracia participativa (o participación ciudadana o social) hace referencia a una serie de medios de participación de diversa índole que actúan como vías para que los ciudadanos puedan intervenir en los asuntos públicos.

Así las cosas, el principio de la democracia participativa o de la participación ciudadana o social en el conjunto de los asuntos públicos, se configura en la Constitución de 1999[545], desde la óptica de la cláusula constitucional del Estado democrático, que es la primariamente aludida en el artículo 2, *eiusdem,* como un principio esencial, estructural del sistema constitucional, o si se quiere emplear la expresión de la jurisprudencia de la Sala Constitucional, la columna vertebral del Estado venezolano[546], e informa la estructura y la actuación del Estado y sirve al objetivo de legitimar al Poder Público[547].

Ahora, los avances doctrinales de la concepción de la democracia participativa como una especie dentro del gran género que significa el término Democracia han sido importantes. Asimismo, en el campo normativo, se aprueban normas que reconocen ya sea en forma abstracta el principio de participación ciudadana, o porque se regulan de forma expresa los mecanismos para llevar a la práctica dicho principio.

En conclusión, como sostuvo el Tribunal Constitucional colombiano[548], el concepto de democracia participativa comporta una revaloración del concepto de ciudadano, es decir, una nueva dimensión y un replanteamiento de su papel en la vida nacional, de tal forma que todo ciudadano tiene el poder-derecho de participar no solo en la gestión y ejercicio del poder político, sino también en todos los otros canales y mecanismos de participación-gestión para que en la práctica el principio democrático encuentre cabida en todos los ámbitos y planos del acontecer de la sociedad.

§230. Clasificación — Con respecto a la clasificación de las modalidades de participación en sentido genérico señala la doctrina[549], puede

---

[545]   Véase Sents. del TSJ/SC N° 1050 de fecha 23 de agosto de 2000, caso *Red de Veedores de la Universidad Católica de la Universidad Católica Andrés Bello*; N° 23 de fecha 22 de enero de 2003; y N° 1399 de fecha 4 de julio de 2007.

[546]   Véase Sent. del TSJ/SC N° 180 de fecha 20 de marzo de 2000, caso *Allan R. Brewer-Carías.*

[547]   Véase Sent. del TSJ/SC N° 23 de fecha 22 de enero de 2003.

[548]   Véase Corte Constitucional colombiana: Sents. C-180 de 1994, SU-II22 de 2001, T-1337 de 2001 y C-179 de 2002, entre otras.

[549]   SACRISTÁN, E. B., "Audiencia pública y otros procedimientos consultivos en el dictado de actos administrativos de alcance general (nulidades por su omisión)", p. 169.

ser de distintas clases: activa o pasiva, indicativa o mandataria o imperativa, *uti singulis* o *uti cives*, orgánica, funcional o cooperativa, por medio de audiencias públicas o de otros modos de participación (comisiones asesoras, encuestas ciudadanas, negociación y mediación, etc.).

Además, por lo que respecta a la concreción del deber constitucional de propiciar la participación ciudadana en la gestión atribuida a la Administración Pública, se ofrecen principalmente las dos siguientes (PAREJO ALFONSO)[550]:

a. La participación orgánica, esto es, la inserción en los órganos administrativos de representaciones sociales.

b. Y la participación procedimental o la previsión de la intervención de los agentes sociales en los procesos administrativos de toma de decisiones.

Por su parte, GARCÍA DE ENTERRÍA[551] distingue entre:

a. La participación orgánica, cuando el ciudadano se incorpora a órganos estrictamente tales de la Administración Pública.

b. La participación funcional, cuando el ciudadano actúa funciones administrativas sin incorporarse al órgano administrativo.

c. Y por último, la participación cooperativa, si el ciudadano secunda con su actuación privada el interés general.

Así las cosas, dentro de los mecanismos que guardan una estrecha relación con el Derecho administrativo y que nos muestran cómo esta rama del Derecho y, con ella, la Administración Pública se pone al servicio de los fines constitucionales, debemos mencionar en primer lugar al procedimiento administrativo. En efecto, ya ha sido puesta de presente, la progresiva importancia que para la adecuada defensa de los derechos tanto individuales como sociales ha adquirido el procedimiento administrativo. En efecto, el tipo de participación más pertinente es, sin duda, el procedimental, pues permite la incorporación a los procesos de tomas de decisiones, tanto de las interpretaciones y posiciones de los sujetos individuales como de los correspondientes a grupos sociales o colectivos más o menos amplios, en torno a lo que exige el interés general en un momento dado.

---

[550] PAREJO ALFONSO, L., *Perspectivas del Derecho Administrativo para el próximo milenio*, Ed. Gustavo Ibañez, Bogotá, 1998, p. 78.

[551] GARCÍA DE ENTERRÍA, E. y FERNÁNDEZ, T.R., *Ob. cit.*, nota 3, T. II, pp. 86, 91 y 92.

270   JOSÉ ARAUJO-JUÁREZ

El anterior ejemplo es una muestra evidente en cuanto a la injerencia de la democracia participativa en la constitucionalización del Derecho administrativo. De ahí la necesidad del buen diseño de este tipo de participación de las posibilidades de integración de las múltiples perspectivas –privadas, sociales y aún públicas– que inevitablemente suscitan los diferentes asuntos públicos, pues además contribuye al reforzamiento de la legitimación de la función administrativa desde los postulados que proclama el Art. 141 de la C, al propiciar *ex ante* el consenso sobre las decisiones y la tutela jurídica de los derechos e intereses individuales y sociales presente (PAREJO ALFONSO)[552], según se puso de relieve al analizar el procedimiento administrativo consultivo en otra obra nuestra[553].

2. *Principio de participación ciudadana*

§231. Planteamiento de la cuestión — Con fundamento en el principio de la participación ciudadana que debe regir en la actividad de la Administración Pública, bajo la vigencia de la Constitución de 1961 se establecieron regímenes participativos específicos en el proceso de formación de la voluntad administrativa en algunos instrumentos legislativos, como son los casos de la consulta pública previa y obligatoria en la Ley Orgánica para la Ordenación del Territorio y en la Ley Orgánica de Ordenación Urbanística[554].

Sin embargo, el principal antecedente de régimen participativo específico fue la Ley Orgánica de Régimen Municipal[555], que estableció el derecho de los vecinos a participar en la gestión municipal y el deber del Municipio de promover la participación de las personas en los asuntos de la vida local. Sin embargo, no existía un régimen participativo genérico que obligara a la Administración Pública a consultar a las personas

---

[552] PAREJO ALFONSO, L., *Ob. cit.*, nota 550, p. 80.

[553] ARAUJO-JUÁREZ, J. *Derecho Administrativo General. Procedimiento y Recurso Administrativo*, Ediciones Paredes, Caracas, 2010, pp. 317 y ss.

[554] Derogadas por la Ley Orgánica para la Planificación y Gestión de la Ordenación del Territorio, Gaceta Oficial N° 38.279, de fecha 23 de septiembre de 2005. Esta fue reformada parcialmente según publicación en la Gaceta Oficial N° 38.388, de fecha 1 de marzo de 2006. Finalmente esta Ley fue a su vez derogada antes de entrar en vigencia según la Gaceta Oficial N° 38.633, de fecha 27 de febrero de 2007, por lo cual permanecen vigentes y se aplican las primeras leyes mencionadas.

[555] Derogada por la Ley Orgánica del Poder Público Municipal, Gaceta Oficial N° 38.204, de fecha 8 de junio de 2005; reformada parcialmente según Gaceta Oficial de la República Bolivariana de Venezuela N° 5.806 Extr., de fecha 10 de abril de 2006 y reimpresa por error material el 21 de abril de 2006; reformada parcialmente según G.O. N° 39163, de fecha 22 de abril de 2009, y por último reformada según G.O. N° 6105, de 28 de diciembre de 2010.

las normas que se fuesen a adoptar, hasta que se dictó la LOAP[556], que por ser una ley cuyo ámbito de aplicación es general tiene aplicación preferente en materia de participación sobre las leyes anteriormente mencionadas, así como sobre cualquier otra disposición de rango sub-legal.

§232. Consagración constitucional — La Constitución señala que la Administración Pública se debe regir por una serie de principios de rango constitucional entre los cuales se encuentra el principio de participación ciudadana[557]. En tal sentido, el Art. 141, *eiusdem*, declara: "La Administración Pública está al servicio de los ciudadanos y ciudadanas y se fundamenta en los principios de honestidad, participación [...]". De ahí que la participación ciudadana por norma constitucional es fundamental en la actuación de la Administración Pública, que se convierte de esa manera en uno de los principios rectores de la misma.

Por último, la cláusula de participación ciudadana que se consagra en la Constitución vigente, ya existía como obligación en el Ordenamiento jurídico venezolano, siendo además que dicho derecho ha sido consagrado en una serie de tratados internacionales que al ser ratificados por Venezuela se convierten en Derecho interno. Al respecto, sostiene la doctrina venezolana lo siguiente:

> En todo caso, ese derecho a la participación se encuentra expresamente consagrado en la Declaración Universal de Derechos Humanos (artículo 21), en el Pacto Internacional de Derechos Civiles y Políticos (artículo 25), en la Declaración Americana de los Derechos y Deberes del Hombre (artículo 20), y en la Convención Americana de Derechos Humanos (artículo 23). Estos convenios o declaraciones formales de derecho han sido ratificados por Venezuela y, en consecuencia, **han pasado a formar parte integrante de nuestro ordenamiento jurídico**[558] (resaltado del autor).

3. *Derecho a la participación ciudadana*

§233. Introducción — La participación ciudadana, aparte de ser un principio que informa la estructura y la actividad del Estado según la Constitución de 1999, se consagra además como un novedoso derecho fundamental de manera amplia (EMC) y, además, un derecho de conte-

---

556 Véase G.O. N° 37.305, de fecha 17 de octubre de 2001, la cual fue modificada mediante Decreto con Rango, Valor y Fuerza de Ley Orgánica de la Administración Pública, G.O. N° 5.890 Extr., de fecha 31 de julio de 2008; y por último reformada según G.O. N° 6147, de 17 de noviembre de 2014.

557 Véase Sent. N° 1.950 del *TSJ/SC*, de fecha 23 de agosto de 2000; y N° 22 del *TSJ/SC*, de fecha 22 de enero de 2003.

558 CHAVERO GAZDIK, R., "La participación ciudadana en la elaboración de actos generales", en *RDP*, EJV, N° 59-60, Caracas, 1994, julio-diciembre, pp. 10-11.

nido político[559], pues considera al individuo en tanto que miembro de la comunidad política determinada, con miras a tomar parte en la formación de una decisión pública o de la voluntad de las instituciones públicas. En efecto, la participación designa un conjunto de actuaciones que el ciudadano realiza no en cuanto titular de intereses particulares propios, sino como miembro de una comunidad, en defensa de intereses de carácter colectivo (GARCÍA DE ENTERRÍA)[560].

De este modo se reconoce dentro de los derechos políticos a la participación ciudadana o democrática, desarrollando la norma constitucional el mencionado derecho en diversas formas y, en especial, el derecho de los ciudadanos a intervenir directa o indirectamente en la gestión pública, y existiendo al mismo tiempo el deber del Estado de velar por el ejercicio efectivo del mismo y, por último, estableciéndose como principio rector de la actividad de la Administración Pública.

En efecto, la Constitución establece varias formas de participación ciudadana, permitiendo que los ciudadanos participen de manera "activa" en la gestión pública y en todos aquellos asuntos en donde puedan verse afectados directa o indirectamente. La norma axilar es el Art. 62, *eiusdem*, que establece:

> Artículo 62. Todos **los ciudadanos y ciudadanas tienen el derecho de participar libremente en los asuntos públicos, directamente** o por medio de sus representantes elegidos o elegidas.
>
> **La participación del pueblo en la formación, ejecución y control de la gestión pública** es el medio necesario para lograr el protagonismo que garantice su completo desarrollo, tanto individual como colectivo. **Es obligación del Estado y deber de la sociedad facilitar la generación de las condiciones más favorables para su práctica.** (Resaltados nuestros).

Si bien, en su encabezado el Art. 62 transcrito postula el derecho a la libre participación en los asuntos públicos, el primer parágrafo delimita una de las manifestaciones fundamentales de ese derecho, como lo es la participación de los administrados en el ejercicio de la actividad administrativa, al referirse a "la participación del pueblo en la formación, ejecución y control de la gestión pública", la cual es entendida

---

[559] V., Sents. de la CSJ/SP de fecha 5 de diciembre de 1966, caso *Ley de división Político-Territorial del Estado Amazonas*; N° 1139 del TSJ/SC de fecha 5 de junio de 2002; N° 3252 del TSJ/SC de fecha 28 de octubre de 2005; y N° 919 del TSJ/SC de fecha 16 de junio de 2007.

[560] GARCÍA DE ENTERRÍA, E., "La participación del administrado en las funciones administrativas", en *Libro Homenaje a Segismundo Royo-Villanova*, Madrid, 1977, p. 305.

como la función que le corresponde realizar a los órganos que integran la Administración Pública[561].

Así las cosas, la cláusula participativa constitucional es más amplia, ya que no sólo se limita al sufragio sino a todos los asuntos de gestión pública, bajo diversas formas de participación, ejercido de manera directa, semidirecta o indirecta. Las distintas maneras de participar se enumeran en el Art. 70 y en otras normas dispersas de la Constitución, como por ejemplo el derecho a la participación en la toma de decisiones sobre la planificación, ejecución y control de la política específica en las instituciones públicas de salud (Art. 84 de la C)[562].

En el mismo tema, el Art. 70, Sección Primera *De los Derechos Políticos*, del Capítulo IV *De los Derecho Políticos y del Referendo Popular* establece:

Artículo 60. Son medios de participación y protagonismo del pueblo en ejercicio de su soberanía, en lo político: la elección de cargos públicos, el referendo, la consulta popular, la revocatoria del mandato, la iniciativa legislativa, constitucional y constituyente, el cabildo abierto y la asamblea de ciudadanos y ciudadanas cuyas decisiones serán de carácter vinculante, entre otros; y en lo social y económico: las instancias de atención ciudadana, la autogestión, la cogestión, las cooperativas en todas sus formas incluyendo las de carácter financiero, las cajas de ahorro, la empresa comunitaria y demás formas asociativas guiadas por los valores de la mutua cooperación y la solidaridad [...].

Así las cosas, el derecho a la participación ciudadana en los asuntos públicos implica la intervención de los ciudadanos en los procesos de adopción de decisiones por parte de los órganos del Poder Público. No obstante, no se trata de una participación anárquica, sino fundada en las vías legales[563]. Es pues, un derecho de configuración legal[564].

Por tanto, el modo, alcance y consecuencias de dicha intervención dependen de cada mecanismo de participación en concreto. Así, pues, según señala la jurisprudencia[565], es menester precisar que según el específico mecanismo de participación, la intervención ciudadana en los asuntos públicos adquiere distintas funciones jurídicas, tales como: (i) la consultiva; (ii) la propositiva; (iii) la informativa; y por último (iv) la controladora, en la terminología utilizada por el Art. 62 de la C, pero no la decisoria.

---

[561] *V.*, Sents. del TSJ/SE de fecha 19 de julio de 2000; N° 10 del TSJ/SC de fecha 22 de febrero de 2000; y 3252 del TSJ/SC de fecha 28 de octubre de 2005.

[562] *V.*, Sent. del TSJ/SC N° 3.252 de fecha 28 de octubre de 2005.

[563] *V.*, Sent. del TSJ/SC N° 1050 de fecha 23 de agosto de 2000.

[564] *V.*, Sent. del TSJ/SC de fecha 22 de enero de 2003.

[565] *V.*, Sent. del TSJ/SC N° 22 de fecha 22 de enero de 2003.

En resumen, los ciudadanos pueden participar de manera directa en la gestión pública, cuando son ellos mismos los que intervienen en el asunto sin necesidad de que alguien los represente o actúe por ellos; y de manera indirecta, si la actuación es por medio de los representantes electos a través del sufragio. Al revisar las diferentes disposiciones de la Constitución, se deduce la idea fundamental de la intervención o participación directa del ciudadano en los asuntos públicos que los puedan afectar, reconociéndoseles diversos mecanismos para controlar la gestión o intervenir en el proceso de una futura decisión, esto es, los ciudadanos actuando por sí mismos.

4. *Régimen jurídico*

§234. Fundamento jurídico — El mecanismo de la consulta previa se halla directamente fundado en la garantía constitucional del debido proceso, la que dentro del marco del procedimiento administrativo se traduce en la especie en el derecho de todo interesado a ser oído con carácter previo a la emisión de un acto –normativo o no– que pueda afectar sus derechos subjetivos o intereses, con las garantías establecidas en la Constitución y en la ley.

Se trata de un nuevo supuesto de la aplicación del principio o garantía constitucional del debido proceso en sentido sustantivo, que debe cumplirse ya no individualmente sino esta vez con el público, antes de emitir actos normativos, de carácter legislativo o administrativo. Dicho acceso y participación del público es, como señala la doctrina más autorizada, al igual que en la garantía individual de defensa, para que el público pueda ser oído con debate, con conocimiento pleno y directo del expediente y del proyecto oficial con los detalles de su instrumentación, y pueda también hacer un alegato con el derecho a obtener una decisión fundada sobre sus peticiones (GORDILLO)[566].

§235. Naturaleza — La participación ciudadana en la gestión pública es según la jurisprudencia[567] un derecho fundamental, político y un deber social de todos los ciudadanos según sus capacidades, garantizado por la Constitución que le permite a la sociedad intervenir en la formulación, manejo y evaluación de las tareas del Estado, generándose así un nuevo tipo de relaciones horizontales entre la sociedad y el Estado.

En tal sentido, la Comisión del Poder Legislativo de la Asamblea Nacional Constituyente en el Informe respectivo señala innovaciones en materia de funciones del Poder Legislativo, y una de ellas es la partici-

---

[566]   GORDILLO, A., *Ob. cit.*, nota 82, T. 2, p. XI-3.
[567]   *V.*, Sent. N° 3252 del TSJ/SC, de fecha 28 de octubre de 2005.

pativa cuando señala que: "[...] la Asamblea Nacional debe promover y organizar la participación del ciudadano en sus propias competencias. Con esta incorporación se busca darle contenido real a la participación y se avanza, por primera vez en nuestra historia constitucional, hacia una democracia participativa"[568].

Del análisis de la EMC sobre la participación ciudadana, se evidencia el deseo del Poder constituyente de tener una verdadera participación de los ciudadanos directamente y no sólo mediante sus representantes. En tal sentido señala:

> Se inicia el Capítulo con la consagración amplia del **derecho a la participación en los asuntos públicos de todos los ciudadanos y ciudadanas, ejercido de manera directa, semidirecta o indirecta**. Este derecho no queda circunscrito al derecho al sufragio, ya que es entendido en un sentido amplio, abarcando **la participación en el proceso de formación, ejecución y control de la gestión pública**. Como contrapartida el Estado y la sociedad deben facilitar la apertura de estos espacios para que la participación ciudadana, así concebida, se pueda materializar. (Resaltados nuestros).

En este orden de ideas, se da origen a un sistema de participación ciudadana formado por diversas variantes y ramificaciones, pero no todos están reguladas expresamente en la Constitución, sino que se deja su desarrollo a la legislación que se dicte al respecto, y estando sólo definidos en el Texto Fundamental, el referendo popular que comprende el consultivo, el aprobatorio, el abrogatorio, el revocatorio, y por último la asamblea de ciudadanos.

De esta manera, la participación ciudadana, inserta en el *iter* procedimental previo al dictado de ciertos actos o en la etapa de formación de la voluntad estatal, como sostiene GORDILLO[569], viene a cumplir dos propósitos: uno, político, equivalente a que el público conozca los actos estatales que se dictarán; y otro, jurídico, que consiste en considerar al público participante como parte en el procedimiento.

Desde este último punto de vista, señala GARCÍA DE ENTERRÍA[570], la participación pública como valor, no ya del ámbito del derecho, sino como valor social, coadyuva a la función democratizadora del procedimiento administrativo, puesto que se presenta como uno de los cauces

---

[568]   Comisión Legislativa, Asamblea Nacional Constituyente (1999). Comisión del Poder Legislativo. "Informe sobre artículos aprobados por la Comisión para su inclusión en el texto constitucional", Caracas, p. 1.

[569]   GORDILLO, A., "El estado actual del derecho administrativo", en *Revista de Derecho Administrativo*, N° 14, Depalma, Buenos Aires, pp. 308 y ss.

[570]   GARCÍA DE ENTERRÍA, E. y FERNÁNDEZ, T. R., *Ob. cit.*, nota 3, T. I, p. 82.

posibles para hacer efectiva una democratización de los mecanismos de decisión, que las instancias político-administrativas, por su actuación cada vez más intermitente, y por su concreción al ámbito de las grandes decisiones, distan mucho de poder asegurar por sí solas[571].

5. *Clasificación*

§236. Participación legislativa — Por otra parte, en el Informe sobre los artículos aprobados por la Comisión del Poder Legislativo para su inclusión en el texto constitucional, se señala en los diversos artículos aprobados tanto de la versión del Poder Legislativo Bicameral como en la del Poder Legislativo Unicameral, la obligación del mismo de someter a consulta de los ciudadanos y los demás órganos del Estado los proyectos de leyes; asimismo, deben oír a los demás Poderes Públicos y a la sociedad organizada en la discusión de las mismas. Como puede observarse, la idea de la participación ciudadana denominada participación legislativa o en sede legislativa, estuvo presente en las discusiones, anteproyectos y proyectos para la promulgación de la nueva Constitución.

Por su parte, el artículo 211 de la C consagra lo siguiente:

Artículo 211. La Asamblea Nacional o las Comisiones Permanentes, durante **el procedimiento de discusión y aprobación de los proyectos de leyes, consultarán a los otros órganos del estado, a los ciudadanos y s**. Tendrán derecho de palabra en la discusión de las leyes los Ministros o Ministras en representación del Poder Ejecutivo; el magistrado o magistrada del Tribunal Supremo de Justicia a quien éste designe, en representación del Poder Judicial; el o la representante del Poder Ciudadano designado o designada por el Consejo Moral republicano; los y las integrantes del Poder Electoral; los estados a través de un o una representante designado o designada por el Consejo Legislativo y los y las representantes de la sociedad organizada, en los términos que establezca el reglamento de la Asamblea Nacional". (Resaltado nuestro).

§237. Participación administrativa — Por su parte, dentro de las diversas modalidades se encuentra la denominada participación administrativa, esto es, en sede administrativa, como instancia de participación en el proceso de toma de actos de contenido normativo, se encuentra el procedimiento administrativo consultivo o de audiencia pública, que no debe confundirse con el referendo consultivo, ya que en éste por iniciativa de las autoridades correspondientes o del diez por ciento (10%) de los electores inscritos en el registro electoral, se somete a la opinión de la colectividad una materia de trascendencia nacional, para que expresen su opinión de manera escrita.

---

[571]   *Ibídem*, p. 436.

Mientras que, por el contrario, en el procedimiento administrativo consultivo, la nota característica es la celebración de una audiencia pública en la cual el público tiene la "oportunidad de ser oído" en sede administrativa. En efecto, siendo que el procedimiento administrativo es el cauce formal para la formación de la voluntad administrativa, el procedimiento administrativo consultivo es una instancia de participación en el proceso de toma de decisiones de contenido normativo, donde los trámites participativos o consultivos se insertan en dicho cauce.

En tal sentido, la doctrina ha señalado que "Debe también distinguirse la audiencia pública, como procedimiento ordenado de escuchar objeciones formales a un proyecto oficial bajo pena de nulidad, de las denominadas reuniones populares o *Town Meeting*"[572].

Ahora bien, en el desarrollo de la cláusula participativa constitucional se han dictado una serie de leyes entre las que se encuentra la LOAP ya mencionada, la cual consagra los principios y bases que desarrollan los mecanismos institucionales de la participación ciudadana en la gestión pública de los órganos y entes que conforman la Administración Pública, por lo que este derecho sólo puede ser ejercido en la forma jurídicamente prevista en cada caso[573].

La referida LOAP sólo dedica tres artículos para regular: (i) la participación ciudadana; (ii) el procedimiento administrativo consultivo de regulaciones sectoriales; y (iii) las consecuencias del no cumplimiento de éste último y sus excepciones.

§238. Clasificación — Por lo que respecta a las modalidades de participación administrativa, esto es, en la etapa de formación de la voluntad administrativa, se establece una clasificación atendiendo al tipo de acto normativo de que se trate, así:

a. Los proyectos de leyes (actos normativos de primer grado o con rango, fuerza y valor de ley).

b. Los reglamentos.

c. Y por último, el resto de las normas de inferior jerarquía (actos normativos –técnicos– de segundo grado).

De manera que cada vez que los órganos o entes administrativos en el rol de reguladores vayan a proponer, adoptar o modificar una norma, esto es, leyes, decretos-leyes, reglamentos o normas técnicas, según sea el caso, las personas tendrán derecho a participar en el *iter* a seguir para

---

[572] GORDILLO, A., *Ob. cit.*, nota 82, p. XI-9.

[573] *V.*, Sent. del TSJ/SC N° 1613 de fecha 17 de agosto de 2004.

alcanzar el fin, que en este caso en particular sería la participación ciudadana en la función jurídica de regulación de la Administración Pública a través del dictado de actos de contenido normativo.

Especial referencia amerita la figura de los decretos-leyes, esto es, decretos con rango, valor y fuerza de ley dictados en ejecución de las leyes habilitantes o delegatorias, de conformidad con el Art. 203 de la C, que con la reforma de 2008 se excluyeron de la consulta pública. En estos casos, su exclusión fue irregular por cuanto se estima que el derecho a la participación ciudadana adquiere en tales casos mayor relevancia, pues se convierte así en la mayor garantía de control sobre la regulación de los demás derechos fundamentales, sobre todo porque se ha ampliado por esta vía casi ilimitadamente los ámbitos de intervención del Poder Ejecutivo.

§239. Clasificación — El fundamento práctico en tanto que garantía del procedimiento administrativo consultivo es diverso a:

a. El interés público, de que no se produzcan actos ilegítimos.

b. El interés de los particulares de poder influir antes de dictarse una decisión que pueda afectar sus derechos o intereses.

c. Los derechos fundamentales, como garantía de control de su regulación.

d. Y por último, el interés de la Administración Pública para disminuir el posible riesgo de errores de hecho o de derecho en sus decisiones, con el consiguiente beneficio en la eficacia de sus acciones y el consenso de los interesados[574].

Dada la amplitud de los procedimientos administrativos consultivos sobre las leyes, decretos-leyes, reglamentos y regulaciones sectoriales según el Art. 139, LOAP, vamos a referirnos sólo al que corresponde específicamente a las normas o actos normativos de segundo grado y de naturaleza normativa –sin perjuicio de extender estos criterios a los demás supuestos–, el más claro antecedente de la regulación procedimental prescrito en la LOAP.

En efecto, el Art. 138, LOAP señala que los órganos o entes públicos que pretendan adoptar un acto de contenido normativo deben someterlo previamente a un procedimiento administrativo consultivo o de audiencia pública, así: "**Artículo 138.** Los órganos y entes de la Administración Pública promoverán la participación ciudadana en la gestión pública. […]".

---

574   GORDILLO, A., *Ob. cit.*, nota 82, p. XI-7.

279 DERECHO ADMINISTRATIVO CONSTITUCIONAL

Y por lo que respecta al ámbito subjetivo de aplicación de la LOAP, el Art. 2 señala: "**Artículo 2.** Las disposiciones del presente Decreto con Rango, Fuerza y Valor de Ley serán aplicables a la Administración Pública, incluidos los estados, distritos metropolitanos y municipios, quienes deberán desarrollar su contenido dentro del ámbito de sus respectivas competencias. [...]".

Al interpretar las normas anteriores, se considera que el procedimiento administrativo consultivo para la adopción de normas legales, con rango y valor de ley, reglamentarias y de inferior jerarquía establecido en los Arts. 138 al 140, LOAP, es preceptivo o de obligatorio cumplimiento para la Administración Pública Nacional (Administración Pública Central y la Administración Pública Descentralizada Funcionalmente), los Estados, los Distritos Metropolitanos y los Municipios (Art. 2, LOAP).

Ahora bien, como señala la doctrina[575]: "[...] la idea de 'participativo' alude en principio, a la actuación directa de la colectividad en la formación del gobierno; pero también alude a la participación directa de la colectividad en las decisiones fundamentales del gobierno".

La participación ciudadana es, pues, un derecho fundamental que consagra la Constitución y un principio-deber que rige a la Administración Pública, y que se convierte así en una garantía para obtener una gestión pública eficiente, ya que permite proteger los derechos e intereses de los ciudadanos y la adaptabilidad de la actuación pública a la realidad social.

6. *Modalidades de participación administrativa*

§240. Cuestión previa — La LOAP consagra la participación de personas, directa –naturales– o indirectamente a través de las comunidades organizadas –incluyendo las organizaciones no gubernamentales de defensa de los derechos de los usuarios– u organizaciones públicas no estatales. Si la participación del ciudadano es directa, la LOAP no exige ningún requisito, pero si es por intermedio de alguna institución se exige que ésta se encuentre registrada. Al respecto establece el último aparte del Art. 138: "**Artículo 138.** [...]. Los órganos o entes públicos llevarán un registro de las comunidades organizadas cuyo objeto se refiera al sector correspondiente".

La participación ciudadana puede darse de dos maneras: en la primera, una persona interesada en la materia que se vaya a regular puede

---

[575] RONDÓN DE SANSÓ, H., *Análisis de la Constitución venezolana de 1999 (Parte orgánica y sistemas)*, Exlibris, Caracas, 2000, p. 54.

hacer sugerencias y recomendaciones al anteproyecto de norma que se piense adoptar durante el procedimiento administrativo consultivo, siendo la única condición requerida que ostente la condición de ciudadano.

La segunda manera es que un número de ciudadanos intervenga por intermedio de una persona jurídica que los agrupe, pero ésta debe inscribirse y estar relacionada con la materia que se pretenda regular. En tal sentido, se requiere que:

a.   Se trate de una persona jurídica, es decir, que esté constituida legalmente.

b.   El objeto de la misma según sus estatutos o acta constitutiva guarde relación con el sector que va a ser regulado.

c.   Esté inscrita en el órgano o ente administrativo respectivo.

d.   Y por último, la participación debe hacerse dentro del lapso legal.

Es decir, que la legitimación de las comunidades organizadas en el procedimiento administrativo consultivo para la formación de normas sectoriales, exige que aquéllas sean portadoras, a título representativo o de defensa, de intereses afectados por la norma que es objeto de consulta. Por lo tanto, debe existir una vinculación entre los intereses que representan las comunidades organizadas y la norma propuesta, lo que implica que el anteproyecto afecte al "círculo" de esos precisos intereses que pertenecen al ámbito peculiar o propio de los fines de la organización.

Lo importante de la participación ciudadana es su no limitación a los administrados, ya que este derecho corresponde a todas las personas que puedan tener un interés incluso simple sobre la materia. Al respecto, la doctrina administrativa[576] señala: "El derecho constitucional a la participación en la actividad normativa de los órganos del Poder Público debe orientar un modelo participativo de democracia que coloque al ciudadano y al administrado como miembros activos de la comunidad para la defensa de sus intereses".

§241. Interés en la participación administrativa – La LOAP consagra el derecho a la participación ciudadana en la gestión pública, sin indicar si debe o no ostentar un interés. Si la participación es colectiva, esto es, a través de una persona jurídica, el interés es obvio al exigirse en la Ley que el objeto de la persona jurídica tiene que guardar relación con la materia que se va a regular.

---

[576]   CHAVERO GAZDIK, R., "La participación social en la gestión pública", en *Ley Orgánica de la Administración Pública*, Colección Textos Legislativos N° 24, EJV, Caracas, 2002, p. 11.

Si la participación es a título personal no se requiere expresamente ningún interés, pues durante el procedimiento administrativo consultivo cualquier persona puede presentar por escrito sus observaciones y comentarios sobre el correspondiente anteproyecto, sin necesidad de estar inscrito en el registro a que alude el Art. 138 de la LOAP. En este orden de ideas, la doctrina sostiene acertadamente que "[...] el concepto de participación ciudadana se asienta en la consideración del individuo como administrado, también afectado por la actuación administrativa, pero en este caso en cuanto aquélla incide en el interés general o en la legalidad, en cuanto patrimonios de toda la sociedad y de cada uno de sus ciudadanos individualmente considerados"[577].

El interés que existe en la participación ciudadana en la gestión pública es general, es el logro de que se dicten normas adaptadas a las necesidades y realidades sociales. Asimismo, si una persona hace observaciones y las mismas se consideran al aprobarse la norma, se garantiza su aceptabilidad social, pues el ciudadano ha opinado sobre la misma y su opinión ha sido tomada en cuenta, sin que ello signifique que la consulta sea vinculante.

§242. Régimen jurídico — La LOAP señala que cuando un órgano o ente administrativo proponga la adopción de normas legales, reglamentarias de otra jerarquía, debe consultar al ciudadano, a las comunidades organizadas y las organizaciones públicas no estatales, remitiéndoles el anteproyecto para que planteen sus observaciones y comentarios dentro de un lapso establecido en cada caso en particular. En tal sentido, el Art. 139, *eiusdem*, señala:

> **Artículo 139.** Cuando los órganos o entes públicos, en su rol de regulación sectorial, propongan **la adopción de normas reglamentarias o de otra jerarquía**, deberán iniciar el correspondiente proceso de consulta pública y remitir el anteproyecto a las comunidades organizadas. En el oficio de remisión del anteproyecto correspondiente se indicará el lapso durante el cual se recibirán por escrito las observaciones, y el cual no comenzará a correr a partir del décimo día hábil siguiente a la entrega del anteproyecto correspondiente. (Resaltado nuestro).

Paralelamente a ello, el órgano o ente administrativo correspondiente publicará en la prensa nacional el acto de apertura del procedimiento administrativo consultivo indicando su duración. De igual manera lo informará a través de su portal oficial en Internet, en el cual se expondrá el o los anteproyectos sobre los cuales verse la consulta.

---

[577] *Ibidem*, p. 13.

Una vez concluido el lapso de recepción de las observaciones y comentarios, el órgano o ente administrativo fijará una fecha para que sus
funcionarios, los especialistas en la materia que sean convocados y las
comunidades organizadas y las organizaciones públicas no estatales in-
tercambien opiniones, hagan preguntas, realicen observaciones y pro-
pongan adoptar, desechar o modificar –total o parcialmente– el anteproyecto propuesto o considerar un anteproyecto nuevo. El resultado del
procedimiento administrativo consultivo no tendrá carácter vinculante.

Ahora bien, al revisar la norma se observan unos lineamientos muy
generales para poder llevar a la práctica dicha consulta pública, ya que se
deja al arbitrio de cada órgano o ente administrativo, el establecimiento
de las fases concretas para llegar a un resultado óptimo. Si bien es cierto
que la norma señala de manera general las fases para la consulta pública,
es necesario desarrollar de manera concreta cada una de las fases de dicho procedimiento administrativo consultivo. En tal sentido, es necesario
que se adopten normas que regulen aspectos tales como: la naturaleza y
duración de las intervenciones del público; la oportunidad de presentar
datos, opiniones y contra-argumentos en forma oral o por escrito, inte-
rrupciones o comportamientos fuera de orden, etc.

§243. Nulidad — En caso de incumplimiento o cumplimiento irregular del procedimiento administrativo consultivo establecido en el Art.
139, LOAP, la norma que sea aprobada o propuesta a otra instancia por
parte del Ente regulador, será nula de nulidad absoluta.

Ello es así, porque de no existir ninguna sanción jurídica, los derechos a la participación ciudadana y al debido proceso no tendrían certeza
de materializarse en este procedimiento administrativo consultivo, por
no haber ninguna garantía. Si la Administración Pública dicta una norma
omitiendo el procedimiento administrativo consultivo, la norma dictada
estará viciada de nulidad absoluta, por lo tanto, pudiendo alegarse por
parte de las personas afectadas la nulidad de la misma por inconstitucionalidad, al atentar contra los derechos a la participación ciudadana y al
debido proceso consagrado en los Arts. 62 y 49 de la C, respectivamente.

Por otro lado, al estar compuesto el procedimiento administrativo
consultivo por diversas fases, debe tenerse en cuenta cuál es la fase que
se incumple o se cumple irregularmente, ya que si se ignora la participación en sí, la consecuencia es la nulidad absoluta, al desconocer las
formas que corresponden al procedimiento administrativo consultivo
de integración de la voluntad en la norma de que se trate. Ahora, si sólo
se incumple o se cumple irregularmente algún trámite no esencial, es
posible solicitar la reposición del procedimiento administrativo consul-

tivo al estado de cumplirse el trámite que no se observó, en función de la teoría del vicio de procedimiento administrativo[578].

Finalmente, debemos referirnos a un vicio que daría igualmente lugar a la nulidad absoluta de la norma dictada. Nos estamos refiriendo a la omisión de la evaluación o análisis de las sugerencias o recomendaciones presentadas por los interesados. En efecto, hemos sostenido que las sugerencias o recomendaciones expresadas por los interesados no son vinculantes para la Administración Pública, ni siquiera en el supuesto de que resulten puntos de vista mayoritarios o unánimes, pues la consulta pública no es un instrumento para reemplazar a las autoridades administrativas.

Ahora bien, el efecto jurídico de la consulta pública previa no sólo es el carácter obligatorio o preceptivo de su celebración por parte de la Administración Pública en los casos señalados por la ley, sino que por razones de orden público administrativo, también la obligatoriedad de motivar sus decisiones y, de consiguiente, fundamentar o motivar razonadamente –en el preámbulo o exposición de motivos– o al menos en el informe que ha de ser levantado y agregado al expediente administrativo y sometido posteriormente a la autoridad administrativa decisoria, la desestimación de las opiniones vertidas por los participantes en caso de no tomarlas en cuenta, en el supuesto de que se decida por razones de oportunidad y conveniencia apartarse.

En tal sentido, el artículo 140 de la LOAP, señala que: "[...] **el resultado de la consulta deberá ser considerado por la instancia que aprobó la norma** y éstas podrán ratificarla, modificarla o eliminarla" (resaltado nuestro).

La importancia de la consideración del resultado de la consulta contentivo de las sugerencias y recomendaciones no es sólo formal sino material, pues con la real consideración quedará demostrado el sustento fáctico, o carencia de él, de la norma a adoptarse, y también demuestra que las opiniones expresadas han sido consideradas seriamente. Se trata de que las autoridades administrativas tengan presente la necesidad de asumir, tanto la responsabilidad del cumplimiento de los principios generales del procedimiento administrativo consultivo como de satisfacer la esencia del objetivo buscado por la Constitución y la ley. Así las cosas, los funcionarios públicos no pueden llegar a ignorar lo que se expresó en la audiencia pública, pues no se trata de cumplir con un ritual formal, y con ello impedir la verdadera participación ciudadana. De lo contrario,

---

578   ARAUJO-JUÁREZ, J., *Ob. cit.*, nota 553.

como señala J. COMADIRA[579], el acto o norma de que se trate perdería la significación axiológica que constitucional y legalmente está llamado a poseer.

En esta línea hay que recordar las reglas concernientes a las formas y aludidas por JÉZE[580], cuando señalaba que la violación de un requisito esencial procedimental debe, para generar la nulidad absoluta del acto, tener dos caracteres ineludibles: (i) haber conculcado una garantía, "por débil que sea"; y (ii) no haber sido corregida o subsanada por hechos posteriores. Por ende, en los supuestos de una norma dictada con omisión de la evaluación o análisis serio del resultado contentivo de las sugerencias o recomendaciones presentadas por los interesados, aquella estará también viciada de nulidad absoluta por la omisión de un trámite esencial, o como señala también la doctrina, por falta de causa suficiente[581].

§244. Excepciones — Por último, el Art. 140 de la LOAP establece claramente unos supuestos de excepción con respecto a la consulta obligatoria del anteproyecto del instrumento normativo que se pretende incorporar al Ordenamiento jurídico, en los casos de emergencia manifiesta, por fuerza de la obligación del Estado en la seguridad y protección de la sociedad; o en los casos de legislación excepcional previstos en la Constitución[582].

El último de los supuestos enumerados, fue introducido con motivo de la última reforma de la LOAP, y sólo pretende incluir la habilitación para legislar que la Asamblea Nacional pudiera conceder, de conformidad con el Art. 203, C, como en efecto ha concedido, al Presidente de la República. Al respecto sostenemos que constituye una clara violación a la Constitución, pues es precisamente en tales casos cuando la participación ciudadana en la gestión pública adquiere mayor relevancia.

---

[579]	COMADIRA, J., *Derecho administrativo. Acto administrativo, procedimiento administrativo, otros estudios*. Abeledo-Perrot, Buenos Aires, 1996, p. 138.

[580]	JEZE, G., *Ob. cit.*, nota 91, pp. 302 y ss.

[581]	SABSAY, D. y TARAK, P., *Participación Pública y Autonomía Municipal*, Fundación Ambiente y Recursos Naturales, 2001, p. 1.

[582]	*V.*, Sent. del TSJ/SC N° 1.613 de fecha 17 de agosto de 2004.

CAPÍTULO VII

EL DERECHO ADMINISTRATIVO
Y EL ESTADO DE JUSTICIA

I. LA TEORÍA DEL ESTADO DE JUSTICIA

§245. Planteamiento de la cuestión — Por último, la República Bolivariana de Venezuela es un "**Estado** democrático y social de Derecho y **de Justicia**" (Art. 2, C). En tal sentido, las declaraciones constitucionales a favor del Estado de Justicia a diferencia de las cláusulas anteriores, no tienen un contenido preciso y suficientemente conocido en la dogmática jurídico-pública, por lo que amerita un estudio particular.

Al respecto se comienza observando que uno de los designios que propugna el Preámbulo de la Constitución vigente es: "[...] con el fin supremo de refundar la República para establecer una sociedad democrática, participativa y protagónica, multiétnica y pluricultural en un **Estado de justicia** [...]" (resaltado nuestro).

Ahora bien, es sabido que desde la Constitución Federal de 1811 se inicia la tradición constitucional de preceder al Texto con un "Preliminar" o "Preámbulo", en el cual se contienen los motivos que guían al Constituyente para sancionar una Constitución en los términos como lo hizo, esto es, configura el propósito que tuvo en cuenta para los términos de la misma. Y esos objetivos o propósitos contienen, sin duda alguna, las bases o los principios generales constitucionales fundamentales que inspiran al Texto Fundamental y que como tales, gozan de la misma imperatividad, obligatoriedad y rigidez constitucional que las normas contenidas en el articulado de la propia Constitución.

Por su parte, los Arts. 1 y 2 de la C establecen:

Artículo 1. La República Bolivariana de Venezuela es irrevocablemente libre e independiente y fundamenta su patrimonio moral y sus **valores de** libertad, igualdad, **justicia** y paz internacional en la doctrina de Simón Bolívar, el Libertador.

[...]

Artículo 2. Venezuela se constituye en un **Estado** democrático y social de Derecho y **de Justicia, que propugna como valores superiores de su ordenamiento jurídico y de su actuación**, la vida, la libertad, **la justicia**, la igualdad, la solidaridad, la democracia, la responsabilidad social y en general, la preeminencia de los derechos humanos, la ética y el pluralismo político. (Resaltados nuestros).

Ahora bien, la lucha por el Derecho, sostiene GARCÍA DE ENTERRÍA[583], esa gran empresa de todos los juristas, es "lograr esa ambiciosa, alta, pero necesaria cota de todo Estado de Derecho que es la de instrumentarse como un *Estado de justicia*, pero entiendo esa palabra no en cualquier sentido impreciso o retórico, sino precisamente como justicia judicial plenaria" (cursiva nuestra), invocando de seguidas a los juristas alemanes quienes destacan este punto de vista del "Estado de acciones judiciales" o "Estado de Jurisdicción".

Sin embargo, sostenemos, la Justicia –con mayúscula– tradicionalmente abandonada a la tratadística procesalista y, por ende, la cláusula del Estado de Justicia, han sido relegadas a un segundo plano que casi consigue hacer de la cláusula constitucional el virtual "pariente pobre" del modelo de organización jurídico-político del Estado venezolano, en razón de que ha merecido muy escasa atención por parte de la doctrina *iuspublicista*.

El origen del problema se centra, naturalmente, en las dificultades de conceptualización y de incardinación de lo que deba entenderse: por Justicia –uno de los elementos troncales de la construcción de todo Estado de Derecho–; y por Estado de Justicia, en el concreto marco o sistema constitucional venezolano, y más especialmente, en la distribución del ejercicio del Poder Público.

§246. Consagración – No hay duda que la Constitución de 1999 formalmente declaró expresamente al modelo de organización jurídico-político del Estado venezolano como un Estado de Justicia (además de "democrático y social y de Derecho"), con lo cual se quiere destacar como sostiene BREWER-CARÍAS[584], el valor Justicia que se quiere reforzar, de manera que el Estado sea más que un Estado sometido al Derecho (Estado de Derecho), un Estado donde la Justicia sea una realidad, de manera que cada quien tenga lo que le corresponda más allá del formalismo de la Ley o de la legalidad.

---

[583] GARCÍA DE ENTERRÍA, E., *La lucha contra las inmunidades del poder en el Derecho administrativo. (Poderes discrecionales poderes de gobierno, poderes normativos)*, 3ª ed., Cuadernos Civitas, Madrid, 1983, pp. 98 y 99.

[584] BREWER-CARÍAS, A.R. *La Constitución de 1999*, Ed. Arte, Caracas, 2000, pp. 41 y 42.

En efecto, sostiene BREWER-CARÍAS[585], constitucionalista y también constituyente en 1999, que siguiendo la tradición del constitucionalismo contemporáneo, propuso la denominación que se incorporó al texto constitucional, y que con la idea del Estado de Justicia se quiso significar el Estado que tiende a garantizar la Justicia por encima de la legalidad formal, regulando expresamente el derecho de acceso a la justicia y a la obtención de una tutela jurisdiccional efectiva de los derechos e intereses de las personas, pero al mismo tiempo organizando unos tribunales que deben garantizar una Justicia gratuita, accesible, imparcial, idónea, transparente, autónoma, independiente, responsable, equitativa y expedita, sin dilaciones indebidas, sin formalismo o reposiciones inútiles (Art. 26, C).

En mérito a lo anterior, según esta cláusula constitucional, el Estado de Justicia es al que se lo concibe como el Estado que debe garantizar un verdadero Sistema de Justicia, estableciendo en el Preámbulo y en los Arts. 1 y 2 de la C, la "Justicia" no sólo en calidad de valor superior o de referencia axiológica de su Ordenamiento jurídico sino regulando expresamente, además, tanto el derecho de acceso a la justicia como a la obtención de una tutela jurisdiccional efectiva de los derechos e intereses de los individuos con sujeción a las garantías y principios constitucionales referidos en la propia Constitución.

Así las cosas, el acceso al Sistema de Justicia debe ser considerado como elemento institucional fundamental que da vida al establecimiento no solo formal sino material de los derechos y garantías sociales, políticos, económicos y culturales. Así, el derecho y los recursos que deberá ofrecer el Sistema de Justicia para la resolución de los conflictos y la satisfacción de las necesidades individuales y colectivas, deben responder a un sistema efectivo y eficiente, sin que existan denuncias por ser deficiente y/o diferencial, debido a inequidades socio-económicas.

En suma, el valor superior Justicia constituye uno de los fines específicos y propios del modelo de organización jurídico-político del Estado venezolano, según se destaca en la jurisprudencia del Tribunal Supremo de Justicia[586], en los términos siguientes: "**La justicia constituye uno de los fines propios del Estado Venezolano**, conforme lo estatuye el artículo 2 de la Constitución de la República Bolivariana de Venezuela, fin que realiza a través del proceso, como un instrumento fundamental [...]" (resaltado nuestro).

---

[585] *Ibídem*, p. 48; y *Ob. cit.*, nota 61, p. 122.

[586] *V.*, Sent. del TSJ/SC N° 389 de fecha 7 de marzo de 2002, en *RDP*, N° 89-92, EJV, Caracas, 2002, pp. 176 y ss.

§247. Justicia formal — Desde su formulación, sostiene SANTOFIMIO GAMBOA[587], el Estado de Derecho, y en la evolución posterior del concepto, se puede afirmar que un Estado que pretenda ser calificado como tal, la función jurisdiccional jamás podrá circunscribirse a las simples formas o superficialidades de las normas jurídicas (Justicia formal).

Esta concepción del Estado de Justicia también ha sido analizada por la jurisprudencia[588], en la cual se pronuncia al resaltar que los órganos del Poder Público –y en especial del Sistema de Justicia– deben inexorablemente hacer prelar una noción de Justicia material por sobre las formas y tecnicismos, propios de una legalidad formal que ciertamente ha tenido que ceder ante la nueva concepción del Estado. En esa línea sostiene que el Texto constitucional se ha encargado de desarrollar las garantías y principios que deben imperar en todo proceso, y dentro de las cuales se encuentra la garantía de un Sistema de Justicia sin formalismos o reposiciones inútiles o la del no sacrificio de la Justicia por la omisión de formalidades no esenciales, prevista expresamente en los Arts. 26 y 257 de la C.

§248. Justicia material — En mérito a lo anterior, el Estado de Derecho que analizáramos más arriba debe ir más allá profundizando en las razones de la existencia de la organización jurídico-política y social, caracterizándose como un sistema que se expande como una verdadera malla protectora y garantizadora de la estabilidad, seguridad y Justicia, con relación a los derechos no solo individuales sino también y, de manera primordial, de los difusos y colectivos, en cuanto que evita los desvíos de los propósitos y fines constitucionales, fijando el posicionamiento objetivo del Ordenamiento jurídico, al igual que propiciando las reparaciones y restablecimientos a las personas que hubieren podido resultar lesionadas con los abusos del ejercicio del Poder Público, pero sobretodo reorientando las instituciones por los senderos materiales de las finalidades propias del valor superior Justicia (Justicia material).

Pues, bien, ese proceso de profundización del Estado de Derecho descrito nos lleva a otro estadio o nivel del modelo de organización jurídico-político de Estado, que vendría a ser la última decisión política acuñada por el Poder constituyente originario, como lo es la cláusula del Estado de Justicia. Y para que el Estado de Justicia sea tal, la Justicia se debe articular a través de unos principios constitucionales explícitos, que lo convierten en un instrumento de actualización ordinaria de la Constitución y el Ordenamiento jurídico, sobre los cuales volveremos más adelante.

---

[587]   SANTOFIMIO GAMBOA, O., *Ob. cit.*, nota 18, p. 615.

[588]   *V.*, Sent. del TSJ/SC N° 949 de fecha 26 de abril de 2000, en *RDP*, N° 82, EJV, Caracas, 2000, pp. 163 y ss.

§249. Naturaleza jurídica — Es sabido que tras la II Guerra Mundial se produce en Europa un fenómeno de constitucionalización de los derechos fundamentales de la persona y, dentro de éstos, una tutela de las garantías mínimas que debe reunir todo proceso judicial. Es así como a diferencia de nuestras Constituciones históricas, en las que encontramos escasas referencias a derechos de contenido procesal (derechos constitucionales procesales)[589], en la Constitución del 99 se prevé un conjunto de garantías procesales que sintetizan lo que ha de constituir el debido proceso en un Estado de Derecho y de Justicia, dando lugar al denominado Derecho constitucional procesal.

Así las cosas, la finalidad última del fenómeno de constitucionalización de las garantías procesales no es otro que lograr la tan anhelada Justicia, reconocida en nuestra Constitución como "valor superior del ordenamiento jurídico".

Ahora bien, la calificación constitucional como "valor superior" no carece de consecuencia como sostiene DÍAZ REVORIO[590]. En primer lugar, el concepto así calificado de "valor" se considera esencial y fundamentador para el Estado y para el propio Ordenamiento jurídico. Y en segundo lugar, existen algunas consecuencias de su calificación como "valor superior", que sólo será predicable de los valores que se consideren como tales.

Así las cosas, hablar del Estado de Justicia no implica que los principios del Estado de Derecho se deben olvidar. En realidad el Estado de Justicia no anula el Estado de Derecho, sino que lo complementa. Y en tal sentido puede abordarse desde los siguientes puntos de vista:

a. El *objetivo*, como la función jurisdiccional genéricamente considerada y ejercida por los órganos idóneos integrantes del Poder Judicial.

b. Y el *subjetivo*, como el derecho fundamental a la tutela jurisdiccional o judicial efectiva, aspectos ambos que analizaremos en las páginas siguientes.

II. LA FUNCIÓN JURISDICCIONAL

1. *Régimen jurídico*

§250. Principio constitucional — Como cuestión previa debemos señalar que es posible un acercamiento doble al concepto jurídico macro de

---

589 HERNÁNDEZ-MENDIBLE, V., "Los derechos constitucionales procesales", en *El contencioso Administrativo y los Procesos Constitucionales*, Col. Estudios Jurídicos N° 92, EJV, Caracas, 2011, pp. 93 y ss.

590 DÍAZ REVORIO, F. J., *Ob. cit.*, nota 54, p. 114.

la función jurisdiccional. En primer lugar, desde un punto de vista jurídico-formal, que lo considera a partir del estudio de distintos elementos o categorías presentes en un contexto de un modelo de organización jurídico-político determinado como es el del Estado de Justicia; y, en segundo lugar, desde un punto de vista institucional, que procura su análisis a partir de las funciones típicas de los sistemas jurídicos complejos.

En tal sentido, la EMC señala que entre las funciones de la soberanía del Estado se encuentra la función jurisdiccional, mediante la cual los órganos legalmente considerados dirimen conflictos utilizando procedimientos prevenidos en las leyes, y hacen ejecutar sus sentencias, lográndose así la efectiva tutela jurisdiccional que consagra el Art. 26 de la C.

Así las cosas, la función jurisdiccional se adelanta, principalmente, mediante el Poder Judicial, pero también a través de los medios alternativos de Justicia, quienes conocerán los asuntos que la ley les señala. En efecto, según la jurisprudencia[591], la jurisdicción entendida como la potestad de impartir Justicia a cargo del Estado, emana de los ciudadanos y se imparte ordinariamente y en nombre de la República por parte de los tribunales de justicia que conforman la rama judicial del Poder Público, de conformidad con el Art. 253 de la C, es condición *sine qua non* para que el Juez, ejerciéndola, pueda emitir válidamente pronunciamientos sobre las causas y asuntos cuyo conocimiento y decisión le hayan sido asignados, mediante los procedimientos que determinen las leyes.

Por otro lado, frente a la función jurisdiccional propiamente dicha, tenemos la denominada justicia alternativa[592], la cual es ejercida por personas cuya finalidad es dirimir conflictos, de una manera imparcial, autónoma e independiente, mediante un proceso contradictorio y produce sentencias que se convierten en cosa juzgada ejecutable y, por tanto, es también parte de la función jurisdiccional, pero que sin embargo no forma parte del Poder Judicial, que representa otra cara de la jurisdicción. De ahí que la EMC señale que el arbitraje, la conciliación, la mediación y cualesquiera otros medios alternativos para la solución de conflictos, como parte de los medios alternativos, también forman parte de

---

[591] V., Sent. de la CSJ/SPA N° 159 de fecha 17 de abril de 1991, *RDP*, N° 46 (abril-junio, 1991), EJV, Caracas, 1991, p. 78.

[592] V., Sents. N° 1139 de fecha 5 de octubre de 2000, caso *Héctor Luis Quintero Toledo*; y N° 827 de fecha 23 de mayo de 2001, caso *Grupo Inmensa y Coresmalt*.

la jurisdicción, siempre que realicen la justicia mediante un proceso legalmente contemplado o permitido[593].

En conclusión, la cláusula constitucional del Estado de Justicia es también un principio constitucional según el cual cualquier persona puede y debe ser protegida o tutelada para hacer valer sus derechos e intereses en el ejercicio de sus pretensiones ante el Sistema de Justicia. Lo que no quiere decir que estas tengan que ser aceptadas, sino resueltas razonadamente, con arreglo a Derecho y con prontitud (principio de temporaneidad), a lo largo de un proceso debido en el que los titulares de los derechos e intereses afectados por esas pretensiones puedan, a su vez, alegar y probar lo pertinente a la defensa de sus respectivas posiciones jurídicas.

§251. Caracteres — Por otro lado, la EMC sostiene que por cuanto una de las implicaciones del Estado democrático y social de Derecho y de Justicia en que se constituye al Estado venezolano por obra de la Constitución, y con el pretendido fin de erradicar uno de los principales problemas de la Nación venezolana, en virtud del cual el Poder Judicial se caracterizó por su corrupción, lentitud e ineficacia y, especialmente, por restringir el acceso de la población de escasos recursos a la Justicia; la Constitución exige al Estado garantizar una Justicia gratuita, accesible, imparcial, idónea, transparente, autónoma, independiente, responsable, equitativa y expedita, sin dilaciones indebidas, sin formalismos o reposiciones inútiles, en los términos del Art. 26 de la C, *in fine*, que dispone: "**Artículo 26**: [...] El Estado garantizará una justicia gratuita, accesible, imparcial, idónea, transparente, autónoma, independiente, responsable, equitativa y expedita, sin dilaciones indebidas, sin formalismos o reposiciones inútiles".

De allí que por mandato constitucional, según la jurisprudencia[594], el principio de la informalidad del proceso también se constituye en una de sus características esenciales, más no la única, cuando dispone: "**Artículo 257. El proceso constituye un instrumento fundamental para la realización de la justicia.** Las leyes procesales establecerán la simplificación, uniformidad y eficacia de los trámites y adoptarán un procedimiento breve, oral y público. **No se sacrificará la justicia por la omisión de formalidades no esenciales**" (resaltados nuestros).

---

593   V., Sent. del TSJ/SC N° 1393, de fecha 7 de julio de 2001, caso *Fermín Toro Jiménez y otros*.

594   V., Sent. del TSJ/SC N° 389 de fecha 7 de marzo de 2002.

Finalmente, el derecho a la tutela jurisdiccional efectiva –sostiene J. GONZÁLEZ PÉREZ–[595] que es el derecho de toda persona a que se le "haga justicia", no constituye en modo alguno una conquista del Estado social y de Derecho, ni siquiera del Estado de Derecho; es, pues, algo consustancial a todo Estado, y su realización constituye misión primordial de la actividad de cualquier Estado. Por tanto –afirma por su parte JAIME GUASP–[596] no es difícil deducir un auténtico derecho fundamental a que el Poder Público se organice de modo que quede garantizado el Sistema de Justicia, lo cual le viene impuesto a todo Estado por valores superiores que el Derecho positivo no puede desconocer.

Por tanto, la cláusula constitucional del Estado de Justicia solo comienza a afianzarse cuando exista un Sistema de Justicia que según la EMC asegure "la idoneidad, capacidad y probidad de los Jueces designados" para que la impartan en nombre de la República por autoridad de la ley, y su estudio, insisto, conduce al análisis del bloque constitucional procesal relativo a la posición de los Jueces como primeros garantes de la función jurisdiccional.

A.   *La justicia como garantía jurisdiccional*

§252. Concepto — La Justicia como función estatal adquiere unas características singulares en el contexto de la cláusula constitucional del Estado de Justicia. En estas condiciones, sólo es posible una caracterización satisfactoria del valor superior Justicia a partir del principio axiológico que da sentido al Estado, y en virtud del cual todo Ordenamiento jurídico está orientado a la protección o tutela jurisdiccional efectiva de los derechos e intereses de las personas.

En tal sentido, el concepto del valor superior Justicia a que nos hemos referido difiere de la postura de cierta doctrina nacional[597], que sí muy bien sostiene que el Estado social de Derecho tiene como valor fundamental la Justicia, como presupuesto ético de la Democracia que garantiza la convivencia pacífica y armónica; que en este sentido el Sistema de Justicia se encuentra en la obligación de resolver los conflictos bajo el reconocimiento de los derechos humanos y fundamentales que se derivan de la naturaleza de la persona humana y que son inherentes a la

[595]   GONZÁLEZ PÉREZ, J., *El derecho a la tutela jurisdiccional*, Cuadernos Civitas, 2ª ed., Madrid, 1989, p. 22.

[596]   GUASP, J., "Administración de Justicia y derechos de la personalidad", *RE*, N° 17, Centro de Estudios Políticos y Constitucionales, Madrid, 1994, p. 75.

[597]   OCANDO OCANDO, H., y PIRELA ISARRA, T., "El Estado social de derecho y de justicia nuevo paradigma del Estado venezolano. Sentencia N° 85, Expediente N° 01-1274 de la Sala Constitucional del Tribunal Supremo de Justicia de fecha 24/Enero/2002", en Frónesis, *Revista de Filosofía Jurídica, Social y Política*, Vol. 15, N° 2, 2008, p. 203.

dignidad de las mismas, necesarios para su pleno desenvolvimiento moral y material, aunque estos no se encuentren taxativamente establecidos en la ley. También es cierto que este señalamiento demuestra que la Justicia viene a ser la existencia de una pluralidad de personas, de intereses, de situaciones jurídicas, cuyas relaciones recíprocas importa poner en claro, comparar y conciliar; bajo este enfoque, la Justicia, es pues, por esencia, la solución de conflictos.

Pero lo que si no es atendible es sostener, como lo hace la doctrina citada, que "bajo la premisa del Estado Social de Derecho y de Justicia, un Juez pueda resolver en Justicia, pero no necesariamente tiene que ser en derecho". Al respecto sostenemos que el Estado de Justicia es aquél que tiende a garantizar un Sistema de Justicia, a través del valor superior Justicia, regulando el derecho a una tutela jurisdiccional efectiva. Y es que ciertamente la consagración y vigencia constitucional de la cláusula del Estado de Derecho impone la exigencia de arbitrar un Sistema de Justicia eficaz que dé solución a los conflictos de derechos e intereses –individuales y colectivos– que se plantean entre sus miembros y resueltos razonadamente, pero siempre con arreglo a Derecho y nada más al Derecho, y a obtener con prontitud la decisión correspondiente (principio de temporaneidad), a lo largo de un proceso en el que los titulares de los derechos e intereses afectados por esas pretensiones puedan, a su vez, alegar y probar lo pertinente a la defensa de sus respectivas posiciones jurídicas.

La respuesta del modelo de la cláusula del Estado de Justicia a tal exigencia constitucional es la organización de un verdadero Sistema de Justicia, asignando la potestad jurisdiccional de que el Juez decida conforme a Derecho, pero sólo y nada más al Derecho, esto es, "desde y dentro del Derecho", a través de la función jurisdiccional impartida por Jueces idóneos a los que la Constitución de 1999 encomienda en forma privativa y exclusiva esa función estatal.

§253. Contenido — Este concepto garantista del modelo de la cláusula del Estado de Justicia comporta según la doctrina contemporánea, la superación de otras caracterizaciones formales o estructurales –como la de ejecución o aplicación de la ley al caso concreto o la dicción del Derecho en el caso concreto–, que son juzgadas necesarias pero insuficientes. Una comprensión garantista del modelo Estado de Justicia integra estos elementos con otros funcionales deducidos de la propia Constitución.

En primer lugar, el modelo del Estado de Justicia debe caracterizarse por estar únicamente vinculado al interés del Derecho, que no es otro que la garantía jurisdiccional, esto es, la tutela jurisdiccional efectiva de los derechos e intereses de las personas. Es, por lo tanto, a partir de este principio de rango constitucional que entendemos posible la caracterización del Estado de Justicia, como el que ejerce la garantía última del Sistema de Justicia, mediante la corrección de los márgenes de desviación e ilegitimidad jurídicas en que puedan incurrir tanto los propios órganos jurisdiccionales y demás órganos que ejercen el Poder Público, así como los propios ciudadanos.

En segundo lugar, si recordamos las características básicas del Estado de Derecho:

a.   La supremacía constitucional.

b.   El sometimiento a Derecho y sólo a Derecho de todos los centros o complejos orgánicos del Poder Público y de los ciudadanos.

c.   Y por último, la orientación a la defensa de los derechos e intereses de las personas.

Deberíamos concluir que la cláusula del Estado de Justicia es el elemento institucional de cierre de todas las cláusulas mencionadas del modelo de organización jurídico-político del Estado venezolano, esto es, del Estado democrático y social de Derecho y de Justicia, pues verifica y hace efectiva la supremacía y la conformidad a Derecho y nada más a Derecho, y la defensa de los derechos e intereses de las personas, así como el control del principio de juridicidad de las diversas ramas que ejercen el Poder Público al Derecho y sólo al Derecho, todo ello en su efectiva orientación al valor superior Justicia.

En consecuencia, los órganos encargados de realizar esta función de garantía jurisdiccional última serán los órganos integrantes del Sistema de Justicia que de conformidad con el Art. 253 son:

Artículo 253. […]

El sistema de justicia está constituido por el Tribunal Supremo de Justicia, los demás tribunales que determine la ley, el Ministerio Público, la Defensoría Pública, los órganos de investigación penal, los o las auxiliares y funcionarios o funcionarias de justicia, el sistema penitenciario, los medios alternativos de justicia, los ciudadanos que participan en la administración de justicia conforme a la ley y los abogados autorizados para el ejercicio. (Resaltado nuestro).

Por tanto, se concluye, la cláusula constitucional del Estado de Justicia no elimina ni mucho menos sustituye a la cláusula del Estado de Derecho sino, por el contrario, la complementa y la enriquece.

§254. Efectividad — Junto a los rasgos funcionales que venimos de señalar, la doctrina también añade otros que configuran la cláusula constitucional del Estado de Justicia de modo más preciso. Así, la garantía de la función jurisdiccional ofrecida tiene que ser efectiva ya que en ella convergen, directa o indirectamente, todas las demás garantías del Sistema de Justicia. Por ello se residencia la potestad de impartir Justicia en una rama formal del Poder Público que habrá de tener una configuración específica, pues habrá de ser un Poder Público real, es decir, que goce de la potestad jurisdiccional para imponerse a los otros órganos del Poder Público y también a los ciudadanos, cuando lo exijan los imperativos de garantía jurisdiccional, siempre que actúe en el ámbito de sus competencias y conforme a lo previsto en la Constitución y en la ley, esto es, conforme a Derecho, pero sólo y nada más al Derecho, según se analiza a continuación.

B. *La justicia como Poder Público*

§255. Planteamiento de la cuestión — La Constitución vigente –siguiendo la tradición del constitucionalismo moderno– en nombre del pueblo de Venezuela, en ejercicio de su poder originario representado por la Asamblea Nacional Constituyente, asignó al Poder Judicial la cualidad de Poder Público (Art. 136 de la C), en tanto que situación jurídica constitucional individualizada, propia y exclusiva de los órganos del Estado[598], con una organización especializada y competencia exclusiva y excluyente para impartir la Justicia, a través de actos jurisdiccionales o judiciales (sentencias).

Y asimismo, no obstante el modelo federal de organización político-territorial del Estado venezolano, la Constitución vigente ha optado, en este sentido, sin duda alguna, por la afirmación de un Poder Público unitario y exclusivo del Estado, esto es, la República. Así las cosas, tanto el Poder Judicial como el Sistema de Justicia han quedado fuera del reparto territorial de funciones públicas, a partir de la Constitución de 5 de mayo de 1945[599] que nacionaliza el Sistema de Justicia en Venezuela. En efecto, la existencia de las dos jurisdicciones, la federal (nacional) y la de los Estados –que había sido la más sobresaliente característica de la administración de justicia desde 1864– desaparece con la C de 1945. A partir de entonces, los Estados pierden la potestad de impartir justicia en sus respectivas circunscripciones y los tribunales en ellos existentes pasan a ser órganos del sistema de justicia federal (nacional).

Así las cosas, de acuerdo con la EMC: "**El conjunto de órganos que desarrollan esa función** [jurisdiccional] **constituyen el Poder Judicial y el Sistema de Justicia** que se consagra en el Capítulo III del Título V de la Constitución, **configurándolo como uno de los poderes del Estado**" (resaltados nuestros).

En efecto, la Constitución le otorgó a la función jurisdiccional categoría de Poder Público real, como requerimiento esencial de nuestro modelo de organización jurídico-político del Estado democrático y social

598 BREWER-CARÍAS, ALLAN R., *Ob. cit.*, nota 61, p. 94.
599 *Vid.*, G.O. Extr., N° 131, de fecha 5 de mayo de 1945. Véase *Ob. cit.*, nota 252, pp. 829 y ss.

de Derecho y de Justicia. En su mérito, el Poder Judicial es el guardián de la Constitución y, en consecuencia, custodio de la actuación de todas las personas y de los complejos orgánicos que ejercen el Poder Público constituido, de los derechos fundamentales y de las garantías conferidas, en los términos que establece el Art. 334 al disponer: "**Artículo 334. Todos los jueces o juezas de la República**, en el ámbito de sus competencias y conforme a lo previsto en esta Constitución y en la ley, **están en la obligación de asegurar la integridad de esta Constitución** [...]" (resaltado nuestro).

Así, el Poder Judicial reviste idéntica jerarquía institucional que las otras ramas formales del Poder Público, esto es, no menos pero tampoco más. Será la propia Constitución la que establezca los límites al Poder Público en virtud del principio de juridicidad (Art. 137 de la C), encomendándosele al Poder Judicial, la misión trascendente de la tutela jurisdiccional efectiva. En este orden de ideas hemos de recordar que HAURIOU, a partir del principio de separación de poderes, calificó al Estado como "institución de instituciones", y a cada uno de ellos como una institución, pues "un principio como el de la separación de poderes será letra muerta sin la institución, válidamente establecida de cada uno de los poderes públicos por separado"[600].

§256. Sistema de Justicia — Además, la Constitución de 1999, inspirada en los principios del constitucionalismo democrático y bajo forma republicana, consagra normativamente un verdadero Sistema de Justicia. En el Art. 253 del Capítulo III, *Del Poder Judicial y del Sistema de Justicia*, la Constitución, con fundamento en el principio de soberanía, declara que la potestad de administrar justicia emana de los ciudadanos y se imparte en nombre de la República y por autoridad de la ley. Sobre esta base, la Constitución constituye el Sistema de Justicia integrado por el Tribunal Supremo de Justicia, los demás tribunales que determine la ley, el Ministerio Público, la Defensoría Pública, los órganos de investigación penal, los auxiliares y funcionarios de justicia, el sistema penitenciario y los abogados autorizados para el ejercicio.

A tal efecto, dentro del marco axiológico del Preámbulo, señala el objetivo de establecer el modelo jurídico-político del Estado de Justicia. Para el logro de ese fin, instituye la Justicia con jerarquía de Poder Público (Arts. 136 y 253 de la C), con carácter independiente (Art. 254 de la C), asignándole a través del Tribunal Supremo de Justicia, la garantía de coerción constitucional a través de la misión de control (primordial-

---

600   HAURIOU, M., *Obra escogida* (traducción de Santamaría Pastor y Muñoz Machado), Madrid, 1976, p. 85.

mente del control concentrado de la constitucionalidad según el Art. 335 de la C), a fin de asegurar el respeto y la continuidad de la voluntad popular del Poder constituyente originario, y encomendándole también la producción del Derecho, a través de la uniforme interpretación o aplicación, conforme a Derecho, pero sólo y nada más al Derecho, en los términos siguientes:

> **Artículo 335. El Tribunal Supremo de Justicia** garantizará la supremacía y efectividad de las normas y principios constitucionales; **será el máximo y último intérprete de la Constitución y velará por su uniforme interpretación y aplicación.** Las interpretaciones que establezca la Sala Constitucional sobre el contenido o alcance de las normas y principios constitucionales son vinculantes para las otras Salas del Tribunal Supremo de Justicia y demás tribunales de la República. (Resaltado nuestro).

C. *La justicia como poder público independiente*

§257. Planteamiento de la cuestión – El problema de la independencia del Poder Judicial y su opuesto y correlativo, del control del Juez, junto al de la legitimidad de la función jurisdiccional es, probablemente, el más controvertido de cuantos se han planteado en la doctrina sobre la materia.

En tal sentido, la EMC señala que el Estado democrático y social de Derecho y de Justicia consagrado por la Constitución, al implicar fundamentalmente, la división de los poderes del Estado, imperio de la Constitución y las leyes como expresión de la soberanía popular, sujeción de todos los poderes públicos a la Constitución y al resto del Ordenamiento jurídico, y garantía procesal efectiva de los derechos humanos y de las libertades públicas, requiere la existencia de unos órganos que, institucionalmente caracterizados por su independencia, tengan la potestad constitucional que les permita ejecutar y aplicar imparcialmente las normas que expresan la voluntad popular, someter a todos los poderes públicos al cumplimiento de la Constitución y las leyes, controlar la legalidad de la actuación administrativa y ofrecer a todas las personas tutela jurisdiccional efectiva en el ejercicio de sus derechos e intereses legítimos.

Así las cosas, en el marco de la Constitución de 1999, junto al principio de separación de poderes (Art. 136 de la C), "la independencia judicial" es capital de la función jurisdiccional o del Sistema de Justicia, según los claros términos del Art. 254 *eiusdem* que dispone:

> **Artículo 254. El Poder Judicial es independiente** y el Tribunal Supremo de Justicia gozará de autonomía funcional, financiera y administrativa. A tal efecto, dentro del presupuesto general del Estado se le asignará al sistema de justicia una partida anual variable, no menor del dos por ciento del presupuesto ordinario nacional, para su efectivo funcionamiento, el cual no podrá ser reducido o modificado sin autorización previa de la Asamblea Nacional. El

Poder Judicial no está facultado para establecer tasas, aranceles, ni exigir pago alguno por sus servicios. (Resaltado nuestro).

En primer término, la independencia judicial es presupuesto de la existencia del Poder Judicial como Poder Público. La independencia como Poder Público le es exigida por la misma esencia de su cometido: la administración de Justicia, cuando señala la Constitución la necesidad de un tribunal que sea verdaderamente competente, independiente e imparcial establecido con anterioridad, a los fines del ejercicio del derecho fundamental al debido proceso (Art. 49, numeral 3 de la C) en los términos siguientes: "**Artículo 49.** El debido proceso se aplicará a todas las actuaciones judiciales y administrativas; en consecuencia: [...] 3. Toda persona tiene derecho a ser oída en cualquier clase de proceso, con las debidas garantías y dentro del plazo razonable determinado legalmente, por **un tribunal competente, independiente e imparcial establecido con anterioridad.** [...]" (resaltado nuestro).

En tanto primordialmente al Poder Judicial se le ha encomendado, por mandato constitucional, la consecución de uno de los "valores superiores" del Ordenamiento jurídico cual es la Justicia (Art. 2 de la C), su independencia es requerida por la propia finalidad, a efectos de alcanzar esa alta misión del Estado (R. DROMI)[601].

§258. Concepto — La independencia judicial ha sido históricamente interpretada en muy distintos sentidos. La doctrina entiende por independencia judicial, sin perjuicio de ulteriores precisiones, como el sometimiento a Derecho del Juez en el ejercicio de la función jurisdiccional, es decir, como la potestad de que el Juez decida conforme a Derecho, pero sólo y nada más al Derecho, esto es, desde y dentro del Derecho. Por ende, el Juez está solamente sujeto al Derecho, para aplicarlo e interpretarlo, y en esto consiste su independencia judicial, independencia constitucionalmente garantizada (MOLES CAUBET)[602].

Por su parte, la jurisprudencia[603] ha señalado que la autonomía e independencia judicial a que se contrae la Constitución, se refiere al ejercicio de las funciones o potestades jurisdiccionales, en el sentido que no es admisible que ningún otro órgano del Poder Público ajeno al Poder

---

[601]   En este como en otros aspectos del presente Capítulo, seguimos de cerca la obra de DROMI, R., *El Poder Judicial*, Ed. UNSTA, Tucumán, 1982, pp. 42 y ss.

[602]   MOLES CAUBET, A., "Irrecurribilidad en vía contencioso-administrativa de las decisiones emitidas por la Ley contra Despidos Injustificados", *Ob. cit.*, nota 200, p. 424. Asimismo, Sent. de la CPCA de fecha 16 de diciembre de 1980, en *RDP* (enero-marzo, 1981), EJV, Caracas, p. 109.

[603]   Véase Sent. de la CSJ/SP de fecha 22 de abril de 1969, G.F. N° 64, 1969, pp. 9-15.

Judicial intervenga o interfiera de cualesquiera manera que sea en las decisiones judiciales.

En consonancia con lo anterior, la jurisprudencia[604] se ha referido a la independencia como requisito que surge de la garantía jurisdiccional que ofrecen los Arts. 26 y 49 de la C, al exigir que todo juzgador debe: "[...] Ser **independiente, en el sentido de no recibir órdenes o instrucciones de persona alguna en el ejercicio de su magistratura**; [...]" (resaltado nuestro).

§259. Modalidades — La independencia judicial reviste diversas formas. La mayoría de las veces se la restringe a su solo aspecto político: esto es, frente a las demás ramas del Poder Público. Sin embargo, la doctrina citada señala que el Juez debe ser también independiente de ideologías o modas intelectuales. Incluso, debe ser independiente de sus propias convicciones, por muy respetables que ellas sean, pues a veces le será necesario decidir contra sus tendencias naturales. Cuando los Jueces visten la toga judicial para presidir la audiencia, concluye la doctrina citada, más que respetar una tradición, es para manifestar solemnemente que su alta función les demanda hacer abstracción de sus preferencias y prejuicios.

    a.   *Requisitos*

§260. Planteamiento de la cuestión — En este orden de ideas, la EMC señala con relación a la tutela jurisdiccional efectiva:

> **El Estado democrático y social de Derecho y de Justicia consagrado por la Constitución**, al implicar fundamentalmente, división de los poderes del Estado, imperio de la Constitución y las leyes como expresión de la soberanía popular, sujeción de todos los poderes públicos a la Constitución y al resto del ordenamiento jurídico, y garantía procesal efectiva, de los derechos humanos y de las libertades públicas, **requiere la existencia de unos órganos que, institucionalmente caracterizados por su independencia,** tengan **la potestad constitucional que les permita ejecutar y aplicar imparcialmente las normas** que expresan la voluntad popular, **someter a todos los poderes públicos al cumplimiento de la Constitución y las leyes, controlar la legalidad de la actuación administrativa y ofrecer a todas las personas tutela efectiva en el ejercicio de sus derechos e intereses legítimos**. (Resaltados nuestros).

En mérito a la EMC transcrita, los requisitos constitucionales para la efectiva independencia del Poder Judicial serían –siguiendo la enumeración que propone la doctrina[605]– los siguientes: (i) la competencia priva-

---

604   Véase Sent. del TSJ/SC N° 77 de fecha 9 de marzo de 2000, caso *José Alberto Quevedo*.

605   DROMI, R., *Ob. cit.*, nota 601, pp. 46 y ss.

tiva y exclusiva; (ii) la inamovilidad judicial; y por último (iii) la autonomía funcional.

§261. Competencia privativa y exclusiva — Por cuanto la independencia del Poder Judicial es un presupuesto jurídico-político que garantiza la defensa de los derechos fundamentales de las personas, ésta exige
una separación de las funciones públicas que corresponden a cada una
de las ramas del Poder Público, asignándosele al Poder Judicial la función jurisdiccional, como competencia privativa y exclusiva.

Así, la garantía de independencia del Poder Judicial se manifiesta
fundamentalmente en:

a.   El ejercicio de modo exclusivo y excluyente de una función esta-
     tal propia: la función jurisdiccional.

b.   Las prohibiciones hacia los otros órganos del Poder Público, al
     proscribir las injerencias de cualquier tipo de los mismos en la
     función jurisdiccional salvo, por supuesto, las expresamente
     permitidas por la propia Constitución a texto expreso.

c.   Y por último, el principio restrictivo de la competencia de la
     función jurisdiccional (principio de legalidad procesal), según el
     cual los órganos que ejercen el Poder Público sólo pueden ejer-
     cer las atribuciones que les son expresamente consagradas por la
     Constitución y la ley (Art. 137 de la C).

De acuerdo con lo anterior, la buena doctrina de la antigua jurisprudencia[606] dejó sentado que de acuerdo con el principio de separación de
poderes, el Poder Ejecutivo no puede ejercer la función jurisdiccional.
Asimismo, respetando el principio de separación de poderes, la única
rama del Poder Público que puede aplicar "penas" y no sólo las que
contempla el Código Penal sino cualquier ley, es el Poder Judicial a
través de sus jueces[607].

Finalmente, no es contrario al principio de separación de poderes, el
hecho de que las autoridades administrativas apliquen sanciones
administrativas[608], por la circunstancia de que estas no son penas.

Por último, la EMC señala que por cuanto la administración de Justicia no es monopolio exclusivo del Estado aunque sólo éste puede ejercer
la tutela coactiva de los derechos, es decir, la ejecución forzosa de las

---

[606]   Véase Sents. de la CF, de fecha 23 de julio de 1957, G.F. N° 17, 1957, pp. 38-40.

[607]   Véase Sent. de la CF, de fecha 23 de julio de 1957, G.F. N° 17, 1957, pp. 38-40.

[608]   Véase Sent. de la CFC/SPA de fecha 28 de noviembre de 1944, M. 1945, pp. 146-
        149.

sentencias, la Constitución incorpora al sistema de justicia a los ciudadanos que participan en el ejercicio de la función jurisdiccional integrando jurados o cualquier otro mecanismo que la ley prevea.

§262. Inamovilidad judicial — La independencia judicial requiere también como *condictio sine qua non* la inamovilidad o estabilidad de los Jueces. La inmovilidad judicial es requisito propio de la independencia judicial, en razón de lo cual reviste la naturaleza de un principio general del Derecho. Es más, la hace efectiva y exigible, desde el nombramiento mismo. En efecto, la inamovilidad judicial es la cualidad inexcusable de la función jurisdiccional que posibilita y garantiza, la no subordinación del Juez a los demás órganos del Poder Público.

En efecto, señala la jurisprudencia[609], el ingreso a la carrera judicial y el ascenso de los Jueces se encuentra sometido al cumplimiento de diversos requisitos establecidos en la Constitución, específicamente en su Art. 255 *eiusdem*, lo que determina una estabilidad para el funcionario judicial, limitado por el interés general en la recta administración de Justicia, tal como lo dispone expresamente el Art. 3 de la LCJ[610] que dispone: "Artículo 3 **Los jueces gozarán de estabilidad en el desempeño de sus cargos.** En consecuencia, **sólo podrán ser removidos o suspendidos en el ejercicio de sus funciones en los casos y mediante el procedimiento que determina esta Ley.** Los jueces están obligados a procurar un rendimiento satisfactorio en el ejercicio de sus funciones, de manera que contribuyan a una pronta y eficaz administración de Justicia" (resaltados nuestros).

Asimismo, la inamovilidad judicial presupone que el sistema de ingreso y de ascenso a la carrera judicial será a través de concursos de oposición públicos, que aseguren la idoneidad, capacidad y probidad de los Jueces designados, según la EMC en los términos siguientes: "**El ingreso a la carrera judicial y el ascenso de los jueces será por concursos de oposición públicos, que aseguren la idoneidad, capacidad y probidad de los jueces designados.** En tal virtud, todos **los cargos de jueces o magistrados de tribunales o cortes, unipersonales o colegiados, distintos al Tribunal Supremo de Justicia, deberán ser designados mediante concurso público de oposición**" (resaltados nuestros).

En este orden de ideas, el Art 255 de la C consagra la exigencia constitucional del sistema de ingresos a la carrera judicial en los términos siguientes:

609   Véase Sent. del TSJ/SC N° 1989 de fecha 2 de agosto de 2006.
610   Véase G.O. N° 5.262 Extr., de fecha 11 de septiembre de 1998.

Artículo 255. El ingreso a la carrera judicial y el ascenso de los jueces o juezas se hará por concursos de oposición públicos que aseguren la idoneidad y excelencia de los o las participantes y serán seleccionados o seleccionadas por los jurados de los circuitos judiciales, en la forma y condiciones que establezca la ley. El nombramiento y juramento de los jueces o juezas corresponde al Tribunal Supremo de Justicia. La ley garantizará la participación ciudadana en el procedimiento de selección y designación de los jueces o juezas. […]. (Resaltado nuestro).

Como consecuencia de lo anterior, los Jueces así designados no podrán ser removidos o suspendidos de sus cargos sino mediante los procedimientos administrativos debidos o expresamente previstos en la ley como lo dispone igualmente el Art. 255 de la C: "**Artículo 255.** […] Los jueces o juezas sólo podrán ser removidos o suspendidos de sus cargos mediante **los procedimientos expresamente previstos en la ley**" (resaltado nuestro).

Además, el principio de la inamovilidad de los Jueces se complementa, necesariamente, con el derecho a la profesionalización de acuerdo con la EMC que dice: "Se prevé que **la ley regule lo referente a la capacitación y especialización de los jueces** con la participación de las universidades, las cuales deberán organizar estudios universitarios al nivel de posgrado en el área de derecho, dirigidas a la especialización en la rama judicial" (resaltado nuestro).

En tal sentido, el Art. 255 *in fine* de la C dispone lo siguiente: "**Artículo 255.** […] La ley propenderá a **la profesionalización de los jueces o juezas** y las universidades colaborarán en este propósito, organizando en los estudios universitarios de Derecho la especialización judicial correspondiente" (resaltado nuestro).

Por último, en el caso de los Magistrados del Tribunal Supremo de Justicia, a los efectos del proceso de su elección se prevé la postulación correspondiente ante el Comité de Postulaciones Judiciales y un procedimiento administrativo especial determinado por en los Arts. 38, 40 y 41 de la LOTSJ, que tiene por objeto una selección y elección pública, objetiva, transparente e imparcial de los candidatos. Será en definitiva la Asamblea Nacional la encargada de elegir y remover a los Magistrados de conformidad con los Arts. 264 y 265 de la C, respectivamente, que se transcriben a continuación:

Artículo 264. Los magistrados o magistradas del Tribunal Supremo de Justicia serán elegidos o elegidas por un único período de doce años. **La ley determinará el procedimiento de elección.**

En todo caso, podrán postularse candidatos o candidatas ante el **Comité de Postulaciones Judiciales**, por iniciativa propia o por organizaciones vinculadas con la actividad jurídica. El Comité, oída la opinión de la comunidad, efectuará una preselección para su presentación al Poder Ciudadano, el cual efectuará una segunda preselección que será presentada a **la Asamblea Nacional, la cual hará la selección definitiva**.

Los ciudadanos y ciudadanas podrán ejercer fundadamente objeciones a cualquiera de los postulados o postuladas ante el Comité de Postulaciones Judiciales, o ante la Asamblea Nacional. (Resaltados nuestros).

Artículo 265. Los magistrados o magistradas del Tribunal Supremo de Justicia **podrán ser removidos o removidas por la Asamblea Nacional** mediante una mayoría calificada de las dos terceras partes de sus integrantes, previa audiencia concedida al interesado o interesada, en caso de faltas graves ya calificadas por el Poder Ciudadano, en los términos que la ley establezca. (Resaltado nuestro).

§263. Autonomía funcional — Y por último, la independencia judicial requiere también que el Poder Judicial cuente con un órgano representativo y supremo capaz de defender su plena autonomía funcional: el Tribunal Supremo de Justicia.

En efecto señala la EMC lo siguiente: "Se constituye **el Tribunal Supremo de Justicia como el máximo tribunal de la República y rector del Poder Judicial**, el cual estará integrado por las Salas Constitucional, Político-Administrativa, Electoral, de Casación Civil, de Casación Penal y de Casación Social" (resaltado nuestro).

Por su parte, el Art. 254 de la C dispone: "**Artículo 254.** El Poder Judicial es independiente y **el Tribunal Supremo de Justicia gozará de autonomía funcional, financiera y administrativa**. [...]" (resaltado nuestro).

En consecuencia, el Tribunal Supremo de Justicia, máximo tribunal de la República y órgano rector de una de las ramas del Poder Público, a través de la Dirección Ejecutiva de la Magistratura, tiene también como misión inexcusable, la salvaguarda de la investidura del Juez; y la dirección, el gobierno y la administración del Poder Judicial, según la propia EMC cuando señala: "Corresponderá al Tribunal Supremo de Justicia; a través de la Dirección Ejecutiva de la Magistratura, **el Gobierno y Administración del Poder Judicial, así como todo lo relacionado con la inspección y vigilancia de los tribunales de la República y la elaboración y ejecución del presupuesto del Poder Judicial**" (resaltado nuestro).

Lo anterior fue dispuesto por el Art. 267 de la C en los términos siguientes:

Artículo 267. Corresponde al Tribunal Supremo de Justicia **la dirección, el gobierno y la administración del Poder Judicial, la inspección y vigilancia de los tribunales de la República y de las Defensorías Públicas**. Igualmente, le corresponde la elaboración y ejecución de su propio presupuesto y del presupuesto del Poder Judicial.

La jurisdicción disciplinaria judicial estará a cargo de los tribunales disciplinarios que determine la ley.

El régimen disciplinario de los magistrados o magistradas y jueces o juezas estará fundamentado en el Código de Ética del Juez Venezolano o Jueza Venezolana, que dictará la Asamblea Nacional. El procedimiento disciplinario será público, oral y breve, conforme al debido proceso, en los términos y condiciones que establezca la ley.

Para el ejercicio de estas atribuciones, el Tribunal Supremo en pleno creará una **Dirección Ejecutiva de la Magistratura**, con sus oficinas regionales. (Resaltados nuestros)

A ese único fin es que el Tribunal Supremo de Justicia debe ejercer las "atribuciones", connaturales e irrenunciables, para que todos los Jueces gocen de las garantías y condiciones necesarias para lograr la independencia judicial en el adecuado y eficaz servicio del Sistema de Justicia, que se revela a través de las modalidades siguientes.

b. *Clasificación*

§264. Independencia funcional — En primer lugar, la independencia funcional, en razón de la naturaleza específica de la función estatal ejercida, exige que los actos judiciales sean susceptibles sólo de revisión judicial, por los recursos procesales legales[611]. La independencia funcional es, pues, requisito fundamental de la independencia del Juez. Por tanto, y en resguardo de la supremacía constitucional que imperativamente exige la independencia funcional del Juez, la única vía admisible para controlar y revisar los actos judiciales es la vía procesal expresamente establecida en la Constitución o la ley.

Así las cosas, las decisiones formales del Juez, dictadas en ejercicio de sus atribuciones y motivadas en un razonamiento lógico, autónomo y propio, a través de una interpretación coherente y razonable, conforme a Derecho, pero sólo y nada más al Derecho, conforman el obrar específico comprendido en la esfera o marco de independencia funcional, la cual se complementa con la independencia orgánica.

§265. Independencia orgánica — Además, dentro del concepto de independencia judicial, la Constitución también garantiza la inviolabilidad de las opiniones que manifiesten y los votos salvados que emitan los Jueces en el desempeño de su cargo.

§266. Imparcialidad política — La imparcialidad o neutralidad política obliga al Juez desde la fecha de su nombramiento y hasta su egreso del cargo respectivo, a abstenerse de llevar a cabo, salvo el ejercicio del derecho al sufragio, en cualquier forma, activismo político partidista, gremial, sindical o de índole semejante, ni realizar actividades

[611] Véase Sent. de la CSJ/SPA N° 169 de fecha 10 de agosto de 1982, *RDP*, N° 11 (julio-septiembre, 1982), EJV, Caracas, 1982, pp. 93-94.

privadas lucrativas, a excepción de actividades educativas, que puedan afectar la objetividad y soberanía de su criterio, o la circunspección de su investidura, de acuerdo con el Art. 256 de la C que dice:

> **Artículo 256.** Con la finalidad de garantizar la imparcialidad y la independencia en el ejercicio de sus funciones, **los magistrados o las magistradas, los jueces o las juezas, los fiscales o las fiscalas del Ministerio Público; y los defensores públicos o las defensoras públicas**, desde la fecha de su nombramiento y hasta su egreso del cargo respectivo, **no podrán, salvo el ejercicio del voto, llevar a cabo activismo político partidista, gremial, sindical o de índole semejante, ni realizar actividades privadas lucrativas incompatibles con su función,** ni por sí ni por interpuesta persona, ni ejercer ninguna otra función pública a excepción de actividades educativas. (Resaltados nuestros)

Ahora bien, la imparcialidad política no supone apoliticidad en el sentido de una despreocupación por los fines políticos y la integridad de la comunidad. En efecto, señala la doctrina citada[612] que la imparcialidad no puede ser reconducida a extremos tales que hagan del Juez un tecnócrata de la administración de Justicia preocupado, cuanto más, de la legalidad formal, con olvido de su alta misión cívica de custodiar a las instituciones de la comunidad.

En consonancia con lo anterior, la jurisprudencia[613] se ha referido a la imparcialidad como requisito que surge de la garantía jurisdiccional que ofrecen los Arts. 26 y 49 de la C, al exigir que todo Juez debe: "[…] ser "imparcial", lo cual se refiere a **una imparcialidad consciente y objetiva, separable como tal de las influencias psicológicas y sociales que puedan gravitar sobre el juez y que le crean inclinaciones inconscientes.** La transparencia en la administración de justicia, que garantiza el artículo 26 de la vigente Constitución se encuentra ligado a la imparcialidad del Juez" (resaltado nuestro).

§267. Cosa juzgada — Finalmente, siendo que es función privativa y exclusiva de los Jueces la función jurisdiccional a través de la posibilidad de dictar los actos judiciales, la institución de la llamada "cosa juzgada" traduce la autoridad o fuerza jurídica del Poder Judicial. Esta figura se constituye en presupuesto y garantía de la independencia judicial y reaseguro de la estabilidad de los derechos e intereses de las personas, ya que está vedado desconocer su fuerza de verdad legal. Dicha institución tiene raigambre constitucional, toda vez que asegura la estabilidad de los derechos individuales (comprendidos en la noción del derecho de

---

[612] DROMI, R., *Ob. cit.*, nota 601, p. 46 y ss.

[613] Véase Sents. del TSJ/SC, N° 77 de fecha 9 de marzo de 2000, caso *José Alberto Quevedo*; N° 1737 de fecha 215 de junio de 2003; y N° 544 de fecha 14 de marzo de 2006.

propiedad, Art. 115 de la C e impide el desconocimiento del derecho adquirido en virtud de una sentencia firme (Art. 49, numeral 7 de la C).

En tal sentido, concluye la jurisprudencia[614] que la institución de la cosa juzgada se erige como una consecuencia de la sentencia a partir de la cual la decisión contenida en ella se hace irremovible, inmodificable e inquebrantable.

En consecuencia, la sentencia de un Juez dictada conforme a Derecho o "desde y dentro del Derecho" y, por ende, revestida con autoridad de cosa juzgada, no puede ser desconocida en sus efectos, ni por otro órgano del Poder Judicial, ni por ningún otro órgano del Poder Público, ni por los particulares.

§268. Conclusión — A partir de todos estos rasgos se puede ofrecer una descripción general de la Justicia dentro del modelo del Estado democrático y social de Derecho y de Justicia como: la función jurídico-pública o estatal atribuida a una rama del Poder Público real e independiente, dirigida a interpretar y aplicar el Derecho, someter a todos las personas y órganos del Poder Público al cumplimiento de la Constitución y las leyes, y garantizar la tutela jurisdiccional efectiva de derechos e intereses de las personas, mediante la corrección de los márgenes de desviación e ilegitimidad jurídicas y, finalmente, la resolución de conflictos jurídicos conforme a Derecho o "desde y dentro del Derecho", al reconocer los derechos e intereses que son legítimos y, por tanto, merecedores de la garantía de la tutela jurisdiccional efectiva.

D.   *La justicia como Poder Público garantista*

§269. Garantía jurisdiccional — Dicho lo anterior, interesa destacar ahora como lo hace la doctrina más autorizada[615] –y a quien seguimos muy de cerca en el desarrollo de la exposición que siguen en las páginas siguientes – el modo en que, tras la consagración constitucional, el Poder Judicial ejerce la función de garantía jurisdiccional que la Constitución le asigna o, lo que es lo mismo, cuál es el contenido de la tutela jurisdiccional efectiva.

De acuerdo con la doctrina citada, dos son los elementos a través de las que aquella se expresa:

a.   La corrección jurídica del Ordenamiento jurídico conforme a su sentido constitucional.

---

[614]   Véase Sents. del TSJ/SC N° 2326 de fecha 2 de octubre de 2002; y N° 1898 de fecha 22 de julio de 2005.

[615]   PEÑA FREIRE, A. M., *La garantía en el Estado constitucional de derecho,* Ed. Trotta. Madrid 1997, pp. 227 y ss.

b. Y la garantía de una solución "desde y dentro del Derecho" para cada conflicto jurídico que se plantee.

A ambos componentes de la garantía o tutela jurisdiccional efectiva nos referiremos de seguidas.

§270. Corrección jurídica — De acuerdo con la doctrina citada, la afirmación de que jurisdiccionalmente se corrige el Derecho, sólo puede ser comprendida si la función jurisdiccional adquiere relevancia constitucional y el Poder Judicial pasa a convertirse en un auténtico Poder Público dentro del Estado –cuestión ésta que ya hemos tratado–. Frente al imperio de la ley surge ahora el "imperio de la Justicia".

La propia independencia del Poder Judicial adquiere ahora un significado específico que superará la interpretación personalista que la definía tradicionalmente como independencia del Juez frente a las partes, y que apuntaba a la prohibición de las injerencias o interferencias de los otros órganos del Poder Público o particulares en la función de interpretación y aplicación del Derecho.

Ahora, el concepto se amplía para abarcar también la independencia del Poder Judicial respecto de lo que ha denominado la doctrina[616] citada, el sentido político del Ordenamiento jurídico; sólo con la facultad de situarse al margen de las valoraciones y ponderaciones que realizan los Poderes Políticos, es posible apreciar su posible desviación o ilegitimidad respecto del sentido de la Constitución. Lógicamente, la independencia judicial tiene un límite infranqueable, que no es otro que el propio Derecho en su sentido constitucional, pues no conviene olvidar que el Poder Judicial también está sometido a la ley y al Derecho.

Por tanto, independencia judicial es así también sometimiento del Juez al Derecho, pero sólo y nada más al Derecho, esto es, desde y dentro del Derecho. En este sentido, sostiene la jurisprudencia[617], tanto el Juez como las partes están sujetos al principio de legalidad procesal, cuya vigencia y eficacia dependen del cumplimiento tanto de las normas sustantivas como las normas adjetivas que condicionan o regulan el proceso y la competencia de los Jueces y tribunales.

§271. Solución jurídica de conflictos — El segundo elemento de la garantía jurisdiccional, junto con la corrección jurídica, nos señala la doctrina[618] citada, viene representado por lo que supone la función

---

[616] PEÑA FREIRE, A. M., *Ob. cit.*, nota 615, p. 229.

[617] Véase Sent. de la CSJ/SPA de fecha 27 de octubre de 1970, G.O. N° 1447 Extr., de fecha 15 de diciembre de 1970, p. 19.

[618] PEÑA FREIRE, A. M., *Ob. cit.*, nota 615, p. 235.

jurisdiccional de solución jurídica de conflictos de derechos e intereses de las personas. Si bien este dato forma parte de las caracterizaciones más tradicionales de la función jurisdiccional –como la integración del caso y el Derecho o la solución de conflictos conforme a Derecho o "desde y dentro del Derecho"–, la comprensión que de él se tenga viene especialmente determinada por el componente social de la cláusula constitucional del Estado democrático y social de Derecho y de Justicia, según analizáramos más arriba.

2. *La legitimidad del poder judicial*

§272. Planteamiento de la cuestión — Junto al tema de la independencia judicial, otro de los problemas cruciales que afecta al Poder Judicial es según el autor tantas veces citado PEÑA FREIRE[619], el de su "legitimidad". Las peculiaridades de la función jurisdiccional en el Estado de Derecho y de Justicia, y la exigencia de que el Juez se convierta en un auténtico Poder jurídico, situado en un plano institucional de igualdad respecto de los demás órganos que ejercen el Poder Público, plantean mayores exigencias de legitimidad para esta singular función estatal respecto de su predecesora liberal, donde el Juez era un simple aplicador neutral de la norma mediante procedimientos silogísticos.

De este modo, lo primero que hay que subrayar con toda claridad según el citado autor PEÑA FREIRE, es que debe distinguirse entre el problema de la legitimidad del Poder Judicial, considerado como sede de la función jurisdiccional, de aquellos otros problemas más concretos que pudieran derivarse del ejercicio de la función jurisdiccional por parte de los Jueces, en la medida en que puedan causar algún tipo de conflicto con particulares o con otros órganos del Poder Público.

De ahí que el punto principal de atención de PEÑA FREIRE sea la legitimidad de la función jurisdiccional en el marco del modelo de organización jurídico-político de la Constitución, tal y como ha sido caracterizada, y no el problema de los Jueces. Sólo si se plantean las posibilidades de legitimación de la función jurisdiccional dentro del diseño del modelo de organización jurídico-político constitucional, será posible entonces analizar las "disfunciones del sistema judicial" y de los concretos actos o procesos de actuación de los Jueces que chocan con otros órganos del Poder Público y con sus principios organizativos. Sentado este presupuesto, podemos abordar siguiendo de cerca la estructura y exposición del autor citado, el problema de la legitimidad del Poder Judicial desde al menos cuatro (4) puntos de vista –constitucional, funcional, instru-

---

[619]   *Ibidem*, pp. 236 y ss.

mental y democrático– que, si bien están genéricamente vinculados, se analizan separadamente.

§273. Legitimidad constitucional — La función jurisdiccional ostenta una legitimidad constitucional. Ésta se obtiene según la doctrina citada, a partir de las opciones básicas del Estado de Derecho, particularmente las referidas al carácter de sujeción al Derecho de todo órgano del Poder Público, y a la garantía jurisdiccional de los derechos e intereses de las personas.

Ahora, decir que la legitimidad del Poder Judicial es constitucional significa que aquélla se localiza en la Constitución y en el Derecho y "sólo en el Derecho". Particularmente no lo está en el sometimiento incondicionado a las decisiones e injerencias de otros órganos del Poder Público, en especial, si consideramos que éstas pueden desviarse del sentido constitucional y vulnerar derechos fundamentales de las personas. Estas decisiones e injerencias habrán de ser objeto de una acción correctiva por parte del Juez, que sólo así cumple con la función jurisdiccional que como "función propia" tiene atribuida por la Constitución.

§274. Legitimidad funcional — Junto a una legitimidad constitucional, PEÑA FREIRE[620] habla de una legitimidad funcional. Con ello quiere significar desde un punto de vista funcional, que los sistemas jurídicos se encuentran ordenados a la satisfacción y tutela de los derechos e intereses personales y sociales jurídicamente relevantes. Un funcionamiento en sentido contrario generaría problemas de coherencia interna, que podrían conducir a una crisis de deslegitimación del Poder Judicial de consecuencias graves, o muy graves.

§275. Legitimidad instrumental — En tercer lugar, PEÑA FREIRE[621] sostiene que la legitimidad del Poder Judicial como sede de la función jurisdiccional viene determinada por el cumplimiento de las exigencias y fines constitucionales.

De este modo, es también legitimidad instrumental, pues sólo un modelo de Estado de Justicia que refleje el fin constitucional al que se encuentra vinculado, será legítimo. En consecuencia, la actuación del Poder Judicial sólo será legítima, mientras esté ordenada a la realización de las funciones jurisdiccionales que tiene atribuidas en la Constitución y en el contexto o marco del modelo de organización jurídico-político de Estado democrático y social de Derecho y de Justicia.

---

[620]   PEÑA FREIRE, A. M., *Ob. cit.*, nota 615.

[621]   *Ibidem.*

Desde la Constitución y sus principios y valores superiores, concluye PEÑA FREIRE, sólo serán legítimos aquellos órganos del Poder Público que se adecuen sus decisiones a los límites y exigencias del pacto constituyente reflejado en la propia Constitución. El Poder Público constituido se legitima, en tanto en cuanto su ejercicio es conforme a Derecho –o desde y dentro del Derecho–, y en la medida en que dicho sometimiento es verificable mediante su control. Desde este punto de vista, el Poder Judicial cumple una función legitimadora del Poder político, pues a aquél le está encomendada la actividad de control jurisdiccional de los otros órganos del Poder Público.

§276. Legitimidad democrática — Finalmente, en cuanto a la legitimidad democrática, PEÑA FREIRE parte de la caracterización según la cual, la Democracia era entendida como algo más que un simple procedimiento de validación o legitimación de decisiones políticas, ya que presenta una especial vinculación con los principios y valores superiores constitucionales que inspiran el modelo de organización jurídico-político de Estado democrático y social de Derecho y de Justicia, cuyos principios de organización son los más adecuados a las libertades y garantías de las personas. La opción por un modelo político-democrático, es consecuencia y exigencia de los derechos fundamentales que ha de garantizar, el modelo político de "Estado democrático" consagrado en la Constitución.

3. *La tutela frente al juez*

A. *Introducción*

§277. Planteamiento de la cuestión — Dado que en el problema del control del Juez se ven afectadas tanto las cuestiones referidas a la eficacia del principio de la tutela jurisdiccional efectiva como garantía jurisdiccional última o de cierre, como las que atañen tanto a la legitimidad de la función jurisdiccional como a la independencia del Poder Judicial, para PEÑA FREIRE[622] es, sin duda, el de la tutela frente al Juez mismo por los actos judiciales dictados sin sujeción al Derecho o con fines distintos a los de la garantía de la tutela jurisdiccional efectiva, uno de los problemas más específicos dentro de los múltiples que afectan al Poder Judicial.

§278. Sometimiento al Derecho — La principal tutela frente a la potestad jurisdiccional del Juez es su absoluto e incondicionado sometimiento a Derecho, es decir, a la totalidad del Ordenamiento jurídico en un momento dado y conforme al que tiene que resolver un conflicto jurídico. Es por ello válida la afirmación de PEÑA FREIRE de que el Juez está sometido a la ley y al Derecho en un sentido muy fuerte. Por ende, el

---

[622]   PEÑA FREIRE, A. M., *Ob. cit.*, nota 615, pp. 256 y ss.

Poder Judicial es un Poder Público absolutamente vinculado al Derecho en la medida en que carece de ámbitos discrecionales o de capacidad para actuar conforme al principio de oportunidad política o para apreciar libremente las exigencias del interés general, y sus decisiones han de ser proferidas, insistimos, conforme a Derecho o "desde y dentro del Derecho".

Así las cosas, la vinculación del Juez al Derecho es doblemente jurídica, pues está absolutamente vinculado a la norma y al sentido de la misma en el Derecho, y no a la orientación política, pues ello afectaría a su independencia judicial y capacidad para apreciar la desviación e ilegitimidad en que la norma o acto cuestionado incurra.

No obstante, agrega el autor de la referencia, la vinculación jurídica con el Derecho que autoriza la desvinculación respecto del sentido político de la norma no significa, por tanto, que el Juez se limite a sustituir el sentido del legislador por el suyo personal: habrá de interpretar la norma siempre desde y dentro del marco de la Constitución y con sus principios y valores superiores, debiendo asegurar el mayor grado de tutela jurisdiccional para los derechos e intereses afectados. Esta es su única función en el entramado constitucional del Estado democrático y social de Derecho y de Justicia, y cualquier otra está *a priori* desautorizada y deslegitimada.

B. *Control social*

§279. Planteamiento de la cuestión — El segundo límite a la función jurisdiccional de cada singular Juez es para PEÑA FREIRE[623], el control social de todos los actos y decisiones judiciales. Sólo la realización de los fines constitucionalmente asignados a la función jurisdiccional legitiman y son móvil de su actuación. De ahí que las decisiones judiciales sean siempre susceptibles de análisis crítico, desde las sedes sociales que son la fuente última y elemento común a sus fuentes de legitimidad.

Por lo tanto, continúa el autor citado, la relación entre la crítica social y la deslegitimación de la función jurisdiccional es directa, porque la vinculación entre sus elementos es inmediata y exclusiva, es decir, sólo hay una función a realizar por el Poder Judicial, y sólo una forma de obtener consenso y legitimidad: ejercer la función jurisdiccional conforme a Derecho o "desde y dentro del Derecho". La más mínima desviación o ilegitimidad respecto de la función constitucional asignada al Juez podrá ser juzgada como absolutamente injustificable y deslegitimada, ya que no hay otra función a realizar ni otros intereses a valorar.

---

[623] PEÑA FREIRE, A. M., *Ob. cit.*, nota 615, p. 258.

En todo caso, sostiene la doctrina citada, la intensa vinculación entre el control social y la legitimidad de la función jurisdiccional, no significa en modo alguno ni control popular ni tampoco control de opinión. El primero de los vínculos permite admitir que el Juez, en la realización de su función jurisdiccional, debe buscar la aceptabilidad de sus argumentos y decisiones, en tanto que decisiones judiciales racionales que serán sometidas a crítica y control social y, por supuesto, control doctrinal: estos es, a que los pronunciamientos judiciales que se dicten, ciertamente logren y provoquen el consentimiento social sobre lo resuelto y cómo quedó resuelto ("socialización del convencimiento").

Sin embargo, el Juez no representa a la mayoría, ni a ella le debe su legitimidad, sino que solo tiene la función de interpretar y aplicar el Derecho y "solo el Derecho" y, en ocasiones, dicha función podrá resultar contraria a la opinión mayoritaria, pero aun en tales casos, sin embargo, se habrá realizado en absoluto respeto de la tutela jurisdiccional efectiva de los derechos e intereses de las minorías o de concretos individuos.

Lo que nuevamente lleva al mismo punto: sólo mediante las decisiones judiciales concretas del Poder Judicial que incrementen los niveles de la tutela jurisdiccional efectiva, es que podrá verse legitimado el ejercicio de la función jurisdiccional, siendo legítima también cualquier crítica doctrinal o social que denuncie la actuación de los Jueces en un sentido contrario, y en la medida que no se acierte a determinar ningún argumento "desde y dentro del Derecho" que pueda justificar una actuación judicial semejante.

§280. Consideraciones finales — Frente a los problemas que describe la más autorizada doctrina citada –y que nos hemos permitido seguir de cerca por la claridad de su pensamiento en esta exposición–, y los cuales aquejan al Poder Judicial, se observa también que no hace falta en el plano formal ningún cambio jurídico profundo y complejo, sino:

a. Una simple auto-afirmación de las potestades jurisdiccionales que la Constitución otorga ya al Poder Judicial, pues existe un reconocimiento constitucional de que los Jueces no tienen la última palabra, sino la "primera palabra" en cuidar y asegurar la conservación y observancia del Derecho.

b. Una manifestación de confianza de los Jueces legalmente designados en su propio rol, insustituible no sólo desde la perspectiva de las personas y de sus derechos e intereses, sino también desde la absoluta conformidad al Ordenamiento jurídico y, por sobre todo, de la plena vigencia de la propia Constitución.

c.   Y por último, según lo sostuvo la jurisprudencia[624] del Tribunal Supremo de Justicia, la nueva concepción del Estado de Justicia impone el deber ineludible que tienen los operadores u operarios del Poder Judicial de mantener los procesos y las decisiones judiciales dentro del marco de los principios y valores superiores constitucionales al afirmar:

[...] derivado de la entrada en vigencia de la Constitución de la República Bolivariana de Venezuela no se produjo un simple cambio en la denominación y estructura del este Máximo Tribunal de la República sino que, se creó un nuevo Tribunal, se establecieron reglas diferentes en cuanto al gobierno y administración de todo el sistema judicial, **y lo más importante, el Estado y sus instituciones se impregnaron de valores y principios que han significado un cambio fundamental tanto en el origen como en la forma de administrar Justicia.** (Resaltado nuestro).

4. *La tutela jurisdiccional efectiva*

A. *Introducción*

§281. Planteamiento de la cuestión — La formación y desarrollo del Estado de Derecho tiene su origen histórico en la lucha contra el absolutismo, y por ello la idea originalmente se centraba en el control jurídico del Poder ejecutivo, a fin de evitar sus intervenciones arbitrarias, sobre todo en la esfera de la libertad y propiedad individuales. Sin embargo, tal concepto fue evolucionando, pero en todo caso parte de la esencia del concepto inicialmente consiste en el control jurisdiccional del principio de legalidad, o más propiamente del principio de juridicidad. Así se hubo dicho también, en lo que nos es de consideración presente, que el Estado de Derecho implica la máxima posibilidad de justiciabilidad de la Administración Pública (MAYER)[625]. Que lo único que podría quedar sujeto a discusión a su respecto, es el medio, forma o modo como se va a imponer el control jurisdiccional sobre la Administración Pública y su actividad.

Ahora, como el principio de juridicidad puede ser excedido por el Estado, y específicamente a través de la Administración Pública, es natural que se prevean los medios para que en tales casos pueda ser restablecido, asegurando su supremacía. Es indudable, en este sentido, que la última y más importante garantía de la vigencia del principio de juridicidad radica en los órganos jurisdiccionales que integran el Poder Judicial, con competencia en esa materia, ya sea general, ya sea especial, ya

---

[624]   Véase Sent. del TSJ/SPA N° 949 de fecha 26 de abril de 2000, en *RDP*, N° 82, EJV, Caracas, 2000, p. 163.

[625]   MAYER, O., *Ob. cit.*, nota 207, T. I, p. 217.

no solo sobre la Administración Pública, sino sobre todas las ramas que ejercen el Poder Público, razón por la cual el Estado de Derecho deviene en un Estado de Derecho y de Justicia.

La atribución a un Poder Judicial, institucionalmente dotado de todas las características constitucionales que hemos descrito más arriba, del control de la conformidad y sujeción de todas las funciones públicas al principio de juridicidad, es hoy la nota característica del modelo de organización jurídico-político del Estado de Derecho y de Justicia. Además, una de las características del nuevo modelo del sistema de control jurisdiccional es su plenitud, de acuerdo con el principio de la universalidad del control[626], pues se proyecta sobre las cinco ramas a través de las cuales se ejerce el Poder Público, a saber: el Poder Legislativo, el Poder Ejecutivo, el Poder Judicial, el Poder Ciudadano, y por último el Poder Electoral.

En efecto, según la jurisprudencia[627], es la regla primera del modelo del Estado de Derecho y de Justicia que nadie, ni siquiera los tribunales de la República, ni el máximo tribunal, ni ningún órgano del Poder Público, pueda estar autorizado para transgredir de manera alguna la Constitución.

§282. Consagración constitucional — De acuerdo con la EMC, en el Texto Fundamental se reconocen los derechos de acceso a la justicia y a la tutela jurisdiccional efectiva, en virtud de los cuales toda persona puede acceder a los órganos competentes del Sistema de Justicia para obtener la tutela jurisdiccional efectiva de sus derechos e intereses, incluidos los colectivos o difusos. A tal efecto, los referidos órganos están representados por las cortes y tribunales que forman parte del Poder Judicial, así como por los demás órganos del Sistema de Justicia previsto en la Constitución, entre los cuales se encuentran los ciudadanos que participan en la administración de Justicia o que ejercen la función jurisdiccional de conformidad con la ley.

Y es que no es sólo un principio constitucional, sino también un derecho constitucional porque es fundamental, junto con otros, del orden político y de la paz social. Reconocido internacionalmente y recogido en el Art. 26 de la C, el cual dispone: "**Artículo 26: Toda persona tiene derecho de acceso a los órganos de administración de justicia** para hacer valer sus derechos e intereses, incluso los colectivos o difusos, a la tutela efectiva de los mismos y a obtener con prontitud la decisión correspondiente" (resaltado nuestro).

---

[626]   Véase Sent. del TSJ/SC N° 6 de fecha 27 de enero de 2000.
[627]   Véase Sent. del TSJ/SC N° 370 de fecha 16 de mayo de 2000.

De la disposición transcrita se desprende que el derecho fundamental contemplado refiere dos bienes jurídicos relacionados entre sí, pero que merecen un tratamiento diferenciado. En efecto, el Art. 26 constitucional hace referencia a: (i) el derecho a la jurisdicción o derecho de acceso a la justicia, el cual es una garantía previa al proceso que comporta una interacción entre el justiciable y los órganos que integran el Sistema de Justicia, interacción que solo se logra a través de un eficaz acceso a los tribunales, y que empieza por el acceso físico a lo que constituye la sede del tribunal; y (ii) el derecho a la tutela jurisdiccional o judicial efectiva que hace referencia a las garantías procesales propiamente dichas[628].

En consonancia con lo anterior, la jurisprudencia[629] se ha referido al primero en los términos siguientes: "El artículo 26 de **la vigente Constitución establece con carácter constitucional, el derecho de acceso a la justicia**, la cual se logra mediante la acción" (resaltado nuestro).

Pero también es de mencionar que junto con la intensidad del control jurisdiccional es, sobre todo, la protección o tutela cautelar lo que se estima que caracteriza a una tutela jurisdiccional efectiva de los derechos de las personas. Con ella se pretende evitar "hechos consumados" y, así, garantizar la temporalidad de la tutela jurisdiccional, aunque sea solo de forma provisional.

Desde entonces, el derecho a la tutela jurisdiccional efectiva se reconoce cada vez más como un derecho fundamental de carácter subjetivo de importancia primordial entre los derechos fundamentales, ya que la posesión de derechos carece de sentido si no existen a su vez los mecanismos para su aplicación efectiva. El derecho a la tutela jurisdiccional efectiva –denominado también garantía jurisdiccional– se puede considerar, entonces, como el requisito más básico –el derecho humano más fundamental– en un Ordenamiento jurídico moderno, que pretenda garantizar y no solamente proclamar los derechos de todos, sino también proclamarse como un verdadero modelo de Estado de Derecho y de Justicia.

En este orden de ideas, la jurisprudencia[630] afirma que el Art. 26 de la C es más que un presupuesto lógico del derecho a la tutela jurisdiccional efectiva, pues entraña también una doble perspectiva: (i) es un derecho fundamental que abarca además el derecho a los recursos judiciales; y (ii) es una garantía constitucional.

---

[628] Véase Sent. N° del TSJ/SC, de fecha 5 de junio de 2001, caso *Gloria Janeth Stifano Mota*.

[629] Véase Sent. N° 1077 del TSJ/SC, de fecha 22 de agosto de 2000.

[630] Véase Sent. del TSJ/SPA N° 310 de fecha 5 de febrero de 2006, *RDP*, N° 105, p. 99.

§283. Clasificación — En efecto, a medida que se fue imponiendo el modelo de organización jurídico-político del Estado de Derecho, las Constituciones comenzaron a desarrollar, además de su parte orgánica, una parte dogmática relativa al régimen político democrático representativo y a los derechos y garantías constitucionales de las personas, como consecuencia de lo cual, la acción de Estado comenzó a encontrar límites formales, que también comenzaron a ser recogidos en normas constitucionales destinadas a regular las relaciones que se establecen entre el Estado y las personas, en muchos casos precisamente con ocasión de la actividad de la Administración Pública y, por ende, las Constituciones como norma comenzaron a tener a las personas como sus destinatarios inmediatos (GARCÍA DE ENTERRÍA)[631].

Ahora, para asegurar el sometimiento al Derecho, la garantía jurisdiccional del Estado de Derecho dio origen básicamente a tres sistemas clásicos de control jurisdiccional de la conformidad de los actos jurídico-públicos con el Derecho, a saber: (i) el sistema de Justicia constitucional o de control jurisdiccional constitucional destinado a controlar la conformidad con la Constitución de las leyes y demás actos jurídico-públicos en ejecución directa e inmediata de la misma, y que por ello solo están sometidos a la Constitución[632], (ii) el sistema de Justicia administrativa o de control jurisdiccional contencioso administrativo que tiene por objeto asegurar el sometimiento a Derecho de los actos jurídico-públicos de la Administración Pública y los demás órganos y entes del Estado en ejercicio de la función administrativa, que además de estar sometidos a la Constitución esencialmente están sometidos al principio de juridicidad en general; y por último (iii) el sistema de control judicial de los propios tribunales de justicia, destinados a controlar la conformidad a Derecho de las sentencias y demás actos judiciales, a través de los procesos judiciales de apelación, revisión y de casación. En esta oportunidad nos limitaremos a abordar el análisis de los sistemas de Justicia constitucional y de Justicia administrativa.

---

[631] GARCÍA DE ENTERRÍA, E., *Ob. cit.*, nota 34, pp. 72 y 73.

[632] Véase en general: BREWER-CARÍAS, A.R., "La Justicia Constitucional", T. IV, de *Instituciones Políticas y Constitucionales*, EJV, Caracas-San Cristóbal, 1996, y *El sistema de justicia constitucional en la Constitución de 1999 (Comentarios sobre su desarrollo jurisprudencial y su explicación, a veces errada, en la Exposición de Motivos)*, EJV, Caracas, 2000; "Introducción general al régimen del Tribunal Supremo de Justicia y de los procesos y procedimientos constitucionales y contencioso electorales", en *Ley Orgánica del Tribunal Supremo de Justicia*, Col. Textos Legislativos N° 48, EJV, Caracas, 2010; y CASAL, J. M. *Constitución y Justicia Constitucional. Los fundamentos de justicia constitucional en la nueva Carta Magna*, UCAB, Caracas, 2000.

III. EL SISTEMA DE JUSTICIA CONSTITUCIONAL

1. *Introducción*

§284. Sala Constitucional — De acuerdo con la EMC, y siguiendo una tendencia presente en países como España, Francia, Italia, y en algunos países latinoamericanos, cuyas constituciones regulan el sistema de Justicia constitucional en un título o capítulo distinto del que se refiere al Poder Judicial, la Constitución de 1999 incluye en el Título VIII *De la Protección de la Constitución*, un Capítulo denominado *De la Garantía de la Constitución*, que contiene las disposiciones fundamentales sobre la Justicia constitucional y consagra las principales competencias que corresponden a la Sala Constitucional del Tribunal Supremo de Justicia. Dicho Capítulo da eficacia a los postulados contenidos en el Art. 7 del Título I, *Principios Fundamentales*, que consagra los principios de supremacía y fuerza normativa de la Constitución más arriba analizados, que constituyen la base sobre las cuales descansa el sistema de Justicia constitucional.

En este orden de ideas, la EMC sostiene que al momento del diseño del órgano constitucional, se presentaron algunas propuestas con el objeto de crear una Corte o Tribunal Federal Constitucional, en lugar de una Sala Constitucional en el Tribunal Supremo de Justicia. No obstante, prevaleció por consenso esta última tesis. Así las cosas, la Constitución dota a la Sala Constitucional del carácter y de las competencias que tiene en Derecho comparado cualquier Corte o Tribunal Constitucional. Por ello se indica que el Tribunal Supremo de Justicia garantizará la supremacía y efectividad de las normas y principios constitucionales; será el máximo y último intérprete de la Constitución y velará por su uniforme interpretación y aplicación, cualidad y potestades que únicamente posee en Sala Constitucional dado que ésta ejerce con exclusividad el control concentrado de la constitucionalidad.

§285. Competencias — En lo que atañe a las competencias de la Sala Constitucional, el fundamento de aquellas que le atribuye la Constitución y de las que se le asignarán mediante la LOTSJ está representado por los principios de supremacía y fuerza normativa de la Constitución consagrados en el Art. 7 *eiusdem*, y en virtud de las cuales todo acto del Poder Público, sin excepción, debe estar sometido al control del sistema de Justicia constitucional.

Por tal razón, a la Sala Constitucional se le atribuye la jurisdicción constitucional, esto es, la potestad para controlar la constitucionalidad y, por consiguiente, anular todos los actos que tengan rango y fuerza de ley o dictados en ejecución directa e inmediata de la Constitución. En todo caso, la LOTSJ respectiva garantiza que ningún órgano del Poder Público quede fuera del control jurisdiccional constitucional, estableciendo entre otros aspectos, la competencia de la Sala Constitucional para controlar la constitucionalidad de las actuaciones de las demás Salas del Tribunal

Supremo de Justicia mediante el mecanismo extraordinario que la propia LOTSJ considere más adecuado.

Con base en lo anterior se atribuye a la Sala Constitucional competencias en ejercicio del control represivo de la constitucionalidad, para declarar la nulidad total o parcial de las leyes nacionales, constituciones y leyes estadales, ordenanzas municipales y demás actos dictados por cualesquiera de los órganos que ejercen el Poder Público, así como aquellos dictados en ejecución directa e inmediata de la Constitución.

En tal sentido, las facultades interpretativas que se le otorgan al Tribunal Supremo de Justicia, en consonancia con las características básicas del sistema de Justicia constitucional en Derecho comparado, sólo pueden ser ejercidas por órgano de la Sala Constitucional, pues a ella le corresponde conocer exclusivamente del control concentrado y otras acciones como la revisión, el amparo contra máximas autoridades, el control previo de tratados internacionales y leyes orgánicas, la omisión legislativa, la interpretación constitucional, las controversias constitucionales, entre otras, en ejercicio de la jurisdicción constitucional. Además, con fundamento en el principio de división de poderes, tales facultades no pueden ejercerse de oficio o mediante acuerdos, sino con motivo de una acción popular de inconstitucionalidad, acción de amparo, recurso de interpretación de leyes u otro caso concreto de carácter jurisdiccional cuya competencia esté atribuida a la Sala Constitucional.

En definitiva, el carácter vinculante de las interpretaciones de las normas y principios constitucionales se constituye en el principal instrumento de la Sala Constitucional para fortalecer el sistema de Justicia constitucional, darle eficacia al Texto Fundamental y brindar mayor seguridad jurídica a las personas. Sin embargo, se hace mención expresa que se atenta contra la cláusula constitucional del Estado de Derecho y de Justicia cuando ocurren desviaciones al emplear las distintas modalidades de control de la constitucionalidad en detrimento de la propia Constitución.

Por último, con motivo de su creación, de la entrada en vigencia de la Constitución y de la naturaleza esencialmente constitucional de los derechos humanos y de la acción de amparo constitucional, la Sala Constitucional asumió las competencias que en materia de amparo constitucional tenían las diferentes Salas de la extinta Corte Suprema de Justicia, en los casos de amparo autónomo contra altas autoridades de rango constitucional, amparo contra decisiones judiciales y apelaciones o consultas en amparo, dado que la Sala Constitucional pasa a ser la Sala del Tribunal Supremo de Justicia con la competencia afín para conocer y decidir tales asuntos.

§286. Modalidades — La Constitución cuando describe el sistema de Justicia constitucional y al efecto indica que todos los jueces de la República están en la obligación de asegurar la integridad de la Constitución en el ámbito de sus competencias y conforme a lo previsto en su texto y en las leyes, reafirma de esta manera que la Justicia constitucional en Venezuela la ejercen todos los tribunales de la República, no sólo mediante el control difuso de la constitucionalidad, sino además, por otros medios, acciones o recursos previstos en la Constitución y en las leyes, los cuales se pueden clasificar según el momento en que el control jurisdiccional constitucional se aplica.

Por tal razón podemos concluir que la Constitución consagra un sistema de carácter mixto o integral del sistema de control jurisdiccional constitucional (BREWER-CARÍAS)[633], atribuyéndole a la Sala Constitucional la función de orientar, como máximo y último interprete, el desarrollo autónomo que ejerce cada juez de los mecanismos que le corresponde ejercer, mediante la armonización de la jurisprudencia constitucional y la interpretación uniforme del Texto Fundamental, y que se puede clasificar así: (i) el control jurisdiccional constitucional *a priori* o preventivo, se da antes de que una norma sea publicada en la gaceta oficial; y (ii) el control jurisdiccional constitucional *a posteriori* o correctivo, que se da cuando la norma ya ha entrado en vigencia, según procederemos a analizar a continuación.

2. Control jurisdiccional constitucional preventivo

§287. Planteamiento de la cuestión — Debemos empezar señalando que la Constitución no solo prevé la revisión obligatoria de determinados actos trascendentales, como la aprobación de tratados internacionales o reformas constitucionales, sino que abre la puerta para que proceda la consulta previa de constitucionalidad.

Con respecto al denominado control jurisdiccional constitucional preventivo, debemos mencionar que en la literatura especializada son dos las posiciones en torno a las bondades o no de su consagración. En primer lugar, ha sido cuestionado por un sector que no lo considera un tipo de control jurisdiccional, sino de naturaleza política, en tanto el tribunal constitucional termina ejerciendo funciones legislativas (A. J. GÓMEZ)[634]. Por el contrario, otro sector argumenta que no se trata de un "mero control político", sino que el Tribunal constitucional debe verificar

633 BREWER-CARÍAS, A. R., *Ob. cit.*, nota 61, pp. 151 y ss.
634 GÓMEZ, A. J., "El control previo de constitucionalidad de proyectos de estatutos de autonomía y demás leyes orgánicas", en *Revista Española de Derecho Constitucional*, N° 22, Madrid, 1988.

que el proyecto de norma se ajuste al marco de constitucionalidad, lo cual "es una tarea jurídica y no política" (F. MODERNE)[635].

Una tesis que profundiza más sobre ese tema entiende que la consulta legislativa de constitucionalidad o control preventivo, "en sentido procesal no constituye una acción contenciosa, pero sí jurisdiccional, en el tanto en que el pronunciamiento –opinión– de la Sala se produce por un órgano judicial, mediante una 'sentencia' y como resultado de un juicio imparcial de mera legalidad constitucional aunque esto, como ocurre en toda la materia propia de una Jurisdicción Constitucional, matizado por el grado de inevitable politicidad que le impregna su propia fuente principal, la Constitución Política" (R. PIZA ESCALANTE)[636].

Como podemos observar, la doctrina señala tanto ventajas como inconvenientes del control jurisdiccional constitucional preventivo. Entre las primeras se destacan su sencillez y rapidez para prevenir la inconstitucionalidad de un acto con valor y fuerza de ley y, potencialmente, la lesión de derechos fundamentales. Es preciso tener en cuenta que esta forma de control responde a un objetivo de primordial interés en un Estado democrático de Derecho y de Justicia, por lo que ha de ejercerse de modo balanceado, de tal suerte que no se intervenga en las actividades propias del Poder legislativo (formación de leyes, control político y representación de intereses), las cuales representan la esencia del Estado Democrático de Derecho de Justicia, y el principio de separación de poderes. En tal sentido se pronuncia MODERNE[637]al explicar que, "desde el punto de vista puramente jurídico, el mejor modo de alcanzar las finalidades de un control de la ley, preservando su autoridad, es el de depurar el texto legislativo aprobado […] antes de su entrada en vigor".

En cuanto a las desventajas, se menciona la posibilidad de que el tribunal constitucional se convierta en una especie de cámara legislativa que se verá influida por intereses políticos, o bien el uso de la consulta previa como una herramienta para retrasar excesivamente las discusiones de proyectos que afecten a determinados grupos. Así las cosas, la doctrina señala que "puesto que ni el control previo ni el sucesivo, aisladamente considerados, están exentos de inconvenientes y carencias, hemos venido

---

[635]   MODERNE, F., "El control previo de constitucionalidad en la Europa contemporánea", en *Revista Chilena de Derecho*, N° 20, 1993, p. 2.

[636]   PIZA ESCALANTE, R., "La justicia constitucional en Costa Rica", en *Primera Conferencia de Tribunales Constitucionales de Iberoamérica*, Lisboa, 1995.

[637]   MODERNE, F., *Ob. cit.*, nota 635.

afirmando su carácter complementario, en el sentido de que uno suple las lagunas que el otro presenta" (M. A. ALEGRE MARTÍNEZ)[638].

Ahora, dada la trascendencia jurídica y política del control jurisdiccional constitucional preventivo, el análisis se va a centrar en el control jurisdiccional preventivo de constitucionalidad que realiza la Sala Constitucional y busca detallar cuáles son sus alcances y efectos en el trámite de aprobación de diversos instrumentos normativos, así: (i) los tratados internacionales; (ii) las consultas previas de constitucionalidad; (iii) las leyes orgánicas; (iv) las omisiones legislativas; y por último (iv) las controversias constitucionales.

§288. Tratados internacionales — Los Arts. 152 al 155 de la C, regulan la materia relativa a los tratados internacionales, tanto en lo que se refiere a los presupuestos para su otorgamiento o celebración, como en lo relativo a la ratificación; e igualmente en punto a la distinción entre el tratado como fuente de obligaciones del Estado en relación con los demás firmantes del propio tratado y la integración en el Ordenamiento jurídico de las normas contenidas en el tratado internacional, categoría que está consagrada en el Art. 187, núm. 18 de la C.

Ahora, los tratados internacionales son fuente del Derecho administrativo solo cuando cumplen los requisitos siguientes: (i) que hayan sido integrados por el Ordenamiento jurídico positivo; y (ii) que el tratado contenga normas de Derecho administrativo.

Finalmente, de conformidad con lo dispuesto en el Art. 154 de la C, los tratados o convenios internacionales que celebre el Poder Ejecutivo Nacional deberán ser aprobados mediante ley especial para que tengan validez en el Derecho interno. En tal sentido, para que tenga validez el tratado internacional es necesario incorporarlo a través del mecanismo de la recepción o reenvío con recepción, es decir, a la transformación del tratado internacional en Derecho interno mediante la aprobación de la correspondiente ley aprobatoria de tratados. De ese modo, su incorporación al Ordenamiento jurídico venezolano requiere, como regla general, ley especial que los apruebe. Sin embargo, el mismo Art. 154 de la C contempla la posibilidad de recepción directa de tratados solo cuando se trate de: (i) ejecutar o perfeccionar obligaciones preexistentes de la República; (ii) aplicar principios expresamente reconocidos por ella; (iii) ejecutar actos ordinarios en las relaciones internacionales; y por último (iv) ejercer facultades que la ley atribuya expresamente al Poder Ejecutivo Nacional.

---

[638] ALEGRE MARTÍNEZ, M. A., "Significado e implicaciones de la reforma del artículo 127 de la Constitución italiana: la desaparición del control previo de constitucionalidad sobre las leyes regionales", en *Teoría y Realidad Constitucional*, T. II, 2004, p. 12.

Por lo que se refiere a la materia de control jurisdiccional constitucional preventivo, el Art. 336, núm. 5 de la C establece una innovación al atribuirle a la Sala Constitucional la potestad de verificar la constitucionalidad de los tratados internacionales suscritos por la República antes de su ratificación.

Es sabido que en Derecho comparado, sostiene la EMC, una de las principales funciones de la Justicia constitucional es el control de la constitucionalidad de los acuerdos y tratados internacionales a través de un control preventivo que se ejerce antes de su ratificación y entrada en vigencia. Particularmente en las Constituciones se prevé ese mecanismo con el objeto de que las relaciones entre el Derecho internacional público, por una parte, y el Derecho interno de cada Estado, por la otra, se presenten con la mayor armonía y uniformidad posible.

En tal sentido, el Poder constituyente consideró necesario el control jurisdiccional preventivo de la constitucionalidad de los tratados internacionales, dado que luego del proceso de conclusión de un tratado internacional, es decir, de su ratificación y entrada en vigencia por las vías previstas en el Derecho constitucional y en el Derecho internacional público, la eventual y posterior declaración de inconstitucionalidad del mismo o de alguna de sus disposiciones por parte de la Sala Constitucional no podría, en principio, ser opuesta como una justificación para incumplir dicho tratado, sin que se comprometa la responsabilidad internacional de la República.

En todo caso, concluye la EMC, el objetivo de este mecanismo de control jurisdiccional constitucional preventivo no sólo es que se verifique la constitucionalidad de un acuerdo o tratado internacional sin que se comprometa la responsabilidad internacional de la República sino, además, que en el caso de que alguna de sus disposiciones resulte inconstitucional, se ratifique con la debida reserva, siempre que se desee su ratificación, o si el mismo no admite reservas, se evalúe la necesidad y conveniencia de ratificarlo luego de una enmienda o reforma de la Constitución en los aspectos que sean necesarios, para lograr así la mayor armonía posible en las relaciones entre el Derecho internacional público y el Derecho positivo o interno.

Finalmente, la potestad de activar el control jurisdiccional constitucional preventivo de los tratados internacionales corresponderá al Presidente de la República (Arts. 214 y 336, núm. 5 de la C) o a la Asamblea Nacional (Art. 336, núm. 5 de la C), siendo facultativo su ejercicio. Se descartó así la posibilidad de un control preventivo con carácter obligatorio, dado que podría traducirse en un obstáculo para la fluidez y la buena marcha de las relaciones internacionales de la República.

§289. Consultas previas de constitucionalidad — La Sala Constitucional tiene competencia en materia de control jurisdiccional constitucional preventivo para pronunciarse si alguna ley o alguno de sus artículos es inconstitucional. Esta competencia está referida con la competencia que a su vez ostenta el Presidente de la República de poder verificar, de acuerdo con el Art. 214 de la C, la constitucionalidad de las leyes antes de su promulgación, conforme al procedimiento establecido en el Título V, Capítulo I, Sección Cuarta de la Constitución, caso en el cual luego de su recepción aquél la reenviará a la Sala Constitucional para que decida sobre la inconstitucionalidad invocada. Este supuesto es excluyente de aquél otro cuando después de haber recibido la ley, el Presidente de la República la devuelve a la Asamblea Nacional a fin de que modifique alguna disposición de la ley, o levante la sanción a toda la ley o parte de ella, en que consiste el denominado reparo o veto presidencial[639].

En esta materia, el Poder constituyente consideró inconveniente extender la legitimación para activar el mecanismo de control jurisdiccional preventivo a otras personas con determinado interés u órganos del Poder Público distintas al Presidente de la República. Al respecto se tuvo en cuenta que con posterioridad a la promulgación de una ley, todas las personas tienen posteriormente a su alcance la acción popular de inconstitucionalidad del sistema de jurisdicción constitucional y, además, la Sala Constitucional tiene el poder cautelar propio de todo Tribunal constitucional en Derecho comparado, en virtud del cual puede dictar cualquier medida que fuere necesaria para proteger los derechos fundamentales y garantizar la integridad de la Constitución.

§290. **Leyes orgánicas** — Por otro lado, en esta materia, conforme al Art. 203 del Título V Capítulo I Sección Cuarta de la C, la Sala Constitucional podrá ejercer antes de su promulgación, el control jurisdiccional preventivo de la constitucionalidad sobre el carácter orgánico de una ley que haya sido calificada como tal por la Asamblea Nacional[640], pero no será necesario el pronunciamiento cuando se trate de las leyes orgánicas por denominación constitucional[641], como tampoco éstas requieren para su formación, modificación o derogación, a diferencia de las otras clases

---

[639]   Véase Sent. del TSJ/SC N° 2817 de fecha 18 de noviembre de 2002, *RDP*, N° 89-90/91-92, pp. 174 y 175.

[640]   Han sido objeto de pronunciamiento por parte del TSJ/SC: Ley Orgánica de Telecomunicaciones; Ley Orgánica de la Administración Financiera del Sector Público; Ley Orgánica de la Procuraduría General de la República; Ley Orgánica para la Prestación de los Servicios de Agua Potable y de Saneamiento; Ley Orgánica del Servicio Eléctrico; Ley Orgánica de Hidrocarburos, entre muchas otras.

[641]   Véase Sent. del TSJ/SC N° 537 de fecha 12 de junio de 2000, *RDP*, N° 82, p. 141; y Sent. del TSJ/SC N° 811 de fecha 22 de mayo de 2001.

de leyes orgánicas, pasar por el procedimiento agravado o reforzado previsto para aquellas[642].

La referida competencia de la Sala Constitucional para ejercer el control jurisdiccional constitucional preventivo sobre la ley orgánica que, a más de ser una potestad impuesta por la propia Constitución es una atribución otorgada a dicha Sala Constitucional como máximo intérprete de la Constitución, en cuanto implica llevar al plano de los hechos lo que afirmara en alguna ocasión, cuando convino en que su labor, desde un punto de vista político-judicial, consiste primordialmente:

> […] en mantener abierta la posibilidad de que, en el ejercicio de las competencias que tienen atribuidas (los órganos del Poder Público), cumplan con sus objetivos y participen plenamente en la toma de las decisiones en que les quepa actuar y, una vez desarrollados sus derechos, deberes o potestades, según sea el caso, controlar en grado a la competencia que la propia Constitución o las leyes le atribuyen, la correspondencia de dichas actuaciones con la norma fundamental[643].

La justificación de la intervención previa a la promulgación y entrada en vigencia de una ley orgánica es evitar el desorden que se creó bajo la vigencia de la Constitución del 61, con el exagerado recurso a la calificación de orgánica para las leyes que, por sus características y contenido, no merecían tal denominación[644].

§291. Omisiones legislativas — Asimismo, el Poder constituyente inspirado en una tendencia presente en Derecho comparado atribuyó a la Sala Constitucional la potestad jurisdiccional para decidir sobre la inconstitucionalidad de las omisiones legislativas o de inconstitucionalidad por omisión, mecanismo que ha tenido un auge creciente en países como Europa y Latinoamérica.

La inconstitucionalidad por omisión se produce según la propia EMC, por la falta de desarrollo por parte del Poder legislativo durante un tiempo razonable o el que haya sido fijado constitucionalmente, de aquellas nor-

---

642 PEÑA SOLÍS, J., "La nueva concepción de las leyes orgánicas en la Constitución de 1999", en *Revista de Derecho N° 1*, TSJ, 2000, pp. 83 y 84. En sentido contrario, los votos salvados en la Sent. del TSJ/SC N° 34 de fecha 26 de enero de 2004.

643 *V.*, Sent. del TSJ/SC N° 1415 de fecha 22 de noviembre de 2000, caso *Solicitud de Interpretación artículo 231 de la Constitución*.

644 *V.*, Sent. del TSJ/SC, N° 441 de fecha 7 de abril de 2005. Véase en general sobre este tema: PÉREZ ROYO, J., "Crónica de un error: el recurso previo de inconstitucionalidad contra leyes orgánicas", en *Revista Española de Derecho Constitucional*, N° 6, 1986, pp. 17 y ss.; y ARAUJO-JUÁREZ, J., *Derecho Administrativo General. I. Concepto y Fuentes*, Ediciones Paredes, Caracas, 2012, pp. 334 y ss.

mas constitucionales de obligatorio y concreto desarrollo legislativo, de forma tal que impida su eficaz aplicación y que se traducen también en una vulneración de la Constitución. Con este mecanismo se persigue evitar violaciones a la Constitución que puedan derivarse de la omisión del legislador con relación a un mandato constitucional concreto de legislar impuesto, expresa o implícitamente por la Constitución, y que se traducen en situaciones como las que se originaron en el caso del Art. 49 de la Constitución de 1961, como fue la falta de una legislación *ad-hoc* sobre la acción de amparo constitucional durante casi treinta años.

§292. **Controversias constitucionales** — Finalmente, el Art. 336, núm. 9 de la C establece como competencia de la Sala Constitucional resolver las controversias constitucionales que se susciten entre cualesquiera de los órganos que ejercen el Poder Público.

Al respecto merece destacar dos elementos esenciales: en primer lugar, que se trata de controversias entre cualesquiera de los órganos que la Constitución prevé en aplicación de los principios de distribución horizontal o vertical del Poder Público; y en segundo lugar, que debe tratarse de controversias constitucionales, es decir, de aquellas cuya decisión depende del examen, interpretación y aplicación de normas constitucionales, tales como las que se refieren al reparto competencial entre las diferentes ramas y los órganos del Estado, especialmente, las que distribuyen el ejercicio del Poder Público en los diferentes niveles nacional, estadal y municipal.

De esta forma, todas aquellas controversias constitucionales entre la República y alguno de los Estados o Municipios, y de estos entre sí, serán resueltas por la Sala Constitucional dentro del procedimiento que se establece en la ley orgánica respectiva[645]. En todo caso, esta atribución tiene por objeto que la Sala Constitucional como garante y máximo defensor de los principios consagrados en el Texto Fundamental, ajuste la actuación de las ramas y los órganos que ejercen el Poder Público al cauce constitucional.

3. *Control jurisdiccional constitucional correctivo*

§293. **Planteamiento de la cuestión** — Además del control jurisdiccional constitucional preventivo que venimos de analizar, y para garantizar la integridad y el principio de supremacía de la Constitución sobre las otras fuentes del Ordenamiento jurídico, el sistema venezolano consagra también desde la Constitución de 1914 el control jurisdiccional constitucional correctivo, que es un sistema mixto o integral, donde hoy

---

[645] *V.,* Capítulo II *De los Procesos ante la Sala Constitucional* del Título IX *Disposiciones Transitorias* de la LOTSJ, G.O. N° 39.483, de fecha 9 d agosto de 2010.

coexisten los métodos siguientes: (i) el control jurisdiccional concentrado de la constitucionalidad; (ii) el control difuso de la constitucionalidad; (iii) el control "extraordinario de la constitucionalidad"; (iv) el control sobre el decreto de estado de excepción; y por último (v) la Interpretación constitucional vinculante.

§294. Control jurisdiccional concentrado de la constitucionalidad — En primer lugar se consagra el control jurisdiccional concentrado de la constitucionalidad de los actos con fuerza y valor de ley y de los demás actos de los órganos que ejercen el Poder Público dictados en ejecución directa e inmediata de la Constitución, el cual corresponde exclusivamente a la Sala Constitucional (Art. 334 de la C). En consecuencia, se trasladaron a la referida Sala Constitucional las competencias que en esta materia tenía la extinta Corte Suprema de Justicia en Pleno, con el objeto de especializar el órgano que ejerce la jurisdicción constitucional y descongestionar de atribuciones a la nueva Sala Plena, para que sólo ejerza las competencias que le son asignadas en el Art. 266, núms. 2 y 3 del Texto constitucional, no atribuyéndosele a dicha Sala Plena, en consecuencia, competencia ni atribución alguna en materia constitucional.

La propia EMC señala que la exclusividad de la Sala Constitucional en el ejercicio de la jurisdicción constitucional implica que sólo a dicho órgano jurisdiccional le corresponde ejercer el control jurisdiccional concentrado de la constitucionalidad de las leyes y demás actos de los órganos que ejercen el Poder Público dictados en ejecución directa e inmediata de la Constitución, pero no impide que la propia Constitución o las leyes, le atribuyan otras competencias en materia constitucional.

El establecimiento en Venezuela de un control jurisdiccional concentrado de la Constitución está establecido en forma expresa en los Arts. 266 y 334 de la C, y desagregado concretamente en el Art. 336 de la C al atribuirle a la Sala Constitucional, la competencia para declarar la nulidad por inconstitucionalidad de las leyes y demás actos de los cuerpos deliberantes de carácter nacional, estadal o municipal; así como los actos con fuerza y valor de ley y demás actos en ejecución directa e inmediata de la Constitución dictados por el Poder Ejecutivo Nacional.

Por último, el control concentrado jurisdiccional de la constitucionalidad se ejerce por medio de una acción directa o denominada también acción popular de inconstitucionalidad a que se refiere el Art. 334 de la C.

§295. Control difuso de la constitucionalidad — De acuerdo con la EMC, la Constitución de 1999 eleva a rango constitucional una norma presente en nuestra legislación procesal civil desde 1887, característica de nuestro sistema de Justicia constitucional y según la cual, en caso de incompatibilidad entre la Constitución y una ley u otra norma jurídica, serán aplicables en todo caso las disposiciones constitucionales y, por consiguiente, decidir la inaplicabilidad de la norma que estimase inconstitucional, correspondiendo a los tribunales en cualquier causa, aun de oficio, decidir lo conducente. En otras palabras, se consagra el control difuso de la constitucionalidad de las leyes y demás disposiciones normativas, denominada también, la excepción de inconstitucionalidad o aplicación preferente de la Constitución respecto a leyes o normas inconstitucionales en un caso concreto.

En tal sentido, en el Capítulo I del Título VIII *De la Protección de esta Constitución* se describe el sistema de Justicia constitucional, y al efecto el Art. 334 indica que todos los jueces de la República están en la obligación de asegurar la integridad de la Constitución en el ámbito de sus competencias y conforme a lo previsto en su texto y en las leyes, reafirmándose de esta manera que la Justicia constitucional la ejercen todos los jueces de la República, no sólo mediante el control jurisdiccional difuso de la constitucionalidad, sino además por otros medios, acciones o recursos previstos en la Constitución y en las leyes, como la acción de amparo constitucional, destinada a ofrecer una tutela jurisdiccional reforzada de los derechos fundamentales reconocidos y garantizados expresa o implícitamente en la Constitución.

En efecto, se ratifica la posibilidad de garantizar el principio de supremacía y efectividad de las normas y principios de la Constitución por la vía del control jurisdiccional difuso de la constitucionalidad o "excepción de inconstitucionalidad", consagrado en el Art. 334 de la C, en concatenación con el Art. 20 del CPC[646] y el Art. 19 del COPP[647], mediante el cual podrá solicitarse la inaplicación o desaplicación de la norma de que se trate en el caso concreto.

§296. **Control extraordinario de la constitucionalidad** — Además, con motivo de su creación, de la entrada en vigencia de la Constitución y de la naturaleza esencialmente constitucional de los derechos fundamentales y de la acción de amparo, la Sala Constitucional asumió las competencias que en materia de amparo constitucional tenían las diferentes Salas de la extinta Corte Suprema de Justicia, en los casos de la acción de amparo autónomo contra altas autoridades de rango constitucional, amparo contra las sentencias de los tribunales superiores y apelaciones (salvo las que dicten los contencioso administrativos, ya que en este caso corresponden a las Cortes contenciosas), dado que la Sala Constitucional pasa a ser la Sala con la competencia afín para conocer y decidir tales asuntos.

---

[646]   *V.,* G.O. N° 4.209 Extr., de fecha 18 de septiembre de 1990.

[647]   *V.,* G.O. N° 5.208 Extr., de fecha 23 de enero de 1998.

Ahora bien, la acción de amparo constitucional según nuestro parecer no tiene carácter ni subsidiario ni sustitutivo de las otras vías ordinarias, sino "extraordinario" por su naturaleza y fundamentos y, por tanto, sólo procederá en los casos de situaciones también "extraordinarias", esto es, en los supuestos siguientes: (i) cuando el ordenamiento jurídico no prevé el medio de protección procesal, vale decir, no está establecido formalmente por la ley; y (ii) cuando el procedimiento está previsto, pero no es eficaz para dispensar oportuno e idóneo remedio en el momento en que la persona lo recaba. Es, por tanto, un mecanismo extraordinario destinado a ofrecer una tutela jurisdiccional reforzada de los derechos fundamentales.

Por último, el Art. 27 de la C dispone que el procedimiento que deberá establecer la ley correspondiente en materia de amparo constitucional será oral, público, breve, gratuito y no sujeto a formalidad, y la autoridad judicial competente tendrá potestad para restablecer inmediatamente la situación jurídica infringida o la situación que más se asemeje a ella, todo ello con el objeto de garantizar su eficacia.

§297. Control sobre el decreto de estado de excepción — El Art. 337 de la C dispone que el Presidente de la República, en Consejo de Ministros, podrá decretar los estados de excepción. La disposición citada califica expresamente como estado de excepción al período de anormalidad institucional, en razón de circunstancias de orden social, económico, político, natural o ecológico que afectan gravemente la seguridad de la Nación, de las instituciones y de las personas y que, al sobrepasar las posibilidades de atención con los mecanismos institucionales en el orden normal, ameriten la adopción de medidas político constitucionales para garantizarlas.

En tal sentido, el Art. 338 de la C remite a una ley orgánica regular los estados de excepción y determinar las medidas que pueden adoptarse a tales fines, la cual fue sancionada con la LOEE. Por su parte, la LOEE consagra las diversas formas específicas de estado de excepción, así: (i) el estado de alarma; (ii) el estado de emergencia económica; (iii) el estado de conmoción interior; y por último (iv) el estado de conmoción exterior (Arts. 8 al 14 de la LOEE).

Así las cosas, en las circunstancias excepcionales mencionadas, corresponde al Presidente de la República, en Consejo de Ministros, dictar los decretos-leyes vinculados a los estados de excepción, tal como lo disponen los Arts. 236, núm. 7, 337, 338 y 339 de la C, los cuales deben considerarse como decretos-leyes *strictu sensu*, dado que los mismos son dictados por el Presidente de la República, en Consejo de Ministros, mediante mandato expreso conferido por la Constitución para regular situaciones de carácter extraordinario sin que medie, en estos casos, la respectiva delegación legislativa de la Asamblea Nacional mediante una ley habilitante.

La existencia del ejercicio de la potestad legislativa en cabeza del Presidente de la República en Consejo de Ministros, mediante el dictado del decreto-ley de estado de excepción, es tan justificable como necesitada todavía más de rigurosos límites y controles. En efecto, el presupuesto habilitante de la legislación de urgencia es tan solo una extraordinaria y urgente necesidad de regular unas circunstancias excepcionales con normas de rango de ley, sin que sea posible hacerlo por los cauces ordinarios, por el procedimiento legislativo, por tratarse de un real estado de excepción que requiere una rápida respuesta que no podrá producirse por esa vía en período de anormalidad institucional. Por tanto, la extraordinaria y urgente necesidad está sometida al requisito de que efectivamente concurra, esto es, que haya realmente necesidad y que sea extraordinaria, en el sentido de imprevisible y urgente, en el de no encontrar remedio por los cauces ordinarios de la normalidad institucional.

En lo que se refiere a la protección de los derechos fundamentales, la Sala Constitucional tiene importantes atribuciones. En primer lugar, con el objeto de reforzar la protección de los derechos fundamentales reconocidos y garantizados expresa o implícitamente en la Constitución, se acoge un mecanismo extraordinario de acuerdo con el Art. 339 de la C, en virtud del cual la Sala Constitucional debe en todos los casos y aún de oficio, controlar la constitucionalidad de los decretos que declaren el estado de excepción. Esta será la única competencia que podrá ejercer de oficio la Sala Constitucional, y ello por tratarse de la protección de los derechos fundamentales, razón por la cual se ha previsto expresamente en el texto constitucional (Art. 336, núm. 6 de la C).

§298. **Interpretación constitucional vinculante** — De acuerdo con la EMC, por cuanto el Tribunal Supremo de Justicia es el garante de la supremacía y efectividad de las normas y principios constitucionales, se le reconoce como el máximo y último intérprete de la Constitución, debiendo velar por su uniforme interpretación y aplicación, cualidad y potestades que únicamente posee en Sala Constitucional, dado que ésta ejerce con exclusividad el control jurisdiccional concentrado de la constitucionalidad o la jurisdicción constitucional. Esta modificación surge de la aplicación del modelo de Justicia constitucional creado por el constituyente de 1999, que si bien no separó el órgano jurisdiccional concentrado del resto del Poder Judicial, sin embargo le dio la categoría de intérprete supremo de la Constitución de manera independiente de los demás órganos judiciales y del resto de los órganos del Estado.

En razón de lo anterior, un sector de la doctrina sostiene que la naturaleza normativa de la jurisprudencia de la Justicia constitucional deriva del carácter vinculante que la Constitución le atribuye a sus decisiones no solo *erga omnes* sino también interpretativas. Es decir, de criterios prevalecientes incluso sobre la interpretación legislativa, por ejemplo, en casos de anulaciones de normas inconstitucionales; y en casos de interpretación de las normas legales conforme la Constitución. En ambos casos, las anulaciones o interpretaciones producen efectos sobre el Ordenamiento jurídico y actúan como fuentes del Derecho y del Derecho constitucional.

En tal sentido, S. SÁNCHEZ GONZÁLEZ y P. MELLADO PRADO[648], sostienen que en los casos de anulación de leyes inconstitucionales el Tribunal constitucional actuaría como "un legislador negativo", puesto que en lugar de aprobar una ley y de darle entrada en el Ordenamiento jurídico, la expulsa del mismo. Pero no solo las sentencias anulatorias de normas constitucionales (sentencias estimatorias), producen efectos en el Ordenamiento jurídico, sino también las "sentencias interpretativas" que declaran la constitucionalidad de una norma impugnada por estar ajustada a la Constitución; o que consideran adecuada o inadecuada determinada interpretación de disposiciones legales conforme la Constitución (sentencias desestimatorias).

En este orden de ideas, cuando el órgano jurisdiccional constitucional asienta cuál es la interpretación válida o verdadera de una norma constitucional, al interpretar una disposición legal o un acto infra-constitucional conforme a la Constitución, sus sentencias serían fuentes del Derecho porque formulan criterios generales para su aplicación posterior por los órganos del Poder Público, con la circunstancia que por su eficacia vinculante, desde el punto de vista de las fuentes del Derecho, esa jurisprudencia, respecto de los tribunales ordinarios y hasta de las otras Salas, sería superior a la propia ley[649].

Así las cosas, según la citada doctrina, la incorporación de la jurisprudencia constitucional como fuente del Derecho vendría a alterar la sistemática de las fuentes del Derecho y del Derecho Constitucional y

---

[648] SÁNCHEZ GONZÁLEZ, S. y MELLADO PRADO, P., *La Constitución Democrática Española y sus Fuentes*, El Centro de Estudios Ramón Areces, S.A., Madrid, 2003, pp. 322 y 323. Sobre el abandono del mito de considerar al control de la constitucionalidad de las leyes como "legislación negativa", y la creciente acentuación del carácter jurisdiccional del mismo véase: CASAL, J. M., *Ob. cit.*, nota 632, pp. 101-104.

[649] Sobre las sentencias interpretativas, véase, DÍAZ REVORIO, F. J., *Las sentencias interpretativas del Tribunal Constitucional*, Ed. Lex Nova, 2001.

políticamente supone la eliminación del monopolio legislativo del parlamento al permitir la creación jurisprudencial del Derecho[650]. La jurisdicción constitucional actuaría como "un juez negativo", cuando en ejercicio de sus funciones les dice a los Jueces que determinada interpretación es inconstitucional por no conformarse con los principios constitucionales para que los tribunales den una respuesta adecuada al asunto planteado.

En efecto, las facultades interpretativas que en tal sentido se otorgan a la Sala Constitucional, en consonancia con las características básicas de la justicia constitucional en Derecho comparado, sólo podrían ser ejercidas por órgano de la Sala Constitucional, pues a ella le corresponde exclusivamente el ejercicio de la jurisdicción constitucional. Además, con fundamento en el principio de separación de poderes tales facultades no pueden ejercerse de oficio o mediante acuerdos, sino con motivo de una acción popular de inconstitucionalidad, acción de amparo constitucional, recurso de interpretación de leyes u otro caso concreto de carácter jurisdiccional cuya competencia esté atribuida a la Sala Constitucional.

Así las cosas, en esta materia, señala la EMC, se consagra una herramienta indispensable para que la Sala Constitucional pueda garantizar la supremacía y efectividad de las normas constitucionales. Así, se indica que las interpretaciones que establezca la Sala Constitucional sobre el contenido o alcance de las normas y principios constitucionales serán vinculantes para las restantes Salas del Tribunal Supremo de Justicia y los demás tribunales de la República, todo ello con el objeto de garantizar la uniforme interpretación y aplicación de tales normas y principios.

En definitiva, el carácter vinculante de las interpretaciones de las normas y principios constitucionales será el principal instrumento de la Sala Constitucional para fortalecer la Justicia constitucional, darle eficacia al Texto Fundamental y brindar mayor seguridad jurídica a los ciudadanos.

En tal sentido, el Art. 335 de la C consagra en esta materia otro mecanismo de carácter extraordinario indispensable para que la Sala Constitucional pueda garantizar los principios de supremacía y fuerza normativa de la Constitución. Así, se indica que las interpretaciones que establezca la Sala Constitucional del Tribunal Supremo de Justicia –como el máximo y último interprete de la Constitución– mediante sentencias declarativas de mera certeza sobre el alcance y contenido de las normas y principios constitucionales serán vinculantes para las restantes Salas del Tribunal Supremo de Justicia y demás tribunales de la República, todo ello

---

[650] SÁNCHEZ GONZÁLEZ, S. y MELLADO PRADO, P., *Ob. cit.*, nota 648, p. 324.

con el objeto de garantizar la uniforme interpretación y aplicación de tales normas y principios.

Finalmente, la EMC señala que ley orgánica respectiva que habrá de dictarse en desarrollo de la Constitución de 1999 debería establecer los correctivos y las sanciones necesarias para aquellas Salas del Tribunal Supremo de Justicia y tribunales de la República que violen la Constitución o las interpretaciones que sobre sus normas o principios haya previamente fijado la Sala Constitucional.

§299. Revisión extraordinaria de sentencias constitucionales — Por último, y al margen de su competencia para conocer de acciones de amparo constitucional, el Art. 336, núm. 10 de la C atribuye a la Sala Constitucional la competencia para revisar las decisiones definitivamente firmes dictadas por los tribunales de la República en materia de las acciones de amparo constitucional y control difuso de la constitucionalidad de leyes o normas jurídicas, y además sobre las sentencias definitivamente firmes de los supuestos contemplados en el Art. 25, núms. 10, 11 y 12 de la LOTSJ, sólo con el objeto de garantizar la uniformidad en la interpretación de las normas y principios constitucionales, la eficacia del Texto Fundamental y la seguridad jurídica.

Ahora bien, la referida competencia de la Sala Constitucional no puede ni debe entenderse como parte de los derechos a la defensa, tutela jurisdiccional efectiva y amparo consagrados en la Constitución, sino como un mecanismo extraordinario de revisión cuya finalidad constituye únicamente darle uniformidad a la interpretación de las normas, principios y valores constitucionales.

En todo caso, el mecanismo de revisión extraordinaria de sentencias constitucionales que se estableció en la LOTSJ, vincula por vez primera y deja a salvo la temprana regulación de la Constitución de 1901, los métodos de control difuso y concentrado de la constitucionalidad que han coexistido en nuestro Ordenamiento jurídico por más de cien años, respondiendo con ello a la principal crítica formulada al sistema de Justicia constitucional, que reconocía la coexistencia de los mencionados mecanismos de control, pero destacaba que entre uno y otro no existía realmente una coordinación, vínculo o conexión que procurará armonizarlos o articularlos para lograr una interpretación uniforme de la Constitución, razón por la cual no podía ser calificado como integral, dado que existían modalidades de control paralelas, establecidas una al lado de la otra, sin conexión entre sí.

Del mismo modo, por mandato del Art. 336, núm. 10 de la C, y del Art. 25, núm. 11 de la LOTSJ, consagra un mecanismo de carácter extraordinario mediante el cual la Sala Constitucional puede también revisar las sentencias de las demás Salas del Tribunal Supremo de Justicia que contraríen la Constitución, tratados, pactos o convenios internacionales suscritos y ratificados válidamente por el Estado, o cuando incurran en violaciones de derechos constitucionales, o las interpretaciones que sobre sus normas, principios o valores haya previamente fijado la Sala Constitucional, a fin de dar eficacia a los principios de supremacía y fuerza normativa de la Constitución consagrados en el Art. 7 de la C conforme a los cuales todos los órganos que ejercen el Poder Público, sin excepción, están sujetos a la Constitución.

De esta forma se esboza el sistema de Justicia constitucional, reafirmándose la coexistencia de los métodos de control concentrado, difuso y extraordinario de la constitucionalidad, preventivo y correctivo.

§300. **Riesgos de la Justicia constitucional** — Sostiene GARCÍA DE ENTERRÍA[651] que la instauración de un Tribunal constitucional supone una innovación profunda y radical en el sistema jurídico, y como todo cambio de ese carácter y de esa intensidad va a generar, indudablemente, riesgos, y riesgos considerables, por lo que se impone un examen inmediato y sin prejuicios.

Con respecto a lo señalado anteriormente, esto es, reconocer al Tribunal Supremo de Justicia con su formidable complejo de competencias en tanto que el garante de la supremacía y efectividad de las normas y principios constitucionales, y como tal el máximo y último intérprete de la Constitución, lleva a sostener a J. PÉREZ ROYO[652], que los juristas se han visto obligados a reflexionar sobre la posición que ocupa ya sea el Poder judicial en cuanto juez de la constitucionalidad con relación al legislador, ya sea el Tribunal constitucional dentro del sistema de separación de poderes del Poder Público. Ahora, los motivos por los que el control de constitucionalidad es "objetivamente" un problema del Estado constitucional son los mismos, ya que lo que está en juego son las tres cuestiones siguientes:

a. La relaciones entre la política y derecho en el marco del Estado constitucional, esto es, hasta donde se puede llevar la juridificación de la política cuando el Estado es la forma de manifestación del poder político.

b. La legitimidad del control de un órgano democrático por otro que lo está mucho menos, en la medida en que no tiene una conexión inmediata y directa con el cuerpo electoral, y que además no es responsable política y jurídicamente ante nadie.

---

651   GARCÍA DE ENTERRÍA, E., *Ob. cit.*, nota 33, pp. 157 y ss.

652   PÉREZ ROYO, J., "El Tribunal Constitucional: entre política y derecho", en *Los reveses del Derecho*, Tusquets Editores, Barcelona, 1993, p. 145.

c.   La posibilidad misma de que la decisión del órgano que ejerce el control de constitucionalidad sea tomada en muchas ocasiones política y no jurídicamente.

Las anteriores cuestiones citadas, afirma PÉREZ ROYO[653], es lo que convierte a la Justicia constitucional independientemente de su forma de manifestación, en algo problemático y no de forma ocasional, sino de manera necesaria y permanente. Y este es el motivo por el cual la bibliografía especializada solvente sobre la justicia constitucional sea siempre una bibliografía sobre los "límites" de la misma. Más que por lo que hace, sobre cuya legitimidad e incluso u oportunidad política existen o pueden existir dudas, es por la forma en que lo hace o, en todo caso, debería hacerlo, por la autolimitación (*self-restraint*) con que actúa o debe actuar, por el cuidado que tiene o debe tener en no invadir la esfera de los demás órganos del Estado, en respetar no ya la discrecionalidad, sino la libertad de configuración de los órganos políticos, singularmente la del Poder legislativo, por lo que se considera que la Justicia constitucional puede tener su sitio en el Estado constitucional democrático. Y es así –mejor dicho tiene que ser así– porque lo decisivo de la imposición en la práctica de la Justicia constitucional para el Estado democrático reside en el cambio que se opera en la "interpretación de la Constitución" que hoy es compartida.

En efecto, señala PÉREZ ROYO[654] que conviene no perder de vista que, aún después de la existencia de un Tribunal constitucional, el Poder legislativo continúa disponiendo de la facultad de interpretación de la Constitución de manera inicial, pero pudiendo verse sometida la misma en determinadas circunstancias a la revisión de la Justicia más constante de la Constitución, que es la Justicia constitucional. Es pues, el intérprete más asiduo, ya que de él depende la creación de las normas inmediatamente posteriores a la Constitución en el grado normativo. Dicho en otras palabras, es el intérprete "normal, ordinario" de la Constitución.

Por el contrario, continúa señalando el citado autor, el Tribunal constitucional es el intérprete "excepcional, extraordinario", que solo interpreta la Constitución cuando hay alguna duda acerca de la constitucionalidad del acto del Poder legislativo. Por tanto, hablar de "monopolio interpretativo" de la Constitución por parte del Tribunal constitucional, como a veces se hace, carece de sentido. Ahora, si bien es el intérprete excepcional, es el intérprete "último y definitivo" de la Constitución. Y puesto que existe un Estado constitucional de Derecho, el problema de los límites del poder político acaba siendo siempre un problema de interpretación de la Constitución, y aquí se comprende fácilmente el porqué de

---

[653]   *Ibídem*, p. 146.
[654]   PÉREZ ROYO, J., *Ob. cit.*, nota 652, p, 150.

la insistencia de los límites de la Justicia constitucional. Y al existir semejante sistema, el Poder legislativo se encuentra sometido al control jurisdiccional, pero es entonces el Tribunal constitucional el que tiene que auto-limitarse al interpretar el Texto constitucional, a los fines de no transformar la prerrogativa de interprete "último y definitivo" de la Constitución en un monopolio de hecho e interferir indebidamente en la competencia de los otros órganos del Estado, y singularmente, en la del Poder Legislativo.

En mérito a lo anterior, concluye PÉREZ ROYO[655], el análisis crítico de la jurisprudencia constitucional es una tarea imprescindible de toda sociedad democrática frente a la posible extralimitación del Tribunal constitucional en ejercicio de su tareas, a fin de que la sociedad tenga conocimiento de lo que el órgano está haciendo, pues la única defensa de la sociedad reside en la formación de una "opinión pública constitucional" que reconozca o no, de manera difusa, no tangible, pero no por ello menos efectiva, la "legitimidad" con la que el Juez de la constitucionalidad está llevando a cabo su tarea de "máximo intérprete de la Constitución".

Ahora bien, no hay duda que correctamente empleado, el control jurisdiccional constitucional preventivo ofrece hallazgos interesantes sobre los principales errores en que podría incurrir el Poder legislativo durante la tramitación de leyes, confirmando así la utilidad de la consulta previa para prevenir la promulgación de normas que contravengan el marco constitucional. En tal sentido, el Tribunal constitucional vigilaría el procedimiento establecido para la aprobación de normativa pero, al mismo tiempo, ejercería influencia sobre el fondo de la legislación.

Sin embargo, puede ocurrir que el control jurisdiccional constitucional preventivo que ejerce el Tribunal constitucional expande o restringe las competencias del Poder legislativo, y con ello entorpezca, frecuente e indebidamente, la discusión política en el ámbito parlamentario. Ello cobra singular importancia si se consideran las críticas que han planteado diversos sectores a la institución del control jurisdiccional constitucional preventivo y su potencial para interferir o retrasar, o también para legitimar el proceso político de elaboración de una ley de manera abusiva e inconstitucional[656].

---

[655] *Ibídem*, p. 157.

[656] Esta última posibilidad es la que ha generado especial controversia, por considerarse que el Tribunal constitucional haga un uso político de ella, en el cual BREWER-CARÍAS ha concluido en el caso concreto de nuestro país, que la Sala Constitucional ha actuado como un verdadero órgano de control político, desviándola de su propósito original. Para comprender los significados de los fenómenos de activismo judicial y de judicialización de la política, es de

Así las cosas, por un lado se señala que si bien el Tribunal constitucional se auto contiene" (*self-restraint*) en la fijación de sus límites, por el otro, en no muy pocos temas se incurre lo que se ha dado en denominar un "activismo judicial", y que se refiere al rol de los Tribunales como co-legisladores o co-administradores de la institucionalidad pública. Aunque este tema tiene una estrecha relación con el papel del Sistema de Justicia como actor político, la discusión en torno a él se ha llevado más allá de la judicialización de la política, para entrar en el análisis de la disyuntiva entre activismo y auto-restricción (COURTIS)[657], en el cual se busca determinar si, en sus decisiones, los Tribunales constitucionales se apegan de manera estricta a la Constitución, o bien se apartan de los criterios y valores expresados por los otros poderes del Estado, basándose en sus propias interpretaciones.

Ello le ha permitido a los Tribunales y, en especial, a los constitucionales, anular decisiones y políticas emitidas por otros Poderes del Estado, así como definir o redefinir –según su propia interpretación y con carácter de obligatoriedad– derechos, principios y políticas públicas, e incluso revisar el alcance de sus funciones en la misma decisión judicial, en casos de alto perfil político (FEOLI)[658], lo cual en no muy pocos casos se convierte en objeto de conflictos entre el Poder judicial y el Poder legislativo.

Al mismo tiempo se critica al Poder ejecutivo el uso del control jurisdiccional constitucional preventivo como una táctica dilatoria o paralizante de leyes contrarias a sus intereses; además se señala que esto ha permitido que minorías parlamentarias vayan en contra de consensos mayoritarios a lo interno del Poder legislativo. Esta discusión forma parte del denominado fenómeno de "judicialización de la política", que se refiere a la creciente presencia de decisiones judiciales en la vida política y social, o al menos, fuertemente condicionadas por sus decisiones, así como la cada vez más frecuente resolución de conflictos

---

obligada lectura la obra de BREWER-CARÍAS, A. R., *El juez constitucional y la perversión del Estado de Derecho. La "dictadura judicial" y la destrucción de la democracia en Venezuela,* 2ª ed. actualizada, Col. Estudios Políticos N° 13, EJVI, Caracas, 2016, sumamente recomendable desde todo punto de vista. Asimismo, véase en general sobre este tema: *Estado de la Justicia, I Informe*, Primera edición, Programa Estado de la Nación, Costa Rica, 2015.

[657] COURTIS, C., "Breves apuntes de caracterización de la actividad política de los tribunales", en *Jueces y política*, OJESTO, F. et al. (Coords.), Editorial Porrúa, México D.F., 2005.

[658] FEOLI, M., "Activismo judicial y justicia constitucional: los casos de Colombia y Costa Rica", en *Tesis para optar por el Doctorado en Estado de Derecho y Buen Gobierno*, Salamanca, 2012.

políticos, económicos y sociales en los tribunales. Y de ahí que es importante resaltar que dentro de los efectos negativos es suficiente con citar el riesgo que supone para el principio de independencia judicial, la toma de decisiones sobre temas políticamente controversiales.

Ahora bien, aunque el tema de la judicialización de la política tiene una estrecha relación con el papel del Sistema de justicia como actor político, la discusión en torno a él se ha llevado más allá de la judicialización de la política, para entrar en el análisis de la disyuntiva entre activismo y auto-restricción (COURTIS)[659], en el cual se busca determinar si, en sus decisiones, los tribunales se apegan de manera estricta a la normativa vigente, o bien se apartan de los criterios y valores expresados por los otros poderes del Estado, basándose en sus propias interpretaciones.

Finalmente, FEOLI[660] señala que la diferencia importante entre el "activismo judicial" y la "judicialización de la política", es que el primero corresponde más a un comportamiento de los Jueces que al traslado de decisiones políticas hacia los tribunales. Que uno de los rasgos esenciales del activismo judicial es que los Jueces interpretan la norma jurídica sin apegarse a su literalidad, lo cual les permite ya sea anular disposiciones y normas emitidas por otro poder del Estado, o bien definir o redefinir políticas públicas según su propia interpretación y con carácter de obligatoriedad (FEOLI)[661].

En este orden de ideas, GARCÍA DE ENTERRÍA[662] afirma que en un orden pragmático más elemental, es evidente que ni los Parlamentos, ni los partidos políticos, ni el pueblo, en definitiva, aceptarían jamás a un Tribunal constitucional que decidiese las graves cuestiones constitucionales que le están sometidas sobre la base de criterios simplemente personales, de simpatía o de opción política de los Jueces. Estos sólo en cuanto aciertan a aparecer como verdaderos intérpretes de la Constitución, en cuanto puedan imputar razonablemente a la norma suprema sus decisiones singulares, tendrán autoridad para seguir siendo aceptados por la comunidad en el ejercicio de su formidable poder.

Y en tal sentido concluye GARCÍA DE ENTERRÍA[663], que la superioridad de su función sólo como superioridad de la Constitución misma puede

---

[659] COURTIS, C, *Ob. cit.*, nota 657.
[660] FEOLI, M., *Ob. cit.*, nota 658.
[661] *Ibídem.*
[662] GARCÍA DE ENTERRÍA, E., *Ob. cit.*, nota 33, pp. 184.
[663] *Ibídem*, p. 185.

ser aceptada por el cuerpo político; si esa conexión imprescindible entre Tribunal constitucional y Constitución se quiebra, aquél, no sería soportado un solo minuto. Que sin hipérbole puede decirse que la pervivencia como institución básica dentro un sistema político de un Tribunal constitucional depende exclusivamente de sí mismo, de su autenticidad y de su rigor. Ningún otro órgano constitucional, ningún otro órgano político, se juega literalmente su vida día a día como éste sobre el acierto de su función y, concretamente, de su función precisamente judicial en el sentido jurídico más estricto del término, de respeto y protección de la norma constitucional que aplica.

IV. EL SISTEMA DE JUSTICIA ADMINISTRATIVA

1. *Teoría de la Justicia administrativa*

§301. Introducción — El Derecho administrativo se hubo desarrollado gracias al sistema de control jurisdiccional de la Administración Pública, así como el control jurisdiccional lo fue gracias al Derecho administrativo; en suma, se han alimentado uno del otro. Y si acaso es necesario hoy día encontrar una justificación de la Justicia administrativa, la misma se encuentra en la constatación de que ha logrado controlar a la Administración Pública mediante mecanismos que la han permitido hacerle respetar el Derecho al cual esta se encuentra vinculada (DELVOLVÉ)[664].

Así las cosas, el control jurisdiccional de la Administración Pública (en su estructura, en su actividad, en sus fines) reside, en lo esencial, en el sistema de Justicia administrativa o de control jurisdiccional contencioso-administrativo, como pieza central del orden democrático sustantivo y de lo que se ha convenido en llamar Estado de Derecho (GARCÍA DE ENTERRÍA)[665].

En efecto, el sistema de Justicia administrativa fue instituido inicialmente para ejercer una función jurisdiccional, consistente en resolver los litigios en los cuales la Administración Pública era parte. Pero esta función primera ha engendrado, a su vez, una serie de funciones no menos importantes, las unas manifiestas como son la función de control, o en un menor grado, la función normativa. Así, al poner fin a las situaciones conflictivas, sometiendo a la Administración Pública al Derecho y formulando reglas que se imponen a la Administración Pública, el Juez administrativo cumple la misión en el sentido más amplio del término de

---

[664]   DELVOLVÉ, P., *Ob. cit.*, nota 355, p. 103.
[665]   GARCÍA DE ENTERRÍA, E., *Ob. cit.*, nota 226, p. 12.

administrar o impartir Justicia administrativa –con mayúscula y en singular–.

Ahora, no cabe la posibilidad de tener cabal entendimiento del sistema de Justicia administrativa, sin tener la comprensión histórica del momento en que el mismo aparece y evoluciona tanto en Francia donde nace el sistema –y sirve enseguida de modelo a los diversos Estados de régimen administrativo como lo ha sido Venezuela–, no sólo porque es un hito fundamental de la historia del sistema de Justicia administrativa, sino porque es un sistema vigente, lo que permitirá determinar las bondades o no del nuevo modelo a raíz de la entrada en vigencia de la LOJCA[666].

Ahora bien, la instauración del sistema de Justicia administrativa en Venezuela se va configurando en lenta pero gradual evolución a través de largos períodos. No hay duda, tampoco, como lo sostuvo el Alto Tribunal[667], que el mismo se ha inspirado en el sistema francés. Pero también afirmamos desde ya que no ha sido una simple imitación, sino que su especificidad se ha construido conforme a nuestra propia realidad, que hunde sus raíces en nuestra tradición constitucional y legislativa, pues ha estado previsto y regulado: primero, por las Constituciones a partir de 1830; y segundo, también por los textos legales referidos a la organización y funcionamiento del Alto Tribunal –así fuere de manera transitoria– hasta la efectiva promulgación de la vigente LOJCA.

En tal sentido debemos rechazar, categóricamente, la afirmación que se hace la Exposición de Motivos de la LOJCA al sostener que: "[...] el control de los poderes públicos no se configuró conforme a la idiosincrasia del país, sino que fue el producto de la adaptación a nuestro medio de instituciones foráneas y la imitación de modelos que se fueron estructurando a través de la labor jurisprudencial y la doctrina, pero ajenas a nuestras propias realidades".

El que haya seguido con atención el desarrollo del sistema de Justicia administrativa en Venezuela, no puede dejar de estar de acuerdo con la opinión de BREWER-CARÍAS[668], cuando sostiene que se trata de una afirmación sin fundamento porque, muy por el contrario, su construcción en

---

[666] Véase G.O. N° 39.447, de fecha 16 de junio de 2010, y reimpresa por error material en G.O. N° 39.451 de fecha 22 de junio de 2010.

[667] *Vid.*, Sent. de la CSJ/SPA N° 162 de fecha 3 de agosto de 1982, *RDP*, N° 11, p. 135; y CSJ/SPA de fecha 21 de junio de 1983, *RDP*, N° 15, p. 170.

[668] BREWER-CARÍAS, A.R., "Introducción general al régimen de la jurisdicción contencioso administrativa", en *Ley Orgánica de la Jurisdicción Contencioso Administrativa*, Col. Textos Legislativos N° 47, EJV, Caracas, 2010, pp. 12 y 13.

el país ha sido obra por excelencia de los tribunales, del foro y de la
academia venezolanos, por supuesto, con la ilustración de la mejor
doctrina del Derecho administrativo comparado, pero desarrollada sobre
la base de nuestras normas constitucionales y legales que se fueron
incorporando al Ordenamiento jurídico, como lo pusimos de relieve en un
trabajo nuestro[669].

§302. **Planteamiento de la cuestión** — El sistema de la Justicia
administrativa denominada comúnmente y ahora constitucional y legalmente en nuestro país jurisdicción contencioso administrativa, es el
resultado de una lenta evolución del Derecho positivo y de la interpretación de la doctrina y la jurisprudencia.

En efecto, la doctrina más tradicional, cuando trata el tema de lo
contencioso-administrativo, suele referirse en forma general a los
caracteres que tiene en teoría, tomando como base para ello en parte la
doctrina extranjera donde se explica poco –por razones obvias– la situación real, positiva, en el ámbito nacional. De ahí que la doctrina reciente
haya hecho numerosos aportes, esclarecedores acerca de la realidad del
problema en el orden nacional[670].

Por su parte, la jurisprudencia oscila entre ambos extremos; algunas
veces se ha remitido a la doctrina más clásica; otras veces se ha acercado
a soluciones más acertadas, incluso, con principios propios, hoy en día

---

[669]   ARAUJO-JUÁREZ, J., "El sistema de Justicia administrativa en Venezuela.
Antecedentes, origen, evolución y consolidación" (en original).

[670]   AA.VV, *Comentarios a la Ley Orgánica de lo Contencioso Administrativo*, 2 vols.,
FUNEDA, Caracas, 2001; ARAUJO-JUÁREZ, J., *Principios Generales del Derecho
Procesal Administrativo*, 2da. Reimpresión, Vadell Hnos. Editores, Caracas, 2001;
BREWER-CARÍAS, *Estado de Derecho y Control Judicial*, Madrid, 1985;
Contencioso Administrativo, T. VII de Instituciones Políticas y Constitucionales,
Caracas-San Cristóbal, 1997; y *Nuevas Tendencias en el Contencioso-Administrativo
en Venezuela*, EJV, Caracas, 1993; CANOVA GONZÁLEZ, A., *Reflexiones sobre la
Reforma del Sistema Contencioso Administrativo Venezolano*, Ed. Sherwood,
Caracas, 1998, y *La realidad del contencioso administrativo venezolano*, FUNEDA,
Caracas, 2009; HERNÁNDEZ-MENDIBLE, V., "Balance y Perspectiva de la
Justicia Administrativa (Año y medio de la Constitución de 1999)", en *Estudios
de Derecho Público. Libro Homenaje al Dr. Humberto J. La Roche*, Caracas, 2001;
MOLES CAUBET, A. "El Sistema Contencioso Administrativo venezolano en el
Derecho Comparado", en *Estudios de Derecho Público* (Oswaldo Acosta-
Hoenicka- Compilador), UCV, Caracas, 1997; TORREALBA SÁNCHEZ, M. A.,
Manual de Contencioso Administrativo (Parte General) (Segunda edición, corregida
y actualizada), Primera Reimpresión, Editorial Texto, Caracas, 2009, y *Problemas
Fundamentales del Contencioso Administrativo Venezolano en la Actualidad*,
FUNEDA, Caracas, 2013; y UROSA MAGGI, D., *Tutela judicial frente a la
inactividad administrativa en el derecho español y venezolano*, FUNEDA, Caracas,
2003.

consagrados en la vigente LOJCA[671]. En lo que se refiere a la legislación, por lo precario de su regulación, arroja mayores dificultades a una tarea de por sí compleja: el laconismo de los viejos textos legales, facilitaba y autorizaba las construcciones jurisprudenciales y doctrinarias.

Así las cosas, las normas que tienen que ver con el contencioso-administrativo, tienen fundamentalmente los caracteres siguientes: sustantivas, orgánicas y adjetivas. La parte sustantiva que abarca todas las materias sobre las cuales el Juez administrativo debe intervenir, como el conjunto de principios y normas jurídico-administrativas que se deben aplicar en cada caso (materia contencioso-administrativa); una parte orgánica que abarca tanto la organización como el funcionamiento que rige a los tribunales administrativos (jurisdicción contencioso adminis-trativa); y, finalmente la parte adjetiva, consistente en el proceso que emplean los interesados para la satisfacción de sus pretensiones (proceso contencioso administrativo).

§303. **Consagración constitucional** — Como cuestión previa señalamos que el éxito del sistema de Justicia administrativa configurado en Francia va a originar la recepción del sistema en Europa y, más tarde, en la mayoría de los países de Latino América.

En el caso de Venezuela, como advierte MOLES CAUBET[672], el contencioso-administrativo como sistema apareció tardíamente en las Constituciones, fundamentalmente reducido a una selección de remedios procesales que atienden a situaciones singulares. De ahí que en general se va ir determinando tan sólo como una competencia orgánica –no funcional– de un único órgano jurisdiccional, el Alto Tribunal –con sus distintas denominaciones–, y que existe en la medida que se le van atribuyendo algunas materias administrativas sometidas entonces a un proceso contencioso. En consecuencia, el criterio utilizado en sus orígenes es, pues, meramente cuantitativo, dependiendo del mayor o menor número de materias jurisdiccionalizadas, es decir, incluidas dentro de las competencias orgánicas, pero que no tienen unidad sistemática alguna.

En tal sentido, MOLES CAUBET[673] señala que del análisis de la C de 1961 (y que vale también para la de 1999) se destacan los tres elementos integrantes del sistema del control contencioso-administrativo. Veamos.

---

[671] *V.*, G.O. N° 39.447, de fecha 16 de junio de 2010, y reimpresa por error material en G.O. N° 39.451 de fecha 22 de junio de 2010.

[672] MOLES CAUBET, A. *Ob. cit.*, nota 200, p. 430.

[673] *Ibídem*, p. 440.

Primero: El objeto del sistema contencioso-administrativo son los actos administrativos, generales o individuales comprendidos en la regla de competencia.

Segundo: La Constitución establece una cláusula general de competencia al expresar que es justiciable aquello que constituye precisamente su objeto, el acto administrativo, siempre que sea contrario a Derecho, lo cual comprende, la ilegitimidad o ilegalidad, la inoportunidad y la ilicitud, la ilegalidad y la inconstitucionalidad.

Tercero: La disconformidad del acto administrativo produce su primer efecto, la declaración de nulidad. Pero seguidamente derivan los demás. Es por ello que tampoco debería representar ninguna novedad cuando el Art. 206 de la C de 1961 dispuso –y que dispone también el Art. 259 de la C de 1999– que los tribunales contencioso-administrativos son competentes para:

a.   Anular los actos administrativos generales o individuales por "contrarios a derecho", esto es, tanto por motivos de ilegalidad como por motivos de inconstitucionalidad.

b.   Condenar al pago de sumas de dinero y a la reparación de daños y perjuicios originados en responsabilidad –contractual o extra-contractual– de la Administración Pública.

c.   Y por último, disponer lo necesario a los fines de restablecer situaciones subjetivas lesionadas por la actividad administrativa.

Tampoco se aparta el constituyente de la evolución constitucional y legal cuando el Art. 215 de la C atribuyó –y que atribuye también el Art. 266 de la C de 1999– competencia al Máximo Tribunal para declarar la nulidad de:

a.   Los reglamentos del Ejecutivo Nacional, cuando sea procedente (Ord. 5).

b.   Los demás actos administrativos generales o individuales del Poder Ejecutivo Nacional cuando sea procedente (Ord. 7).

Ahora bien, la constitucionalización de la Justicia administrativa a partir de la Constitución de 1961, y que reitera la Constitución de 1999[674], implicó la adición de su función subjetiva y de la tutela jurisdiccional efectiva de las personas a su función tradicional u objetiva de control de

---

[674]   Véase con provecho un excelente trabajo sobre el tema de VILLEGAS MORENO, J. L., "Configuración Constitucional del Contencioso Administrativo y su Desarrollo Legal y Jurisprudencial", en *El Contencioso Administrativo en Homenaje a la Dra. Hildegard Rondón de Sanso*, FUNEDA, Caracas, 2006, pp. 13-25.

legalidad a la Administración Pública, en los términos que se transcriben a continuación:

> **Artículo 259.** La **jurisdicción contencioso administrativa** corresponde al Tribunal Supremo de Justicia y a los demás tribunales que determine la Ley. Los órganos de la **jurisdicción contencioso administrativa** son competentes para anular los actos administrativos generales o individuales contrarios a derecho, incluso por desviación de poder, condenar al pago de sumas de dinero y a la reparación de daños y perjuicios originado en responsabilidad de la Administración, conocer de reclamos por la prestación de servicios públicos, y disponer lo necesario para el restablecimiento de las situaciones jurídicas subjetivas lesionadas por la actividad administrativa.

A. *Denominación*

§304. Planteamiento de la cuestión — El tema del sistema de Justicia administrativa implica la necesidad de definir el contenido de algunos términos que se utilizan indistintamente, tales como: contencioso-administrativo, justicia administrativa, proceso administrativo, etc.

§305. Contencioso-administrativo — A este respecto conviene observar sobre la confusión terminológica que significa hablar, por una parte, de "lo contencioso-administrativo", y, por la otra, del "derecho procesal administrativo". Ambas expresiones significan, en principio, lo mismo, en cuanto se refieren a controversias sobre materias regidas por el Derecho administrativo, que se ventilan ante los tribunales, pero existen para un sector de la doctrina múltiples razones para reemplazar los términos.

En efecto, se sostiene que el vocablo "contencioso-administrativo" tuvo su origen en los tribunales administrativos franceses de tal nombre, que resuelven los litigios entre las Administraciones Públicas y los administrados, sin sanción judicial posterior. Así se destaca que en la interpretación a la francesa del principio de separación de poderes, los órganos jurisdiccionales no debían inmiscuirse para nada en los asuntos relativos a la Administración Pública, siendo ésta la que debía decidirlos en última instancia y por sí sola. Así las cosas, el término "contencioso-administrativo" pasó a usarse en los países influenciados por el *régime administratif,* tal como acontece con la mayoría de países de Latino América.

Sin embargo, se sostiene que por cuanto tales litigios no pueden resolverse en forma definitiva por tribunales de la propia Administración Pública, es por lo que la terminología francesa, al evocar el sistema opuesto, resulta manifiestamente inapropiada por referirse a éste. En efecto, para quienes propugnan su eliminación, el término contencioso-administrativo une dos términos contrapuestos: contencioso y administrativo. La palabra "contencioso" significa contienda o lidia; cuando se le comienza a utilizar en Francia se le entenderá como "litigio". La palabra "administrativo", sustantivación de Administración Pública, significa dirección ejecutiva de personas y cosas; cuando comenzó a usarse en Francia, representaba la materia (objeto) de esta clase de litigios.

Es decir, que con la reunión de ambos términos, en su origen significó la idea de "litigio administrativo", pero como debía tramitarse ante órganos que formaban parte de la Administración Pública, se llamó a la actividad correspondiente "contencioso-administrativo". Con dicha locución –que más tarde se utilizó como si fuera un solo adjetivo (contencioso-administrativo)– se quería designar la actividad litigiosa ante órganos que formaban parte de la Administración Pública, es decir, que reconoce la potestad de la Administración Pública de impartir justicia. Originalmente, pues, el término comprendía los litigios desenvueltos en la Administración Pública, en suma, la Administración Pública administrando o impartiendo Justicia (Jurisdicción retenida).

Si la expresión contencioso-administrativo había unido en una sola palabra dos conceptos opuestos, el reciente neologismo "jurisdicción contencioso administrativa" identifica al mismo tiempo dos funciones aún más contradictorias: litigios jurisdiccionales resueltos por órganos de la Administración Pública. Con dicha locución –que más tarde se utiliza igualmente como si fuera un solo adjetivo– se reconocía funcionalmente al mismo Poder Público que había dictado o realizado el acto, la facultad de juzgarlo por sí mismo. En suma, el contenido de la expresión jurisdicción contencioso administrativa es difícil de intuir a través de las palabras que la componen.

Por lo demás, hay quienes entienden que si sólo hay procesos contenciosos y que están excluidos los voluntarios, el empleo de la expresión lo "contencioso-administrativo" es errado, si con ello se pretende hablar de jurisdicción o de proceso, porque ambos vocablos ya indican, de por sí, que estamos en presencia de una actividad de naturaleza jurisdiccional; y que sería también superfluo interponer el adjetivo "contencioso" entre los términos de "jurisdicción administrativa" o "proceso administrativo". Es así porque a nadie se le ocurriría decir, la jurisdicción contencioso civil o proceso contencioso penal (o laboral, o lo que fuese). Que tampoco sería correcto su empleo para denominar al órgano especial que ejerce la jurisdicción administrativa. Con decir juzgado, tribunal o sala "en lo administrativo" es suficiente, como lo es también decir juzgado "en lo civil", "en lo penal", etc. No puede pensarse que a alguien podría ocurrírsele por ello, que en tal o cual juzgado –tribunal–, puede ejercerse una función administrativa y no la jurisdiccional.

§306. **Justicia administrativa** — Con relación al concepto y denominación Justicia administrativa hay diferentes criterios. Se considera como tal la resolución jurisdiccional que afecta al particular y que resuelve jurídicamente sobre sus derechos subjetivos o intereses legítimos que hubieren sido afectados por una decisión administrativa.

En otros casos se la da alcance mayor, en cuanto se consideran dentro del mismo, los recursos administrativos previos al control jurisdiccional. Es así como existen ciertos países, por ejemplo Italia, donde la expresión "contencioso-administrativo" no ha tenido recibo. En cambio se habla de "Justicia administrativa". Así, se considera que la Justicia administrativa estudia los medios concedidos por el Ordenamiento jurídico a los particulares para defender su propia posición subjetiva frente a la Administración Pública. En este sentido, existe opinión unánime en la doctrina italiana que la denominación Justicia administrativa es omnicomprensiva de todos los medios que el Derecho positivo italiano pone a disposición de los particulares para la defensa de los derechos subjetivos y de sus intereses legítimos, es decir, que la integran tanto los recursos administrativos como las acciones judiciales.

§307. **Derecho procesal administrativo** — Por último, otro sector sostiene que hay que excluir del léxico jurídico administrativo la expresión contencioso-administrativo y sustituirla por la denominación correcta que sería Derecho procesal administrativo o proceso administrativo, por considerarla más técnica, ya que ponen de relieve la naturaleza procesal de sus normas.

En ese orden de ideas, GONZÁLEZ PÉREZ[675] sostiene que si el Derecho procesal se define sistemáticamente, como el conjunto de normas referentes al proceso, del Derecho procesal administrativo podrá afirmarse que es el conjunto de normas que regulan el proceso administrativo, o como lo define J. GUASP, "el conjunto de normas referentes a los presupuestos, contenidos y efectos del proceso administrativo"; y, por otra parte, para diferenciarla del trámite ante la Administración Pública, se le denomina a este "procedimiento administrativo", eliminando con referencia al mismo tanto la aplicación del término "proceso" como el de "Derecho procesal". Así las cosas, el estudio de los órganos, ámbito, límites e instrumentos del control jurisdiccional de dicha actividad, es la que conforma la rama del Ordenamiento jurídico conocida como Derecho procesal administrativo.

En este orden de ideas, el problema a resolver es si el Derecho procesal administrativo, como su nombre lo indica, se extenderá entonces exclusivamente al conocimiento de cuantas pretensiones se

---

[675] GONZÁLEZ PÉREZ, J., *Manual de Derecho Procesal Administrativo*, 2ª ed., Civitas, Madrid, 1992, pp. 72 y ss.

formulen fundadas en Derecho administrativo y, por ende, sin exclusión alguna por razón del órgano o de la materia.

Finalmente, otro problema a resolver sería si el Derecho procesal administrativo es una rama del Derecho administrativo o es una rama del Derecho procesal. Al respecto se señala que el Derecho procesal administrativo y el Derecho administrativo no se confunden y es necesario distinguirlos para proceder a un estudio más profundo del primero. En efecto, el estudio de los principios y normas que rigen el proceso administrativo corresponde al Derecho procesal, porque solamente empleando las técnicas propias de éste pueden resolverse eficazmente los problemas que se plantean en el proceso administrativo. De acuerdo con esta opinión, el Derecho procesal administrativo sería autónomo con respecto al Derecho administrativo, que es un Derecho sustantivo por antonomasia, pero no con respecto al Derecho procesal. El Derecho procesal administrativo no sería más que un caso particular de Derecho procesal. Es una parte del Derecho procesal, no del Derecho administrativo, del mismo modo que el Derecho procesal civil es parte del Derecho procesal y no del Derecho civil.

Por tanto, sostiene GONZÁLEZ PÉREZ[676] que partiendo de la idea de unidad fundamental del Derecho y reduciendo el problema de las autonomías a sus justos límites, no hay obstáculo para afirmar la conveniencia de estudiar las normas legislativas del proceso administrativo con independencia del Derecho procesal civil, sin olvidarse la analogía –e identidad en muchos casos– entre ambos.

En consecuencia, la expresión Derecho procesal administrativo sería más técnica y más ajustada a la realidad positiva. El Derecho procesal administrativo comprende el estudio global de los principios y las normas jurídicas que están diseminados en la legislación sobre el sistema del control jurisdiccional de la Administración Pública y su actividad.

Con ello se hará referencia a una rama del Derecho procesal que comprenda una materia especial, una organización de tribunales con proceso propio y una regulación en el accionar de los particulares. Busca, pues, la unificación de la materia contencioso-administrativa; la plena jurisdicción de los tribunales en el conocimiento y decisión de esas cuestiones; y, por último, la unificación en los procesos.

En todo caso, tanto el Derecho administrativo como la jurisdiccionalización plenaria del control administrativo son instrumentos para asegurar la sumisión plena de la Administración Pública al modelo jurídico-político de Estado democrático y social de Derecho y de Justicia,

---

[676]   GONZÁLEZ PÉREZ, J., *Ob. cit.*, nota 675, p. 204.

en medio de la persistente lucha histórica por controlar el poder y contra las "inmunidades del poder" (GARCÍA DE ENTERRÍA)[677].

§308. Derecho positivo — En la evolución constitucional que ha tenido la materia en Venezuela, es la Constitución de 1947 la que recibe la expresión "procedimiento contencioso-administrativo" (Art. 220, numerales 10 y 12). La Constitución de 1953, sustituye tal expresión por la de "juicio contencioso". Posteriormente, es la Constitución de 1961 la que consagra el establecimiento definitivo de la "jurisdicción contencioso-administrativa", y que ratifica la vigente Constitución de 1999, cuyo artículo 259, dispone: "**Artículo 259.** La jurisdicción contencioso administrativa corresponde al Tribunal Supremo de Justicia y a los demás tribunales que determine la ley. [...]".

En Derecho procesal administrativo, la expresión jurisdicción contencioso-administrativa significa lo mismo que Justicia o jurisdicción administrativa.

Ahora bien, la expresión aparentemente incorrecta de "contencioso administrativa" tiene a su favor la circunstancia de que se encuentra incorporada a nuestra tradición jurídica, ha sido utilizada por un vasto sector doctrinario y jurisprudencial. Aunque pudieran subsistir discrepancias de detalle en cuanto a su contenido, en general ha sido entendida y entendible, lo que hace innecesario no mantenerla en el léxico jurídico, a pesar de las válidas –también– objeciones técnicas.

En consecuencia, y no obstante de admitir la justicia de las críticas efectuadas, hemos de mantener el uso de la denominación Jurisdicción contencioso administrativa, para referirnos también al sistema de Justicia administrativa o del control jurisdiccional de la Administración Pública y de su actividad.

B. *Definición*

§309. Planteamiento de la cuestión — Las definiciones del denominado contencioso-administrativo son muy variadas, lo cual se explica por su carácter complejo: su amplitud, su grado y formas de organización varían según los Estados y, aún en el seno de un mismo Estado, según el desarrollo de las Administraciones Públicas y sus intervenciones. Es así como un buen número de definiciones de carácter general, ponen de relieve tal o cual aspecto de esa institución. Otras toman en cuenta las particularidades de su organización dentro de ciertos Ordenamientos jurídicos, lo cual acrecienta aún más las diferencias de definiciones. Tal variedad no deja de tener inconvenientes, ya que origina incertidumbres sobre sus elementos fundamentales.

---

[677] GARCÍA DE ENTERRÍA, E., *Ob. cit.*, nota 583, p. 22.

De ahí que no nos parezca sin interés proponer algunas reflexiones sobre la definición del contencioso-administrativo y, sobre todo, de sus elementos que le dan al mismo, como a su estructura institucional y procesal, sus caracteres distintivos.

§310. Contencioso — Como cuestión previa se observa que contencioso, viene del latín *contendere*, formado de dos voces: *cum*, con, y *tendere*, luchar, resistir, lidiar, disputar, cuestionar o argüir; contrario. Así, el término contencioso-administrativo, tomado en su sentido amplio y su acepción etimológica, designaría los litigios que pueden nacer de la actividad de las Administraciones Públicas, así como los procesos que permiten resolver tales litigios (J. M. AUBY y R. DRAGO)[678]. Por tanto, la existencia de un litigio constituye la condición necesaria de la intervención del Juez y debe ser tenida como un elemento indispensable de la definición del contencioso. A su vez, el calificativo de contencioso señala una cualidad del proceso.

Por ello ha sido tradicional asociar el término "contencioso-administrativo" a la idea de litigio, contienda, pleito, conflicto de intereses o con trascendencia jurídica originados por el Poder Público; es, pues, una controversia donde interviene la Administración Pública, y desde el punto de vista material existe el contencioso-administrativo cuando hay una situación litigiosa entre un particular afectado en sus derechos y la Administración Pública, con motivo de un acto de la última.

Así, la situación litigiosa que requiere la intervención del Juez presupone, un mínimo de la idea de "contención". Su intervención presupone que la pretensión inicial ha sido contradicha de tal forma que impide su realización por parte del autor. Hay "contención" desde el momento que una pretensión formulada se confronta ante una resistencia u oposición. La existencia de una controversia es, pues, un elemento necesario del contencioso (HAURIOU)[679].

§311. Examen de las pretensiones procesales — Con ello se quiere significar el paso de la denominada "justicia retenida" a la "justicia delegada".

En efecto, el primer sistema de Justicia administrativa, viene a ser la expresión derivada del apotegma central: *Juger l'Administration c'est encore administrer* (Juzgar a la Administración sigue siendo administrar), que está a la base misma del sistema de Justicia administrativa. Posteriormente se produce el tránsito hacia el sistema de Justicia dele-

---

678   AUBY, J. M. et DRAGO, R., *Traité de contentieux administratif*, Vol. I, LGDJ, 1975, p. 376.

679   HAURIOU, M., *Les éléments du contentieux*, Toulouse, 1905.

gada, en el cual será el propio *Conseil d'Etat* (los *Conseil de Prefecture*) quienes resuelvan directamente, por propia autoridad.

Ahora bien, en un principio cuando era la propia Administración Pública, por intermedio de sus órganos especializados, la que conocía y juzgaba su actividad en virtud de las pretensiones interpuestas por los administrados, no podría decirse que existía verdadero proceso administrativo, porque la Administración Pública era a la vez Juez y parte contendiente; no existe jurisdicción –ni proceso– cuando es la propia Administración Pública la que retiene la función de examinar si son conformes a Derecho las pretensiones frente a ella deducidas (GONZÁLEZ PÉREZ[680]). Sólo cuando el particular puede recurrir en satisfacción de sus pretensiones que se deducen ante órganos inde-pendientes de la Administración Pública y ésta sea una parte –deman-dante o demandada– por tanto, sólo en estos casos se está en presencia de un auténtico proceso, y se vincula definitivamente el concepto de contencioso-administrativo al control jurisdiccional de la Adminis-tración Pública y su actividad (AUBY y DRAGO)[681].

Así, según la jurisprudencia, el contencioso-administrativo existe siempre que se deduzca una pretensión fundada en Derecho adminis-trativo[682] o en el Ordenamiento jurídico-administrativo[683], y como tal se denominan con propiedad pretensiones procesales administrativas[684]. Esa es la regla general. Sin embargo, existen pretensiones que aun no fundándose en normas jurídico-administrativas propiamente dichas sino en la legislación ordinaria, legalmente se atribuye su conocimiento a la Jurisdicción contencioso-administrativa (por ejemplo, el contencioso de las "empresas del Estado"), y viceversa: por tanto, la correlación entre el fundamento jurídico-material de la pretensión y el régimen procesal no es absoluto, tal y como sucedería en el sistema contencioso-administrativo de los servicios públicos en Venezuela.

---

[680]   GONZÁLEZ PÉREZ, J., *Nuevos sistemas de control de la administración pública*, Tucumán, 1981.

[681]   AUBY, J.-M. et DRAGO, R., *Ob. cit.*, Vol. I, nota 678, p. 379.

[682]   Véase Sents. de la CFC/CF de fecha 3 de diciembre de 1959, GF, N° 26-143; y de la CSJ/SPA de fecha 21 de marzo de 1965, GF, N° 4, p. 196.

[683]   Véase Artículo 4° del Modelo para Iberoamérica del Código Procesal Adminis-trativo.

[684]   Véase sobre este punto el excelente desarrollo sobre la naturaleza, contenido y clases de pretensiones procesales administrativas que realiza UROSA MAGGI, D., "La pretensión procesal administrativa" en *El Contencioso Administrativo Hoy Jornadas 10° Aniversario*, FUNEDA, Caracas, 2001, pp. 103 -128.

Finalmente, la jurisprudencia[685] ha señalado que la Constitución distingue claramente entre la Justicia constitucional de la Justicia administrativa, delimitando el alcance de ambas competencias en atención al objeto de impugnación, es decir, el rango de los actos objeto de control y no a los motivos por los cuales se impugnan. En el primer caso, se trata de leyes y demás actos de rango o valor legal o dictados en ejecución directa e inmediata de la Constitución; y en el segundo caso, contra los actos administrativos y, por tanto, de rango sub-legal.

C.   *Caracteres*

§312. Advertencia — Al respecto se observa que, si bien las situaciones litigiosas suscitadas por la actividad de la Administración Pública son de la misma naturaleza y poseen los mismos caracteres fundamentales que las que sirven para definir al fenómeno contencioso en general, aquéllas tienen por objeto cuestionar la legalidad, tanto de la actividad de la Administración Pública como de sus efectos: la principal importancia del concepto del contencioso-administrativo es la de constituir el medio más eficiente para obligar a la Administración Pública a actuar dentro del principio de juridicidad. Es por ello que tales controversias poseen los caracteres especiales que dan al contencioso-administrativo, considerado en sí mismo y en su estructura institucional y procesal, sus rasgos distintivos, los cuales relacionamos a continuación:

§313. Función administrativa — En primer lugar, el contencioso administrativo corresponde al conocimiento de los litigios donde se cuestiona la regularidad de una materia que deba considerarse como función administrativa, por entrar dentro del giro o tráfico propio de la Administración Pública[686] –revelándose ésta a través del conjunto de actos y hechos jurídico-administrativos–, lo cual origina un contencioso importante, muy diferente por su materia al contencioso entre particulares.

§314. Normas jurídico-administrativas — En segundo lugar, la Administración Pública no sólo detenta prerrogativas públicas que no tienen equivalente en el giro o tráfico de los particulares (prerrogativas "en más"), sino que también está sujeta a obligaciones que tampoco tienen éstos (prerrogativas "en menos") (RIVERO)[687] de lo cual resulta

---

685   *V.*, Sents. del TSJ/SC de fecha 27 de enero de 2000, caso *Milagros Gómez y otros*; y N° 194 de fecha 4 de abril de 2000, *cit.* por BREWER-CARÍAS, A. R., *Ley Orgánica del Tribunal Supremo de Justicia.* Colección Textos Legislativos. N° 28, Caracas, 2004, p. 147.

686   *V.*, SOSA WAGNER, F., *Jurisdicciones Administrativas Especiales,* Universidad de Sevilla, 1977, p. 47.

687   RIVERO, J., *Ob. cit.*, nota 325, p. 38.

que en el contencioso-administrativo es posible invocar la aplicación de normas que no cabrían en las controversias que surgen entre particulares.

¿Cuáles son esas normas? Ellas son de acuerdo con la jurisprudencia[688], las normas jurídico-administrativas que están constituidas por un conjunto de prescripciones de fondo o de forma que contiene el Derecho administrativo y que no sólo conceden prerrogativas públicas sino que imponen a la Administración Pública obligaciones especiales, muy precisas, que condicionan sus relaciones entre sus órganos y entes, por un lado, y frente a los particulares, por el otro. Son precisamente esas normas exorbitantes del Derecho común susceptibles de ser invocadas en apoyo de las pretensiones procesales tanto de entes públicos como de los particulares, a los fines del restablecimiento de las situaciones jurídicas subjetivas, las que dan también al contencioso-administrativo caracteres particulares.

§315. Administración Pública — Finalmente, la especificidad del contencioso-administrativo no deriva solamente de los caracteres expuestos, sino también de que la Administración Pública tiene siempre el carácter de parte, actuando en *veste* de persona pública y, sólo de manera excepcional, los particulares que de conformidad con la ley ejerzan funciones administrativas[689], y que la doctrina ha encuadrado en la categoría de "vicarios" de la Administración Pública[690].

Ahora, la Administración Pública no es parte procesal como cualquier otro sujeto; pues, sin duda, al perseguir la realización del bien de la colectividad, del interés general, debe tener en cuenta, incluso si se encuentra envuelta en un litigio, los intereses de los particulares para conciliarlos con el interés público.

En mérito a lo antes expuesto, en la actualidad ya nadie pone en duda que el contencioso-administrativo debe ser regulado en forma especial y preferente, por tener caracteres propios y muy *sui generis* en relación con el Derecho privado. Basta sólo tener en cuenta que uno de los sujetos en estas controversias es la propia Administración Pública.

En consecuencia, la especificidad del contencioso-administrativo se pone de manifiesto por:

---

688   *V.*, Sent. del TSJ/SC N° 1469 de fecha 6 de agosto de 2004.

689   Véase Artículos 1, 11 y 15 del Modelo para Iberoamérica del Código Procesal Administrativo.

690   BALLBE, M., *Sistemática del Derecho Administrativo*, Barcelona, 1947, p. 60.

a.   El carácter público de una de las partes que contiende, la Administración Pública, o si es un particular cuando legalmente ejerza funciones administrativas.

b.   Las normas que fundamentan la pretensión procesal derivan de un Ordenamiento especial de carácter público, esto es, Ordenamiento jurídico-administrativo.

c.   Las relaciones jurídicas que rige son de Derecho administrativo.

d.   Y por último, la trascendencia o repercusión que el litigio ha de tener sobre los intereses de la colectividad, le dan un carácter especial y distinto, esto es, el interés público.

En conclusión, el sistema de Justicia administrativa o de control contencioso-administrativo presenta, en sí mismo, rasgos que lo distinguen de otros contenciosos, como también lo será su estructura institucional y procesal, lo cual se explica, al menos en parte, por las características de fondo que se acaban de exponer.

2. *Tutela jurisdiccional administrativa efectiva*

§316. Derecho fundamental a la tutela jurisdiccional administrativa efectiva — El Art. 259 de la C consagra el derecho fundamental de todas las personas a la tutela jurisdiccional frente a la Administración Pública y su actividad administrativa, en el sentido de lo establecido en el Art. 26 de la C, y queda atribuida a una jurisdicción especial, la denominada Jurisdicción contencioso administrativa, es decir, tribunales administrativos cuya creación surge inicialmente de la cláusula del Estado de Derecho.

Por otro lado, se observa que la jurisprudencia del Tribunal Supremo de Justicia[691] aprecia que el derecho a la tutela jurisdiccional efectiva no se agota en un simple contenido o núcleo esencial sino que, por el contrario, abarca un complejo número de derechos dentro del proceso, los cuales pueden ejercer o no las partes dentro del mismo, constituyéndose asimismo de obligatorio resguardo y acatamiento por parte de los órganos jurisdiccionales, so pena de resultar vulnerados este mismo derecho u otro cúmulo de derechos de los cuales gocen las partes.

Así, pues, el derecho a la tutela jurisdiccional efectiva comprende a grandes rasgos:

a.   El derecho de acción de los particulares de acudir a los órganos jurisdiccionales para obtener la satisfacción de su pretensión.

---

[691]   *V.*, Sent. del TSJ/SC de fecha 7 de noviembre de 2007.

b.   El derecho a la defensa y al debido proceso en el marco del procedimiento jurisdiccional.

c.   El derecho a obtener una sentencia fundada en Derecho.

d.   El derecho al ejercicio de los medios impugnativos que establezca el Ordenamiento jurídico.

e.   El derecho a la ejecución de las resoluciones judiciales.

No obstante ello, asimismo dentro de éstos destaca la jurisprudencia citada que el derecho a la defensa, el cual tiene una vinculación inmediata y directa con el derecho a la tutela jurisdiccional efectiva, y dentro del cual suele incluirse el derecho al ejercicio de los medios impugnatorios, no agota su contenido en el derecho a ser oído por los órganos jurisdiccionales competentes, sino que el mismo comporta además una serie de incidencias procesales que complementan su contenido, los cuales pueden resultar vulnerados en diversas fases procedimentales del proceso, destacando entre ellos los que se enumeran a continuación:

a.   El derecho a ser notificado de todo procedimiento que lo afecte en sus derechos o intereses.

b.   El derecho a ser oído y hacerse parte en cualquier momento en un procedimiento.

c.   El derecho a tener acceso al expediente, examinarlo y copiarlo.

d.   El derecho a presentar pruebas y alegatos.

e.   El derecho al acceso de las pruebas.

f.   El derecho a que el acto agraviante indique los motivos de hecho y de derecho en que se funda.

g.   El derecho a ser notificado de todo acto que afecte sus derechos o intereses.

h.   El derecho a ser informado sobre los medios jurídicos de defensa contra el acto que lo perjudique.

i.   El derecho a recurrir del acto o fallo que ocasione gravamen (con las excepciones establecidas en la Constitución y en la ley).

j.   El derecho a disponer del tiempo y de los medios adecuados para ejercer su defensa.

k.   La garantía en materia probatoria, según la cual serán nulas las pruebas obtenidas mediante violación del debido proceso.

l.   Y por último, el derecho a la asistencia jurídica.

§317. Estándares procesales — Ahora bien, la Justicia administrativa exige la articulación de estándares procesales especialmente favorecedores del derecho a la tutela jurisdiccional efectiva, sobre todo en lo relativo a: (i) la intensidad del control jurisdiccional; y (ii) la tutela cautelar.

En primer lugar, vencida la pretensión originaria de la inmunidad absoluta de la Administración Pública, esta intentó construir una serie de reductos últimos que durante largo tiempo resultarían por su naturaleza inmunes a cualquier control público, como lo fueron: el poder reglamentario, las denominados actos políticos o de gobierno, y, por último, las potestades discrecionales (GARCÍA DE ENTERRÍA)[692].

Así las cosas, la Constitución de 1999 tomó partido para excluir definitivamente los últimos reductos en los que se había refugiado la pretensión de inmunidad a un control general al consagrar una jurisdiccionalización plenaria de la Justicia administrativa. En efecto, el control jurisdiccional constitucionalmente exigido comporta el control plenario o universal de la aplicación previa del Derecho llevada a cabo por la Administración Pública, la cual se convierte así hoy por hoy en la regla o el modelo básico de control del sistema de Justicia Administrativa. Y de acuerdo con SCHMIDT-AßMANN[693], el control jurisdiccional pleno comprende los tres escalones siguientes: (i) la definición del Derecho aplicable; (ii) la determinación de los hechos; y por último (iii) la verificación de la corrección de la subsunción realizada por la Administración Pública.

Es por ello que se concluye que la cláusula del Estado de Derecho origina la denominada Justicia administrativa, para los casos de demandas contra todas las actuaciones (universalidad) del Poder Ejecutivo o de cualquier otro órgano que ejerza funciones administrativas[694].

En segundo lugar, junto con la intensidad del control jurisdiccional es, sobre todo, la protección cautelar lo que se estima caracteriza a una tutela jurisdiccional efectiva de derechos e intereses. En efecto, como sostiene GARCÍA DE ENTERRÍA[695], si resulta que lo que se tutela en la Justicia administrativa no es simplemente la legalidad objetiva de la Administración Pública, sino derechos de los ciudadanos, y que esa

---

[692] GARCÍA DE ENTERRÍA, E. *Ob. cit.*, nota 226, p. 71.

[693] SCHMIDT-AßMANN, *Ob. cit.*, nota 10, p. 230.

[694] *V.*, Sent. del TSJ/SC N° 1338, de fecha 25 de junio de 2002.

[695] GARCÍA DE ENTERRÍA, E., *La batalla por las medidas cautelares. Derecho Comunitario Europeo y proceso contencioso-administrativo español*, 2ª ed. ampliada, Civitas, Madrid, 1995, pp. 14 y 15. Véase asimismo en la doctrina nacional a HERNÁNDEZ-MENDIBLE, V. R., *Tutela judicial cautelar en el contencioso administrativo*, Vadell Hnos Editores, Caracas, 1998; y "El desarrollo de las medidas cautelares en el proceso administrativo en Venezuela" (en original).

tutela jurisdiccional ha de ser necesariamente efectiva, ha resultado claro incluir el derecho a una tutela cautelar inmediata entre los contenidos imprescindibles de una tutela jurisdiccional efectiva, en la esfera contencioso-administrativa. En tal sentido, se ha desarrollado en torno a la tutela cautelar un sub-sistema propio de tutela jurisdiccional efectiva que, en la práctica, puede superar a menudo en importancia al proceso principal.

En este orden de ideas, la EMC señala que la legislación deberá dotar al Juez contencioso administrativo de todo el poder cautelar necesario para decretar de oficio o a instancia de parte, cualquier tipo de medida cautelar que fuere necesaria para garantizar la tutela jurisdiccional efectiva de las personas y el restablecimiento de sus situaciones jurídicas infringidas mientras dure el proceso de que se trate, bien sea a través de la suspensión de los efectos del acto administrativo correspondiente, o a través de órdenes de hacer o no hacer, que se impongan a la Administración Pública dependiendo del caso concreto.

§318. Derecho administrativo y el sistema de Justicia administrativa — Es sabido que el sistema de Justicia administrativa, singular y atípica, tuvo su origen en el sistema francés, creación enteramente nueva pues no tiene ningún precedente histórico, surgida súbitamente con la Revolución Francesa, y afirmada en el Siglo XIX, obra histórica del *Conseil d´État*, con su gran invención del *recours por excés de pouvoir*, según ha sido explicado por la doctrina más autorizada (GARCÍA DE ENTERRÍA)[696], y de gran influencia en Europa y Latino América.

Ahora bien, el *recours por excés de pouvoir* o de nulidad estuvo montado sobre el paradigma absoluto en materia de Justicia administrativa, de considerársele como un recurso "objetivo" o de la legalidad objetiva, sin partes propiamente dichas; esto es, un verdadero "proceso al acto" puramente declarativo, y no de tutela jurisdiccional de derechos, y que se convirtió así en el pivote central sobre el que hubo girado el Derecho administrativo hasta muy reciente[697].

Sin embargo, ese viejo paradigma ha dejado de funcionar, incluso en Francia con ocasión de las espectaculares innovaciones legislativas contenidas en el nuevo *Code de justice administrative* de 2000, mediante el cual se dio el tránsito del sistema de Justicia administrativa como recurso "objetivo" hacia un recurso como una verdadera y plenaria acción procesal de condena de la Administración Pública. Así las cosas, se asiste hoy a "un cambio del paradigma", y toma su lugar un nuevo paradigma

---

[696] GARCÍA DE ENTERRÍA, E., *Ob. cit.*, nota 536, p. 98.

[697] *Ibídem,* p. 99.

que es el principio de la tutela jurisdiccional efectiva, y con ello el reconocimiento del sistema de Justicia administrativa que debe ejercer una verdadera instancia jurisdiccional plenaria.

Ahora, no obstante que se asiste en el Derecho comparado a espectaculares cambios y transformaciones del modelo de Justicia administrativa, en nuestro país se constata una palmaria situación evidentemente defectiva del aparato institucional y procesal de la Justicia administrativa, con una jurisprudencia regresiva del derecho a la tutela jurisdiccional administrativa efectiva, fácilmente constatable[698], en razón de lo cual la exigencia de una "nueva justicia administrativa" parece más que evidente en tales circunstancias.

§319. Conclusión — De conformidad con las premisas anteriores, el sistema de Justicia administrativa debe volver a la posición conforme a Derecho, según la cual la Jurisdicción contencioso administrativa venezolana debe garantizar los atributos de integralidad y eficacia del derecho a la tutela jurisdiccional efectiva[699].

De esa manera, y conforme al principio y a la vez derecho fundamental de la tutela jurisdiccional administrativa efectiva, en materia de intensidad del control jurisdiccional administrativo debe regir el principio de integralidad o universalidad, en el sentido que toda pretensión fundada en Derecho administrativo o que tenga como origen una relación jurídico-administrativa que se plantee contra cualquier forma de actuación u omisión administrativa, debe ser atendida o amparada por los tribunales con competencia contencioso-administrativa.

Finalmente, en atención a la cláusula constitucional de la Jurisdicción contencioso administrativa (Art. 259 de la C), ésta no sólo ha de dar cabida a toda pretensión procesal sino que, además, debe garantizar la eficacia del tratamiento procesal de la misma y, en consecuencia, atender al procedimiento que más se ajuste a las exigencias de la naturaleza y urgencia de dicha pretensión, según los principios fundamentales de la Justicia administrativa que analizaremos a continuación.

3. *Principios fundamentales de la justicia administrativa*

§320. Plan — Teniendo en cuenta que uno de los sujetos procesales es un órgano integrado en el Poder Judicial o Sistema de Justicia, un primer grupo de principios fundamentales nos permitirá configurar el

---

[698] CANOVA GONZÁLEZ, A., *La realidad del Contencioso administrativo venezolano (Un llamado de atención frente a las desoladoras estadísticas de la Sala Político-Administrativa en 2007 y primer semestre de 2008)*, FUNEDA, Caracas, 2009.

[699] Véase Sent. del TSJ/SC N° 93 de fecha 1 de febrero de 2006.

régimen de la organización, funcionamiento y competencia de la nueva Jurisdicción Contencioso Administrativa en nuestro país. Ellos son: (i) el principio del control jurisdiccional de la juridicidad administrativa; (ii) el principio de idoneidad; (iii) el principio de autonomía e independencia; (iv) el principio de universalidad del control jurisdiccional; (v) el principio de imparcialidad; y por último (vi) el principio de responsabilidad jurisdiccional, los cuales serán analizados a continuación.

§321. **Principio del control de la juridicidad administrativa** — A los fines de que los presupuestos estructurales de la cláusula de Estado democrático y social de Derecho y de Justicia sean eficaces, un control público debe ser organizado, pero nos hemos de preguntar: ¿Qué categoría de control público?

El control público ha sido objeto muchas clasificaciones, en razón de muy diversos criterios: finalidad o naturaleza; oportunidad; objeto; ubicación del órgano o del titular; y por último, la vinculación de los órganos entre los cuales se establece la actividad de control (DROMI)[700].

En este orden de ideas, la más importante clasificación del control público es la que atiende al criterio de la finalidad o naturaleza de la actividad controlada, así: (i) el control administrativo; (ii) el control legislativo o parlamentario; y por último (iii) el control jurisdiccional o judicial (M. IVANEGA)[701].

Ahora bien, los controles administrativo y legislativo se estiman insuficientes. Es, pues, el control jurisdiccional el indispensable, y es justamente éste el que reconoce el modelo jurídico-político de Estado de Derecho y de Justicia. Es indudable, en este sentido, que la última y más importante garantía de la vigencia del principio de juridicidad radica en los órganos jurisdiccionales que integran el Poder Judicial. De ahí que como nos enseñara MOLES CAUBET[702], las diversas maneras con que la Administración Pública puede desconocer o vulnerar el principio de juridicidad conducen, como consecuencia inmediata, al control de la Jurisdicción Contencioso Administrativa.

§322. **Principio de unidad jurisdiccional** — En Venezuela, a partir de la Constitución de 1961, a diferencia de otros sistemas jurídicos que establecen un sistema de jurisdicción doble o principio de dualidad de

---

700 DROMI, J. R., *Prerrogativas y Garantías Administrativas*, T. I, Ed. UNSTA, Buenos Aires, 1979.

701 IVANEGA, M., "Acerca de los Servicios Públicos y sus Controles Administrativos", Editorial Sherwood, Caracas, 2006.

702 MOLES CAUBET, A., *Ob. cit.*, nota 200, p. 22.

jurisdicción[703], se consagra el denominado sistema judicialista de la Jurisdicción contencioso administrativa, reafirmando la tendencia tradicionalmente predominante en la legislación nacional de atribuir el control a los órganos del Poder Judicial. Por tanto, no hay sino una sola jurisdicción, una jurisdicción única, pero al interior de la misma existe una separación de los contenciosos, puesto que la Administración Pública no está sometida al mismo derecho que los particulares.

En consecuencia, el principio de unidad jurisdiccional es la base de la organización y funcionamiento de los órganos judiciales, de forma que la jurisdicción es única y su ejercicio corresponde en régimen de exclusividad a Tribunal Supremo de Justicia y a los demás tribunales determinados por la ley. En consecuencia, el control jurisdiccional de la Administración Pública queda atribuido a una jurisdicción especial[704]: la denominada Jurisdicción contencioso administrativa (Arts. 259 de la C y 1 de la LOJCA).

Se trata, pues, de una jurisdicción especial cuyo ejercicio está encomendado a unos órganos judiciales determinados y especializados (Art. 11 de la LOJCA), ya sea por razón de: (i) los sujetos sometidos a control jurisdiccional (Art. 7 de la LOJCA); y (ii) de la materia (Art. 9 de la LOJCA), y que forman parte integrante del Poder Judicial o del Sistema de Justicia (Árt. 253 de la C).

§323. Principio de idoneidad — Las razones originales que determinaron la creación del sistema de Justicia administrativa han desaparecido. Cuando hoy día la doctrina contemporánea justifica su existencia, invoca el principio de idoneidad o de especialización técnica, esto es, la idoneidad o cualificación *iusadministrativa* del Juez administrativo para conocer las materias contencioso-administrativas, idoneidad de que carecen los órganos de la Jurisdicción común.

En efecto, la doctrina observa que la conciencia de la especificidad de la Jurisdicción contencioso administrativa fundada sobre la idea de que los procesos donde un interés público está envuelto, no debía ser de la competencia de la Jurisdicción común –cuyo papel es el de pronunciarse sólo sobre intereses de particulares–, tiene sus antecedentes en el Antiguo Régimen (D. LOCHAK)[705]. En consecuencia, la existencia de la

[703]   RODRÍGUEZ R., L., "Los sistemas de control jurisdiccional de la Administración en el derecho comparado", en *El Control y la Responsabilidad en la Administración Pública, IV Congreso Internacional de Derecho Administrativo*, Coord. Alejandro Canónico, EJV, Caracas, 2012.

[704]   BREWER-CARÍAS, A. R., *Ob. cit.*, nota 668, p. 33.

[705]   LOCHAK, D., *La justice administrative*, Monchrestien, Clefs-Politique, Paris, 1992, p.12.

Jurisdicción contencioso administrativa tiene un fundamento racional: la necesidad de confiar las controversias administrativas a un Juez especializado: el Juez administrativo.

En este mismo orden de ideas, GONZÁLEZ PÉREZ[706] señala que quizás la cuestión más importante de un sistema de Jurisdicción contencioso administrativa sea, junto a la independencia, la idoneidad del personal del tribunal a quien se le confía tal responsabilidad, que es –o debería ser– un Juez especializado en Derecho administrativo. Sólo un Juez debidamente preparado puede llevar a cabo, eficazmente, la función de proteger los derecho e intereses de los ciudadanos, al mismo tiempo que el interés público, lo cual ha hecho del sistema de Justicia administrativa uno de los más logrados. En su evolución se observa una corriente, cada día más acentuada, de lograr que sólo personas debidamente preparadas en la técnica jurídica administrativa tengan acceso a los órganos de la Justicia administrativa. La tutela judicial efectiva frente a la Administración Pública que constituye uno de los derechos fundamentales de la Constitución, sólo será posible si se confía impartir la Justicia administrativa al Magistrado o Juez que tenga la formación jurídica idónea.

Así las cosas, el Juez administrativo debería ser seleccionado en su mayoría, preferentemente –como acontece en Francia– del cuadro de funcionarios públicos que ejercen o han ejercido normalmente funciones administrativas, y que por tal razón conocen las necesidades de la Administración Pública, por lo que no existe peligro de que sus decisiones impliquen un perjuicio para los intereses públicos, cuya satisfacción se confía precisamente a aquella. Pero, a la vez, constituye una firme garantía jurisdiccional de los ciudadanos, ya que por la posición de los órganos del sistema de Justicia administrativa se atreven a dictar decisiones a favor del ciudadano que los tribunales comunes no serían capaces de hacer.

De aquí la importancia de las especializaciones, que el Art. 255 de la C pone de relieve al: (i) establecer una serie de principios que tienen el evidente propósito de garantizar una mejor selección y una verdadera formación del profesional que tendrá a su cargo la delicada función de administrar la justicia; y (ii) exhortar que las universidades organicen en los estudios universitarios de Derecho la especialización judicial correspondiente.

Y es que el Juez administrativo no se improvisa. Por ello, el cumplimiento efectivo de las condiciones que reúne la regulación sobre

---

[706] GONZÁLEZ PÉREZ, J., *Derecho Procesal Administrativo*, Vol. I, IEP, Madrid, 1963, pp. 309-310.

selección, asenso, formación y estabilidad de los jueces que satisfagan las exigencias del derecho a la tutela jurisdiccional efectiva, y al que pretenden dar respuesta los Arts. 17, 20 y 22 de la LOJCA. El problema es, por tanto, de siempre y, además, de muy rigurosa actualidad.

§324. Principio de autonomía e independencia – Si esencial es el principio de la idoneidad en la selección del Juez administrativo, no menos importante es su autonomía e independencia que consagran los Arts. 254 y 256 de la C, y 2 de la LOJCA. De poco serviría un sistema de Justicia administrativa cuyo personal gozara de una inmejorable preparación jurídica, si a la vez no contara con la autonomía e independencia para decidir con arreglo a su criterio, indiferentemente que se ejerza por un Consejo de Estado como en Francia o Colombia, un tribunal del orden jurisdiccional como España o Venezuela, o un tribunal especial como en Alemania.

Por eso la doctrina recalca la enorme importancia, junto al principio de idoneidad, de los principios de autonomía e independencia de los Jueces que integran el sistema de Justicia administrativa. En frase lapidaria ha llegado a afirmar M. WALINE[707] que "no hay cuestión más importante para una nación que la independencia de sus jueces". Por su parte, HAURIOU[708] señalaba categóricamente que sólo cuando se da la independencia puede hablarse de una auténtica Justicia administrativa.

Ahora bien, los principios de autonomía e independencia de que hablamos se pueden predicar en dos sentidos: (i) interna, es decir, de todos y cada uno de los Magistrados y Jueces contencioso administrativos que integran la Jurisdicción contencioso administrativa; y (ii) externa, es decir, independencia de la Jurisdicción contencioso administrativa en su conjunto frente a los demás Poderes Públicos (L. M. DIEZ PICASO)[709].

§325. Principio de imparcialidad – El Art. 256 de la C dispone que con la finalidad de garantizar la imparcialidad y la independencia de los Jueces en general, desde la fecha de su nombramiento y hasta su egreso del cargo respectivo, no podrán llevar a cabo activismo político, partidista gremial, sindical o de índole semejante.

---

[707]   WALINE, M., *Traité Élémentaire de Droit Administratif*, Paris, 1950.

[708]   HAURIOU, M., *Précis élémentaire de droit administratif*, Paris, 1926, p. 460.

[709]   DIEZ-PICASO, L. M., "El Poder Judicial. Independencia del Ministerio Público", en *El Derecho Público de finales de siglo. Una perspectiva iberoamericana*, Civitas, 1997, p. 215.

En tal sentido, la imparcialidad del Juez administrativo, más allá de las garantías ofrecidas por su régimen estatutario, es asunto de conciencia y de temperamento. Juzgar implica –o debería implicar– una aptitud para hacer abstracción de sus preferencias ideológicas; de su pertenencia a un credo, a un partido, a un sindicato o a una clase social. Pero por muy estimables que sean, el Juez administrativo no puede esperar todo de las garantías estatutarias (P. FANACHI)[710]. De ahí que la imparcialidad es también función de la ética del Juez administrativo: esa que consiste en el equilibrio necesario entre el interés general y el respeto a las libertades y garantías del ciudadano.

Es por ello que el Juez administrativo no debe actuar cuando su independencia e imparcialidad esté en entredicho. Por tanto, en el desempeño de sus funciones debe guardar las más estricta imparcialidad en el debate.[711] Para ello se han consagrado tradicionalmente dos instituciones que salvaguardan el principio de imparcialidad: (i) la inhibición; y (ii) la recusación[712].

Por su parte, la LOJCA desarrolla ampliamente en la Sección Cuarta del Capítulo del Título IV, las figuras de la inhibición y recusación de los funcionarios judiciales y auxiliares de justicia, así como el procedimiento que se debe seguir (Arts. 42 a 55, *eiusdem*).

§326. Principio de control universal de la juridicidad administrativa — La constitucionalización de la Jurisdicción contencioso administrativa implicó la adición de un sistema de tutela de situaciones jurídicas subjetivas de los administrados, a su función tradicional de control de la legalidad objetiva de la Administración Pública. De conformidad con esa premisa y con los Arts. 26 y 259 de la C, la Jurisdicción contencioso administrativa debe garantizar los atributos de integralidad y efectividad del derecho a la tutela jurisdiccional efectiva[713].

Por lo que se refiere al atributo de integralidad o universalidad, la jurisprudencia afirma que toda pretensión fundada en Derecho Administrativo o que tenga como origen una relación jurídico-administrativa, debe ser atendida o amparada por el Juez administrativo, pues el Art. 259 de la C no es en modo alguno taxativo sino que, por el

---

[710] FANACHI, P., *La justice administrative*, PUF, Col. *Qué sais-je?* Paris, 1995, pp. 44-45.

[711] Véase Sent. de la CSJ/SPA de fecha 10-8-82, *RDP*, N° 11, p. 93.

[712] Véase Sent. de la CSJ/SPA de fecha 26-3-81, *RDP*, N° 1, p. 66.

[713] Véase Sents. del TSJ/SC N° 829 de fecha 23 de octubre de 2002, caso *Gisela Anderson* y otros; de fecha 27 de mayo de 2004, caso *Elizabeth Morini Morandini*; y N° 93 de fecha 1 de febrero de 2006, caso *BOGSIVICA*.

contrario, enumera algunas –las más comunes– de las pretensiones procesales administrativas que proceden en este orden jurisdiccional (pretensión anulatoria y pretensión de condena a la reparación de daños) y enunciativamente permite, como modo de restablecimiento de las situaciones jurídicas subjetivas lesionadas por la actividad o inactividad administrativa, la promoción de cuantas pretensiones procesales administrativas sean necesarias para ello. Es la integralidad o universalidad de procedencia de todas las pretensiones procesales administrativas que, además, son admisibles con independencia de que éstas encuadren o no dentro del marco de medios procesales tasados o tipificados en la LOJCA, pues, se insiste, es la propia Constitución la que garantiza la procedencia de absolutamente todas ellas.

En este orden de ideas, la jurisprudencia[714] concluye afirmando la potestad que tiene el Juez administrativo para resguardar las situaciones jurídicas subjetivas que puedan resultar lesionados por actos, hechos, actuaciones, omisiones o abstenciones de la Administración Pública; potestad ésta que, según la doctrina más actualizada, se ejerce al margen de que la acción encuadre o no en los módulos tradicionales establecidos en la ley o que haya construido la jurisprudencia, pues la tendencia compatible con el derecho a la tutela jurisdiccional efectiva consagrado en el Art. 26 de la C, es a darle recibo y trámite a todo tipo de pretensiones procesales administrativas en tanto subyazca un conflicto de orden administrativo, derivado de una relación jurídica entre un particular y un órgano o ente envestido de potestades públicas, que exija el examen judicial respectivo (S. GONZÁLEZ-VARAS IBÁÑEZ)[715].

De acuerdo con lo indicado, el Art. 259 de la C otorga al Juez administrativo un conjunto de atribuciones que permiten que los justiciables puedan accionar, a fin de solicitar el restablecimiento de todas las situaciones jurídicas subjetivas lesionadas por la actividad de la Administración Pública, incluidas la vía de hecho. Es por ello que dicho precepto constitucional dispone como potestades del Juez administrativo, no sólo la posibilidad de anular actos administrativos, de condenar al pago de sumas de dinero por concepto de indemnización de daños y perjuicios y de conocer de las reclamaciones relativas a la prestación de los servicios públicos prestados mediante gestión directa o indirecta, sino también el poder de restablecer las situaciones jurídicas subjetivas lesionadas por la actividad material o jurídica de los órganos y entes que integran la Admi-

---

[714] Véase Sent. N° 1029 del TSJ/SC de fecha de mayo de 2004, caso *Elizabeth Morini Morandini*.

[715] GONZÁLEZ-VARAS IBÁÑEZ, S., *La jurisdicción contencioso-administrativa en Alemania*, Civitas, Madrid, 1993, pp. 125 y ss.

nistración Pública o de cualquier sujeto que actúe en función administrativa.

En mérito a lo anterior, el Art. 8 de la LOJCA consagra la justiciabilidad plena de todas las manifestaciones de la actividad administrativa desplegada por los sujetos enumerados en el art. 7, *eiusdem* de la Administración Pública, incluidos los denominados actos de autoridad (Art. 7, núm. 6 de la *LOJCA*).

Por otra parte, y en atención a la cláusula constitucional de la Jurisdicción contencioso administrativa, ésta no sólo ha de dar tutela a toda pretensión procesal administrativa sino que, además, debe garantizar la eficacia del tratamiento procesal de la misma y, en consecuencia, atender al procedimiento que más se ajuste a las exigencias de la naturaleza y urgencia de dicha pretensión administrativa.

En conclusión, de conformidad con la cláusula del Estado de Derecho y de Justicia desaparecen definitivamente los últimos reductos de inmunidad jurisdiccional de la Administración Pública, pues estos repugnan al principio de legalidad o de juridicidad consagrado en el Art. 137 de la C. El derecho a la tutela judicial efectiva en la Jurisdicción contencioso administrativa conduce ineludiblemente a la prohibición de cualesquiera exclusión del control jurisdiccional de la Administración Pública. Al estructurarse la Jurisdicción contencioso administrativa se puede distribuir el conocimiento de los litigios administrativos, en función de la materia o del Derecho material que sirve de fundamento a la pretensión procesal. Pero debe realizarse de tal manera, que no quede ninguna esfera de la actividad de la Administración Pública inmune al control de la Jurisdicción contencioso administrativa, y que pretende agotar el Art. 9 de la LOJCA.

§327. Principio de responsabilidad jurisdiccional del Estado — La cuestión de la responsabilidad por los daños y perjuicios ocasionados a los particulares por la función jurisdiccional, ha sido objeto de análisis permanente a través del tiempo por los autores del Derecho público.

Ahora, si hay un vicio, una imperfección, un defecto, o en fin una falta en el mecanismo procesal, pregunta la doctrina[716] ¿Se puede en este caso establecer la responsabilidad patrimonial del Estado? Y agregamos ¿también la responsabilidad personal del Juez contencioso administrativo? En ambos casos, la respuesta debe ser afirmativa. La jurispru-

---

[716] ALTAMIRA GIGENA, J. I., *Responsabilidad del Estado*, Astrea, Buenos Aires, 1978, p. 157.

dencia[717] señala que el principio de separación de poderes, base fundamental de la concepción del modelo de organización jurídico-político de Estado democrático y social de Derecho y de Justicia, al distribuir entre los órganos del Poder Público las funciones privativas del Estado, creando entre los mismos un armónico equilibrio de precisas funciones, dio lugar a un nuevo tipo de relación jurídica entre el Estado y la persona, en cuya virtud el ejercicio de la función pública conlleva una responsabilidad que limita su alcance y protege a la colectividad frente a la acción omnipotente del Poder Público.

Una de las innovaciones importantes de la Constitución de 1999 en materia de régimen general del ejercicio del Poder Público, fue la consagración expresa del principio de la garantía patrimonial del Estado por los daños y perjuicios que cause en el ejercicio de sus funciones, el cual es un instituto jurídico consustancial al modelo tradicional del Estado de Derecho[718] y –agregamos– del Estado de Justicia

En efecto, como se analizó más arriba, la Constitución realiza la consagración general del sistema de responsabilidad del Estado en sus Art. 2 y 6 *eiusdem*. Pero más específicamente, el reconocimiento en cuestión respecto al sistema de responsabilidad del Poder Judicial o Sistema de Justicia de manera específica se realiza a través del Art. 49, núm. 8 de la C, el cual dispone que: "**Art. 49.** [...] Toda persona podrá solicitar del Estado **el restablecimiento o reparación de la situación jurídica lesionada por error judicial, retardo u omisión injustificados**" (resaltado nuestro).

Como se aprecia de la norma transcrita, la responsabilidad del Estado por la función jurisdiccional abarca el error judicial y el retardo u omisión injustificados, lo cual incluiría también aparte de la función de juzgar, otras labores propias del funcionamiento del Sistema de administración de Justicia[719].

Ahora, el Art. 49, núm. 8 de la C no puede analizarse separado o de manera individual, sino que debe interpretarse conjuntamente con todas las demás disposiciones constitucionales que tratan el sistema de la garantía patrimonial del Estado, pero en especial con la propia EMC,

---

[717] Véase Sent. de la CSJ/SPA de fecha 5 de febrero de 1964, G.F. N° 43, 1964, pp. 14-19.

[718] CALCAÑO DE TEMELTAS, J., "La responsabilidad extracontractual de la Administración Pública", en *Las Formas de la Actividad Administrativa, II Jornadas Internacionales de Derecho Administrativo Allan Randolph Brewer-Carías*; y Sent. del TSJ/SC N° 1469 de fecha 6 de agosto de 2004.

[719] Véase Sent. del TSJ/SPA N° 1693 de fecha 17 de octubre de 2007, *RDP*, N° 112, p. 449.

cuya parte que se quiere resaltar en estos momentos es del tenor siguiente:

> Finalmente, en las disposiciones generales, se establece bajo una perspectiva de derecho público moderna **la obligación directa del Estado de responder patrimonialmente por los daños que sufran los particulares en cualquiera de sus bienes y derechos**, siempre que la lesión sea imputable al **funcionamiento, normal o anormal**, de los servicios públicos y **por cualesquiera actividades públicas**, admi-nistrativas, judiciales, legislativas, ciudadanas o electorales, de los entes públicos o incluso de personas privadas en **ejercicio de tales funciones**. (Resaltado nuestro).

Del extracto transcrito se observa claramente, la amplitud e integralidad en la que formalmente ha quedado reconocida la garantía patrimonial del Estado[720], la cual recae también sobre el ejercicio de la función jurisdiccional.

Así, se tiene un gran avance en cuanto a la consolidación, al menos constitucionalmente, de uno de los pilares fundamentales de la cláusula constitucional de Estado de Derecho y de Justicia, como es el sistema de la garantía patrimonial del Estado, y de manera específica bajo la denominación general de responsabilidad jurisdiccional, que englobaría todas las reparaciones debidas por el Estado por daños causados por el mal funcionamiento de la justicia, como estructura orgánica.

§328. Principio de responsabilidad personal del Juez — En cuanto a la actividad del Poder Judicial, L. A. COLOMBO[721] señala que los Jueces no son infalibles. Pueden caer en el error judicial, sea porque no se han atenido a la ética profunda que debe guiar todos sus pasos, sea porque la naturaleza y las condiciones del proceso no les han permitido desentrañar debidamente la verdad. Y cuando faltan a sus obligaciones su responsabilidad será personal, como funcionario público.

Así las cosas, y de manera paralela a la responsabilidad patrimonial del Estado por la función jurisdiccional, la Constitución también ha previsto la responsabilidad personal de los funcionarios en general, según se desprende de los Arts. 25, 139 y 141, *eiusdem*. Y de manera más particular la del funcionario judicial, cuando el Art. 49, núm. 8 de la C dispone lo siguiente: "**Art. 49.** [...] Que queda a salvo **el derecho del justiciable de exigir la responsabilidad personal del magistrado o**

---

[720]   Véase Sents. del TSJ/SC N° 2818 de fecha 19 de noviembre de 2002, caso *Gladis Josefina Jorge Saad viuda de Carmona*; y N° 403 de fecha 24 de febrero de 2006.

[721]   COLOMBO, L. A., *Culpa Aquiliana*, T. II, Ed. La Ley, Buenos Aires, 1965, pp. 28 y ss.

magistrada, juez o jueza y de actuar contra éstos o éstas" (resaltado nuestro).

Por tanto, el Juez, en general, y el Juez administrativo, en particular, a título personal, también puede ser patrimonialmente responsable por error, retardo u omisión injustificados, por la inobservancia sustancial de las normas procesales, por denegación, parcialidad, y por los delitos de cohecho y prevaricación en que incurran en el desempeño de sus funciones (Art. 255 de la C).

4. *Principios fundamentales de la pretensión procesal*

§329. Plan — Junto a los principios fundamentales mencionados del sistema de Justicia administrativa, se ha de diferenciar un segundo grupo de principios que disciplinan el derecho a la jurisdicción, y que encierran las notas esenciales presentes en el tratamiento de la pretensión procesal administrativa desde que es interpuesta hasta que recibe satisfacción mediante sentencia firme, y son: (i) el principio de accesibilidad; (ii) el principio de pluralidad de pretensiones procesales; y por último (iii) el principio de gratuidad de la Justicia.

A. *Principio de accesibilidad*

§330. Concepto — El primer principio en un orden lógico y cronológico es la garantía del libre acceso a la jurisdicción o principio de accesibilidad (MOLES CAUBET)[722], que se concreta en el derecho público subjetivo a ser parte en un proceso y poder promover la función jurisdiccional que desemboque en una decisión judicial sobre las pretensiones procesales deducidas.

El principio de accesibilidad se consagra en el Art. 26 de la C en los siguientes términos: "**Artículo 26. Toda persona tiene derecho de acceso a los órganos de administración de justicia** para hacer valer sus derechos e intereses, incluso colectivos o difusos, a la tutela efectiva de los mismos y a obtener con prontitud la decisión correspondiente. [...]" (resaltado nuestro).

De allí que al Poder Judicial le cumpla hacer efectivo, conforme lo ordena el Art. 26 constitucional, el derecho que tienen todas las personas en su más amplio sentido y conforme se desarrolla en el Art. 27 de la LOJCA, de acceder a los órganos del Sistema de Justicia para hacer valer sus derechos e intereses, incluso los colectivos o difusos, a través de una tutela jurisdiccional efectiva de los mismos sin dilaciones indebidas[723].

---

[722]   MOLES CAUBET, A., *Ob. cit.*, nota 200, p. 22.

[723]   Véase Sent. del TSJ/SC N° 829 de fecha 23 de octubre de 2002, caso *Gisela Anderson* y otros.

Ello se traduce, a la luz del carácter vinculante de la Constitución, en que es un derecho a la prestación de la función jurisdiccional de los órganos integrantes del Poder Judicial o Sistema de Justicia.

Así las cosas, la declaración del derecho de accesibilidad es categórica, sin que el hecho de que la ley establezca los términos y condiciones para ejercerlo pueda en nada menoscabarlo ni menos aún hacerlo nugatorio, pues se trata de un derecho fundamental de rango constitucional, incluido entre los derechos humanos. Es por ello que si se sostiene con carácter general que la interpretación de las instituciones procesales debe ser amplia[724], con mayor razón los requisitos de admisibilidad se deben interpretar en el sentido que más favorezca al derecho de acceso a la jurisdicción[725].

En este orden de ideas, se puede ejemplificar con el caso de la pretensión de nulidad frente a la actividad de la Administración Pública, donde el Derecho positivo[726] ha reconocido la necesaria existencia del derecho de impugnación de todos los actos administrativos, el cual constituye una especie de derecho-garantía, pues, en principio, absolutamente todos los actos administrativos pueden ser controlados jurisdiccionalmente. Por tanto, la existencia del contencioso administrativo de nulidad es un principio de derecho común[727]; esto es, un derecho reconocido a toda persona de poder accionar al Juez administrativo dentro de los límites de las condiciones de admisión definidas por la ley y la jurisprudencia, conocido por la doctrina española como el principio de interpretación más favorable al derecho de acceso a la justicia (*pro actione* o *favor actionis*) (GARCÍA DE ENTERRÍA)[728].

§331. Denegación de justicia — El imperativo de Justicia –o sea, el de prestar tutela jurisdiccional– inherente al Estado de Derecho –y de Justicia, agregamos– queda disminuido en la medida que su realización no sea expeditiva, pudiendo quedar gradualmente disminuido hasta el punto culminante de producirse una denegación de Justicia. En efecto, si el Estado tiene el deber de impartir Justicia a todos, existe también un

---

[724] Véase Sent. del TSJ/SC N° 708 de fecha 10 de mayo de 2001, caso *Juan Adolfo Guevara*.

[725] Véase Sent. de la CSCA N° 2929 de fecha 7 de septiembre de 2005, *RDP*, N° 103, p. 114.

[726] Véase. Sent. de la CPCA de fecha 18-5-83, *RDP*, N° 15, p. 160.

[727] Véase Sent. de la CF: 14-8-59, GF, N° 25, 1959, p. 194. Hay sin embargo una jurisprudencia aislada que le da carácter extraordinario: Sent. de la CPCA de fecha 20 de marzo de 1986, *RDP*, N° 26, p. 133.

[728] GARCÍA DE ENTERRÍA, E., y FERNÁNDEZ, T. R., *Ob. cit.*, nota 3, T. II, 10ª ed., 2006, p. 623.

derecho correlativo para obtener su cumplimiento, con lo que su rechazo es un rechazo injusto, abdicando entonces a su condición de Estado de Derecho (MOLES CAUBET)[729].

Así las cosas, desde el punto de vista procesal, el repertorio de las posibles infracciones al principio de accesibilidad, esto es, la denegación de justicia, no se reduce a la abstención del Juez para decidir, o al retraso ilegal de su decisión, sino que puede revestir variadas formas que van desde la imposibilidad de accionar por la inexistencia de una jurisdicción competente; la ineficacia del recurso instaurado, cuando siendo admisible no puede sin embargo prosperar debido a la imperfección de las técnicas procesales; la falta de textos reguladores del proceso; las normas que impongan requisitos impeditivos u obstaculizadores del acceso a la tutela judicial efectiva, si tales trabas resultan innecesarias, excesivas y carecen de razonabilidad o proporcionalidad respecto a los fines que lícitamente puede perseguir el legislador; hasta la imposición de condiciones o consecuencias meramente limitativas o disuasorias del acceso a los módulos procesales legalmente establecidos, entre otras.

B. *Principio de pluralidad de las pretensiones procesales*

§332. Concepto — El control del principio de juridicidad –decíamos más arriba– comenzó siendo un simple mecanismo de auto-control administrativo, bien de oficio o mediante el recurso jerárquico. Cuando aparece el sistema de Justicia administrativa en Francia, el único contencioso existente estaba fundado en el desconocimiento o menoscabo de un derecho subjetivo, llamándose entonces contencioso ordinario hasta llegar a convertirse en *plein contentieux* o *pleine juridiction*. Diferentemente, si se trataba de corregir excesos de la Administración Pública contra los ciudadanos, estos podían interponer un recurso jerárquico que permitía al Consejo de Estado anular el acto administrativo, de donde deriva, después de una larga trayectoria, el recurso por *excés de pouvoir*, que fuera calificado de "magnífica arqueología jurídica" (HAURIOU)[730], o también la "pieza maestra del sistema" (González PÉREZ)[731].

§333. Clasificación — El sistema contencioso administrativo venezolano, sostiene J. I. HERNÁNDEZ G.[732], se articuló originalmente sobre el

---

729 MOLES CAUBET, A., "Rasgos Generales de la Jurisdicción Contencioso Administrativa", en *Ob. cit.*, nota 220, p. 386.

730 HAURIOU, M., *Ob. cit.*, nota 677.

731 GONZÁLEZ PÉREZ, J., Original del *Discurso Inaugural de las VI Jornadas de Derecho Administrativo. Cien Años de Derecho Administrativo en Venezuela*, San Cristóbal, mayo, 2009.

732 HERNÁNDEZ, J. I., "El cambio de paradigma: las pretensiones procesales administrativas", *en El Contencioso Administrativo y los Proceso Constitucionales*,

paradigma de que se componía de un número tasado de recursos, que al demostrar la ausencia de un adecuado tratamiento procesal, en cuanto que el sistema tiene por objeto son pretensiones procesales que versan sobre cualquier manifestación de la actividad o inactividad de la Administración Pública, va a derivar hacia un nuevo paradigma de sistema abierto de pretensiones procesales administrativas.

En efecto, frente a la influencia tradicional de la clasificación francesa mencionada, y partiendo de la unidad de la pretensión procesal administrativa, y del proceso de constitucionalización del modelo del sistema de Justicia administrativa, hoy día la LOJCA nos permite elaborar a efectos de exposición una nueva clasificación que tiene su base en la petición que se formula en la pretensión procesal administrativa y, consiguientemente, en los pronunciamientos que ha de contener la sentencia, así: (i) Contencioso administrativo de anulación (Art. 9, núm. 1)[733]; (ii) Contencioso administrativo por abstención (Art. 9, núm. 2)[734]; (iii) Contencioso administrativo de interpretación legal (Art. 9, núm. 6)[735]; (iv) Contencioso administrativo de demandas patrimoniales (Art. 9, núms. 4, 8 y 9)[736]; (v) Contencioso

---

(Dirs. A. R. BREWER-CARÍAS y V. HERNÁNDEZ-MENDIBLE), Col. Estudios Jurídicos N° 92, EJV, Caracas, 2011, pp. 117 y ss.; y UROSA MAGGI, D., "Las pretensiones procesales en la nueva Ley Orgánica de la Jurisdicción Contencioso-Administrativa", en Comentarios a la Ley Orgánica de la Jurisdicción Contencioso Administrativa, Vol. I, 2ª ed. ampliada, FUNEDA, Caracas, 2011, pp. 117 y ss.

[733] ARAUJO-JUÁREZ, J., "El contencioso de anulación", (Coords. Pérez Salazar, G., Petit Guerra, L., y Hernández-Mendible, V.R.,), en la *Justicia Constitucional y la Justicia Administrativa como garantes de los Derechos Humanos, Homenaje a Gonzalo Pérez Luciano y en el Marco del Vigésimo Aniversario de FUNEDA*, FUNEDA, Caracas, 2013; y BADELL MADRID, R., "El Recurso de nulidad", en *Derecho Contencioso Administrativo Libro Homenaje al Profesor Luis Henrique Farías Mata*, CAEL-IEJEL, Barquisimeto, 2006, pp. 1-66.

[734] UROSA MAGGI, D., "Tutela judicial frente a la inactividad administrativa a la luz de la Ley Orgánica de la Jurisdicción Contencioso-Administrativa Venezolana", en *III Congreso de Derecho Procesal Constitucional y I Congreso de Derecho Administrativo, La Justicia Constitucional y Justicia Administrativa como garante de los derechos humanos reconocidos en la Constitución. En Homenaje al Doctor Gonzalo Pérez Luciani*, T. I, UMA-FUNEDA, Caracas, 2013, pp. 439 y ss.

[735] PÉREZ OLIVARES, E. *El recurso de interpretación*. Instituto de Derecho Público de la Facultad de Ciencias Jurídicas y Políticas de la Universidad Central de Venezuela, Caracas, 1979; SILVA ARÁNGUREN. A., "El objeto de la acción de interpretación", *Revista de la Facultad de Ciencias Jurídicas y Políticas de la Universidad Central de Venezuela*, 104, Universidad Central de Venezuela, Caracas, 1997, pp. 117-151.

[736] TORREALBA SÁNCHEZ, M. A., "Las demandas de contenido patrimonial en la Ley Orgánica de la Jurisdicción Contencioso Administrativa", en *Comentarios a la Ley Orgánica de la Jurisdicción Contencioso Administrativa*, Vol. II, 2ª ed. ampliada, FUNEDA, Caracas, 2011, pp. 299 y ss.

administrativo de controversias (Art. 9, núm. 7)[737]; (vi) Contencioso administrativo del servicio público (Art. 9, núm. 5)[738]; y por último (vii) Contencioso administrativo de la vía de hecho (Art. 9, núm. 3 y 10)[739].

Por otro lado, la EMC expresa que la ley de la Jurisdicción contencioso administrativa debía dotar al Juez administrativo de todo el poder cautelar general necesario para decretar, de oficio a instancia de parte, cualquier tipo de medida cautelar necesaria para garantizar la tutela judicial efectiva y el restablecimiento de sus situaciones jurídicas infringidas mientras dure el proceso de que se trate.

En tal sentido, el Art. 4 de la LOJCA le asigna al Juez administrativo un poder cautelar auténtico, al consagrar que está investido de las más amplias potestades cautelares, como lo había venido haciendo la jurisprudencia, ya no sólo limitado a la suspensión de los efectos del acto administrativo[740], sino también a la suspensión de actos normativos[741], la suspensión de efectos reflejos[742], la posibilidad de adopción de medidas cautelares nominadas o no[743], y en fin, el amparo cautelar[744].

---

[737] BLANCO GUZMÁN, A., "Las pretensiones procesales en materia de controversias administrativas", en *El Contencioso Administrativo y los Proceso Constitucionales*, (Dirs. A. R. Brewer-Carías y V. Hernández-Mendible), Col. Estudios Jurídicos N° 92, EJV, Caracas, 2011, pp. 131 y ss.

[738] CANÓNICO SARABIA, A., "Las demandas para el reclamo por la prestación de servicios públicos", en *III Congreso de Derecho Procesal Constitucional y I Congreso de Derecho Administrativo, La Justicia Constitucional y Justicia Administrativa como garante de los derechos humanos reconocidos en la Constitución. Homenaje al Doctor Gonzalo Pérez Luciani*, T. I, UMA-FUNEDA, Caracas, 2013, pp. 399 y ss.

[739] TORREALBA SÁNCHEZ, M. A., "Las demandas contra las vías de hecho en la jurisdicción contencioso-administrativa", en *III Congreso de Derecho Procesal Constitucional y I Congreso de Derecho Administrativo, La Justicia Constitucional y Justicia Administrativa como garante de los derechos humanos reconocidos en la Constitución. En Homenaje al Doctor Gonzalo Pérez Luciani*, T. I, UMA-FUNBEDA, Caracas, 2013, pp. 373 y ss.

[740] Véase Sent. de la CSJ/SPA de fecha 4 de diciembre de 1967, caso *Lannman y Kemp o Tricófero de Barry*.

[741] Véase Sent. del TSJ/SPA de fecha 12 de mayo de 1992, caso *Jesús Alberto Soto Luzardo*.

[742] Véase Sent. de la CSJ/SPA de fecha 22 de junio de 1994, caso *Revista Hola, S.A.*

[743] Véase Sent. de la CSJ/CP de fecha 15 de febrero de 1995, caso *Carlos Andrés Pérez y otros*; y Sent. del TSJ/SE N° 59 de fecha 27 de marzo de 2006, caso *Sindicato Único de Marinos de PDV Marina, S.A.*

[744] Véase Sents. del TSJ/SPA de fecha 10 de julio de 1991, caso *Tarjetas Banvenez*; y N° 402 de fecha 20 de marzo de 2001, caso *Marvin Sierra Velasco*.

C. *Principio de gratuidad de la justicia*

§334. Consagración constitucional — Por último, el principio de gratuidad de la Justicia está consagrado en el Art. 26 de la C, el cual persigue asegurar el acceso a los órganos del Sistema de Justicia a todos las personas, incluso de aquellos carentes de recursos económicos. Este principio es distinto al beneficio de Justicia gratuita que se concede a determinadas personas para eximirse del pago de los gastos que irroga la tramitación del juicio en que interviene o pretende intervenir.

§335. Naturaleza — El principio de gratuidad de la Justicia también es un derecho, y no una norma de procedimiento, de carácter sustantivo, que corresponde a todo justiciable desde el momento mismo de la entrada en vigencia de la Constitución, por mandato de los Arts. 26 y 24 *eiusdem*, y conforme a los cuales todas las actuaciones estrictamente judiciales que se realicen y que causaban aranceles han de ser gratuitas (exención de gastos procesales), por derecho adquirido a partir del 20 de diciembre de 1999[745].

---

[745] Véase Sents. del TSJ/SC N° 52 de fecha 26 de enero de 2001; N° 1943 de fecha 15 de julio de 2003; y N° 590 de fecha 15 de abril de 2004.

CONCLUSIÓN REFLEXIVA

§336. Planteamiento — A lo largo de la presente obra ha quedado acreditado que la Constitución irradia el sistema de Derecho administrativo, y cómo las cláusulas constitucionales plantean una serie de cuestiones sobre las que conviene formular una reflexión, la cual ciertamente no puede ser encuadrada en la atemporalidad y la genérica abstracción sino que tiene que ser vista de acuerdo con las distintas circunstancias de tiempo y lugar, sin apartarse, según sostiene L. VERDÚ[1], de la realidad histórico social de cada momento, pues fuera de esa realidad no es para nada entendible ni de nada sirve un orden constitucional.

En mérito a todo lo antes expuesto me permito concluir partiendo de la afirmación de GARCÍA DE ENTERRÍA[2], de que constituye una servidumbre del Derecho administrativo el tratamiento de los grandes temas, sin duda: por un lado, la reconducción del poder público a su concreta, diaria y artesana aplicación, donde se hace patente su funcionalismo verdadero; y por el otro, la conversión técnica del soberbio mito de la libertad en una técnica jurídica operante y concreta. Así las cosas, esto último me va a permitir plantear ahora sí la conclusión reflexiva.

La historia nos demuestra muy bien que el Derecho administrativo no es algo naturalmente propio de los sistemas jurídicos. Ha sido, en cambio, una conquista histórica, y que representa "una hazaña gigantesca que ha costado siglos" (GONZÁLEZ PÉREZ)[3]. En tal sentido, sabemos que el Derecho administrativo ha sido considerado tradicionalmente por generaciones de juristas como el elemento central del sistema de garantías de los derechos y libertades contra el abuso y la arbitrariedad administrativa, y reputado como apto para conciliar las

---

[1] VERDÚ, P. L, "Reflexiones en torno y dentro del concepto de Constitución", en *Revista de Estudios Políticos (Nueva Época)*, N° 83. Enero-Marzo 1994, *cit.* por CHIARACANE, S., *Ob. cit.*, nota 27, p. 2.

[2] GARCÍA DE ENTERRÍA, E., *Ob. cit.*, nota 583, pp. 11 y 15.

[3] GONZÁLEZ PÉREZ, J., *Administración Pública y libertad*, México, UNAM, 2006, p. 65.

exigencias de las potestades de la Administración Pública con las garantías de los derechos fundamentales.

Desde este punto de vista, garantías son todos aquellos procedimientos funcionalmente dispuestos por el sistema jurídico para asegurar la máxima corrección y la mínima desviación entre las determinaciones normativas y sus distintas realizaciones operativas, es decir, entre las exigencias normativas y la actuación de los diversos órganos administrativos en el ejercicio del Poder Público. Por tanto, no debe abrigarse la menor duda de que el Derecho administrativo ha representado siempre un bastión contra el abuso y la arbitrariedad de la Administración Pública, empeñado en lograr el milagro cotidiano de sujetar el ejercicio del poder público, de hallar un punto de equilibrio, siempre precario e inestable, entre la autoridad y la libertad.

Pero con toda la eficacia global de este sistema no podría desconocer en el contacto diario con la realidad la existencia, tanto en el funcionamiento de la Administración Pública como en la puesta en obra del control jurisdiccional, de verdaderas zonas de *non-droit* y de prácticas que lindan con la simple denegación del Estado democrático y social de Derecho y de Justicia. En efecto, una mirada desprevenida hacia la Administración Pública incita sobre todo, es verdad, al pesimismo. El principio de juridicidad, expresión de la sumisión de la Administración Pública al Derecho, hoy aparece desdibujado, mientras que la realidad tangible es la discrecionalidad de la actividad administrativa, desbordada por la más grosera arbitrariedad.

El Juez administrativo, de su lado, no garantiza la efectividad del principio de juridicidad, al dejar de anular los actos ilegales que son impugnados por los módulos procesales establecidos; y tampoco ha sabido imponer a la Administración Pública, más allá de una legalidad estrecha, el respeto pleno de los derechos fundamentales. No es necesario, me parece, descender ahora a los detalles y estadísticas –muy reveladores por cierto– para ilustrar estas afirmaciones.

Ahora bien, en principio el Derecho administrativo es necesariamente un derecho *in fieri*, que lejos está de ser una ciencia acabada; he ahí lo desconcertante (*ardus iuris*) y a la vez lo fascinante (*ars iuris*) de su estudio. Y es por ello que la doctrina señala que se debe partir de la premisa de que la garantía que ofrece es gradual, es decir, nunca se garantiza todo o nada, sino que hay grados y, por el mismo motivo, nunca hay ni garantías perfectas ni sistemas perfectos de garantías, sino expresiones más o menos adecuadas de garantías, de modo que habrá que distinguir siempre, entre el modelo de sistema administrativo y el funcionamiento efectivo del mismo.

Por ello también es muy cierto que hoy día en la realidad política y en la práctica administrativa y forense, el Derecho administrativo ofrece solo una garantía imperfecta contra el abuso y la arbitrariedad administrativa. Se concibe, entonces, que un sentimiento de frustración invade a los administrativistas y, más ampliamente, a la ciudadanía. Pero también lo es que la responsabilidad incumbe, en primer lugar, al Legislador en la medida en que las leyes administrativas no confieren siempre una protección suficiente a los ciudadanos o lo que es peor, la vuelven nugatoria.

En segundo lugar, la responsabilidad incumbe sobre todo a la Administración Pública, que no duda en exceder los límites del Derecho *baypaseando* las normas administrativas y constitucionales, o retorciéndolas en su provecho, incluso violándolas directamente cuando sabe hacerlo con la más absoluta impunidad.

En tercer lugar, existe la responsabilidad del propio Juez constitucional y contencioso administrativo que, muy seguido, interpretan los textos con ventaja para la Administración Pública y, por el contrario, renuncian a utilizar los medios enérgicos de que dispone para obligarla a respetar el Derecho o incluso sus propias decisiones.

Y por último, no se puede dejar pasar por alto la responsabilidad de la academia y la doctrina, que a fuerza de repetir durante décadas en las aulas que la Administración Pública debía constitucionalmente estar sometida al Derecho, termina por persuadirse de que lo estaba realmente, contribuyendo así a mantener alrededor de esta cuestión –afortunadamente muy pocos– una actitud indiferente, cuando no complaciente.

§337. **Desafío de la doctrina administrativa** — Deteniéndonos en este último punto, JÉZE[4] en el Prólogo a la 2a ed. de su obra insistía sobre la necesidad para los teóricos de no olvidar jamás la "síntesis crítica" que debe figurar, según él, en toda presentación de orden jurídico. Cierto, el peligro es grande, añade, de caer fácilmente ya sea en "la apologética mística", o ya en "la denigración sistemática, áspera y apasionada".

Así las cosas, lo anteriormente expuesto nos conduce al objeto final de nuestro análisis que es hacer una reflexión sobre la pertinencia del cuestionamiento del Derecho administrativo –forzoso resulta decir que ello no es ni novedoso ni mucho menos original–, para lo cual estimo necesario delimitar previamente su objeto.

---

4 JÉZE, G., *Ob. cit., La Técnica Jurídica del Derecho Público Francés*, nota 91, T. V., Vol. I., p. XL y LXI.

De nuevo debemos acudir a las enseñanzas de CASSESE[5], quien sostiene que el Derecho administrativo presenta dos significados. En el primero se indica aquella parte del Ordenamiento jurídico relativo a la Administración (Derecho administrativo en sentido propio). En el segundo, Derecho administrativo indica la reflexión de los juristas sobre la parte del Ordenamiento jurídico que se refiere a la Administración Pública (ciencia del Derecho administrativo).

Por lo que respecta al Derecho administrativo en sentido propio, es necesario –cada vez que se habla de Derecho– distinguir las leyes del Estado del Ordenamiento jurídico, puesto que no debe reducirse el fenómeno jurídico a sólo una de ellas, las normas administrativas. Por tanto, hay que estar conscientes de la variedad de los aspectos del fenómeno jurídico que –se insiste– no se agota solo en la legislación administrativa que se dicte en un momento determinado.

En efecto, sostiene CASSESE[6] que la *vulgata* enseña que las instituciones administrativas positivas de un Estado son: las leyes administrativas, la organización y la función pública, la disciplina de la actividad y del procedimiento administrativo, los contratos, la responsabilidad, la organización de la justicia administrativa. Pero así delimitado, el Derecho administrativo sólo sería el producto de las normas; sería, pues, el Derecho administrativo definido según los criterios del positivismo normativo, fundado sobre el monopolio estatal del Derecho.

Por eso mismo el autor citado añade que en la vida concreta de las instituciones, el Derecho administrativo se compone de otros elementos como son la elaboración de la doctrina científica, la jurisprudencia, las convenciones internacionales, el uso y de las prácticas administrativas, y la manera en que las instituciones mismas son consideradas y estudiadas. Que el Derecho administrativo no es sólo el producto de las reglas y de los mecanismos determinados por las normas como nos lo ha hecho creer la tradición aún dominante del positivismo jurídico. Es también el resultado del juego de las necesidades prácticas dictadas por las condiciones de vida, por las ideologías y, por sobre todo, sus relaciones cambiantes con el modo de comprenderlas, enseñarlas y aplicarlas.

Por ello debemos estar conscientes, según lo afirma CASSESE[7], que la doctrina científica no tiene en el terreno jurídico aquella indiferencia respecto a los eventos que estudia, que es propia de todas las demás ciencias. Por ejemplo, el historiador no cambia el curso de la historia,

---

5   CASSESE, S., *Ob. cit.*, nota 154, p. 77.
6   *Ibídem*.
7   CASSESE, S., *Ob. cit.*, nota 151, pp. 79 y 80.

como tampoco el geógrafo el curso de los ríos. Mientras que el jurista al realizar su obra científica, reconstruye institutos, orienta al legislador y respalda o critica al juez. La autoridad de la doctrina (por ello es que a menudo se habla de doctrina autorizada) produce un efecto que va más allá de la mera interpretación de las normas. En definitiva, el Derecho administrativo es un "milagro" diariamente renovado, y nada garantiza que se seguirá produciendo indefinidamente si no se contribuye realmente al ajuste y reajuste permanente del sutil y precario equilibrio entre los componentes de la ecuación dialéctica que constituyen los propios fundamentos del edificio entero del sistema de Derecho administrativo.

En ese mismo orden de ideas, y para escapar de las dos tentaciones molestas mencionadas por JÉZE, MIR PUIGPELAT[8] sostiene que los administrativistas deben examinar en forma crítica y no gremial lo que han ayudado a edificar, identificando los aspectos que han podido quedar desfasados y proponiendo nuevas soluciones, a la búsqueda de un nuevo y necesario equilibrio entre limitaciones y prerrogativas, que se ajuste mejor a las necesidades de la Sociedad y de la Administración Pública contemporáneas. Que para ello se debe adaptar todo el Derecho administrativo, pues muchas categorías del Derecho administrativo han sido elaboradas de forma maximalista, ya desde una perspectiva demasiado guiada por la desconfianza ante los administradores públicos, o ya por la voluntad de proteger a toda costa (de sobreproteger) los intereses de los particulares, pero que no han superado el "test de la realidad", pues muchas normas, como las que regulan el régimen ordinario de la expropiación pública o la responsabilidad objetiva de la Administración Pública, no han sido –o solo en contadas ocasiones– aplicadas. Por tanto, concluye, el Derecho administrativo del Siglo XXI, el Derecho administrativo de la segunda modernidad requiere una nueva piel, nuevas técnicas, nuevos instrumentos jurídico-administrativos más eficaces. Los administrativistas deben ayudar a confeccionarlo, no tratar de seguir enfundándolo en la vieja piel, una piel en muchos aspectos inservible, demasiado rígida y poco flexible.

Y es que, efectivamente, la era que estamos viviendo se singulariza por cambios profundos en la sociedad y en el Estado, en razón de lo cual múltiples diagnósticos coinciden en la necesidad de reformas profundas de las instituciones y categorías administrativas. Y la alternativa es la reforma e innovación previo estudio de las mejores prácticas comparadas (*Benchmarking* administrativo) (R. RIVERO ORTEGA)[9], donde efectivamente se podrán constatar reformas administrativas de segunda y hasta de tercera generación.

---

[8]   MIR PUIGPELAT, O., *Ob. cit.*, nota 476, pp. 241 y 242.

[9]   RIVERO ORTEGA, R., *La necesaria innovación en las instituciones administrativas*, Col. Estudios y Documentos, INAP, Madrid, 2012, pp. 23 y 135.

JOSÉ ARAUJO-JUÁREZ

Así las cosas, no hay duda que hablar de revisión y actualización del Derecho administrativo (como rama del Derecho y como sistema científico), es tan antiguo como el Derecho administrativo mismo. Por ello mismo se observa que hay tiempos de consolidación y tiempos de innovación o de renacimiento, que tienen causa en el declive de sus instituciones y categorías jurídicas que se produce siempre ante la contingencia de unas circunstancias cambiantes. Entonces, las instituciones y categorías jurídicas se enfrentan al desafío fundamental de adaptarse a la nueva realidad.

Por tanto, la innovación y revalorización del Derecho administrativo en general, y del Derecho administrativo venezolano, en particular, –que apenas se ha remozado desde su etapa de consolidación– es, insistimos, el gran desafío de nuestro tiempo aún no atendido. Son estas las razones por las cuales los artículos, ensayos, manuales y, fundamentalmente, la propia jurisprudencia de Derecho administrativo deberían "amasar" (SCHMIDT-AßMANN)[10] de nuevo su materia bajo el marco de la Constitución, con lo cual se quiere significar que los autores deben abordar, en clave de innovación y de reforma, en qué medida los temas tratados, el orden en que son tratados y las categorías que le son específicas, recogen los límites y las grandes decisiones jurídico-políticas fundamentales o básicas de la Constitución de 1999, y de este modo se harán menos controvertibles, y las críticas y proyectos de extinción se convertirán en fundamentalismos absurdos.

Sin embargo, en este esfuerzo estimo también que habrá que actuar con prudencia, pues las soluciones administrativas recientes han sido insuficientes o, peor aún, incorrectas. Por ejemplo, lo que conocemos como la teoría de la "huida de la Administración al Derecho privado", no ha sido sino una huida del Derecho, porque que lo que se elude es el Derecho administrativo en su vertiente de Derecho garantizador, y ese papel no puede ser cubierto por el Derecho privado (SALA ARQUER)[11]; que tal teoría es una suerte de rebeldía contra el triunfo del Derecho administrativo como Derecho garantizador (VILLAR PALASÍ)[12]; es escapar de los controles y garantías del Derecho administrativo y, en último

---

10   SCHMIDT-AßMANN, E., *Ob. cit.*, nota 156, p. 35.

11   SALA ARQUER, J. M., "al Derecho privado y huída del Derecho"", en *REDA*, N° 75, 1992, pp. 399 y 406.

12   VILLAR PALASÍ, J. L., "Tipología y Derecho estatutario de las entidades instrumentales de las Administraciones Públicas", en AAVV, *Administración instrumental*. Libro Homenaje a D. Manuel Clavero Arévalo, Ed. Civitas, Madrid, 1994, vol. I, p. 165.

término, del Derecho constitucional (M. RETORTILLO-BAQUER)[13]; o en fin, un mero abuso con la finalidad de escapar de los rigores del Derecho público (GARCÍA DE ENTERRÍA)[14].

Y ya como cierre, traigo a colación a A. TOCQUEVILLE[15], cuando hace más de siglo y medio al reseñar la obra del administrativista francés L. A. MACAREL, observaba lo siguiente: "[...] no sé si, a largo plazo, los comentarios de las leyes no ejercen una influencia mayor que las leyes mismas, ya que éstas sólo regulan ciertos hechos y están limitadas en su alcance y duración, mientras que **los principios generales creados por los juristas, con relación a las leyes, son eternos y fecundos**" (resaltado nuestro).

Por tanto, sólo siendo constructores (*faiseurs de systèmes*) los administrativistas pueden orgullosamente afirmar, junto con SCHMIDT-AßMANN, que[16]: "El Derecho administrativo continuará manteniendo por ello **una posición central en el sistema jurídico**" (resaltado nuestro).

§338. Conclusión — La insuficiencia de nuestros sistemas de Derecho administrativo, de Justicia constitucional y de Justicia administrativa es manifiesta en la realidad política y en la práctica administrativa, legislativa y forense; pero resulta también que sus remedios están todos entre nosotros en la aplicación de las decisiones relevantes del modelo de organización jurídico-político del Estado democrático y social de Derecho y de Justicia. Esto es lo que esta obra intenta justificar, que la Constitución contiene normas, principios y valores superiores suficientes para avivar el debate sobre la conveniencia de afrontar una profunda revisión, en clave de cambio y de innovación de la teoría general del Derecho administrativo contemporáneo.

En tales circunstancias se hace especialmente imperativa para la doctrina científica y jurisprudencial, una conciencia de la "vinculación más fuerte" (*higher obligation, stärkere Bindung, enchaînement le plus étroit*) (GARCÍA DE ENTERRÍA)[17] de los principios constitucionales sobre el resto del Ordenamiento jurídico, que el Art. 7 de la C consagra oportunamente,

13   MARTIN-RETORTILLO BAQUER, S., "Reflexiones sobre la 'huída' del Derecho Administrativo", en *El derecho civil en la génesis del Derecho Administrativo y sus instituciones*, Civitas, Madrid, 1996, p. 215.

14   GARCÍA DE ENTERRÍA, E. y FERNÁNDEZ, R.T., *Ob. cit.*, nota 3, T. I, p. 391.

15   TOCQUEVILLE, A. de, *Rapport à l'Academie des sciences morales et politiques sur le libre de M. Macarel intitulé Cours de droit administratif* (1846), Oeuvres coletes, IX, Lévy, Paris, 1866, p. 70.

16   SCHMIDT-AßMANN, E., *Ob. cit.*, nota 20, p. 25.

17   GARCÍA DE ENTERRÍA, E., *Ob. cit.*, nota 34, p. 64.

por lo que normas constitucionales inequívocas deberían conducir hacia nuevos horizontes de los actuales sistemas de Derecho administrativo, de Justicia constitucional y de Justicia administrativa contemporáneos.

La consecuencia de todo lo expuesto es que de forma progresiva, la Administración Pública, su Derecho administrativo y los consecuentes sistemas de control jurisdiccional constitucional y contencioso-administrativo terminarán hallando su fuente jurídica primaria y más importante dentro del marco de la propia Constitución, pues allí se encuentran regulaciones sobre la organización, funcionamiento, actividad, relaciones jurídicas, fines públicos y colectivos, controles públicos, y finalmente límites impuestos por normas garantizadoras de la absoluta preeminencia de los derechos y garantías fundamentales de las personas.

Mientras que el objeto inicial del Derecho administrativo clásico era el estudio de la Administración Pública y sus prerrogativas públicas, y el corolario el del control jurisdiccional, a partir del fenómeno de su constitucionalización el interés desplaza el eje o centro hacia la persona y la eficacia de sus derechos fundamentales, originándose así un punto de equilibrio –siempre precario– entre el Estado y la persona, el cual inicia simultáneamente con el fenómeno de su globalización.

Por lo mismo la Constitución ha generado, según BARNÉS[18], una profunda reconstrucción –función de actualización– sobre el esquema tradicional en que se vienen estudiando las disciplinas jurídicas. Así, el Derecho Administrativo contemporáneo viene experimentando una notable expansión en las últimas décadas, un crecimiento que no es sólo de carácter meramente cuantitativo, una dimensión no sólo prohibitiva (legalidad), sino positiva (calidad, eficacia, eficiencia, excelencia, consenso, viabilidad, etc.), y que afecta a los propios fundamentos de la disciplina *iusadministrativa*. Este hecho requiere una paralela revisión de su sistema científico o "sistema operativo" y una redefinición de sus límites, temas en los que se trabaja desde hace tiempo en el panorama del Derecho administrativo comparado.

Así las cosas, el Derecho administrativo en la actualidad no es el Derecho administrativo del Estado de Derecho en un Estado democrático, social y de Justicia, sino que el Derecho administrativo contemporáneo dentro del marco de la Constitución debe ser el propio de un Estado democrático, social de Derecho y de Justicia, y su reconstrucción y comprensión debe estar condicionado por los principios generales, valores superiores y fines esenciales constitucionales que están a la base de ese modelo de organización jurídico-político adoptado por el Poder

---

[18]   BARNÉS, J., *Ob. cit.*, nota 8, p. 509.

constituyente de 1999. Por tanto, investigar hasta dónde se ha transformado –y debería continuar transformándose– el Derecho administrativo contemporáneo a partir de la cláusula del Estado democrático y social, de Derecho y de Justicia, nos podrá dejar, como nos dejará, muy buenas ideas-fuerza (por ejemplo, del Derecho del Poder al Derecho para los ciudadanos)[19] que se han comenzado a manejar en el Derecho administrativo comparado como foco central del estudio en nuestra ciencia jurídica.

En tal sentido, con el examen sistemático de la Constitución esperamos haber revelado, cómo en forma completa y exhaustiva se determinan claramente, entre otros temas, las diversas cláusulas constitucionales que tienen particular importancia por su irradiación sobre el Derecho administrativo contemporáneo, pero como muy bien lo advirtiera BREWER-CARÍAS[20], no es suficiente que se haya producido un completo proceso de constitucionalización del Derecho administrativo, insertando en la Constitución todos sus principios más esenciales, pues se requiere además que se configuren en la realidad el marco constitucional de actuación de los centros o complejos orgánicos que ejercen el Poder Público, en general, y de la Administración Pública y de su organización, actividad, medios y fines, en particular.

Finalmente, debemos concluir que efectivamente en la Constitución vigente se hubo operado un importante proceso de constitucionalización del Derecho Administrativo –tanto de la Parte General como de la Parte Especial–, y que por encuadrarse dentro del Derecho constitucional, al más elevado nivel, será Derecho administrativo constitucionalizado,[21] algunas de cuyas manifestaciones –lo suficientemente significativas– esperamos haber puesto de relieve a lo largo de esta obra para justificar el título sobre un Derecho Administrativo Constitucional.

---

[19] LINDE PANIAGUA, E., *Fundamentos de Derecho Administrativo. Del derecho del poder al derecho de los ciudadanos*, 3ª ed., Colex Editorial, Madrid, 2011.

[20] BREWER-CARÍAS, A. R., *Ob. cit.*, nota 56, p. 256; y "Algunos aspectos del proceso de constitucionalización del Derecho administrativo en Venezuela", en *Los requisitos y vicios de los actos administrativos*, V Jornadas de Derecho Administrativo Allan R. Brewer-Carías, FUNEDA, Caracas, 2000, pp. 21 a 37.

[21] ENTRENA CUESTA, R., *Ob. cit.*, nota 195, p. 91.

BIBLIOGRAFÍA

ABAD CASTELOS, M., *et all., Minoría y Derecho*, Ed. Dykinson, SL, Madrid, 2016.

ABENDROTH, W., "El Estado de Derecho democrático y social como proyecto político", en *El Estado Social*, Centro de Estudios Constitucionales, Madrid, 1986.

AGUILÓ REGLA, J., *Teoría general de las fuentes del Derecho (y del orden jurídico)*, Ariel Derecho, Barcelona, 2000.

ALEGRE MARTÍNEZ, M.A., "Significado e implicaciones de la reforma del artículo 127 de la Constitución italiana: la desaparición del control previo de constitucionalidad sobre las leyes regionales", en *Teoría y Realidad Constitucional*, T. II, 2004.

ALESSI, R., *Instituciones de Derecho Administrativo*, Trad. de la 3ª ed. italiana, T. I, Bosch, Barcelona, 1970.

ALLI ARANGUREN, J. C., *Derecho Administrativo y Globalización*. Thomson-Civitas, Madrid, 2004.

ALTAMIRA GIGENA, J. I., *Responsabilidad del Estado*, Astrea, Buenos Aires, 1978.

AMSELEK, P., "Le service publique et la puissance publique - Reflexions autor d'une étude récente", en *Actualité Juridique-Droit Administratif*, 1968.

ARAGÓN REYES, M., *Constitución y democracia*, Ed. Tecnos, Madrid, 1990.

_____, "Sobre las nociones de supremacía supralegalidad constitucional", en *Revista de Estudios Políticos*, N° 50, marzo-abril, Madrid, 1986.

ARAUJO-JUÁREZ, J., *Derecho Administrativo General. Concepto y Fuentes*. Ediciones Paredes, Caracas, 2012.

_____, *Derecho Administrativo General. Servicio Público*, Ediciones Paredes, Caracas, 2010.

_____, *Derecho Administrativo General. Procedimiento y Recurso Administrativo*, Ediciones Paredes, Caracas, 2010.

_____, "El Amparo Constitucional y los Derechos Fundamentales Prestacionales", en *Revista de Derecho Administrativo*, N° 4, Septiembre-Diciembre, Ed. Sherwood, Caracas, 1998.

_____, "El contencioso de anulación", (Coords. PÉRES SALZAR, G., PETIT GUERRA, L., y HERNÁNDEZ-MENDIBLE, V.R.,), en la *Justicia Constitucional y la Justicia Administrativa como garantes de los Derechos Humanos, Homenaje a Gonzalo Pérez Luciani y en el Marco del Vigésimo Aniversario de FUNEDA*, FUNEDA, Caracas, 2013.

_____, *Introducción al Derecho Administrativo Constitucional*, Serie Cuadernos, Ediciones Paredes, Caracas, 2009.

_____, "La Justicia administrativa en Venezuela. Antecedentes, origen evolución y consolidación" (en original).

_____, *La Nulidad del Acto Administrativo*, Serie Monografías, Ediciones Paredes, 2014.

_____, "Los derechos fundamentales económicos y el Derecho de los servicios públicos", en *Servicio Público. Balance & Perspectiva*, Vadell Hnos. Editores, Caracas, 1999.

_____, *Manual Derecho Administrativo*, 1ª reimpresión, Ediciones Paredes, 2016.

_____, *Principios Generales del Derecho Procesal Administrativo*, 2ª reimpresión, Ed. Vadell Hnos. Caracas, 2001.

ARIÑO ORTIZ, G., *Principios de Derecho Público Económico*, Ed. Comares, Granada, 1999.

ARISTÓTELES, *La Política*, Ed. Los Libros de Pilón, Barcelona, 1981.

AUBY, J.-M. y DRAGO, R., *Traité de contentieux administratif*, 2 vols., LGDJ, Paris, 1975.

AYALA CORAO, C "Hacia el control de convencionalidad", en *Libro Homenaje al Dr. Néstor Pedro Sagües La Justicia Constitucional en el Estado Social de Derecho*, (Coord. G. Pérez Salazar), Caracas, 2012.

AA.VV., *Comentarios a la Ley Orgánica de lo Contencioso Administrativo*, 2 vols., FUNEDA, Caracas, 2001.

BACHOF, O., *Jueces y Constitución*, Madrid, 1987.

BADELL MADRID, R., "El Recurso de nulidad", en *Derecho Contencioso Administrativo Libro Homenaje al Profesor Luis Henrique Farías Mata*, CAEL-IEJEL

BALLBE, M., *Sistemática del Derecho Administrativo*, Barcelona, 1947.

BARBE-PÉREZ, H., *Derecho administrativo*, Oficina de apuntes del Centro de Estudiantes de Notariado, Montevideo, 1982.

BARNÉS, J., "La interacción entre la Constitución y el Derecho administrativo: límites y patologías", en *Constitucionalización del Derecho administrativo, XV Jornadas Internacionales de Derecho Administrativo*, Ed. A. Montaño Plata y AF. Ospina Garzón, Universidad Externado de Colombia, Bogotá, 2014.

_____, "Una reflexión introductoria sobre el Derecho administrativo y la Administración Pública de la Sociedad de la Información", en *RAnAP*, N° 40, octubre-diciembre de 2000.

BERTHELEMY, H., *Traité Elémentaire de Droit Administratif*, Rousseau, Paris, 7ª ed., 1913.

BIDART CAMPOS, G. J., *El derecho de la Constitución y su fuerza normativa*, Ediar, Buenos Aires, 1995.

BIELSA, R., *Derecho administrativo*, La Ley, T. 1, Buenos Aires, 1964.

BISCARETTI DI RUFIA, *Derecho Constitucional*, Tecnos, Madrid, 1973.

BLANCO GUZMÁN, A., "Las pretensiones procesales en materia de controversias administrativas", en *El Contencioso Administrativo y los Proceso Constitucionales*, (Dirs. A.R. Brewer-Carías y V. Hernández-Mendible), Col. Estudios Jurídicos N° 92, EJV, Caracas, 2011,

BON, P., "Peut-on parler de 'pouvoir' administratif?" en *Cinquantième anniversaire de la Constitution francaise*, Dalloz, 2008.

BREWER-CARÍAS, A. R., "A Manera de Prólogo sobre 'el marco constitucional de los servicios públicos'", al libro *Los Servicios Públicos domiciliarios*, (Director: Víctor Hernández-Mendible), EJV-Cerdeco-FUNEDA, Caracas, 2012.

_____, "Algunos aspectos del proceso de constitucionalización del Derecho administrativo en Venezuela", en *Los requisitos y vicios de los actos administrativos, V Jornadas de Derecho Administrativo Allan R. Brewer-Carías*, FUNEDA, Caracas, 2000.

_____, "Bases constitucionales del Derecho Administrativo en Venezuela", en *Revista de Derecho Público*, Editorial Jurídica Venezolana, N° 16, octubre-diciembre 1983.

_____, *Derecho Administrativo*, 2ª ed., T. 2, Ed. Universidad Externado de Colombia-Universidad Central de Venezuela, Caracas, 2005.

_____, "Derechos y Garantías Constitucionales", en *Instituciones Políticas y Constitucionales*, EJV, Caracas, 1996.

_____, "El derecho a la democracia entre las nuevas tendencias del derecho administrativo como punto de equilibrio entre los poderes de la Administración y los derechos del administrado", en *Revista Mexicana Statum Rei Romanae de Derecho Administrativo*, N° 1 / Julio-Diciembre 2008 / *Revista Semestral*, México, 2008.

_____, *El juez constitucional y la perversión del estado de derecho. La "dictadura judicial" y la destrucción de la democracia en Venezuela*, 2ª Edición actualizada, Col. Estudios Políticos N° 13, EJVI, Caracas, 2016.

_____, *El sistema de justicia constitucional en la Constitución de 1999. Comentarios sobre su desarrollo jurisprudencial y su explicación, a veces errada*, en la Exposición de Motivos, EJV, Caracas, 2000.

_____, *Estado de Derecho y control judicial*, Instituto de Administración Pública, Alcalá de Henares-Madrid, 1987.

_____, "Introducción", en *Ley Orgánica de la Jurisdicción Contencioso Administrativa*, Colección Legislativa, EJV, Caracas.

_____, "Introducción General al Régimen de la Jurisdicción Contencioso Administrativa", en *Ley Orgánica de la Jurisdicción Contencioso Administrativa*, Col. Textos Legislativos N° 47, EJV, Caracas, 2010.

_____, Introducción general al régimen del Tribunal Supremo de Justicia y de los procesos y procedimientos constitucionales y contencioso electorales", en *Ley Orgánica del Tribunal Supremo de Justicia*, Col. Textos Legislativos N° 48, EJV, Caracas, 2010

_____, *La constitución de 1999*, Ed. Arte, Caracas, 2000.

_____, *La Justicia Constitucional*, de *Instituciones Políticas y Constitucionales*, T. IV, EJV, Caracas-San Cristóbal, 1996.

_____, *Las Constituciones de Venezuela*, UCT, CEC, IAL, Madrid, 1985.

_____, *Ley Orgánica del Tribunal Supremo de Justicia*, Colección Textos Legislativos N° 28, Caracas, 2004.

_____, "Marco Constitucional del Derecho Administrativo", en *Derecho Administrativo Iberoamericano* (Coord. Víctor Hernández-Mendible), Caracas, 2007.

_____, *Nuevas Tendencias en el Contencioso-Administrativo en Venezuela*, EJV, Caracas, 1993.

_____, *Principios Fundamentales del Derecho Público*, Cuadernos de la Cátedra Allan R. Brewer-Carías N° 17, EJV, Caracas, 2005.

_____, Prólogo al libro *El concepto del derecho administrativo*, EJV, Caracas, 1984.

_____, "Sobre el modelo político y el Derecho administrativo", en *Constitucionalización del Derecho administrativo*, *XV Jornadas Internacionales de Derecho Administrativo*, Ed. A. Montaña Plata y A.F., Ospina Garzón, Universidad Externado de Colombia, Bogotá, 2014,

BRITO, Mariano R., "Estudio de las relaciones entre el Derecho administrativo y el Derecho Constitucional en el Uruguay", en *V Foro Iberoamericano de Derecho Administrativo. El Marco Constitucional del Derecho Administrativo en Iberoamérica*, Quito, Ecuador, 2006.

_____, "Principio de legalidad e interés público en el Derecho positivo uruguayo" en *La Justicia Uruguaya*, T. XC, Sección Doctrina.

BURDEAU, G, *Les libertés publiques*, Dalloz, Paris, 1961.

CAJARVILLE PELUFO, J. P., "El Marco Constitucional del Derecho Administrativo. Algunas reflexiones desde el Derecho Uruguayo", en *V Foro Iberoamericano de Derecho Administrativo. El Marco Constitucional del Derecho Administrativo en Iberoamérica*, Quito, Ecuador, 2006.

CALCAÑO DE TEMELTAS, J., "La responsabilidad extracontractual de la Administración Pública", en *II Jornadas Internacionales de Derecho Administrativo Allan R. Brewer-Carías, Las Formas de la Actividad Administrativa*. FUNEDA, Caracas, 1996.

CANÓNICO SARABIA, A., "Las demandas para el reclamo por la prestación de servicios públicos", en *III Congreso de Derecho Procesal Constitucional y I Congreso de Derecho Administrativo, La Justicia Constitucional y Justicia Administrativa como garante de los derechos humanos reconocidos en la Constitución. En Homenaje al Doctor Gonzalo Pérez Luciani*, T. I, UMA-FUNEDA, Caracas, 2013.

CANOVA GONZÁLEZ, A., *La realidad del Contencioso administrativo venezolano (Un llamado de atención frente a las desoladoras estadísticas de la Sala Político-Administrativa en 2007 y primer semestre de 2008)*, FUNEDA, Caracas, 2009.

_____, *Reflexiones sobre la Reforma del Sistema Contencioso Administrativo Venezolano*, Ed. Sherwood, Caracas, 1998.

CARMONA CUENCA, E., *El Estado Social de Derecho en la Constitución*. Consejo Económico y Social, Madrid, 1996.

CARRÉ DE MALBERG, R., *Contribution a la théorie général del'Etat*, T. I., Recueil Sirey, París, 1920.

_____, *Teoría general del Estado*, Fondo de Cultura Económica, 2ᵈᵃ Ed. en español, México, 1998.

CASAL, J. M., *Constitución y Justicia Constitucional, Los fundamentos de justicia constitucional en la nueva Carta Magna*, UCAB, Caracas, 2004.

_____, "La garantía constitucional de los derechos sociales: progresos y dificultades o zonas de tensión", en *III Congreso de Derecho Procesal Constitucional y I Congreso de Derecho Administrativo, La Justicia Constitucional y Justicia Administrativa como garante de los derechos humanos reconocidos en la Constitución*. En *Homenaje al Doctor Gonzalo Pérez Luciani*, T. I, UMA-FUNEDA, Caracas, 2013.

_____, *Los Derechos Humanos y su Protección (Estudio sobre derechos humanos y derechos fundamentales)*, UCAB, Caracas, 2006.

CASSESE, S., *La construction du droit administratif. France et Royaume-Uni*, trad. del italian, Montcrestien, 2000.

_____, *Las Bases del Derecho Administrativo*, Col. Estudios, MAP, Madrid, 1994.

_____, "Las tres etapas de la constitucionalización del Derecho administrativo", en *La constitucionalización del Derecho administrativo. XV Jornadas Internacionales de Derecho Administrativo*, Montaña Plata, A. y Ospina Garzón, A, Universidad Externado de Colombia, Bogotá, 2014.

CHAPUS, R., *Droit administratif general*, 15ᵉᵐᵉ ed., T. 1, Montchrestien, Paris, 2001.

_____, "Le service public et la puissance publique", en *Revue du Droite Public*, 1968.

CHAVERO GAZDIK, R. J., *El Nuevo Régimen del Amparo Constitucional en Venezuela*, Editorial Sherwood, Caracas, 2001.

_____, "La participación ciudadana en la elaboración de actos generales", en *Revista de Derecho Público*, N° 59-60, julio-diciembre, Caracas, 1994.

_____, "La participación social en la gestión pública", en *Ley Orgánica de Administración Pública*, Colección Textos Legislativos N° 24, Editorial Jurídica Venezolana, Caracas, 2002.

CHIARACANE, S., *Espejismo de una Constitución y Autoridad Global*, *Tesis de Doctorado en Derecho y Relaciones Internacionales*, Agosto de 2016 (consultado en original).

CICERON, M. T., *La República*, Alianza Editorial, Madrid, 2014.

COLOMBO, L. A., *Culpa Aquiliana*, T. II., Ed. La Ley, Buenos Aires, 1965.

COMADIRA, J., *Derecho administrativo. Acto administrativo, procedimiento administrativo, otros estudios*, Abeledo-Perrot, Buenos Aires, 1996.

COURTIS, C., "Breves apuntes de caracterización de la actividad política de los tribunales", en *Jueces y política*, Ojesto, F. et al. (Coords.), Editorial Porrúa, México D.F., 2005.

DE OTTO, I., *Derecho Constitucional. Sistema de Fuentes*, Ariel. Derecho, Barcelona, 7ª Reimpresión, 1999.

DELPIAZZO, C. E, "Marco constitucional del Derecho Uruguayo" en *V Foro Iberoamericano de Derecho Administrativo. El Marco Constitucional del Derecho Administrativo en Iberoamérica*, Quito, Ecuador, 2006.

DELVOLVÉ. P., "La actualidad de la teoría de las bases constitucionales del Derecho administrativo", en *La constitucionalización del Derecho administrativo. XV Jornadas Internacionales de Derecho Administrativo*, Montaña Plata, A, y Ospina Garzón, A. F., Universidad Externado de Colombia, Bogotá, 2014,

_____, *Le droit administratif*, 3ª ed., Dalloz, Paris, 2002.

DEMICHEL, A., *Le droit administratif. Essai de réflexion théorique*, LGDJ, Paris, 1978.

DIAZ REVORIO, F.J., "Las sentencias interpretativas del Tribunal Constitucional", Ed. Lex Nova, 2001.

_____, *Valores superiores e interpretación constitucional*, Col. Estudios Constitucionales, Madrid, 1997.

DICEY, A.V. *Introduction to the Study of de Law of the Constitution*, London, 1889.

DIEZ-PICASO, L. M., "*Constitución, ley, juez*" en *REDC*, año 5, Nº 15, septiembre-diciembre, 1985.

_____, "El Poder Judicial. Independencia del Ministerio Público", en *El Derecho Público de finales de siglo. Una perspectiva iberoamericana*, Civitas, 1997.

DROMI, R., *Derecho Administrativo*, 10ª ed., Ciudad Argentina, Buenos Aires, 2004.

_____, *El Poder Judicial*, Ed. UNSTA, Tucumán, 1982.

_____, *Prerrogativas y Garantías Administrativas*, T. I, Ed. UNSTA, Buenos Aires, 1979.

DUGUIT, L., *La Transformaciones del Derecho Público y Privado*, Ed. Colmenares, 2007,

DUQUE CORREDOR, R. J., "Constitucionalización del Proceso", en *El Derecho Público a los 100 de la Revista de Derecho Público, 1980-2005*, EJV, Caracas 2006, pp. 865-878.

DUVERGER, M., *Droit constitutionnel et institutions politiques*, Paris, 1956.

EISENMANN, CH., *Cours de Droit Administratif*, Vol. I, LGDJ, Paris, 1979.

_____, "La théorie des «bases constitutionnelles du droit administratif", en *Revue du Droit Publique*, Paris, 1972.

_____, "Le droit administratif et le principe de légalité", en *EDCE*, 1957.

ENTRENA CUESTA, R., *Derecho Administrativo*, 13ª ed., T.1/Vol. 1, Tecnos, Madrid, 1998.

ESMEIN, CH., *Elements de Droit Constitutionnel*, 5ª ed., Paris, 1952.

ESPLUGAS, P., *Le service public*, Dalloz, Paris, 1998; LACHAUME, J.F., *Grands services publics*, Masson, Paris, 1989.

Exposición de Motivos. Gaceta Oficial N° 5.453, Extraordinario, de fecha 24 de marzo de 2000.

FANACHI, P., *La justice administrative*, PUF, Col. *Qué sais-je?*, Paris, 1995.

FAVOREU, L., et PHILIP, L., *Les grandes décisions du Conseil constitutionnel*, 7ª Éd., Paris, 1993.

FEOLI, M., "Activismo judicial y justicia constitucional: los casos de Colombia y Costa Rica, en *Tesis para optar por el Doctorado en Estado de Derecho y Buen Gobierno*, Salamanca, 2012.

FERNÁNDEZ VÁZQUEZ, *Diccionario de Derecho Público*, Ed. Astrea, Buenos Aires, 1981.

FIORINI, B., *Derecho administrativo*, T. I, 2ª ed. actualizada, reimpresión, Buenos Aires, Abeledo-Perrot, 1997.

FLEINER, F., *Los principios generales del derecho administrativo alemán*, trad. Española de la 8ª. ed., Madrid, 1928.

FORSTHOFF, E., "Abbiamo Troppo o Troppo Poco Stato", en *Stato di Diritto in Transformazione*, Milan, Giuffré, 1973.

——————————, "Concepto y esencia del estado social de derecho", en *El Estado Social*, Centro de Estudios Constitucionales, Madrid, 1986.

——————————, "Problemas constitucionales del estado social", en *El Estado Social*, Centro de Estudios Constitucionales, Madrid, 1986.

FROMONT, M., "République fédéral d'Allemagne. L'État de droit", en *RDPF*, N° 5, 1984.

GALLEGO ANABITARTE, A., "Constitución y política", apéndice a Loewenstein, K., *Teoría de la Constitución*, Barcelona, 1983.

GARCÍA, A. "Reflexiones sobre la Seguridad Social, a propósito de la Sentencia N° 03/2005 de la Sala Constitucional (Caso: *CANTV*), en *Ensayos Laborales*.

GARCÍA DE ENTERRÍA, E., *Hacia una nueva justicia administrativa*, 2ª. ed. ampliada, Civitas, Madrid, 1992.

——————————, *La batalla por las medidas cautelares. Derecho Comunitario Europeo y proceso contencioso-administrativo español*, 2ª. ed. ampliada, Civitas, Madrid, 1995.

——————————, *La Constitución como norma y el tribunal constitucional*, 3ª. ed., Civitas, Madrid, 1985.

——————————, *La lengua de los derechos. La formación del derecho público europeo tras la Revolución Francesa*, Civitas, Madrid, 2001.

——————————, *La lucha contra las inmunidades del poder en el Derecho administrativo*, 3ª. ed., Cuadernos Civitas, Madrid, 1983.

——————————, "La participación del administrado en las funciones administrativas", en *Libro Homenaje a Segismundo Royo-Villanova*, Madrid, 1977.

——————————, *Las Transformaciones de la Justicia Administrativa: de Excepción Singular a la Plenitud Jurisdiccional. ¿Un cambio de Paradigma?*, Thomson-Civitas, Pamplona, 2007.

—————————— y FERNÁNDEZ, T. R., *Curso de Derecho Administrativo*, 2 Vols., 12ª ed., Thomson-Civitas, Madrid, 2004.

GARCÍA MACHO, R, *Las aporías de los derechos fundamentales sociales y el derecho a una vivienda*, Madrid, 1982.

GARCÍA PELAYO, M., "Consideraciones sobre las cláusulas económicas de la Constitución", en Vol. III, *Estudios sobre la Constitución de 1978*, Madrid, 1979.

_____, "El Estado Social y Democrático de Derecho en la Constitución Española", en *Obras Completas*, T. II, Centro de Estudios Constitucionales, Madrid, 1991.

_____, "El Estado Social y sus Implicaciones", en *Obras Completas*, T. II, Centro de Estudios Constitucionales, Madrid, 1991.

_____, "Estado legal y Estado constitucional de Derecho", en *Obras Completas*, Vol. I, Centro de Estudios Constitucionales, Madrid, 1991.

GARRIDO FALLA, F., "La posición constitucional en la Administración Pública, en *La Administración en la Constitución*, CEC, Madrid, 1980.

_____, *Tratado de Derecho Administrativo*, Vol. I, 13a. ed., Madrid, 2002.

GIANNINI, M. S., *Derecho administrativo*, 1ra. ed., española, MAP, Madrid, 1991

_____, *Diritto ammnistrativo*, 3a ed., Milano, 1995.

_____, *Lezioni di diritto amministrativo*, Vol. I, Milán, 1950.

_____, *Premisas sociológicas e históricas del derecho administrativo*, Ed. IAP, Madrid, 1980.

GÓMEZ, A.J., "El control previo de constitucionalidad de proyectos de estatutos de autonomía y demás leyes orgánicas", en *Revista Española de Derecho Constitucional*, N° 22, Madrid, 1988.

GONZÁLEZ PÉREZ, J., *Administración Pública y libertad*, UNAM, México, 2006.

_____, *Derecho Procesal Administrativo*, Vol. I, IEP, Madrid, 1963.

_____, *Discurso Inaugural* (en original) de las VI Jornadas de Derecho Administrativo Cien Años de Derecho Administrativo en Venezuela, San Cristóbal, mayo, 2009.

_____, *El Derecho a la tutela jurisdiccional*, 2da Ed., Cuadernos Civitas. Madrid, 1998.

_____, "El método en el derecho administrativo", en *RAP*, N° 22, 1957.

_____, *Manual de Derecho Procesal Administrativo*, 2a.ed., Civitas, Madrid, 1992.

_____, *Nuevos sistemas de control de la administración pública*, Tucumán, 1981.

GONZÁLEZ-VARAS IBÁÑEZ, S., *La jurisdicción contencioso-administrativa en Alemania*, Madrid, Civitas, 1993.

GORDILLO, A., "El estado actual del derecho administrativo", en *Revista de Derecho Administrativo*, N° 14, Depalma, Buenos Aires.

_____, *Tratado de Derecho Administrativo. Parte General*, T. 1, 5ª ed., Fundación de Derecho Administrativo, Buenos Aires, 1998.

_____, *Tratado de Derecho Administrativo*, T. 2, *La defensa del usuario y del administrado*, Medellín, 2000.

GRISANTI VELANDIA, R., *Inexistencia de los actos cuasijurisdiccionales*, Vadell Hnos. Editores, Caracas, 1994.

GUASP, J., "Administración de Justicia y derechos de la personalidad". *RE*, N° 17, Centro de Estudios Políticos y Constitucionales, Madrid, 1994.

GURVITCH, G., *L'idee du droit social*, Paris, 1931.

HAMILTON, A., MADISON, J., JAY, J., *El Federalista,* trad. Esp. de G.R. VELASCO, Mexico, 1943.

HAURIOU, M., *Les éléments du contentieux*, Toulouse, 1905.

_____, *Obra escogida* (traducción de Santamaría Pastor y Muñoz Machado), Madrid, 1976.

_____, *Précis de droit administratif et de droit public*, Préface, 12ª Ed., Libraire du Recueil Sirey, Paris, 1933.

_____, *Précis élémentaire de droit administratif*, Paris, 1926.

HELLER, H., "¿Estado de Derecho o dictadura?", en *Escritos políticos*, Madrid, Alianza, 1985.

HENAO, J. C., "Estado Social y Derecho administrativo", en *Constitucionalización del Derecho administrativo, XV Jornadas Internacionales de Derecho Administrativo*, Universidad Externado de Colombia, Bogotá, 2014.

HERNÁNDEZ, J. I., *Derecho administrativo global y arbitraje internacional de inversiones*, EJV-CIDEP, Caracas, 2016.

_____, "El cambio de paradigma: las pretensiones procesales administrativas", *en El Contencioso Administrativo y los Proceso Constitucionales*, (Dirs. A. R. Brewer-Carías y V. Hernández-Mendible), Col. Estudios Jurídicos N° 92, EJV, Caracas, 2011.

_____, *Introducción al concepto constitucional de Administración Pública en Venezuela*, Cuadernos de Cátedra A.R. Brewer-Carías, UCAB, N° 27, EJV, Caracas, 2011.

HERNÁNDEZ-MENDIBLE, V., "Balance y Perspectiva de la Justicia Administrativa (Año y medio de la Constitución de 1999)", en *Estudios de Derecho Público. Libro Homenaje al Dr. Humberto J. La Roche,* Caracas, 2001.

_____, "El desarrollo de las medidas cautelares en el proceso administrativo en Venezuela" (en original)

_____, "Los derechos constitucionales procesales", en *El contencioso Administrativo y los Procesos Constitucionales,* Col. Estudios Jurídicos N° 92, EJV, Caracas, 2011,

_____, "Los principios generales del Derecho en el Derecho Administrativo", en *Principios en el Derecho Administrativo Iberoamericano,* VII Foro de Derecho Administrativo, Ed. Netbiblo, Valladolid, Salamanca, 2008.

_____, *Tutela judicial cautelar en el contencioso administrativo,* Vadell Hnos. Editores, Caracas, 1998.

HESSE, K., *Escritos de derecho constitucional,* Centro de Estudios Constitucionales, Madrid, 1992.

IBAÑEZ NAJAR, J. E., "El Derecho Público Colombiano", en *V Foro Iberoamericano de Derecho Administrativo. El Marco Constitucional del Derecho Administrativo en Iberoamérica,* Quito, Ecuador, 2006.

IVANEGA, M. M., *Acerca de los Servicios Públicos y sus Controles Administrativos,* Editorial Sherwood, Caracas, 2006.

_____, "La Constitución Nacional y su incidencia en la organización de la Administración Pública Nacional en la República Argentina", en *V Foro Iberoamericano de Derecho Administrativo. El Marco Constitucional del Derecho Administrativo en Iberoamérica,* Quito, Ecuador, 2006.

JESCH, D., *Ley y administración,* IEA, Madrid, 1978.

JÉZE, G., *La Técnica Jurídica del Derecho Público Francés.*

_____, *Principios generales del derecho administrativo,* T. III, Depalma, Buenos Aires, 1949.

JOUNJAN, O., "La Constitution", en *Traité de droit administratif,* T. I, Dalloz, 2011.

KELSEN, H., *Teoría del Derecho y del Estado,* Fondo de Cultura Económico, México.

LARES MARTÍNEZ, E., *Manual de Derecho administrativo,* 12ª. ed., UCV, Caracas, 2005.

LINARES BENZO, G. J., *El Proceso de Amparo*, Universidad Central de Venezuela, Caracas, 1999.

LINDE PANIAGUA, E., *Fundamentos de Derecho Administrativo. Del derecho del poder al derecho de los ciudadanos*, 3ra ed., Colex Editorial, Madrid, 2011.

LOCHAK, D., *La justice administrative*, Monchrestien, Clefs-Politique, Paris, 1992.

LOEWENSTEIN, K., *Teoría de la Constitución*, traducción al español, Ed. Ariel, Barcelona, 1964.

LUCAS VERDÚ, P., "Artículo 1°. Estado social y democrático de Derecho", en *Comentarios a la Constitución española de 1978* (Dir. O. Alzaga). T. I, Cortes Generales-Edersa, Madrid, 1996.

MAGALDI, N., "Procura existencial, Estado de Derecho y Estado Social", en *Serie de Historia Jurídica y Filosofía del Derecho*, N° 48, Universidad Externado de Colombia, Bogotá, 2007.

MARIENHOFF, M. S., *Tratado de Derecho Administrativo*, T. I, Abeledo-Perrot, Buenos Aires, 1970.

MARTÍN MATEO, R., *Manual de derecho administrativo*, Ed. Thomson-Aranzadi, 23ª Edición, Madrid, 2004.

MARTIN-RETORTILLO, S., *Derecho Administrativo Económico*. T. I, La Ley, Madrid, 1988.

_____, "Reflexiones sobre la 'huida' del Derecho Administrativo", en *El derecho civil en la génesis del Derecho Administrativo y sus instituciones*, Civitas, Madrid, 1996.

MAURER, H., *Droit Administratif allemand*, Trad. par Fromont, Michael, LGDJ, 1994.

MAYER, O., *Derecho administrativo alemán*, trad. esp. del original francés de 1903, T. 1, Depalma, Buenos Aires, 1949-1951.

MEILÁN GIL, J. L., "La administración pública a partir de la Constitución española de 1978 (1)," *Revista Española de Derecho Constitucional*, Año 16, N° 47, 1996.

_____, "El Marco Constitucional del Derecho Administrativo en España", en *V Foro Iberoamericano de Derecho Administrativo. El Marco Constitucional del Derecho Administrativo en Iberoamérica*, Quito, Ecuador, 2006.

MERK, A., *Teoría General del derecho administrativo*, Comares, Granada, 2004.

MIR PUIGPELAT, O., *Globalización, Estado y Derecho. Las transformaciones recientes del Derecho Administrativo*, Cuaderno Civitas, Thomson-Civitas, Madrid, 2004.

MODERNE, F., "El control previo de constitucionalidad en la Europa contemporánea", en *Revista Chilena de Derecho* N° 20, 1993.

_____, *Principios Generales del Derecho Público*, Editorial Jurídica de Chile, Prólogo de García de Enterría, Santiago de Chile, 2005.

_____, "El principio de legalidad y sus implicaciones", en *Estudios de Derecho Público*, (Oswaldo Acosta-Hoenicka Compilador), UCV-FCJP-IDP, Caracas, 1997.

MOLES CAUBET, A., "El Sistema Contencioso-administrativo venezolano en el Derecho Comparado", en *Estudios de Derecho Público* (Oswaldo Acosta-Hoenicka, Compilador), UCV, Caracas, 1997.

_____, "Estado y Derecho (Configuración Jurídica del Estado)", en *Estudios de Derecho Público*, (Oswaldo Acosta-Hoenicka Compilador), UCV-FCJP-IDP, Caracas, 1997.

_____, "Irrecurribilidad en vía contencioso-administrativa de las decisiones emitidas por las Comisiones Tripartitas creadas por la Ley contra Despidos Injustificados", en *Estudios de Derecho Público*, (Oswaldo Acosta-Hoenicka Compilador), UCV-FCJP-IDP, Caracas, 1997.

_____, "La progresión del Derecho Administrativo", en *Estudios de Derecho Público*, (Oswaldo Acosta-Hoenicka Compilador), UCV-FCJP-IDP, Caracas, 1997.

_____, "Rasgos generales de la Jurisdicción Contencioso Administrativa", en *Estudios de Derecho Público*, (Oswaldo Acosta-Hoenicka Compilador), UCV-FCJP-IDP, Caracas, 1997.

MONTAÑA PLATA, A., "El Estado de Derecho y la idea constitucional de un Derecho administrativo", en *Constitucionalización del Derecho administrativo, XV Jornadas Internacionales de Derecho Administrativo*, Ed. A. Montaña Plata y A.F., Ospina Garzón, Universidad Externado de Colombia, Bogotá, 2014.

MONTESQUIEU, *Del Espíritu de las Leyes*, Origen, Barcelona, 2003.

MORA BASTIDAS, F. A., *Régimen Jurídico de la Seguridad Social. Estudio constitucional y legal del derecho a la seguridad social y el sistema de seguridad social*. Colección Textos Legislativos, EJV, Caracas, 2007.

MORENO, L.F., *Servicios Públicos Domiciliarios. Perspectivas de Derecho Económico*, Universidad Externado de Colombia, Bogotá, 2001.

MORTATI, C, "Principi fondamentali e strutture dell'ordinamento costituzionale", en *Raccolta di scritti, III*, Giuffrè, Milano, 1991.

MUCI BORJAS, J. A., *El Derecho Administrativo Global y Los Tratados Bilaterales de Inversión (BITs)*, EJV, Caracas, 2007.

MUÑOZ MACHADO, S., *La reserva de jurisdicción*, Madrid, 1989.

NIETO, A., "La vocación del Derecho administrativo de nuestro tiempo", en *RAP* N° 76, CEC, Madrid, 1975.

_____, "Peculiaridades jurídicas de la norma constitucional", en *RAP* 100-102, enero-diciembre, 1983.

OCANDO OCANDO, H., y PIRELA ISARRA, T., "El Estado social de derecho y de justicia nuevo paradigma del Estado venezolano. Sentencia N° 85, Expediente N° 01-1274 de la Sala Constitucional del Tribunal Supremo de Justicia de fecha 24/Enero/2002", en *Frónesis, Revista de Filosofía Jurídica, Social y Política*, Vol. 15, N° 2, 2008.

ODENT, R., *Cours de contentieux administratif, Les cours de droit* (dact.), T. I, Paris, 1977-1981,

ORLANDO, V. E., *Principios de derecho administrativo*, Trad. al esp. de la 2ª Ed. italiana de 1892, Instituto Nacional de Administración Pública, Madrid, 1978.

ORTIZ ÁLVAREZ, L., "La Responsabilidad patrimonial del estado en Venezuela en la Constitución de 1999 (Visión general sustantiva y el mito del carácter objetivo del sistema)", en *Congreso Internacional de derecho administrativo en Homenaje al Prof. Luis Farías Mata*, T.I, UCAB, Caracas, 2006.

_____ y HENRÍQUEZ MAIONICA, G., *Las Grandes Decisiones de la Jurisprudencia de Amparo Constitucional* (1969-2004), Editorial Sherwood, Caracas, 2004.

OSPINA GARZÓN, A. F., "Presentación" a la obra *Constitucionalización del Derecho administrativo, XV Jornadas Internacionales de Derecho Administrativo*, Universidad Externado de Colombia, Bogotá, 2014.

OSUNA PATIÑO, N. I., *Tutela y Amparo. Derechos Protegidos*, Universidad Externado de Colombia, Bogotá, 1998.

PALMA JARA, J., *Consideraciones sobre el contenido del principio de la legalidad administrativa*, ADA, Santiago de Chile, 1975/1976.

PAREJO ALFONSO, L., *El concepto de derecho administrativo*, EJV, Caracas, 1984.

_____, "El Estado social Administrativo: Algunas reflexiones sobre la 'crisis' de las prestaciones y los servicios públicos", en *RAP* N° 153, 2000.

_____, *Lecciones de Derecho Administrativo*, Tirant lo Blanch y Universidad Externado de Colombia, Bogotá, 2011.

_____, *Perspectivas del Derecho Administrativo para el próximo milenio*, Ed. Gustavo Ibañez, Bogotá, 1998.

PECES-BARBA, G., *Curso de Derechos Fundamentales. Teoría General*, Madrid, 1995.

PEÑA FREIRE, A. M., *La garantía en el Estado constitucional de derecho*, Ed. Trotta, Madrid, 1997.

PEÑA SOLÍS, J., "La nueva concepción de las leyes orgánicas en la Constitución de 1999", en *Revista de Derecho N° 1*, TSJ, 2000.

PEREIRA MENAUT, A. C., *Rule of law o Estado de Derecho*, Marcial Pons, Madrid, 2003,

PÉREZ LUCIANI, G., *El principio de legalidad*, Serie Estudios 81, Academia de Ciencias Políticas y Sociales, Caracas, 2009.

PÉREZ LUÑO, E, *Derechos Humanos, Estado de Derecho y Constitución*, Madrid, 1984.

PÉREZ OLIVARES, E. *El recurso de interpretación. Instituto de Derecho Público de la Facultad de Ciencias Jurídicas y Políticas de la Universidad Central de Venezuela*, Caracas, 1979.

PÉREZ ROYO, J., "Crónica de un error: el recurso previo de inconstitucionalidad contra leyes orgánicas", en *Revista Española de Derecho Constitucional* N° 6, 1986.

_____, "El Tribunal Constitucional: entre política y derecho", en *Los reveses del Derecho*, Tusquets Editores, Barcelona, 1993.

PIZA ESCALANTE, R., "La justicia constitucional en Costa Rica", en *Primera Conferencia de Tribunales Constitucionales de Iberoamérica*, Lisboa, 1995.

PRAT, J. A., *Derecho administrativo*, T. I, 2ª ed., Acali, Montevideo, 1979.

RAMÍREZ JIMÉNEZ, Antonio," La Seguridad Social en la Constitución Bolivariana de Venezuela", en *Libro Homenaje a Fernando Parra Aranguren*. T. I, Universidad Central de Venezuela.

REAL, A. R., *Estudios de Derecho Administrativo*, T. I, F.C.U., Montevideo, 1968.

RESTREPO MEDINA, M. A., "La respuesta del derecho administrativo a las transformaciones recientes del Estado social de derecho", en *El Derecho Administrativo en los Albores del Siglo XXI*, Editorial Universidad del Rosario, Bogotá, 2007.

RINCÓN CÓRDOBA, J. I., "La igualdad material como responsabilidad de la administración pública", en *Constitucionalización del Derecho administrativo, XV Jornadas Internacionales de Derecho Administrativo*, Universidad Externado de Colombia, Bogotá, 2014.

_____, *Las Generaciones de Derechos Fundamentales y la Acción de la Administración Pública*, Universidad Externado de Colombia, Bogotá, 2004.

RIVERO, J., *Derecho Administrativo*, Trad. al esp. de la 9ª ed., francesa, Instituto de Derecho Público, Universidad Central de Venezuela, Caracas, 1984.

_____, *Les libertés publiques*, Vol. II, Paris, 1981.

_____ et WALINE, J., *Droit Administratif*, 21éme ed., Dalloz, Paris, 2006.

RIVERO ORTEGA, R., *La necesaria innovación en las instituciones administrativas. Organización, procedimiento, función pública, contratos administrativos y regulación*, Col. Estudios y Documentos, INAP, Madrid, 2012.

ROBERT, J., "Droit administratif et droit constitutionnel", en *Revue de Droit Publique*, N° 4, Paris, 1998.

ROBLEDO SILVA, P., "El papel de la democracia participativa en la creación de los nuevos municipios en Colombia", en *Constitucionalización del Derecho administrativo, XV Jornadas Internacionales de Derecho Administrativo*, Universidad Externado de Colombia, Bogotá, 2014.

ROBSON, W., *Justice and Administrative Law*, 2° ed., 1947, p. 31, *apud* JANET MCLEAN (University of Dundee), "Britisch Idealism and the Administrative State", en [www.law.yale.edu/academics/conference.htm], Conferencia sobre Derecho administrativo comparado, en la *Yale Law School*, en 2009 (manuscrito inédito).

RODRÍGUEZ, A., "El Marco Constitucional del Derecho Administrativo en Venezuela", en *V Foro Iberoamericano de Derecho Administrativo. El Marco Constitucional del Derecho Administrativo en Iberoamérica*, Quito, Ecuador, 2006.

RODRÍGUEZ, L., *Derecho Administrativo. General y colombiano*, Ed. Themis, Bogotá, 2005.

_____, "Los sistemas de control jurisdiccional de la Administración en el derecho comparado", en *El Control y la Responsabilidad en la Administración Pública, IV Congreso Internacional de Derecho Administrativo*, Coord. Alejandro Canónico, EJV, Caracas, 2012.

RODRÍGUEZ-ARANA, J., *Aproximación al Derecho Administrativo Constitucional*, Editorial Jurídica Venezolana, Caracas, 2007.

_____, "El marco constitucional del Derecho administrativo (El derecho administrativo constitucional)", en *Revista de la Asesoría Jurídica de la Xunta de Galicia*, N° 6, 2011.

RODRÍGUEZ DE SANTIAGO, J. M., *La administración del Estado social*, Marcial Pons, Madrid, 2007.

RODRÍGUEZ ELIZONDO, J., "Protección jurisdiccional de los administrados (El exceso de poder)", *SDP* N° 7, Chile, 1961.

ROMAN, D., *Le droit public face à la pauvreté*, LGDJ, Paris, 2002.

RONDÓN DE SANSÓ, H., *Análisis de la Constitución venezolana de 1999 (Parte orgánica y sistemas)*. Caracas, Exlibris, 2000.

_____, *Análisis de la Ley Orgánica del Tribunal Supremo de Justicia. Una ley fuera de contexto*, Caracas, 2006.

ROUSSEAU, J. J., *El contrato social*, trad. española, Madrid, 1929.

SABSAY, D. y TARAK, P., *Participación Pública y Autonomía Municipal*, Fundación Ambiente y Recursos Naturales, 2001.

SACRISTÁN, E. B., "Audiencia pública y otros procedimientos consultivos en el dictado de actos administrativos de alcance general (nulidades por su omisión)".

SALA ARQUER, J.M., "Huída al Derecho privado y huída del Derecho", en *REDA*, N° 75, 1992.

SÁNCHEZ GONZÁLEZ, S. y MELLADO PRADO, P., "La Constitución Democrática Española y sus Fuentes". El Centro de Estudios Ramón Areces, S.A., Madrid, 2003.

SÁNCHEZ MORÓN, *Derecho Administrativo. Parte General*, Ed. Tecnos, Madrid, 2006.

SANTAMARÍA PASTOR, J. A., *Principios de Derecho Administrativo General*, T. 1, 1ra ed. Reimpresión IUSTEL, Madrid, 2005.

SANTOFIMIO, GAMBOA, J. O. "Convencionalidad y Derecho administrativo: interacciones sistémicas en el Estado Social de Derecho que procura la eficacia de los derechos humanos, el Derecho Internacional Humanitario y el derecho de gentes", en *Constitucionalización del Derecho administrativo, XV Jornadas Internacionales de Derecho Administrativo*, Universidad Externado de Colombia, Bogotá, 2014.

―――――――――, *El concepto de convencionalidad. Vicisitudes para su construcción sustancial en el sistema interamericano de Derechos Humanos. Ideas fuerzas rectoras.* Universidad Externado de Colombia, Bogotá, 2017.

SARTORI, G., *Teoría de la democracia*, Ed. Alianza, Madrid, 1988.

SAYAGUÉS LASO, E. *Tratado de Derecho Administrativo*, T. 1, Ed. Fundación de Cultura Universitaria, 9ª ed. puesta al día a 2004, Montevideo.

SCHMIDT-AßMANN, E., "El concepto de constitucionalización del Derecho administrativo", en *La constitucionalización del Derecho administrativo: XV Jornadas Internacionales de Derecho Administrativo*, Ed. A. Montaño Plata y AF., Ospina Garzón, Universidad Externado de Colombia, 2014.

―――――――――, "El Derecho Administrativo General desde una perspectiva europea", en *JA*, N° 13, 2001.

―――――――――, *La Teoría general del Derecho administrativo como sistema. Objeto y fundamentos de la construcción sistemática*, Marcial-Pons-INAP, Madrid, 2003.

SCHMITT, K., *Teoría de la Constitución*, trad. española de la 1ª ed. alemana, Taurus, Madrid, 1984.

SILVA ARANGUREN. A. "El objeto de la acción de interpretación", *Revista de la Facultad de Ciencias Jurídicas y Políticas de la Universidad Central de Venezuela*, 104, Universidad Central de Venezuela, Caracas, 1997, pp. 117-151.

SOSA WAGNER, F., *Jurisdicciones Administrativas Especiales*, Universidad de Sevilla, 1977.

―――――――――, *Maestros alemanes del derecho público* (I), Marcial Pons, Madrid, 2002.

SOTO KLOS, E., *Derecho Administrativo*, T. I, Ed. Jurídica de Chile, Santiago de Chile, 1996.

STASSINOPOULOS, M., *Traité des actes administratifs*, Atenas, 1954.

STIRN, B., *Les sources constitutionnelles du droit administratif-Introduction au droit public*, 5e édition, Ed. LGDJ, Paris, 2006.

TOCQUEVILLE, A. de, *Rapport à l'Academie des sciences morales et politiques sur le libre de M. Macarel intitulé Cours de droit administratif* (1846), Oeuvres coletes, IX, Lévy, Paris, 1866.

TORREALBA SÁNCHEZ, M.A., "Las demandas contra las vías de hecho en la jurisdicción contencioso-administrativa", en *III Congreso de Derecho Procesal Constitucional y I Congreso de Derecho Administrativo, La Justicia Constitucional y Justicia Administrativa como garante de los derechos humanos reconocidos en la Constitución. En Homenaje al Doctor Gonzalo Pérez Luciani*, T. I, UMA-FUNEDA, Caracas, 2013.

_____, "Las demandas de contenido patrimonial en la Ley Orgánica de la Jurisdicción Contencioso Administrativa", en *Comentarios a la Ley Orgánica de la Jurisdicción Contencioso Administrativa*, Vol. II, 2da ed. ampliada, FUNEDA, Caracas, 2011.

_____, *Manual de contencioso administrativo, (Parte General)* 2da ed., Reimpresión, FUNEDA, Caracas, 2009.

_____, *Problemas Fundamentales del Contencioso Administrativo Venezolano en la Actualidad*, FUNEDA, Caracas, 2013.

TORRES DEL MORAL, *Principios de Derecho Constitucional Español*, 3a ed., FDC.

TREVES, G. *Gli instituti ed i principi fondamentali del diritto administrativo italiano*, Bologna, 1956.

UROSA MAGGI, D., "La pretensión procesal administrativa" en *El Contencioso Administrativo Hoy Jornadas 10° Aniversario*, FUNEDA, Caracas, 2001.

_____, "Las pretensiones procesales en la nueva Ley Orgánica de la Jurisdicción Contencioso-Administrativa", en *Comentarios a la Ley Orgánica de la Jurisdicción Contencioso Administrativa*, Vol. I, 2da ed. ampliada, FUNEDA, Caracas, 2011.

_____, *Tutela judicial frente a la inactividad administrativa en el derecho español y venezolano*, FUNEDA, Caracas, 2003.

VEDEL, G., *Derecho Administrativo*, trad., española, Biblioteca Jurídica Aguilar, Madrid, 1980.

_____, "Les bases constitutionnelles du Droit Administratif", en *Etudes et Documents du Conseil d'Etat*, N° 8 (1954).

_____, "Les bases constitutionnelles du droit administratif", en *La pensé de Charles Eisenmann*, Presses Universitaires d'Áix-Marseille, Aix-en-Provence, 1986.

VERDU, P.L., "Reflexiones en torno y dentro del concepto de Constitución", en *Revista de Estudios Políticos (Nueva Época)*, N° 83, Enero-Marzo 1994.

VIDAL PERDOMO, J., *Derecho administrativo*, 12ª ed., Legis, Bogotá, 2004.

VILLAR PALASI, J. L., *Apuntes de Derecho Administrativo*, T. I, Autor-editor, Madrid, 1997.

——————, *Derecho administrativo. Introducción y teoría de las normas*, Facultad de Derecho, 1968.

——————, "Tipología y Derecho estatutario de las entidades instrumentales de las Administraciones Públicas", en *AAVV, Administración instrumental*. Homenaje a D. Manuel Clavero Arévalo, Ed. Civitas, Madrid, 1994, vol. I.

VILLAR ROJAS, F.J., *Privatización de servicios públicos*, Tecnos, Madrid, 1993.

VILLEGAS MORENO, J. L., "Configuración Constitucional del Contencioso Administrativo y su Desarrollo Legal y Jurisprudencial", en *El Contencioso Administrativo en Homenaje a la Dra. Hildegard Rondón de Sansó*, FUNEDA, Caracas, 2006.

——————, *La protección jurisdiccional de los intereses difusos y colectivos*, EJV, Caracas, 1999.

VON MOHL, R., *La science policière selon les principes de l'Etat de droit*, Tubinguen, Laupp, 1832-1834.

WADE, *Derecho Administrativo*, Trad. al esp. de la 2da ed. Inglesa, Instituto de Estudios Políticos, Madrid, 1971.

WALINE, M., *Traité Elémentaire de Droit Administratif*, Paris, 1950.

WEIL, P., *Derecho administrativo*, trad., española, Civitas, Madrid, 1986.

——————, et Pouyaud, D., *Le Droit Administratif*, 24ème ed., *Que sais-je?*, PUF, Paris, 2010.

WOLF, H.J., BACHOF, O. y STOBER, R., Verwaltungrecht, Vol. I, 10ª ed., München, 1994.

XIFRA HERAS, J., *Curso de Derecho Constitucional*, T. I, 2ª ed., Bosch, Barcelona, 1957.

ZANOBINI, G., *Curso de derecho administrativo*, Vol. I, Trad. esp. de la 6ª ed. italiana, Ediciones Acayú, Buenos Aires, 1954.

——————, *Corso di Diritto amministrativo*, T. I, 5ª ed., 1947.

ÍNDICE

CAPÍTULO I
EL DERECHO ADMINISTRATIVO
Y LA CONSTITUCIÓN

CAPÍTULO II

EL DERECHO ADMINISTRATIVO Y
EL DERECHO CONSTITUCIONAL

CAPÍTULO III

EL DERECHO ADMINISTRATIVO CONSTITUCIONAL

CAPÍTULO IV

EL DERECHO ADMINISTRATIVO Y EL ESTADO DE DERECHO

CAPÍTULO V

EL DERECHO ADMINISTRATIVO Y EL ESTADO SOCIAL

CAPÍTULO VI

EL DERECHO ADMINISTRATIVO Y EL ESTADO DEMOCRÁTICO